Schüler*innen mit sonderpädagogischem Förderbedarf in Schulleistungserhebungen

Cornelia Gresch · Poldi Kuhl ·
Michael Grosche · Christine Sälzer ·
Petra Stanat
(Hrsg.)

Schüler*innen mit sonderpädagogischem Förderbedarf in Schulleistungs-erhebungen

Einblicke und Entwicklungen

Springer VS

Hrsg.
Cornelia Gresch
Institut zur Qualitätsentwicklung
im Bildungswesen
Humboldt-Universität zu Berlin
Berlin, Deutschland

Poldi Kuhl
Institut für Bildungswissenschaft
Leuphana Universität Lüneburg
Lüneburg, Niedersachsen, Deutschland

Michael Grosche
Institut für Bildungsforschung
Bergische Universität Wuppertal
Wuppertal, Nordrhein-Westfalen
Deutschland

Christine Sälzer
Institut für Erziehungswissenschaft
Universität Stuttgart
Stuttgart, Baden-Württemberg
Deutschland

Petra Stanat
Institut zur Qualitätsentwicklung
im Bildungswesen
Humboldt-Universität zu Berlin
Berlin, Deutschland

ISBN 978-3-658-27607-2 ISBN 978-3-658-27608-9 (eBook)
https://doi.org/10.1007/978-3-658-27608-9

Die Deutsche Nationalbibliothek verzeichnet diese Publikation in der Deutschen Nationalbibliografie; detaillierte bibliografische Daten sind im Internet über http://dnb.d-nb.de abrufbar.

Planung/Lektorat: Stefanie Laux
Springer VS ist ein Imprint der eingetragenen Gesellschaft Springer Fachmedien Wiesbaden GmbH und ist ein Teil von Springer Nature.
Die Anschrift der Gesellschaft ist: Abraham-Lincoln-Str. 46, 65189 Wiesbaden, Germany

Vorwort

In Folge der zunehmenden Bemühungen, im deutschen Bildungssystem Inklusion umzusetzen, werden immer mehr Schüler*innen mit sonderpädagogischen Förderbedarfen (SPF) an allgemeinen Schulen inklusiv unterrichtet, das heißt, Kinder mit SPF besuchen gemeinsam mit Kindern ohne SPF eine Regelschule. Diese Entwicklung hat dazu geführt, dass auch die Forschung zur Situation von Schüler*innen mit SPF in den vergangenen Jahren an Bedeutung gewonnen hat. Das Hauptaugenmerk liegt dabei auf Schüler*innen mit Lern- und Entwicklungsstörungen in den Förderschwerpunkten Lernen, Sprache und emotionale und soziale Entwicklung (LSE). Gerade auch diese Gruppe von Schüler*innen wird besonders häufig an allgemeinen Schulen inklusiv unterrichtet (KMK 2018).

Groß angelegte Schulleistungsstudien, die mit repräsentativen Stichproben bundesweit durchgeführt werden (sogenannte Large-Scale-Assessments), können eine gute Datengrundlage für die Untersuchung der Bedingungen, Umsetzungen und Folgen schulischer Inklusion von Schüler*innen mit den Förderschwerpunkten LSE bieten. Teilweise sind die Fallzahlen dieser Schüler*innen in den Stichproben der Studien recht hoch, sodass es anhand der Daten möglich ist, belastbare Analysen durchzuführen. In der Regel werden im Rahmen der Large-Scale-Assessments soweit wie möglich die Leistungen aller Schüler*innen einer Klasse erfasst. Dadurch sind vergleichende Auswertungen für Schüler*innen mit und Schüler*innen ohne SPF innerhalb einer Klasse möglich. Zudem werden umfangreiche Informationen zu Kontext- und Outputfaktoren erhoben, die für wissenschaftliche Analysen zu Gelingensbedingungen und Erträgen inklusiver Beschulung herangezogen werden können.

Neben den Potenzialen bundesweiter Studien für die Untersuchung der Situation von Schüler*innen mit SPF gibt es allerdings auch zahlreiche Herausforderungen. So werden Large-Scale-Assessments in der Regel primär für

Schüler*innen ohne SPF konzipiert, was die Frage aufwirft, inwieweit die Erhebungsinstrumente und die Erhebungsmodalitäten für Schüler*innen mit SPF geeignet sind und zu validen Ergebnissen führen (z. B. Heydrich et al. 2013). Zudem wird Inklusion in den Ländern und an einzelnen Schulen in sehr unterschiedlicher Weise umgesetzt und im Bereich der Diagnostik bestehen erhebliche Unterschiede (vgl. Gresch und Piezunka 2015; Sälzer et al. 2015). Während in manchen Bundesländern die Förderbedarfe LSE weiterhin diagnostiziert werden, wird dies in anderen Ländern kaum noch praktiziert, was die Identifikation von Schüler*innen mit SPF in Large-Scale-Assessments erschwert.

Für bundesweit durchgeführte Forschung zu den Förderschwerpunkten LSE stellen sich damit viele inhaltliche und methodische Fragen, die bislang nicht oder nur in Teilen geklärt werden konnten.

Vor diesem Hintergrund hat sich im Jahr 2012 das Netzwerk „NELSEN“ (NEtwork for Educational Large-Scale Studies including Students with Special Educational Needs) gegründet (siehe auch https://www.iqb.hu-berlin.de/institut/ab/abzib/nelsen), das seit 2017 von der Deutschen Forschungsgemeinschaft (DFG) eine Förderung erhält[1]. Im NELSEN-Netzwerk tauschen sich Forscher*innen unterschiedlicher Institutionen und Disziplinen über methodische und inhaltliche Fragen zur Einbeziehung von Schüler*innen mit SPF in Large-Scale-Assessments aus, wobei auch hier der Fokus auf den Förderschwerpunkten LSE liegt. Ziel des Netzwerks ist es, die mit Large-Scale-Assessments gewonnene Datengrundlage für diese Schüler*innengruppe zu verbessern und Erkenntnisse über Gelingensbedingungen und Erträge von Inklusion zu gewinnen.

Aus der Arbeit im NELSEN-Netzwerk entstand im Jahr 2015 bereits ein erster Sammelband mit dem Titel „Inklusion von Schülerinnen und Schülern mit sonderpädagogischem Förderbedarf in Schulleistungserhebungen“ (Kuhl et al. 2015). Die Beiträge in diesem Band beschäftigten sich mit der theoretischen Diskussion des Inklusionsbegriffs, dem aktuellen Stand sonderpädagogischer Förderung in Deutschland, methodischen Herausforderungen, die mit der Erfassung von Schüler*innen mit SPF im Rahmen von Large-Scale Assessments verbunden sind und ersten inhaltlichen Befunden, die mit Daten aus Large-Scale-Assessments für diese Schüler*Innengruppe gewonnen wurden.

Der hier vorliegende zweite Band des NELSEN-Netzwerks knüpft an diese Analysen an und führt sie fort. Teilweise wird dabei der Blick erweitert, etwa

[1]PN: 335675216/GZ: GR 4491/2-1.

durch eine internationale Perspektive; teilweise werden Aspekte zur Teilnahme von Schüler*innen mit SPF an Large-Scale-Assessments und der Analyse ihrer Lernbedingungen und Lernergebnisse vertieft. Der Band gliedert sich in drei Teile.

Teil A gibt einen einführenden Überblick über konzeptionelle Aspekte der Diagnose von Schüler*innen mit SPF und setzt sich mit Herausforderungen einer internationalen Anschlussfähigkeit von Forschungsarbeiten zur Situation von Schüler*innen mit SPF in Deutschland in Large-Scale-Assessments auseinander:

- In einem Übersichtsbeitrag diskutieren *Phillip Neumann und Birgit Lütje-Klose (beide Universität Bielefeld),* ob und welche diagnostischen Konzepte in einem inklusiven Schulsystem umgesetzt werden könnten und welche Konsequenzen sich daraus insbesondere für die quantitative Erforschung inklusiver Modelle und Praktiken ergeben.
- *Michael Grosche (Bergische Universität Wuppertal) und Timo Lüke (Technische Universität Dortmund)* entwickeln vier Vorschläge zur Frage, wie quantitative Forschungsarbeiten im internationalen Inklusionsdiskurs verortet werden können.
- Auch der Beitrag von *Christine Sälzer (Universität Stuttgart), Albert Denk (Technische Universität München), Fabian Müller (Université de Paris Descartes) und Michael Grosche (Bergische Universität Wuppertal)* nimmt eine internationale Perspektive ein. Die Autor*innen setzen sich mit der Frage auseinander, wie Schüler*innen in Deutschland, die einen SPF in den Förderschwerpunkten LSE aufweisen, aktuell in internationalen Large-Scale-Assessments einbezogen werden, welche spezifischen Herausforderungen damit verbunden sind und wie ihr Einbezug perspektivisch verbessert werden könnte.

Teil B des Herausgeberbandes beschäftigt sich mit verschiedenen methodischen Aspekten der Einbeziehung von Schüler*innen mit SPF in aktuelle Schulleistungsstudien.

- *Cornelia Gresch (Institut zur Qualitätsentwicklung im Bildungswesen an der Humboldt-Universität zu Berlin – IQB), Lena Nusser (Leibniz-Institut für Bildungsverläufe – LIfBi)* und *Pauline Kohrt (Institut zur Qualitätsentwicklung im Bildungswesen an der Humboldt-Universität zu Berlin – IQB)* untersuchen anhand von Daten des IQB-Bildungstrends 2016 und einer Pilotierungsstudie des IQB aus dem Jahr 2017, welche Möglichkeiten in der Vorbereitung und Durchführung der Erhebung bei Large-Scale-Assessments genutzt werden können, um potenzielle Zugangsbarrieren für Schüler*innen mit sonderpädagogischem Förderbedarf zu reduzieren oder auszuräumen.

- *Nicole Mahler, Jenny Kölm (beide Institut zur Qualitätsentwicklung im Bildungswesen an der Humboldt-Universität zu Berlin – IQB)* und *Birgit Werner (Pädagogische Hochschule Heidelberg)* beschreiben die Entwicklung und Erprobung von Mathematiktestaufgaben, die zur genaueren Erfassung mathematischer Kompetenzen von Schüler*innen mit dem sonderpädagogischen Förderschwerpunkt Lernen an Förderschulen in den Studien des IQB dienen sollten.
- *Lena Nusser (Leibniz-Institut für Bildungsverläufe – LIfBi), Sabine Weinert (Otto-Friedrich-Universität Bamberg), Cordula Artelt (Leibniz-Institut für Bildungsverläufe – LIfBi) und Claus Carstensen (Otto-Friedrich-Universität Bamberg)* stellen eine Reihe von Machbarkeitsstudien dar, die an Förderschulen mit dem sonderpädagogischen Förderschwerpunkt Lernen durchgeführt wurden, um zu prüfen, ob und wie Schüler*innen mit SPF Lernen im Rahmen des Nationalen Bildungspanels (NEPS) angemessen einbezogen werden können.

In Teil C dieses Herausgeberbandes werden schließlich ausgewählte Bedingungen und Erträge schulischer Inklusion analysiert.

- *Cornelia Gresch (Institut zur Qualitätsentwicklung im Bildungswesen an der Humboldt-Universität zu Berlin – IQB), Poldi Kuhl (Leuphana Universität Lüneburg) und Lena Külker (Institut zur Qualitätsentwicklung im Bildungswesen an der Humboldt-Universität zu Berlin – IQB)* beschreiben anhand von Daten des IQB-Bildungstrends 2016, wie sich Grundschulen, an denen Schüler*innen mit SPF in Deutschland unterrichtet werden, hinsichtlich ausgewählter schulischer Ausgangslagen und organisatorischer Gestaltungsformen unterscheiden.
- Ebenfalls mit Daten des IQB-Bildungstrends 2016 prüfen *Aleksander Kocaj, Malte Jansen (beide Institut zur Qualitätsentwicklung im Bildungswesen an der Humboldt-Universität zu Berlin – IQB), Poldi Kuhl (Leuphana Universität) und Petra Stanat (Institut zur Qualitätsentwicklung im Bildungswesen an der Humboldt-Universität zu Berlin – IQB),* ob innerhalb von Förderschulen und allgemeinen Schulen am Ende der 4. Jahrgangsstufe vergleichbare Zusammenhänge zwischen Merkmalen der Klassenkomposition und den schulischen Kompetenzen sowie dem akademischen Selbstkonzept und dem Interesse festzustellen sind.

- Schließlich stellen *Jenny Kölm, Nicole Mahler und Cornelia Gresch (alle Institut zur Qualitätsentwicklung im Bildungswesen an der Humboldt-Universität zu Berlin – IQB)* Analysen zur Frage vor, welche Zusammenhänge zwischen der Diagnose eines SPF im Förderschwerpunkt Lernen mit der zuwanderungsbezogenen, der sozialen und der leistungsbezogenen Klassenzusammensetzung bestehen.

In ihrer Gesamtheit geben die Kapitel dieses zweiten NELSEN-Bandes einen Einblick in den aktuellen Forschungsstand zu Fragen, die für die Einbeziehung von Schüler*innen mit SPF in Large-Scale-Assessments im Bildungsbereich von zentraler Bedeutung sind. Sie vertiefen, differenzieren und erweitern die Fragen und Antworten aus dem ersten NELSEN-Band und leisten damit einen Beitrag zur konzeptionellen und methodischen Weiterentwicklung der Forschung zur Situation von Schüler*innen mit SPF in Deutschland. Wir danken allen Autor*innen für ihre Beiträge und den Gutachter*innen für ihre hilfreichen Anmerkungen zu den Manuskripten.

Berlin — Cornelia Gresch
Lüneburg — Poldi Kuhl
Wuppertal — Michael Grosche
Stuttgart — Christine Sälzer
im September 2019 — Petra Stanat

Literatur

Autorengruppe Bildungsberichterstattung. (2014). *Bildung in Deutschland 2014. Ein indikatorengestützter Bericht mit einer Analyse zur Bildung von Menschen mit Behinderungen.* Bielefeld: Bertelsmann.

Gresch, C., & Piezunka, A. (2015). Schülerinnen und Schüler mit sonderpädagogischer Förderung (im Bereich „Lernen“) an Regelschulen. In P. Kuhl, P. Stanat, B. Lütje-Klose, C. Gresch, H. A. Pant, & M. Prenzel (Hrsg.), *Inklusion von Schülerinnen und Schülern mit sonderpädagogischem Förderbedarf in Schulleistungserhebungen* (S. 181–220). Wiesbaden: Springer VS.

Heydrich, J., Weinert, S., Nusser, L., Artelt, C., & Carstensen, C. H. (2013). Including students with special educational needs into large-scale assessments of competencies: Challenges and approaches within the German National Educational Panel Study (NEPS). *Journal for Educational Research Online, 5*(2), 217–240.

KMK. (2018). Sekretariat der Ständigen Konferenz der Kultusminister der Länder in der Bundesrepublik Deutschland. Sonderpädagogische Förderung in Schulen 2007 bis 2016. Dokumentation Nr. 214 – Juni 2018. Zugegriffen: 6. Sept. 2019. https://www.kmk.org/fileadmin/Dateien/pdf/Statistik/Dokumentationen/Dok_214_SoPaeFoe_2016.pdf.

Kuhl, P., Stanat, P., Lütje-Klose, B., Gresch, C., Pant, H. A., & Prenzel, M. (Hrsg.). (2015). *Inklusion von Schülerinnen und Schülern mit sonderpädagogischem Förderbedarf in Schulleistungserhebungen*. Wiesbaden: Springer VS.

Sälzer, C., Gebhardt, M., Müller, K., & Pauly, E. (2015). Der Prozess der Feststellung sonderpädagogischen Förderbedarfs in Deutschland. In P. Kuhl, P. Stanat, B. Lütje-Klose, C. Gresch, H. A. Pant, & M. Prenzel (Hrsg.), *Inklusion von Schülerinnen und Schülern mit sonderpädagogischem Förderbedarf in Schulleistungserhebungen* (S. 129–152). Wiesbaden: Springer VS.

Inhaltsverzeichnis

Teil A
Konzeptionelle Aspekte

Diagnostik in inklusiven Schulen – zwischen Stigmatisierung, Etikettierungs-Ressourcen-Dilemma und förderorientierter Handlungsplanung

Phillip Neumann und Birgit Lütje-Klose

Zusammenfassung

In diesem Beitrag wird die Frage diskutiert, ob und welche diagnostischen Konzepte in einem inklusiven Schulsystem umgesetzt werden können und sollten und welche Konsequenzen sich daraus für die Erforschung inklusiver Modelle und Praktiken ergeben. Einem historischen Abriss über die Entwicklung unterschiedlicher diagnostischer Perspektiven hinsichtlich der Feststellung sonderpädagogischen Unterstützungsbedarfs folgt eine kritische Diskussion unter den Stichworten *Statusdiagnostik* versus *Prozessdiagnostik*. Vor diesem Hintergrund werden Einsatzbereiche, Vorzüge und Nachteile von formellen und informellen Verfahren aus inklusions- und sonderpädagogischer Perspektive betrachtet. Anschließend erfolgt eine Systematisierung unterschiedlicher Zielsetzungen (sonder-)pädagogischer Diagnostik unter besonderer Berücksichtigung ihrer Einsatzbereiche und Umsetzungsformen. Deren möglicher Informationsgehalt sowie die jeweiligen Konsequenzen für empirische Studien in der Bildungsforschung werden zum Abschluss diskutiert.

P. Neumann (✉) · B. Lütje-Klose
Fakultät für Erziehungswissenschaft, Universität Bielefeld, Bielefeld, Deutschland
E-Mail: phillip.neumann@uni-bielefeld.de

B. Lütje-Klose
E-Mail: birgit.luetje@uni-bielefeld.de

C. Gresch et al. (Hrsg.), *Schüler*innen mit sonderpädagogischem Förderbedarf in Schulleistungserhebungen*, https://doi.org/10.1007/978-3-658-27608-9_1

Abstract
The article discusses the question of whether and which diagnostic concepts can and should be implemented in an inclusive school system and what consequences emerge for research on inclusive models and practices. A historical outline of the development of different diagnostic perspectives with regard to the assessment of special educational needs is followed by a critical discussion under the headings *status diagnostics* versus *process-oriented diagnostics*. Against this background, the applications, advantages and disadvantages of formal and informal procedures are examined from inclusive and special educational perspectives. Subsequently, different objectives of (special) pedagogical diagnostics are systematized with special consideration of their areas of application and forms of implementation. Finally, possible values of their resulting information and possible consequences for empirical studies in educational research will be discussed.

1 Einleitung

Diagnostik in inklusiven Schulen – damit ist ein heikles, viel und widersprüchlich diskutiertes pädagogisches Handlungsfeld angesprochen. Während die einen die potenziellen Stigmatisierungsrisiken von Diagnostik anprangern (Wocken 2010) und vor allem normorientierte Verfahren als „subjektfeindlich" im Widerspruch zu den Zielen inklusiver Pädagogik wahrnehmen (z. B. Jantzen 1990, S. 172 ff.; Ziemen 2015 S. 43), gilt den anderen eine differenzierte diagnostische Perspektive als maßgebliche Grundlage jeglichen (inklusiven) pädagogischen Handelns in Unterricht und Förderung (z. B. Ricken und Schuck 2011, S. 110) oder pädagogisches Handeln ohne Diagnostik sogar als unmöglich (z. B. Pitsch 2015).

Zudem wird die Bestimmung der mit schulischer Inklusion adressierten Personen uneinheitlich vorgenommen. Im Sinne eines *engen* Inklusionsbegriffs steht maßgeblich die Differenzkategorie „sonderpädagogischer Förder- und Unterstützungsbedarf" und eine Feststellung durch Statusdiagnostik im Mittelpunkt des Interesses. Bei einem *weiten* Inklusionsverständnis wird hingegen eine grundsätzlich individualisierende Perspektive auf die Entwicklungsniveaus und Förderziele *aller* Schüler*innen und in Bezug auf verschiedene Differenzlinien unter weitgehendem Verzicht auf sonderpädagogische Kategorisierungen vertreten. Der Fokus einer prozessorientierten, förderrelevanten Diagnostik liegt hier auf den besonderen Unterstützungsbedarfen der Schüler*innen mit besonderen Risikofaktoren und hoher Vulnerabilität (Lindmeier und Lütje-Klose 2018).

Aber nicht nur für den Unterricht und eine differenzielle Leistungsbewertung, sondern insbesondere auch für die wissenschaftliche Erforschung von differenziellen Schüler*innenentwicklungen, von Wirkungen inklusiver und exklusiver Beschulung oder von spezifischen Interventionen stellt der Verzicht auf eine formale Diagnostik und die Kategorisierung von Schüler*innen als sonderpädagogisch förderbedürftig (z. B. im Förderschwerpunkt Lernen in den ersten zwei Schuljahren in Nordrhein-Westfalen) gegebenenfalls ein Problem dar. Dies gilt auch für Large-Scale-Assessments, in denen Schüler*innen mit sonderpädagogischen Förderbedarfen vermehrt berücksichtigt werden (Kuhl et al. 2015).

Zwischen diesen verhärteten Fronten geht nicht selten der Blick auf die unterschiedlichen Funktionen und Einsatzbereiche (sonder-)pädagogischer und pädagogisch-psychologischer Diagnostik in Bezug auf die inklusive Schul- und Unterrichtsentwicklung ebenso wie auf ihre wissenschaftliche Untersuchung und Konsequenzen für die Schulsystementwicklung verloren. Im Beitrag werden vor diesem Hintergrund die Diskussionslinien um die Pluralität unterschiedlicher diagnostischer Perspektiven und Zugangsweisen aufgezeigt und in ihrer jeweiligen Funktion und Bedeutsamkeit für die inklusive Schule auf verschiedenen Ebenen eingeordnet. Dabei ist der Fokus im Kontext dieses Bandes vor allem auf die Bedeutung der entsprechenden Zugangsweisen für die wissenschaftliche Erforschung gerichtet.

Zunächst wird ein Problemaufriss zur Bedeutung (sonder-)pädagogischer Diagnostik im Rahmen der wissenschaftlichen Erforschung inklusiver Schulentwicklung gegeben. Daran schließt sich ein zum Verständnis erforderlicher, kurzer historischer Abriss über die Entwicklung unterschiedlicher diagnostischer Perspektiven in der deutschen Schullandschaft und ihre kritische Diskussion unter den Stichworten *Statusdiagnostik* versus *Prozessdiagnostik* an. Vorzüge und Nachteile von formellen und informellen Verfahren sowie ihre möglichen Einsatzbereiche werden aus inklusionspädagogischer und sonderpädagogischer Perspektive betrachtet (Abschn. 2 und 3). Darauf folgt eine Systematisierung unterschiedlicher Zielsetzungen (sonder-)pädagogischer Diagnostik mit Blick auf ihre Einsatzbereiche und Umsetzungsformen sowie die jeweiligen Konsequenzen für die Forschung (Abschn. 4). Abschließend werden Ansatzpunkte für die Umsetzung diagnostischer Vorgehensweisen in Forschungszusammenhängen gekennzeichnet.

2 Diagnostik im Zusammenhang wissenschaftlicher Forschung – ein Problemaufriss

Mit der Steigerung des öffentlichen Interesses an inklusiver Beschulung – insbesondere seit der Ratifizierung der UN-Behindertenrechtskonvention – sind Schüler*innen mit sonderpädagogischen Unterstützungsbedarfen auch in Studien zur Schulentwicklung und Large-Scale-Assessments (PISA, TIMSS, IQB-Bildungstrend, NEPS) in den Fokus gerückt. In diesen Studien wird zur Differenzierung zwischen Schüler*innen mit und ohne sonderpädagogischen Unterstützungsbedarf bislang weitgehend auf das Vorliegen eines amtlich festgestellten, sonderpädagogischen Förderbedarfs oder Angaben der Schule zum Vorliegen sonderpädagogischer Förderung zurückgegriffen (Gresch und Piezunka 2015). Vor dem Hintergrund unterschiedlicher schulgesetzlicher Rahmenbedingungen hinsichtlich sonderpädagogischer Förderung und divergierender Anforderungen an entsprechende Feststellungsverfahren (Piezunka et al. 2016) sowie der Analysen zur Teilpopulation der Schüler*innen mit sonderpädagogischem Förderbedarf im Rahmen des IQB-Bildungstrends 2016 (Gresch et al. 2017) stellt es sich als Problem dar, diese Gruppe einheitlich zu bestimmen. So ist mit den Autor*innen des IQB-Bildungstrends festzustellen:

> „Das Konzept des [sonderpädagogischen Förderbedarfs (SPF)] ist als Grundlage für aussagekräftige statistische Darstellungen mit einfachen und klaren Kriterien eine besondere Herausforderung, da bislang weder in der Literatur noch in der Praxis Einigkeit darüber besteht, unter welchen Bedingungen eine Schülerin beziehungsweise ein Schüler als Person mit SPF oder sonderpädagogischer Förderung erfasst wird. Sowohl der amtlich festgestellte SPF als auch die sonderpädagogische Förderung können hierbei eine Rolle spielen. Hinzu kommt, dass auch diese Kriterien in sehr unterschiedlicher Weise definiert werden: Den amtlichen Feststellungsverfahren liegen in den Ländern unterschiedliche Diagnoseverfahren zugrunde, und die sonderpädagogische Förderung erfolgt mit unterschiedlichen Maßnahmen“ (Gresch et al. 2017, S. 288).

Wie aber kommt es, dass in Deutschland keine einheitlichen Kriterien zur Bestimmung sonderpädagogischer Förder- und Unterstützungsbedarfe vorliegen und daher ihre vergleichende Erforschung so schwierig erscheint? Zur Klärung dieser Frage ist es erforderlich, einen Blick in die Geschichte (sonder-)pädagogischer Diagnostik und ihrer Funktionen in Deutschland zu werfen.

3 Von der Sonderschulbedürftigkeit zum besonderen Unterstützungsbedarf – unscharfe Kategorien und professionsspezifisch unterschiedliche Auslegungen

Blickt man in die Geschichte der pädagogischen Teildisziplin Sonderpädagogik, zu deren gesetzlichen Auftrag und Professionsmerkmal in Deutschland die maßgebliche Zuständigkeit für die Feststellung sonderpädagogischer Förderbedarfe gehört (Moser 2003), so ist eine kritische Auseinandersetzung mit dieser Aufgabe seit vielen Jahrzehnten zu beobachten (z. B. Kottmann 2006). Die Legitimation der Sonderpädagogik als spezifische Teildisziplin der Pädagogik ist seit ihren Anfängen in Deutschland an die Zuständigkeit für eine bestimmte Klientel, Menschen mit Behinderungen, bzw. im schulischen Rahmen Schüler*innen mit sonderpädagogischen Förderbedarfen, gebunden (Moser 2000).[1]

Dass zu dieser Zuständigkeitszuschreibung allerdings nicht nur die prozessbegleitende Diagnose und Förderung, sondern zugleich die Bestimmung darüber gehört, wer zu dieser (eigenen) Klientel gehören sollte, ist nicht unumstritten (Moser 2000). Als Reaktion ist in den aktuellen Schulgesetzgebungen mittlerweile überwiegend eine gemeinsame Begutachtung durch jeweils eine sonderpädagogische und eine allgemeine Lehrkraft vorgesehen (z. B. die Verordnung über die sonderpädagogische Förderung, den Hausunterricht und die Schule für Kranke in Nordrhein-Westfalen, vgl. AOSF NRW 2016).

Dennoch wird diese Aufgabe in der pädagogischen Praxis – folgt man entsprechenden Befragungen zu den Rollen und Aufgaben der verschiedenen Professionen in inklusiven Settings – den sonderpädagogischen Lehrkräften federführend zugeschrieben (z. B. Melzer et al. 2015; Moser 2014). Dies kann durchaus als historisch gewachsene Besonderheit gelten: Das „Gatekeeping" über die Vergabe spezieller Förderleistungen (de Terra 2018) erfolgt in der Regel auf Grundlage eines Feststellungsverfahrens durch die Zuordnung von besonderen, volkswirtschaftlich teureren Maßnahmen. Diese Leistungen umfassen traditionell die Sonderbeschulung in einer speziell ausgestatteten Schulform, fachlich besonders qualifiziertes Personal oder kleinere Gruppengrößen. Im Rahmen der inklusiven Beschulung sind spezifische Strategien der Förderplanung und individualisierte Fördermaßnahmen, sonderpädagogisches Personal

[1]Erst in jüngster Zeit gibt es im Zuge der Inklusionsbemühungen Überlegungen zu der Frage, ob und wie ggf. die Kategorie Behinderung für eine disziplinäre Verortung der Sonderpädagogik zu ersetzen sei (Kuhl 2019; Hopmann 2019).

sowie behinderungsspezifisch angemessene Vorkehrungen in der Regelschule vorgesehen. Das „Gatekeeping“ im Kontext sonderpädagogischer Förderung obliegt in vielen anderen Ländern der Psychologie und/oder Medizin oder der Administration, die aufgrund stark formalisierter Prozederes und standardisierter Verfahren darüber entscheiden, ob „special educational needs“ vorliegen (z. B. in den USA, vgl. Powell 2011). Die deutschen Verfahren zur Feststellung sonderpädagogischen Förderbedarfs sind hingegen nicht nur von Bundesland zu Bundesland, sondern sogar innerhalb einzelner Regionen unterschiedlich geregelt (Sälzer et al. 2015) und vielfach nicht an die Durchführung standardisierter Verfahren gebunden. Sie sind als Kind-Umfeld-Diagnosen konzipiert, im Rahmen derer entwicklungsfördernde und -hemmende Bedingungen in verschiedenen Settings und Konstellationen abzuwägen sind. Dies erfordert ein hohes Maß an Professionalität und Urteilsvermögen sowie gut abgesicherte Absprachen mit allen Beteiligten.

In der sonderpädagogischen Disziplin selbst gilt die Begutachtungsaufgabe denn auch manchen als Belastung (Eggert 2007): Im Spannungsfeld zwischen den Vorteilen der Gewährung besonderer Hilfen und Leistungen für bedürftige Schüler*innen einerseits und dem Bewusstsein für damit verbundene Stigmatisierungsrisiken andererseits fällt es Sonderpädagog*innen in ihrer Doppelrolle als Lehrkräfte und Fördernde sowie als administrativ beauftragte Professionelle zur Begutachtung offenbar nicht leicht, diesem Auftrag nachzukommen. Eggert (2007) spricht auf Grundlage von Befragungen von Lehrkräften in den 1990er Jahren von einem „Unbehagen“ in Bezug auf die Diagnostik, das sich vor allem an der persönlichen Verantwortung für die Gewährung oder Verwehrung von Lebenschancen festmacht, die mit der Kategorisierung als „behindert“, „sonderschulbedürftig“ (seit den KMK-Empfehlungen von 1972), „sonderpädagogisch förderbedürftig“ (seit den KMK-Empfehlungen von 1994) bzw. „besonders unterstützungsbedürftig“ (seit den KMK-Empfehlungen von 2011) und damit gegebenenfalls verbundenen Stigmatisierungsprozessen verknüpft ist. Dass diese Fragen auch grundsätzlich mit einer „Dialektik von Inklusion und Exklusion“ zu tun haben, in der sonderpädagogisches Handeln sich stets bewegt, rekonstruiert Herz (2017) in ihren Ausführungen zur Geschichte der Sektion Sonderpädagogik in der Deutschen Gesellschaft für Erziehungswissenschaft.

Kritik an Statusdiagnostik

Die Kritik an der sogenannten Statusdiagnostik, mit der ein bestimmter Behinderungsstatus auf Grundlage der Ergebnisse psychometrischer Testverfahren festgestellt und festgeschrieben wird, wurde seit den 1970er Jahren von einer

Gruppe sonderpädagogischer Psycholog*innen aufgeworfen, die diesem Ansatz eine förderdiagnostische Perspektive gegenüberstellten. Die Protagonisten, zu denen unter anderem Kornmann et al. (1983), Eggert (1986), Probst (1982), Kutzer (1982), Schuck (2008), Arnold und Kretschmann (2002), Kobi (2003) sowie in besonders radikaler Form Feuser (1995) und Jantzen (1990) gehörten, verstanden sich fast durchgängig als Vertreter einer „kritischen Sonderpädagogik" und konturierten ihre Position als Gegenentwurf zu einer seit der Weimarer Republik jahrzehntelang verfestigten und im Nationalsozialismus pervertierten „Diagnostik der Aussonderung". Auf Grundlage standardisierter Testverfahren (maßgeblich auf Basis von Intelligenztests) wurde über den Status einer Person als „sonderschulbedürftig" entschieden und damit ihr Verbleib in einer allgemeinen Schule verunmöglicht – denn mit dem Status der „Sonderschulbedürftigkeit" ging bis in die 1990er Jahre in den Schulgesetzgebungen auf Grundlage der KMK-Empfehlungen von 1972 eine Verpflichtung zum Besuch der Sonderschule einher. Die Zuordnung erfolgte entsprechend der begutachteten Kategorisierung zu einer den definierten Behinderungen entsprechenden Sonderschule (Sonderschule für Lernbehinderte, Sprachbehinderte, Verhaltensgestörte, Geistigbehinderte, Körperbehinderte, Blinde, Sehbehinderte, Gehörlose, Hörbehinderte, vgl. KMK-Empfehlungen 1972). Da es mit wenigen Ausnahmen (vor allem bei den sogenannten Sprachbehinderungen) kaum Rückschulungen zu den allgemeinen Schulformen gab, erwies sich die einmalige Begutachtung als nachhaltig teilhabe-beeinträchtigend für den zukünftigen Lebensweg der betroffenen Schüler*innen, wie aus heutiger Perspektive eindrucksvoll etwa in den Fallstudien von Pfahl (2011) und van Essen (2013) nachgezeichnet wird.

Im Zuge der förderdiagnostischen „Bewegung" wurde diesem Vorgehen eine prozessorientierte diagnostische Perspektive gegenübergestellt, die sich von Anfang an auch kritisch mit der institutionellen Zuweisung von Schüler*innen zu Sonderschulen auseinandersetzte und für eine integrative Beschulung plädierte. Eggert (1986) fasste die entsprechende Entwicklung mit den Schlagworten „von der Auslese- und Selektionsdiagnostik zur Förderdiagnostik" zusammen und verband seine Kritik an der verpflichtenden Sonderbeschulung zugleich mit einer grundsätzlichen Infragestellung standardisierter psychometrischer Testverfahren. Ebenso wie Eggert sah auch Begemann (1989) die Sonderpädagogik in einer „Sinnkrise", die sich maßgeblich an der Kritik diagnostischer Verfahrensweisen festmachte:

> „Die Frage nach der Integration der Behinderten in unsere Gesellschaft hat nicht nur die Frage nach der besten schulischen Platzierung und Förderung der Behinderten aufgeworfen, sondern grundsätzlicher auch die Frage nach dem, was Sonder-

> pädagogik erbracht hat und zu leisten imstande ist … Dabei ist mehr als fraglich, daß (sic) man Beeinträchtigungen und Behinderungen an einem Behinderten feststellen kann, weil sich Behinderte immer in einer ökologischen Situation mit einer bestimmten Biographie und Lebenssituation befinden. Dabei ist mehr als fraglich, daß (sic) die bisherigen diagnostischen Instrumente zur Erfassung der Lebens- und Lernsituation geeignet sind und die Gestaltung von Lernmöglichkeiten und Lernhilfen ableiten lassen. Es ist anzunehmen, daß (sic) eine vorausgehende Diagnostik hier kaum ertragreiche Informationen gewinnen kann. Es kommt wohl mehr auf die dauernde Lernbegleitung an, die nicht unabhängig vom Unterricht zu praktizieren ist" (Begemann 1989, S. 22).

In der neuen Perspektive wurden die je spezifische Lebenssituation und die ökologischen Bedingungen betont, unter denen Behinderung entsteht und als solche interpretiert wird, sowie die grundsätzliche Entwicklungsfähigkeit und Veränderbarkeit von Menschen. Dahinter steht eine maßgeblich soziologische und ökologische Perspektive auf Behinderung im Unterschied zu einer medizinischen Orientierung, wie sie später unter anderem von Cloerkes (2007) ausdifferenziert wurde. Eine weitere Kritik an der Feststellungsdiagnostik bezog sich darauf, dass Statusdiagnosen sonderpädagogisches Personal binden und damit hohe Kosten verursachen, aber mit Blick auf eine konkrete Planung und Umsetzung von Fördermaßnahmen keine oder nur wenige pädagogische Implikationen ermöglichen (Wocken 2010): Eine Ableitung von Fördermaßnahmen ist aus der reinen Feststellung einer Abweichung von der Norm in einem bestimmten Entwicklungsbereich (Intelligenz, Sprache, Lese-Rechtschreibentwicklung, Mathematik, Motorik und Wahrnehmung usw.) nicht möglich. Hierzu bedarf es vielmehr für jeden betrachteten Entwicklungsbereich eines Entwicklungsmodells und einer strukturbezogenen Diagnostik sowie kriterialer Bezugsnormen (z. B. für den Bereich Mathematik: Kutzer 1982; Kornmann 2010; für den Bereich der semantischen Entwicklung und des Schriftspracherwerbs: Probst 1981, 1982; für den Bereich der Motorik und Wahrnehmung: Eggert und Ratschinski 1993; des Selbstkonzepts: Eggert und Reichenbach 2003; der Raum-Zeit-Wahrnehmung: Eggert und Bertrand 2002).

Konsequenzen für eine prozessorientierte, förderrelevante Diagnostik

Im Anschluss an die beschriebene Kritik an der Statusdiagnostik postulierten die Protagonisten der frühen Förderdiagnostik nicht weniger als einen Paradigmenwechsel von der Diagnostik zum Zwecke der Zuordnung zu einer bestimmten Schulform hin zur Feststellung des individuellen Förderbedarfs unabhängig vom Ort der Beschulung und mit Priorität auf der gemeinsamen Unterrichtung, wie er dann in den KMK-Empfehlungen von 1994 und in den nachfolgenden

Schulgesetzen zumindest als gesetzliche Vorgabe, wenn auch nicht in der schulischen Praxis, umgesetzt wurde.[2]

Dieser Paradigmenwechsel umfasst demnach folgende Grundsätze (Eggert 1986, 2007):

- *Von der Konstanz- zur Veränderungsannahme* menschlicher Entwicklung, die anstelle einer Feststellung eines im Prinzip unveränderlichen „Defekts" (wie eines niedrigen Intelligenz-, Sprachstands- oder Motorikquotienten) auf eine Bestimmung der potenziellen Entwicklungsmöglichkeiten und Gestaltung entsprechender Bedingungen ausgerichtet ist;
- *Von der Segregation zur Integration* (heute: Inklusion) mit der Perspektive der De-Institutionalisierung, in der mit Blick auf die anglo-amerikanischen Entwicklungen (Education of All Handicapped Children Act 1975, neu gefasst als Individuals with Disabilities Education Act 1991) mit den Prinzipien der am wenigsten einschränkenden Lernumgebung (Least Restrictive Environment) und individuellen Förder- und Entwicklungsplänen (Individualized Education Plans, IEP) eine grundsätzlich gemeinsame Unterrichtung von Schüler*innen mit und ohne Behinderungen im Mainstream der allgemeinen Schule starkgemacht wurde;
- *Von der Typologie und Klassifikation zur Individualisierung:* Auf Grundlage des Anti-Labeling-Approach nach Mercer (1973) wurden die psychometrische Einteilung normalen und abweichenden Verhaltens anhand von standardisierten Verfahren und die damit verbundene Kategorisierung grundsätzlich infrage gestellt und stattdessen eine individuelle Bezugsnormorientierung durch die Bestimmung individualisierter Entwicklungsziele postuliert.

---

[2]In den auf die KMK-Empfehlungen von 1994 folgenden Schulgesetzen wurde in den einzelnen Bundesländern ein Vorrang der gemeinsamen Unterrichtung vor der Sonderbeschulung von Schüler*innen mit einem festgestellten sonderpädagogischen Förderbedarf (SPF) postuliert. De facto sanken die Anteile der in Förderschulen unterrichteten Schüler*innen allerdings trotzdem nicht wesentlich, was sich bis heute in den meisten Bundesländern noch immer so darstellt (Autorengruppe Bildungsberichterstattung 2018). Die zunehmende inklusive Beschulung von Kindern mit SPF ist vielmehr auf eine Ausweitung der Zuweisung sonderpädagogischer Förderbedarfe zurückzuführen, wie sie an den insgesamt kontinuierlich steigenden Förderquoten in den letzten 15 Jahren von bundesweit 5,3 % im Jahr 2000/2001 auf 7,1 % im Jahr 2016/17 ablesbar sind. Ausnahmen sind vor allem die Stadtstaaten Bremen, Hamburg und Berlin sowie als Flächenland Schleswig-Holstein, die ihre Förderbeschulungsquoten tatsächlich substanziell zugunsten inklusiver Beschulung absenkten (Autorengruppe Bildungsberichterstattung 2018).

Der Begriff der Förderdiagnostik wurde daran anschließend folgendermaßen bestimmt: Förderdiagnostik „umfasst alle diagnostischen Tätigkeiten, durch die bei einzelnen Lernenden und den in einer Gruppe Lernenden Voraussetzungen und Bedingungen planmäßiger Lehr- und Lernprozesse ermittelt, Lernprozesse analysiert und Lernergebnisse festgestellt werden, um individuelles Lernen zu optimieren“ (Ingenkamp und Lissmann 2008, S. 13). Dies erfolgt im Rahmen eines hypothesengeleiteten Prozesses von Beobachtung, Hypothesenbildung, Förderung, Evaluation und Neubewertung sowie gegebenenfalls Veränderung der Maßnahmen mit dem Ziel, eine bestmögliche Passung zwischen Förderbedürfnissen und Fördermöglichkeiten herzustellen (Eggert 2007). Die oben genannten, in den 1980er Jahren bis heute entwickelten förderdiagnostischen Materialien erheben dabei den Anspruch, diagnostische Verfahren und Beobachtungen unmittelbar in der Unterrichts- und Förderpraxis nutzbar zu machen und den Lernprozess begleitend immer wieder zu evaluieren. Diese Perspektive wird auch in den neueren Ansätzen „inklusiver Diagnostik“ (Simon und Geiling 2016) als Alternative zur sonderpädagogischen Statusdiagnostik aufgegriffen. Auch in den neueren Modellen werden auf Grundlage von Strukturmodellen der Entwicklung vorrangig qualitative Instrumente erarbeitet und evaluiert (z. B. ILEA und ILEA T; Geiling et al. 2016). Dabei beruht der Großteil auf Konzepten der *Integrationspädagogik,* wie die inklusive Diagnostik im Anschluss an die inklusive Didaktik (Prengel 2016), deren Grundlage eine „Pädagogik der Vielfalt“ (Prengel 1993) ist.

Das Argument der Bedeutsamkeit einer *lernprozessbegleitenden Diagnostik* für die konkrete Unterrichtsarbeit im Alltag hat, wie daran deutlich wird, bis heute nichts von seiner Aktualität eingebüßt. International wurde und wird dieses Prinzip unter dem Stichwort „curriculum-based measurement“ (CBM) bzw. Lernverlaufsdiagnostik bearbeitet (zsf. Stecker et al. 2005), wobei in dieser Traditionslinie maßgeblich quantitative standardisierte anstelle von qualitativen Verfahren eingesetzt werden, die sich auf konkrete Lerngegenstände beziehen (vor allem in den Feldern des Schriftspracherwerbs und der mathematischen Basiskompetenzen). Auch aus dieser Perspektive wird betont, dass die Wirksamkeit von Fördermaßnahmen dann am höchsten ist, wenn sie bestmöglich zu den Lernausgangslagen der Schüler*innen passen. In Deutschland wurden und werden aktuell von verschiedenen Forscher*innengruppen Verfahren entwickelt, die dem CBM zuzuordnen sind (z. B. „quop“; Souvignier et al. 2014a, b; Börnert-Ringleb 2018; Hartke 2017; Voß et al. 2016 u. a.).

Dieser Zugang wird auch bei an Response-to-Intervention-Modellen (RTI) orientierten Konzepten starkgemacht (Huber et al. 2013; Huber und Grosche 2012; Börnert-Ringleb et al. 2018; Mahlau 2018; Voß et al. 2016; Hartke 2017

u. a.). Spezifisch angepasste, niederschwellig und schnell umzusetzende diagnostische Maßnahmen (z. B. zur Lesegeschwindigkeit als zentraler Indikator für Lesekompetenzen) werden dabei in kurzen Zeitabständen immer wieder systematisch durchgeführt, um festzustellen, ob die Schüler*in auf die angebotenen Fördermaßnahmen „antwortet", die Maßnahmen also erfolgreich sind, oder ob Adaptionen erforderlich sind (Hartke 2017). In einem dreistufigen Modell werden auf Stufe 1 Screening-Verfahren für alle Schüler*innen durchgeführt, um eventuelle Problemlagen in einzelnen Entwicklungsbereichen frühzeitig zu erkennen. Auf Stufe 2 folgt für die identifizierten ca. 20 % auffälligen Schüler*innen ein entsprechend an den jeweiligen Entwicklungsbereich angepasstes Förderangebot über standardisierte Programme, die in den Unterricht eingebunden oder additiv in Kursform erteilt werden. Für ca. 5 % der Schüler*innen, für die diese Maßnahmen nicht ausreichend sind, werden darüber hinaus individualisierende Fördermaßnahmen im Team entwickelt und in innerer oder äußerer Differenzierung des Unterrichts umgesetzt (Hartke 2017; Huber und Grosche 2012).

Die Autoren verwenden hierfür allerdings nicht den Begriff der Förderdiagnostik, sondern der förderrelevanten Diagnostik (Hasselhorn und Gold 2017) bzw. Lernverlaufsdiagnostik. Damit wird die Erkenntnis betont, dass sich Förderorientierungen – im Unterschied zu den in den 1980er und 1990er Jahren postulierten Vorstellungen – auch bei einem Bezug auf konkrete Entwicklungsmodelle keineswegs aus der Diagnostik direkt ableiten lassen. Vielmehr bedarf es des Zwischenschrittes einer Interpretation und validen *Förderplanung,* im Rahmen derer die diagnostischen Ergebnisse interpretiert und zur Entwicklung von Förderhypothesen und konkreten, SMART formulierten Förderzielen genutzt werden (Mutzeck 2000; Kretschmann 2008; Popp et al. 2017): Diese müssen spezifisch, messbar, attraktiv, realistisch und terminierbar (d. h. in einem festzulegenden Zeitraum erreichbar) sein, die Ergebnisse sollen evaluiert und daran anschließend gegebenenfalls neue Ziele formuliert werden.

Die in der förderdiagnostischen Phase der 1970er bis 1990er Jahre entwickelten Verfahren können dabei unseres Erachtens als Vorläufer der aktuell entstehenden diagnostischen Instrumente der Lernverlaufsdiagnostik verstanden werden, auch wenn sie von den entsprechenden Protagonist*innen kaum zur Kenntnis genommen werden. Sie unterscheiden sich allerdings von ihnen in einem wesentlichen Punkt: Während die frühen förderdiagnostischen Verfahren ebenso wie die im Rahmen der Inklusionspädagogik favorisierten Ansätze vorrangig als umfangreiche diagnostische Inventare konzipiert waren und auf Grundlage der Kritik an standardisierter Diagnostik maßgeblich auf die qualitative Beobachtung in vorstrukturierten Situationen setzen, wird in den aktuellen

Verfahren mit quantifizierenden Instrumenten gearbeitet, die möglichst zeitökonomisch Hinweise für die Entwicklung in einem konkreten, meist klein abgesteckten Lernbereich ermöglichen (Grosche 2014). Kritisiert wird hieran aus inklusionspädagogischer Perspektive nicht selten, dass die Lernverlaufsdiagnostik „Defizitfahndung statt Schatzsuche" (Eggert 2007) betreibe, also durch das dreistufige Verfahren die Aufmerksamkeit der Pädagog*innen defizitorientiert auf Fehler und „Noch-nicht-Gekonntes" gelenkt werde. Stattdessen sollen im Rahmen inklusiver Diagnostik die Ressourcen im Individuum ebenso wie Ressourcen in seinem Umfeld in den Mittelpunkt gerückt und durch die Schaffung positiver Lernentwicklungsbedingungen die aktive Aneignung individuell relevanter Lerngegenstände unterstützt werden (z. B. Ziemen 2015).

Wie sich bereits in den frühen Veröffentlichungen zur sonderpädagogischen Diagnostik zeigt, ist mit der Kritik an der Statusdiagnostik vor allem die Forderung nach De-Institutionalisierung und De-Kategorisierung verbunden (Hinz 2002, 2009), wie sie später im Zuge der Inklusionsdebatte und der Ratifizierung der UN-Behindertenrechtskonvention (UN-BRK) betont wurde. Diese Position beansprucht bis heute Gültigkeit und wird insbesondere durch die seit den 2000er Jahren sich entwickelnden Disability Studies stark gemacht. Im Rahmen derer wird eine Behinderung als soziale Konstruktion und nicht als medizinischer Sachverhalt interpretiert, was in der Schulpraxis – welche maßgeblich auf Kategorisierung statt De-Konstruktion ausgerichtet ist – zu widersprüchlichen Anforderungen führt (Walgenbach 2018; zsf. Lütje-Klose 2018).

Dilemmata of Difference

Das Aushandeln der widersprüchlichen Anforderungen in inklusiven Settings, einerseits Stigmatisierung durch De-Kategorisierung zu vermeiden und andererseits Ressourcen und Unterstützung durch Kategorisierung zu gewinnen und zielgerichtet bzw. bedarfsorientiert einzusetzen, stellt national wie international ein immer wieder diskutiertes, zentrales Dilemma bei der Umsetzung inklusiver Pädagogik im Bildungssystem dar. In der deutschen Diskussion wurde dafür von Füssel und Kretschmann (1993) der Begriff „Etikettierungs-Ressourcen-Dilemma" eingeführt (vgl. auch Wocken 1996). Norwich (2009) spricht analog dazu von sogenannten „dilemmata of difference" (identification, location and curriculum dilemma, vgl. zsf. Lindmeier und Lütje-Klose 2018) und sieht das mit der Kategorisierung verbundene „identification dilemma" als eine der zentralen Herausforderungen bei der Bearbeitung inklusionsbezogener Probleme in der Schule. Denn der mit der Forderung nach De-Kategorisierung verbundene weitestmögliche Verzicht auf die Feststellung sonderpädagogischer oder weiterer besonderer Förderbedarfe birgt zugleich das Risiko, entsprechende Beeinträchtigungen der Schüler*innen nicht benennen und die für ihre Unterstützung erforderlichen Ressourcen nicht einfordern zu können. Dies wiederum steht im Widerspruch zu den Forderungen im Rahmen der UN-BRK, die das Recht auf eine den spezifischen individuellen Bedingungen entsprechende Unterstützung und die Schaffung angemessener Vorkehrungen gegen Schulversagen und soziale Exklusionsprozesse in der Schule starkmachen (UN-BRK, Art. 24 Abs. 2; vgl. auch Wrase 2015, 2017; Boger 2015).

Daran anschließend bringen Boger und Textor (2015) den Begriff des „Förderungs-Stigmatisierung-Dilemma" ein und nehmen damit Bezug auf das alltägliche Handlungsproblem, dass nicht nur der diagnostische Prozess und das Ergebnis der Kategorisierung selbst, sondern bereits die sonderpädagogische Förderung bzw. die Unterstützung durch die Person einer Sonderpädagog*in an sich unter bestimmten Umständen Stigmatisierungsrisiken bergen kann (vgl. auch Idel et al. 2019). Diese These wird unter anderem durch Videoanalysen inklusiven Unterrichts gestützt, in denen exkludierende Prozesse im Unterricht dokumentiert werden (z. B. Sturm und Wagner-Willi 2016; Rabenstein et al. 2017).

Die aus der inklusionspädagogischen Tradition stammenden Formen „didaktischer Diagnostik" (Prengel 2016; Geiling et al. 2016) sind daher darauf ausgerichtet, stigmatisierende Zuschreibungen und Situationen für einzelne Schüler*innen und damit auch äußere Differenzierungsformen des Unterrichts zu vermeiden, wo immer dies möglich ist. Die Individualisierung wird nicht als Gegenpol zur Herstellung von Gemeinsamkeit gefasst, sondern gleichzeitig mit ihr im unterrichtlichen Handeln realisiert (Scheidt 2017). So sind diagnostische Maßnahmen in Form von Beobachtungen, Analysen von Arbeitsproben, Erhebung von Leistungsständen etc. grundsätzlich an alle Schüler*innen in ihrer Individualität gerichtet, nicht an bestimmte Subgruppen (wie etwa im RTI-Modell); eine gruppenbezogene Einteilung in verschiedene Kompetenzniveaus wird vielmehr grundsätzlich zugunsten einer Betonung der Vorzüge heterogener Lerngruppen abgelehnt. Da individualisierende Maßnahmen wie zum Beispiel Feedback im Rahmen von Lernentwicklungsgesprächen und Portfolios, individualisierende Unterrichtsgestaltung im Rahmen des „Lernens am gemeinsamen Gegenstand" (Feuser 1995) in Projekten oder im gestuften Unterricht mit Kompetenzrastern unter Berücksichtigung unterschiedlicher Differenzkategorien den inklusiven Unterricht im Kern prägen, werden diagnostische und fördernde Maßnahmen dementsprechend nicht getrennt verstanden, sondern bilden eine Einheit. In diesem Sinne argumentiert Prengel (2016) für eine „didaktische Diagnostik als Element alltäglicher Lehrerarbeit" und nicht als eine davon abgetrennte, zusätzliche Aufgabe.

Nimmt man diese Form der diagnostischen Orientierung als Ausgangspunkt für Forschungsarbeiten in inklusiven Settings, so wären vorrangig qualitative, auf die Mikroperspektive der individuellen Lernentwicklung oder Interaktion (unter Peers wie auch mit den Lehrkräften) ausgerichtete Zugänge zu favorisieren. Für gruppenvergleichende Fragestellungen (z. B. die zur Erforschung bestimmter Unterrichtskonzeptionen, der Wirkungen bestimmter Strukturelemente oder Schulformen) ergeben sich hieraus aufgrund der starken Betonung eines individualisierten und nicht gruppenbezogenen Zugangs dagegen eher Grenzen.

4 Versuch einer Systematisierung: Zielsetzungen (sonder-)pädagogischer Diagnostik, ihre Einsatzbereiche und Umsetzungsformen

Versucht man, die verschiedenen Zugänge zu schulrelevanter, (sonder-)pädagogischer Diagnostik im Kontext von Behinderung und sonderpädagogischen Förderbedarfen zu systematisieren, so erweisen sich die Überlegungen von Kobi (2003) als konstruktiv. Seine Systematik zeichnet sich dadurch aus, dass sie die Anlässe, Zielsetzungen und (möglichen) Schlussfolgerungen von Diagnostik in ihrer Verwobenheit berücksichtigt und dennoch zu unterscheidbaren Kategorien führt. Demnach lassen sich acht Zielsetzungen von Diagnostik im Kontext von „Behinderung" im Feld Schule erkennen. Durch ihre Zielsetzungen produzieren die verschiedenen Formen von Diagnostik auch unterschiedliche Erkenntnisse. Diese sind hinsichtlich ihrer Nutzbarkeit und Aussagekraft für die pädagogische Praxis und für (quantitativ-empirische) Forschungsarbeiten unterschiedlich zu bewerten.

▶ **Deskriptive Diagnostik und Klassifizierungs-Diagnostik** Einen beschreibenden Charakter weisen die *deskriptive Diagnostik* und die *Klassifizierungs-Diagnostik* auf. Ihr Ziel ist nach Kobi (2003) die möglichst genaue Beschreibung eines „Problemkreises" (Kobi 2003, S. 59) bzw. eine detaillierte Beschreibung der identifizierten Probleme zum Zwecke der Differenzialdiagnostik, um ähnliche Phänomene zu systematisieren und gegebenenfalls besser zu differenzieren. Dies ist notwendig, um Kommunikation zwischen professionell Handelnden über einen Gegenstandsbereich zu ermöglichen.

Diese Formen der Diagnostik bzw. die aus ihnen im Laufe der Zeit herauskristallisierten „Störungsbilder" stellen häufig die Grundlage für die Bildung von Gruppen in quantitativ-empirischen Forschungsarbeiten dar, wenn beispielsweise die Gruppe der Schüler*innen mit sonderpädagogischem Förderbedarf im Schwerpunkt Lernen systemvergleichend (z. B. BiLieF, Stranghöner et al. 2017; IQB-Ländervergleich Primarstufe, Kocaj et al. 2014) oder verschiedene Gruppen innerhalb einer Schulform (z. B. PInG, Spörer et al. 2015) untersucht werden. Ergebnisse vertiefender Analysen des IQB-Bildungstrend 2016 zur Teilpopulation der Schüler*innen mit sonderpädagogischen Förderbedarfen zeigen jedoch, dass ein Teil der Schüler*innen mit dem Label eines amtlich festgestellten sonderpädagogischen Förderbedarfs *keine* sonderpädagogische Förderung erfahren und ebenso Schüler*innen sonderpädagogische Förderung erhalten, die (noch) kein amtlich festgestelltes Etikett haben (Gresch et al. 2017). Dies ist ein Hinweis darauf, dass die Etikettierung von Schüler*innen in der Schule offenbar Dynamiken unterliegt, die bei einer Weiterverwertung der Ergebnisse dieser Zuschreibungsprozesse (z. B. im Forschungskontext) berücksichtigt werden müssen (s. u.). Hierfür sprechen auch die teils gravierenden Unterschiede der Förderquoten zwischen den Bundesländern (Hollenbach-Biele 2016).

▶ **Funktionale Diagnostik und Kausal-Diagnostik** Über die reine Beschreibung von Zuständen und Situationen hinaus werden in der *funktionalen Diagnostik* und der *Kausal-Diagnostik* Zusammenhänge zwischen den Problemkreisen und anderen Merkmalen von Personen und Situationen gesucht. Sie bauen unter Umständen auf den Erkenntnissen einer vorherigen deskriptiven oder Klassifizierungs-Diagnostik auf. Dabei beschränkt sich die funktionale Diagnostik auf die Identifikation korrelativer Zusammenhänge, das heißt, es wird danach gefragt, welche Situationen und Merkmale vermehrt gemeinsam auftreten, ohne dabei Anspruch auf die Identifikation kausaler Zusammenhänge zu erheben. Dies wiederum ist das Ziel der Kausal-Diagnostik.

Diese Formen der Diagnostik sind für solche Forschungsarbeiten relevant, in denen empirische Zusammenhänge aufgedeckt werden sollen, die dann als Orientierung für pädagogische Praxis dienen sollten: beispielsweise Untersuchungen zum Zusammenhang von Unterrichtsmethoden und Lernentwicklung (z. B. zur „on-task"-Zeit bei Schüler*innen mit einem sonderpädagogischen Förderbedarf ESE: Textor 2005) oder zur Korrelation zwischen einem Migrationshintergrund der Familie, dem sozioökonomischen Status und einem zugewiesenen Förderbedarf (Kornmann 1998, 2003; Löser und Werning 2011).

Bei beiden Formen stellt sich jedoch bei der Interpretation empirischer Forschungsarbeiten die Frage, inwieweit in der Schullandschaft auffindbare Kategorien, wie beispielsweise der sonderpädagogische Förderbedarf als amtliches Label, bestimmte Kovariaten subsumieren oder gegebenenfalls mit noch nicht erfassten Merkmalen von Schüler*innen, aber auch Merkmalen der Schulen (z. B. dem Ressourceneinsatz: Lambrecht et al. 2016) korrelieren, die gegebenenfalls aussagekräftigere Implikationen aufweisen würden als das formal zugewiesene Label.

Typisierungs-Diagnostik Die *Typisierungs-Diagnostik* reicht noch ein Stück weiter als die bisher genannten Diagnoseformen, da bei ihr über die reine Beschreibung, Systematisierung und Korrelation von Merkmalen hinaus auch daran anschließende Maßnahmen wie die Einleitung bestimmter therapeutischer Angebote oder pädagogischer Interventionen bei Auftreten bestimmter Merkmalsausprägungen das Ziel darstellen. Die Logik der Typisierungs-Diagnostik folgt einem „Wenn-Dann"-Muster: Wenn Diagnose A, dann Intervention B. Eine solche Form der Kombination von standardisierter Diagnostik und standardisierter Förderung findet sich beispielsweise in Konzepten im Rahmen des Response-To-Intervention-Ansatzes (RTI; z. B. Huber und Grosche 2012). In der Adaption des RTI-Konzepts in Deutschland sollen durch Screening-Verfahren die „non-responder" des regulären Unterrichts identifiziert werden. Als Reaktion wird eine standardisierte, intensivere Förderung eingeleitet (Voß et al. 2016). Individualisierte Diagnostik und Förderung ist im RTI-Konzept erst bei dauerhaftem Abweichen von der Lern- und/oder Verhaltensnorm vorgesehen.

Selektions- bzw. Platzierungs-Diagnostik Die *Selektions- bzw. Platzierungs-Diagnostik* hat eine lange Tradition im deutschen Schulwesen (s. o.). Am Ende der Grundschulzeit müssen Lehrkräfte weiterhin Übergangsempfehlungen aussprechen, auch wenn diese nicht zwingend bindend sind für die Entscheidung, auf welche Schulform ein Kind in der Sekundarstufe wechselt. Die sonderpädagogische Diagnostik war lange Zeit vorrangig mit der Frage der „richtigen" Platzierung in einer spezifischen Institution im Bildungswesen – der Sonderschule – verknüpft.

Nach den Empfehlungen der KMK 1994 wurde diese strikte Platzierungsdiagnostik zumindest konzeptionell aufgehoben. Unter der dann vorherrschenden Perspektive auf die Feststellung sonderpädagogischen Förderbedarfs und dem Primat integrativer bzw. nunmehr inklusiver Beschulung dient die sonderpädagogische Diagnostik nicht mehr per se der Überweisung von Schüler*innen auf eine Sonder- bzw. Förderschule, sondern soll vor allem den (Mehr-)Bedarf an Förderung feststellen und ist somit in eine *Statusdiagnostik* als Form der *Klassifizierungsdiagnostik* (s. o.) übergegangen. Hiermit ist nunmehr häufig die Generierung eines Anspruches auf sonderpädagogische Ressourcen verbunden.

Diese Form der Diagnostik wird in quantitativ-empirischen Forschungsarbeiten immer dann relevant, wenn Schüler*innen in verschiedenen Schulformen verglichen werden, da der Zuweisung zu den verschiedenen Schulformen (z. B. Grundschulen und Förderschulen; Hauptschulen und Förderschulen) eine entsprechende Selektionsdiagnostik vorausging. Problematisch ist bei einem reinen Rückgriff auf nicht-kontrollierte Selektionsdiagnostik via Differenzierung von Stichproben nach Schulform, dass die Entscheidung für die Methodik der Selektionsdiagnostik deutlich auch von der sogenannten Gutachtervariable (Mand 2002; Kottmann 2006) abhängt. In der deutschen Situation wenig formalisierter Überprüfungsverfahren werden je nach Vorerfahrungen und Einstellungen der begutachtenden Personen unterschiedliche Kriterien für die Entscheidung für oder gegen einen Förderschwerpunkt sowie für oder gegen eine inklusive Schule versus eine Förderschule getroffen. Die Entscheidungskriterien für die Platzierung von Schüler*innen auf verschiedene Schulformen sind daher nur schwer miteinander vergleichbar.

Dennoch wird in der Forschung vor allem auf Zuweisungen entsprechend der Diagnostik dieser Art zurückgegriffen, wenn zum Beispiel Förderquoten aus verschiedenen Ländern beschrieben und/oder verglichen werden, indem die Kategorie eines festgestellten sonderpädagogischen Förderbedarfs zur Identifikation von Kindern mit sonderpädagogischem Förderbedarf in Schulen herangezogen wird. Dies ist für die Vergleichbarkeit von bundesländerübergreifenden Studien deshalb problematisch, da die jeweiligen Quoten in den Bundesländern teilweise drastisch differieren und davon auszugehen ist, dass entsprechende Problemlagen von Schüler*innen in diesem Ausmaß voneinander abweichen. Beispielsweise lag die Förderquote im sonderpädagogischen Förderschwerpunkt Sprache in Nordrhein-Westfalen im Schuljahr 2017 bei 13,8 % der Schüler*innen mit zugewiesenem sonderpädagogischem Förderbedarf. In Bremen hingegen lag der Anteil dieser Schüler*innen 2016 bei 2,5 % (Idel et al. 2019). Auf diese Problematik wies bereits Klemm (2015, S. 13) hin: „Derartige Befunde stützen die Hypothese, dass die Differenzen nicht in unterschiedlichen Leistungsfähigkeiten bzw. Behinderungsgraden der Schülerinnen und Schüler begründet sind, sondern in verschiedenen Maßstäben bei der Diagnose von Förderbedarf."

Bildbarkeits- bzw. Förder(ungs)-Diagnostik Die *Bildbarkeits- bzw. Förder(ungs)-Diagnostik* baut auf Erkenntnissen der bislang dargestellten Diagnoseformen auf: „Ihre Aufgabe besteht darin […] sich Klarheit zu verschaffen über die Bildungsmöglichkeiten und die damit korrespondierenden erzieherischen und unterrichtlichen Notwendigkeiten und Zielsetzungen" (Kobi 2003, S. 69). Es geht also nicht mehr um eine Beschreibung eines interindividuell übergreifenden Problemfeldes oder um die Identifikation von verallgemeinerbaren Zusammenhängen zwischen Merkmalsausprägungen, auch nicht um eine statische Zuweisung zu einem bestimmten institutionellen Programm. Stattdessen rückt eine als problematisch identifizierte soziale Konstellation in den Fokus diagnostischer Bemühungen: „Aus einer konkreten Behinderungssituation heraus werden konkrete, kurz- und mittelfristige Bildungsziele und Förderungspläne entwickelt" (Kobi 2003, S. 69).

Dies ist ein zentraler Schlüssel für eine gelingende inklusive Beschulung von Kindern und Jugendlichen in herausfordernden Lebenssituationen. Nur eine systematische Förderplanung liefert letztendlich ausreichende Informationen als Entscheidungsgrundlage für pädagogische Interventionen und deren Evaluation. Aufgrund der hochgradigen Individualisierung von Förderplänen und der Berücksichtigung von Faktoren *außerhalb des Individuums* (z. B. die familiäre Situation) scheint diese Diagnoseform allerdings zunächst ungeeignet zu sein für quantitativ-empirische Forschungsarbeiten. Perspektivisch könnten aus der Analyse von Förderplänen gegebenenfalls vergleichbarere Populationen von Schüler*innen verglichen werden, wenn hierdurch Problemlagen deutlicher beschrieben werden, als dies bislang durch die Zuweisung eines sonderpädagogischen Förderbedarfs geschieht. Denn wie der IQB-Bildungstrend gezeigt hat, werden auch Kinder ohne Label sonderpädagogisch gefördert, wohingegen nicht alle Kinder mit Label sonderpädagogische Förderung erhalten (Gresch et al. 2017). Das bedeutet jedoch, dass die Schätzung von Effekten *sonderpädagogischer Förderung* in bisherigen Forschungsarbeiten gegebenenfalls verzerrt wurde, wenn einerseits unterschiedliche Zielgruppen untersucht wurden und andererseits Schüler*innen, welche sonderpädagogische Förderung (oder auch andere, weitergehende Förderung) erhielten, ohne ein amtliches Verfahren durchlaufen zu haben, nicht als solche identifiziert wurden. Dies stellt eine zentrale Herausforderung für zukünftige Studien dar, welche die Effekte sonderpädagogischer Förderung untersuchen und die Bedingungen gelingender inklusiver Schulentwicklung eruieren.

Normalisierungs- bzw. Integrationsdiagnostik Die *Normalisierungs*[3] *- bzw. Integrationsdiagnostik* folgt den gleichen Logiken wie die Bildbarkeits- bzw. Förder(ungs)-Diagnostik (Kobi 2003, S. 72). Allerdings steht hierbei nicht mehr die Idee der Anpassung pädagogischer Interventionen und Settings im

[3]Der hier verwendete Begriff der Normalisierung bezieht sich auf das Normalisierungsprinzip von Bank-Mikkelsen aus den 1970er Jahren und den damit verbundenen Anspruch auf ein Leben „so normal wie möglich" auch unter der Bedingung von Behinderung, wie es in die skandinavische Sozialgesetzgebung eingegangen ist. Im Sinne von Links (2006) Unterscheidung transnormalistischer, flexibel-normalistischer und protonormalistischer Normalitätskonstruktionen (Lingenauber 2008, zsf. Lütje-Klose 2018) wird hier auf eine flexibel-normalistische Position rekurriert.

Mittelpunkt. Stattdessen wird in diesem Rahmen die Anerkennung des jeweiligen individuellen Zustandes adressiert. Erst aufbauend auf der Feststellung eines Zustandes – in diesem Fall einer Beeinträchtigung – kann dieser als Teil der Person und als Teil des Systems (der Familie, der Klasse, der Schule) anerkannt und in diesem Sinne „normalisiert" werden.

Diese Zielstellung ist quasi die zweite Seite der Medaille der Förderungsdiagnostik unter der Prämisse inklusiver Schulentwicklung im menschenrechtlichen Verständnis der UN-BRK: Neben der Schaffung bestmöglicher Bedingungen für die Entwicklung *aller* Kinder soll zugleich die Normalisierung von Verschiedenheit – also auch die Normalität von Beeinträchtigungen – vorangetrieben werden. Dies geht für die pädagogische Praxis mit inhärenten Widersprüchen und Dilemmata zwischen Förderung, De-Kategorisierung und Anerkennung von Differenzen einher (Lütje-Klose 2011; Prengel 2006; Boger 2015).

5 Fazit

Die Frage nach dem Sinn und Zweck von (sonderpädagogischer) Diagnostik und ihrer Berechtigung in inklusiven Schulen lässt sich vor den hier aufgespannten historischen Entwicklungen und vor den teils (inhärenten) widersprüchlichen Anforderungen pädagogischer Praxis in inklusiven Schulen nicht mit einem einfachen „Ja" oder „Nein" beantworten.

Für die pädagogische Praxis ist vielmehr mit Pitsch (2015, S. 43) zu konstatieren: „Man kann nicht nicht diagnostizieren." Umso bedeutender ist es, dass Lehrkräfte und Sonderpädagog*innen sowie weitere Fachkräfte die eingesetzten Diagnoseinstrumente und deren Ergebnisse in kooperativen Prozessen abwägen und aus unterschiedlichen professionellen Perspektiven diskutieren (Pollmeier 2019, S. 81 f.). Analog dazu wird der Stellenwert einer multiperspektivischen Sicht auf das Kind und des systematischen Austausches über erfolgversprechende Strategien der Entwicklungsförderung zum Beispiel auch im Konzept der kooperativen Lernbegleitung nach Werning betont (Werning und Avci-Werning 2015).

Dabei sollte auch reflektiert werden, ob die gewählten diagnostischen Instrumente und Zugänge für das damit anvisierte Ziel einen gehaltvollen inhaltlichen Beitrag leisten können oder ob damit eher die Gefahr einer unnötigen und gegebenenfalls stigmatisierenden Zuschreibung erhöht wird. Auch die Anschlussfähigkeit der diagnostischen Erkenntnisse und deren pädagogische Implikationen für das Kind sollten gewährleistet werden.

Für (vorrangig quantitativ-empirische) Forschungsarbeiten ist perspektivisch zu berücksichtigen, dass dokumentierte diagnostische Ergebnisse aus der pädagogischen Praxis unter Umständen wenig empirischen Gehalt für die Definition von Untersuchungsgruppen aufweisen. Damit soll jedoch nicht die Qualität der (sonderpädagogischen) Diagnostik in der momentanen Schulpraxis gescholten werden. Es gilt allerdings zu bedenken, dass die Verwertungszusammenhänge der Ergebnisse von Diagnostik dort andere sind als in der empirischen Forschung, worauf auch Schuck (2003, S. 44) hinweist: „Denn Diagnostik ist ein Werkzeug, es entfaltet seine Wirkungen nach Maßgabe der Theorien und Konzepte und der praktischen Möglichkeiten derjenigen, die dieses Werkzeug, in welchen Verwertungszusammenhängen auch immer, gebrauchen. Deshalb kann über die Qualität von Diagnostik nur nachgedacht werden, wenn die Verwertungszusammenhänge und die dort herrschenden und leitenden Theorien über Lernen und Entwicklung, Erziehung und Bildung zur Sprache kommen."

Forscher*innen im Feld der inklusiven Schulforschung, Sonderpädagogik, empirischen Erziehungswissenschaft und Bildungsforschung sollten für eine valide Schätzung der Wirksamkeit sonderpädagogischer Interventionen und Förderung dementsprechend die folgenden Aspekte hinsichtlich konzeptioneller und theoretischer Überlegungen zur untersuchten Gruppe berücksichtigen: Welche Zielgruppe soll untersucht werden? Inwiefern eignen sich hierfür bereits die im Feld vorhandenen Kategorien? Entsprechen die aus der Diagnostik im Feld Schule hervorgegangenen Etikettierungen der Zielgruppenbeschreibung und den Feststellungen in der eigenen Studie? Muss die eigentlich zu untersuchende Zielgruppe durch eigene Erhebungen bzw. eigene Diagnostik (je nach Fragestellung z. B. in Bezug auf die kognitive Grundkompetenz, sprachliche Lernausgangslage oder Schulleistungsaspekte) neu bestimmt werden? Hierdurch können mögliche und unerwünschte Effekte der Reifizierung gegebenenfalls stigmatisierender Kategorien reduziert und die Schätzung der Effektivität (sonder-)pädagogischer Interventionen verbessert werden.

Literatur

AOSF NRW (Stand 01.06.2015). Verordnung über die sonderpädagogische Förderung, den Hausunterricht und die Schule für Kranke (Ausbildungsordnung sonderpädagogische Förderung – AOSF). Vom 29. April 2005 zuletzt geändert durch Verordnung vom 01. Juli 2016. https://www.schulministerium.nrw.de/docs/Recht/Schulrecht/APOen/SF/AO_SF.pdf. Zugegriffen: 12. Juli 2019.

Arnold, K.-H., & Kretschmann, R. (2002). Förderdiagnostik, Förderplan und Förderkontrakt: Von der Eingangsdiagnose zu Förderungs- und Fortschreibungsdiagnosen. *Zeitschrift für Heilpädagogik, 53*(7), 266–271.

Autorengruppe Bildungsberichterstattung. (2018). *Bildung in Deutschland 2018*. Bielefeld: WBV Publikation.

Begemann, E. (1989). Sind sonderpädagogische Förderbedürfnisse „Behinderter" mit den bekannten standardisierten Verfahren diagnostizierbar? *Sonderpädagogik in Rheinland-Pfalz, 1*, 22–37.

Boger, M.-A. (2015). Theorie der trilemmatischen Inklusion. In I. Schnell (Hrsg.), *Herausforderung Inklusion. Theoriebildung und Praxis* (S. 51–62). Bad Heilbrunn: Klinkhardt.

Boger, M.-A., & Textor, A. (2015). Das Förderungs-Stigmatisierungs-Dilemma oder: Der Effekt diagnostischer Kategorien auf die Wahrnehmung von Lehrkräften. In B. Amrhein (Hrsg.), *Diagnostik im Kontext inklusiver Bildung* (S. 79–97). Bad Heilbrunn: Klinkhardt.

Börnert-Ringleb, M. (2018). Die Erfassung von Lernpotentialen und benötigter Unterstützung: Dynamisches Testen. *Potsdamer Zentrum für empirische Inklusionsforschung (ZEIF)*.

Börnert-Ringleb, M., Bosch, J., & Wilbert, J. (2018). Lernverlaufsdiagnostik. In M. Dziak-Mahler, T. Hennemann, S. Jaster, T. Leidig, & J. Springob (Hrsg.), *Fachdidaktik inklusiv II – (Fach-)Unterricht inklusiv gestalten – Theoretische Annäherungen und praktische Umsetzungen*. Münster: Waxmann.

Cloerkes, G. (2007). *Soziologie der Behinderten* (3., neu bearb. u. erw. Aufl.). Heidelberg: Winter.

De Terra, W. (2018). *Das Dilemma des Janusgesichts. Empirische Erkundung der Verhältnisse zwischen Behinderung und Geschlecht in Kindheit und Jugend*. Bad Heilbrunn: Klinkhardt.

Eggert, D. (1986). Von der Umschulungsdiagnostik zur lernentwicklungsorientierten Förderdiagnostik: Zur Problematik der Anwendung psychologischer Testverfahren in der sonderpädagogischen Praxis. *Sonderschule in Niedersachsen, 2*, 24–35.

Eggert, D. (2007). *Von den Stärken ausgehen. Individuelle Entwicklungspläne (IEP) in der Lernförderungsdiagnostik* (5., verb. & überarb. Aufl.). Basel: Borgmann.

Eggert, D., & Bertrand, L. (2002). *RZI: Raum-Zeit-Inventar der Entwicklung der räumlichen und zeitlichen Dimension bei Kindern im Vorschul- und Grundschulalter und deren Bedeutung für Kulturtechniken Lesen, Schreiben und Rechnen*. Dortmund: Borgmann.

Eggert, D., & Ratschinski, G. (1993). *Diagnostisches Inventar motorischer Basiskompetenzen*. Dortmund: Borgmann.

Eggert, D., & Reichenbach, C. (2003). *Das Selbstkonzept Inventar (SKI) für Kinder im Vorschul- und Grundschulalter: Theorie und Möglichkeiten der Diagnostik*. Dortmund: Borgmann.

Feuser, G. (1995). *Behinderte Kinder und Jugendliche*. Darmstadt: Wissenschaftliche Buchgesellschaft.

Füssel, H. P., & Kretschmann, R. (1993). *Gemeinsamer Unterricht für behinderte und nichtbehinderte Kinder: Pädagogische und juristische Voraussetzungen. Gutachten im Auftrag der Max-Traeger-Stiftung*. Bonn: Wehle.

Geiling, U., Liebers, K., & Prengel, A. (2016). *Das Handbuch ILEA-T*. https://ilea-t.reha.uni-halle.de/das_handbuch_ilea_t/.

Gresch, C., & Piezunka, A. (2015). Schülerinnen und Schüler mit sonderpädagogischer Förderung (im Bereich „Lernen") an Regelschulen. In P. Kuhl, P. Stanat, B. Lütje-Klose, C. Gresch, H. A. Pant, & M. Prenzel (Hrsg.), *Inklusion von Schülerinnen und Schülern mit sonderpädagogischem Förderbedarf in Schulleistungserhebungen* (S. 181–219). Wiesbaden: Springer.

Gresch, C., Kölm, J., & Kocaj, A. (2017). Amtlich festgestellter sonderpädagogischer Förderbedarf und sonderpädagogische Förderung. In P. Stanat, S. Schipolowski, C. Rjosk, S. Weirich, & N. Haag (Hrsg.), *IQB-Bildungstrend 2016. Kompetenzen in den Fächern Deutsch und Mathematik am Ende der 4. Jahrgangsstufe im zweiten Ländervergleich* (S. 282–290). Münster: Waxmann.

Grosche, M. (2014). Fördermaßnahmen im Prozess überprüfen. Das Konzept der Lernverlaufsdiagnostik. In T. Bohl, A. Feindt, B. Lütje-Klose, M. Trautmann, & B. Wischer (Hrsg.), *Fördern* (S. 113–115). Seelze: Friedrich.

Hartke, B. (Hrsg.). (2017). *Handlungsmöglichkeiten Schulische Inklusion. Das Rügener Modell kompakt.* Stuttgart: Kohlhammer.

Hasselhorn, M., & Gold, A. (2017). *Pädagogische Psychologie: Erfolgreiches Lernen und Lehren* (4., aktualisierte Aufl.). Stuttgart: Kohlhammer.

Herz, B. (2017). *Zur historischen Proximetrie einer Wissenschaftsdisziplin: Sonderpädagogik und die Dialektik von Inklusion und Exklusion.* Bad Heilbrunn: Klinkhardt.

Hinz, A. (2002). Von der Integration zur Inklusion – Terminologisches Spiel oder konzeptionelle Weiterentwicklung? *Zeitschrift für Heilpädagogik, 53,* 354–361.

Hinz, A. (2009). Inklusive Pädagogik in der Schule – Veränderter Orientierungsrahmen für die schulische Sonderpädagogik!? Oder doch deren Ende?? *Zeitschrift für Heilpädagogik, 60,* 171–179.

Hollenbach-Biele, N. (2016). Inklusion statt Förderschule? Zum Stand des gemeinsamen Unterrichts in Deutschland. In Bertelsmann Stiftung (Hrsg.), *Inklusion kann gelingen! Forschungsergebnisse und Beispiele guter schulischer Praxis* (S. 11–33). Gütersloh: Bertelsmann Stiftung.

Hopmann, B. (2019). *Inklusion in den Hilfen zur Erziehung – Ein capabilities-basierter Inklusionsansatz.* Bielefeld: Universität Bielefeld. https://doi.org/10.4119/unibi/2936393.

Huber, C., & Grosche, M. (2012). Das response-to-intervention Modell als Grundlage für einen inklusiven Paradigmenwechsel in der Sonderpädagogik. *Zeitschrift für Heilpädagogik, 63,* 312–322.

Huber, C., Grosche, M., & Schütterle, P. (2013). Inklusive Schulentwicklung durch response-to-intervention (RTI) – Realisierungsmöglichkeiten des RTI-Konzepts im Förderbereich Lesen. *Gemeinsam Leben – Zeitschrift für Inklusion, 21*(2), 79–90.

Idel, T.-S., Lütje-Klose, B., Grüter, S., Mettin, C., Meyer, A., Neumann, P., et al. (2019). Inklusion im Bremer Schulsystem. In K. Maaz, M. Hasselhorn, T.-S. Idel, E. Klieme, B. Lütje-Klose, & P. Stanat (Hrsg.), *Zweigliedrigkeit und Inklusion im empirischen Fokus Ergebnisse der Evaluation der Bremer Schulreform* (S. 121–161). Münster: Waxmann.

Ingenkamp, K., & Lissmann, U. (2008). *Lehrbuch der Pädagogischen Diagnostik.* Weinheim: Beltz.

Jantzen, W. (1990). Zur Diagnose von Tätigkeit und Persönlichkeit. In W. Jantzen (Hrsg.), *Allgemeine Behindertenpädagogik* (Vol. II, S. 164–208). Weinheim: Beltz.

Klemm, K. (2015). *Inklusion in Deutschland. Daten und Fakten*. Gütersloh: Bertelsmann Stiftung.

Kobi, E. E. (2003). *Diagnostik in der heilpädagogischen Arbeit* (5. überarb. Aufl.). Luzern: Ed. SZH/CSPS.

Kocaj, A., Kuhl, P., Kroth, A. J., Pant, H. A., & Stanat, P. (2014). Wo lernen Kinder mit sonderpädagogischem Förderbedarf besser? Ein Vergleich schulischer Kompetenzen zwischen Regel- und Förderschulen in der Primarstufe. *Kölner Zeitschrift für Soziologie und Sozialpsychologie, 66,* 165–191.

Kornmann, R. (1998). Wie ist das zunehmende Schulversagen bei Kindern von Migranten zu erklären und zu beheben? *Vierteljahresschrift für Heilpädagogik und ihre Nachbargebiete, 67*(1), 55–68.

Kornmann, R. (2003). Die Überrepräsentation ausländischer Kinder und Jugendlicher in Sonderschulen mit dem Schwerpunkt Lernen. In G. Auernheimer (Hrsg.), *Schieflagen im Bildungssystem* (S. 71–85). Wiesbaden: Springer VS.

Kornmann, R. (2010). *Mathematik: Für Alle von Anfang an!* Bad Heilbrunn: Klinkhardt.

Kornmann, R., Meister, H., & Schlee, J. (Hrsg.). (1983). *Förderdiagnostik – Konzepte und Realisierungsmöglichkeiten*. Heidelberg: Schindele.

Kottmann, B. (2006). *Selektion in die Sonderschule. Das Verfahren zur Feststellung von sonderpädagogischem Förderbedarf als Gegenstand empirischer Forschung*. Bad Heilbrunn: Klinkhardt.

Kretschmann, R. (2008). Individuelles Fördern. *Von der Förderdiagnose zum Förderplan. Schulmagazin, 5–10*(4), 5–8.

Kuhl, J. (2019). Die kontroverse Debatte: Das Pädagogische der Sonderpädagogik? Ein Kommentar zum Artikel von Andreas Kuhn. *Vierteljahresschrift für Heilpädagogik und ihre Nachbargebiete, 88*(2), 146–151.

Kuhl, P., Stanat, P., Lütje-Klose, B., Gresch, C., Pant, H. A., & Prenzel, M. (Hrsg.). (2015). *Inklusion von Schülerinnen und Schülern mit sonderpädagogischem Förderbedarf in Schulleistungserhebungen*. Wiesbaden: Springer VS.

Kutzer, R. (1982). Strukturorientierter Mathematikunterricht in der Schule für Lernbehinderte. In H. Probst (Hrsg.), *Kritische Behindertenpädagogik in Theorie und Praxis* (2. Aufl., S. 29–62). Solms: Jarick Oberbiel.

Lambrecht, J., Bosse, S., Henke, T., Jäntsch, C., & Spörer, N. (2016). Eine inklusive Grundschule ist eine inklusive Grundschule? Wie sich inklusive Grundschulen anhand ihres Umgangs mit Ressourcen unterscheiden lassen. *Zeitschrift für Bildungsforschung, 6,* 135–150.

Lindmeier, C., & Lütje-Klose, B. (2018). Inklusion. In M. Harring, M. Gläser-Zikuda, & C. Rohlfs (Hrsg.), *Handbuch Schulpädagogik* (S. 43–53). Münster: Waxmann.

Lingenauber, S. (2008). Normalität. In S. Lingenauber (Hrsg.), *Handlexikon der Integrationspädagogik* (Bd. 1, S. 160–168)., Kindertageseinrichtungen Bochum, Freiburg: Projekt Verlag.

Link, J. (2006). *Versuch über den Normalismus* (3., erg., überarb. & neu gestaltete Aufl.). Göttingen: Vandenhoeck & Ruprecht.

Löser, J. M., & Werning, R. (2011). Equity for Immigrant Students in German Schools? In A. J. Artiles, E. B. Kozleski, & F. R. Waitoller (Hrsg.), *Inclusive education. Examining equity on five continents* (S. 89–100). Cambridge: Harvard Education Press.

Lütje-Klose, B. (2011). Müssen Lehrkräfte ihr didaktisches Handeln verändern? *Lernende Schule, 55,* 1–3.

Lütje-Klose, B. (2018). Überlegungen zur Konzeptualisierung von Inklusion – Einordnungen, Ansätze, Hinweise zur Operationalisierung. In M. Walm, T. Häcker, F. Radisch, & A. Krüger (Hrsg.), *Empirisch-pädagogische Forschung in inklusiven Zeiten. Konzeptualisierung, Professionalisierung, Systementwicklung* (S. 27–50). Bad Heilbrunn: Klinkhardt.

Mahlau, K. (2018). *Kinder mit Sprachauffälligkeiten. Förderung in inklusiven Schulklassen.* Stuttgart: Kohlhammer.

Mand, J. (2002). Sonderschule oder Gemeinsamer Unterricht? Zum Einfluss von Gutachtervariablen auf Schullaufbahnentscheidungen für schulschwache oder auffällige Kinder und Jugendliche. *Zeitschrift für Heilpädagogik, 53*(1), 8–13.

Melzer, C., Hillenbrandt, C., Sprenger, D., & Hannemann, T. (2015). Aufgaben von Lehrkräften in inklusiven Bildungssystemen – Review internationaler Studien. *Erziehungswissenschaft, 51,* 61–80.

Mercer, J. R. (1973). *Labeling the Mentally Retarded: Clinical and Social System Perspectives on Mental Retardation.* Berkeley: University Press.

Moser, V. (2000). Disziplinäre Verortungen. *Zeitschrift für Pädagogik, 46*(2), 175–192.

Moser, V. (2003). *Konstruktion und Kritik: Sonderpädagogik als Disziplin.* Opladen: Leske und Budrich.

Moser, V. (2014). Forschungserkenntnisse zur sonderpädagogischen Professionalität in inklusiven Settings. In S. Trumpa, S. Seifried, E.-K. Franz, & T. Klauß (Hrsg.), *Inklusive Bildung. Erkenntnisse und Konzepte aus Fachdidaktik und Sonderpädagogik* (S. 92–106). Weinheim: Beltz Juventa.

Mutzeck, W. (2000). *Förderplanung.* Weinheim: Deutscher Studien-Verlag.

Norwich, B. (2009). Dilemmas of difference and the identification of special educational needs/disability: International perspectives. *British Educational Research Journal, 35*(3), 447–467.

Pfahl, L. (2011). *Techniken der Behinderung. Der deutsche Lernbehinderungsdiskurs, die Sonderschule und ihre Auswirkungen auf Bildungsbiografien.* Bielefeld: transcript.

Piezunka, A., Gresch, C., Sälzer, C., & Kroth, A. (2016). Identifizierung von Schülerinnen und Schülern nach Vorgaben der UN-BRK in bundesweiten Erhebungen: Sonderpädagogischer Förderbedarf, sonderpädagogische Förderung oder besondere Unterstützung? *Zeitschrift für Pädagogik, 62,* 190–211.

Pitsch, H.-J. (2015). Schulische Diagnostik im Wandel der Zeit. In H. Schäfer & C. Rittmeyer (Hrsg.), *Handbuch Inklusive Diagnostik* (S. 43–66). Weinheim: Beltz.

Pollmeier, T. (2019). *Die Förderung von Kindern mit Entwicklungserschwernissen durch Grundschulen und Kompetenzzentren für sonderpädagogische Förderung – Eine Fallstudie zum Beitrag präventiver Maßnahmen auf die Bewältigung von ausgewählten altersspezifischen Entwicklungsaufgaben.* Dissertation, Universität Bielefeld.

Popp, K., Melzer, C., & Methner, A. (2017). *Förderpläne entwickeln und umsetzen.* München: Reinhardt.

Powell, J. (2011). *Barriers to inclusion. Special education in the United States and Germany.* Boulder: Paradigm Publishers.

Prengel, A. (1993). *Pädagogik der Vielfalt. Verschiedenheit und Gleichberechtigung in Interkultureller, Feministischer und Integrativer Pädagogik.* Opladen: Leske und Budrich.

Prengel, A. (2006). *Pädagogik der Vielfalt. Verschiedenheit und Gleichberechtigung in Interkultureller, Feministischer und Integrativer Pädagogik* (3. Aufl.). Wiesbaden: VS Verlag.

Prengel, A. (2016). Didaktische Diagnostik als Element alltäglicher Lehrerarbeit – „Formatives Assessment" im inklusiven Unterricht. In B. Amrhein (Hrsg.), *Diagnostik im Kontext inklusiver Bildung* (S. 49–63). Bad Heilbrunn: Klinkhardt.

Probst, H. (1981). *Zur Diagnostik und Didaktik der Oberbegriffsbildung*. Solms: Jarick Oberbiel.

Probst, H. (1982). Strukturbezogene Diagnostik. In H. Probst (Hrsg.), *Kritische Behindertenpädagogik in Theorie und Praxis* (S. 113–135). Solms: Jarick Oberbiel.

Rabenstein, K., Schäffer, M., Gerlach, M. J., & Steinwand, J. (2017). Hierarchisierungen unter Peers. Reflexionsangebote ethnographischer Forschung zu Beschämungspotentialen inklusiven Unterricht. In B. Lütje-Klose, S. Miller, S. Schwab, & B. Streese (Hrsg.), *Inklusion: Profile für die Schul- und Unterrichtsentwicklung in Deutschland, Österreich und der Schweiz* (S. 265–276). Münster: Waxmann.

Ricken, G., & Schuck, K. D. (2011). Pädagogische Diagnostik und Lernen. In A. Kaiser, P. Wachtel, B. Werner, & D. Schmetz (Hrsg.), *Didaktik und Methodik* (S. 110–119). Stuttgart: Kohlhammer.

Sälzer, C., Gebhardt, M., Müller, K., & Pauly, E. (2015). Der Prozess der Feststellung sonderpädagogischen Förderbedarfs in Deutschland. In P. Kuhl, P. Stanat, B. Lütje-Klose, C. Gresch, H. A. Pant, & M. Prenzel (Hrsg.), *Inklusion von Schülerinnen und Schülern mit sonderpädagogischem Förderbedarf in Schulleistungserhebungen* (S. 129–152). Wiesbaden: Springer VS.

Scheidt, K. (2017). *Inklusion: Im Spannungsfeld von Individualisierung und Gemeinsamkeit*. Hohengehren: Schneider.

Schuck, K. D. (2003). Wertschätzung der Heterogenität oder Ende der Solidarität: Zur Funktion der pädagogischen Diagnostik im Schulwesen. In B. Warzecha (Hrsg.), *Heterogenität macht Schule. Beiträge aus sonderpädagogischer und interkultureller Perspektive* (S. 41–60). Münster: Waxmann.

Schuck, K. D. (2008). Konzeptuelle Grundlagen der Förderdiagnostik. In K.-H. Arnold, O. Graumann, & A. Rakhkochkine (Hrsg.), *Handbuch Förderung* (S. 106–115). Weinheim: Beltz.

Simon, T., & Geiling, U. (2016). Diagnostik zur Unterstützung schulischer Inklusion – Ansprüche und Widersprüche auf der Suche nach angemessenen Handlungspraktiken. In U. Bling & A. Köpfer (Hrsg.), *Be-Hinderung der Teilhabe* (S. 199–208). Bad Heilbrunn: Klinkhardt.

Souvignier, E., Förster, N., & Salaschek, M. (2014a). Quop: Ein Ansatz internet-basierter Lernverlaufsdiagnostik und Testkonzepte für Mathematik und Lesen. In M. Hasselhorn, W. Schneider, & U. Trautwein (Hrsg.), *Lernverlaufsdiagnostik* (S. 239–256). Göttingen: Hogrefe.

Souvignier, E., Förster, N., & Schulte, E. (2014b). Wirksamkeit formativen Assessments – Evaluation des Ansatzes der Lernverlaufsdiagnostik. In M. Hasselhorn, W. Schneider, & U. Trautwein (Hrsg.), *Lernverlaufsdiagnostik* (S. 221–237). Göttingen: Hogrefe.

Spörer, N., Maaz, K., Vock, M., Schründer-Lenzen, A., Luka, T., & Bosse, S. (2015). Wie entwickeln sich Kinder im inklusiven Unterricht? Zur Anlage der wissenschaftlichen Begleitung des Projekts „Inklusive Grundschule". In D. Blömer, M. Lichtblau, A.-K.

Jüttner, K. Koch, M. Krüger, & R. Werning (Hrsg.), *Perspektiven auf inklusive Bildung. Gemeinsam anders lehren und lernen* (S. 297–302). Wiesbaden: Springer VS.

Stecker, P. M., Fuchs, L., & Fuchs, D. (2005). Using curriculum-based measurement to improve student's achievement: Review of research. *Psychology in the schools, 42,* 795–819.

Stranghöner, D., Hollmann, J., Otterpohl, N., Wild, E., Lütje-Klose, B., & Schwinger, M. (2017). Inklusion vs. Exklusion: Schulsetting und Lese-Rechtschreibentwicklung von Kindern mit Förderschwerpunkt Lernen. *Zeitschrift für pädagogische Psychologie, 31*(2), 125–136. https://doi.org/10.1024/1010-0652/a000202.

Sturm, T., & Wagner-Willi, M. (2016). Herstellung und Bearbeitung von Leistungsdifferenzen im kooperativ gestalteten inklusiven Fachunterricht. In V. Moser & B. Lütje-Klose (Hrsg.), *Schulische Inklusion. 62. Beiheft der Zeitschrift für Pädagogik* (S. 75–89). Weinheim: Beltz Juventa.

Textor, A. (2005). Verhaltensförderlicher Unterricht Ergebnisse von Unterrichtsbeobachtungen. In U. Preuss-Lausitz (Hrsg.), *Verhaltensauffällige Kinder integrieren. Zur Förderung der emotionalen und sozialen Entwicklung* (S. 187–225). Weinheim: Beltz.

Van Essen, F. (2013). *Soziale Ungleichheit, Bildung und Habitus. Möglichkeitsräume ehemaliger Förderschüler*. Wiesbaden: Springer VS.

Voß, S., Blumenthal, Y., Mahlau, K., Marten, K., Diehl, K., Sikora, S., & Hartke, B. (2016). *Der Response-to-Intervention-Ansatz in der Praxis. Evaluationsergebnisse zum Rügener Inklusionsmodell*. Münster: Waxmann.

Walgenbach, K. (2018). Dekategorisierung – Verzicht auf Kategorien? In O. Musenberg, J. Riegert, & T. Sansour (Hrsg.), *Dekategorisierung in der Pädagogik. Notwendig und riskant?* (S. 11–39). Bad Heilbrunn: Klinkhardt.

Werning, R., & Avci-Werning, M. (2015). *Herausforderung Inklusion in Schule und Unterricht. Grundlagen, Erfahrungen, Handlungsperspektiven*. Seelze: Kallmeyer.

Wocken, H. (1996). Sonderpädagogischer Förderbedarf als systemischer Begriff. *Sonderpädagogik, 1,* 34–38.

Wocken, H. (2010). Restauration der Stigmatisierung! Kritik der „diagnosegeleiteten Integration". *Behindertenpädagogik, 49*(2), 117–134.

Wrase, M. (2015). Die Implementation des Rechts auf inklusive Schulbildung nach der UN-Behindertenrechtskonvention und ihre Evaluation aus rechtlicher Perspektive. In P. Kuhl, P. Stanat, B. Lütje-Klose, C. Gresch, H. A. Pant, & M. Prenzel (Hrsg.), *Inklusion von Schülerinnen und Schülern mit sonderpädagogischem Förderbedarf in Schulleistungserhebungen* (S. 41–74). Wiesbaden: Springer.

Wrase, M. (2017). Das Recht auf inklusive Beschulung nach der UNBehindertenrechtskonvention rechtliche Anforderungen und Umsetzung in Deutschland. In B. Lütje-Klose, M. A. Boger, B. Hopmann, & P. Neumann (Hrsg.), *Leistung inklusive? Inklusion in der Leistungsgesellschaft Bd. 1: Menschenrechtliche, sozialtheoretische und professionsbezogene Perspektiven* (S. 17–25). Bad Heilbrunn: Klinkhardt.

Ziemen, K. (2015). Inklusion und diagnostisches Handeln. In B. Amrhein (Hrsg.), *Diagnostik im Kontext inklusiver Bildung* (S. 39–48). Bad Heilbrunn: Klinkhardt.

Vier Vorschläge zur Verortung quantitativer Forschungsergebnisse über schulische Inklusion im internationalen Inklusionsdiskurs

Michael Grosche und Timo Lüke

Zusammenfassung

Mit der wachsenden Zahl empirischer Artikel über schulische Inklusion nehmen auch die Probleme zu, die der Ungenauigkeit des Inklusionsbegriffs geschuldet sind. So diskutieren im Inklusionsdiskurs zahlreiche Forscher*innen aus unterschiedlichen Disziplinen eher aneinander vorbei als miteinander, die vielfältigen Artikel lassen sich nur schwer aufeinander beziehen oder zusammenfassen und die hohe konnotative Aufladung des Inklusionsbegriffs leistet einer Dogmatisierung des Diskurses Vorschub. Daher unterbreiten wir vier Vorschläge, wie Publikationen zu quantitativen Studien über Inklusion besser als bisher im internationalen Inklusionsdiskurs verortet werden können. Wir beschreiben, 1) wie Forscher*innen eine für ihre Fragestellung geeignete Inklusionsdefinition auswählen und präzisieren können, 2) wie Publikationen entsprechend gerahmt werden können, 3) wie die Inklusionsdefinition expliziert werden kann und 4) wie mit dogmatischen Kommentaren einiger Gutachter*innen im Peer-Review-Prozess umgegangen werden kann. Die Umsetzung unserer Vorschläge könnte dazu beitragen, dass Diskurse zielführender verlaufen, sich Publikationen besser aufeinander beziehen lassen und Inklusion wieder sachorientierter erforscht werden kann.

M. Grosche (✉)
Institut für Bildungsforschung, Bergische Universität Wuppertal, Wuppertal, Deutschland
E-Mail: michael.grosche@uni-wuppertal.de

T. Lüke
Technische Universität Dortmund, Fakultät Rehabilitationswissenschaften, Dortmund, Deutschland
E-Mail: timo.lueke@tu-dortmund.de

C. Gresch et al. (Hrsg.), *Schüler*innen mit sonderpädagogischem Förderbedarf in Schulleistungserhebungen*, https://doi.org/10.1007/978-3-658-27608-9_2

Abstract
As the number of empirical research on inclusive education increases, so do problems due to the inexactness of the concept of inclusive education. Thus, numerous reserchers from different disciplines discuss at cross-purpose in this discourse, the diverse publications can hardly be related or summarized, and the high connotative charge of the concept inclusive education facilitates the dogmatization of the discourse. Therefore, we propose four ways to help contextualize publications reporting quantitative studies on inclusive education in the international discourse. We will describe: 1) how researchers can select and specify a definition of inclusive education appropriate to their research problem, 2) how publications can be framed accordingly, 3) how to explicate this definition, and 4) how to personally cope with dogmatic comments in the peer review process. The enforcement of our proposals might help these discourses to be more effective, publications to be more comparable, and inclusive education to be researched less emotional.

1 Problemstellung

Die empirische Forschung zu schulischer Inklusion nimmt weiter zu. Jedoch steht insbesondere die quantitative Forschung vor der Herausforderung, dass schulische Inklusion als theoretisches Konzept komplex, abstrakt, diffus sowie unzureichend definiert ist und sich folglich nur schwer operationalisieren lässt (Grosche 2015; Grosche und Vock 2018; Krämer et al. 2016; Löser und Werning 2015; Wocken 2010). Zwar ist nicht zu erwarten, dass sich dieses Problem unmittelbar lösen lässt, aber es bleibt die Aufgabe jeder Wissenschaft, ihre Konstrukte so weiterzuentwickeln, dass deren Definitionen immer präziser und eindeutiger – und somit theoretisch fruchtbarer – werden (Opp 2014). Allerdings sind wir bezüglich des Konstrukts *schulische Inklusion* noch weit davon entfernt.

Daraus ergeben sich mindestens drei Probleme. Erstens forschen zwar viele Personen zum Konstrukt schulischer Inklusion, meinen mit dem Begriff aber völlig Unterschiedliches und sind sich darüber häufig nicht bewusst (Grosche 2015). Metaphorisch wird um „Obst" insgesamt gerungen, ohne „Obst" zuvor hinreichend und explizit definiert zu haben. Da die eine Seite dabei aber „Äpfel" und die andere „Birnen" im Sinn hat, sind viele Diskussionen nicht zielführend (Grosche 2015). Dadurch verschenkt die Forschung das Potenzial, ihre Ergebnisse diskursiv und produktiv auszutauschen und gemeinsam zu diskutieren.

Zweitens lassen sich aufgrund dieser fehlenden konzeptuellen Präzisierung die vielen Artikel über schulische Inklusion nur schwer aufeinander beziehen. Dies gilt erst recht für das Anfertigen von Überblicksartikeln oder Metaanalysen (z. B. Lindsay 2007). Somit wird durch die konzeptuelle Unschärfe schulischer Inklusion die Bündelung gesicherten und generalisierbaren Wissens erschwert.

Drittens werden viele Diskurse um Inklusion häufig emotional und normativ geführt. Beispielsweise sind Rückmeldungen im Peer-Review keine Seltenheit, man habe doch „keine Inklusion" oder zumindest „ein falsches Konzept von Inklusion" untersucht bzw. der Konzeptualisierung von Inklusion fehle „der Realitätsbezug" und die untersuchte Fragestellung sei „letztlich nicht sinnvoll". Solche Rückmeldungen stammen sowohl von nicht-quantitativ als auch von quantitativ arbeitenden Forscher*innen. Dass in der Wissenschaft um Begriffe gerungen und gelegentlich hitzig diskutiert wird, ist das Grundprinzip jeder Wissenschaft. Jedoch scheint uns der Diskurs über schulische Inklusion teilweise auch dadurch erklärbar zu sein, dass der Begriff Inklusion denotativ unpräzise und mehrdeutig ist, dafür aber eine starke konnotative Bedeutung hat. Durch eine solche Kombination aus unpräziser denotativer und hoher konnotativer Bedeutung „entsteht typischerweise eine Dogmatisierung der Sprachgebilde" (Opp 2014, S. 145, im Original hervorgehoben). Eine solche Dogmatisierung des Inklusionsbegriffs droht die Inklusionsforschung nachhaltig wissenschaftlich zu beschädigen.

Daher versuchen wir mit dem vorliegenden Artikel, quantitative Forscher*innen darin zu unterstützen, ihre Forschungsarbeiten über schulische Inklusion stärker als bisher konzeptuell in den internationalen Inklusionsdiskurs einzuordnen.[1] Dazu unterbreiten wir vier Vorschläge, die im Kern darauf basieren, die jeweiligen Fragestellungen, Daten und Publikationen auf ein anerkanntes internationales Modell von schulischer Inklusion (Göransson und Nilholm 2014a) zu beziehen und sich in diesem Modell abwägend, aber explizit für eine Definition von Inklusion zu entscheiden. Dies sollte dazu führen, dass Missverständnisse über „Äpfel" und „Birnen" erkannt und leichter gelöst werden, Studien besser konzeptuell gebündelt und in Überblicksartikeln und Metaanalysen zusammengefasst

[1]Die Ironie der Tatsache, dass wir dies in einem deutschsprachigen Artikel tun, ist uns durchaus bewusst.

werden sowie einer drohenden Dogmatisierung vorgebeugt wird. Vermutlich lassen sich unsere Vorschläge auch für nicht-quantitative Forschungszugänge nutzen, jedoch verdeutlichen wir unsere Vorschläge ausschließlich an quantitativen Studien.

2 Ein internationales hierarchisches Modell der Definitionen schulischer Inklusion

Göransson und Nilholm (2014a) unterscheiden vier Definitionen von schulischer Inklusion (A, B, C und D), die wir übersetzt und an deutsche Begrifflichkeiten angepasst haben (s. Abb. 1), um sie im Folgenden weiter konkretisieren und mit nationalen und internationalen Diskussionen verknüpfen zu können (die englischsprachigen Definitionen aus dem Originaltext nach Göransson und Nilholm 2014a, S. 268, finden sich in Klammern). Wie im Vergleich zu den englischsprachigen Originaldefinitionen ersichtlich, haben wir in den Definitionen B, C und D den Passus „in Regelklassen“ ergänzt. Diese Ergänzung war bereits

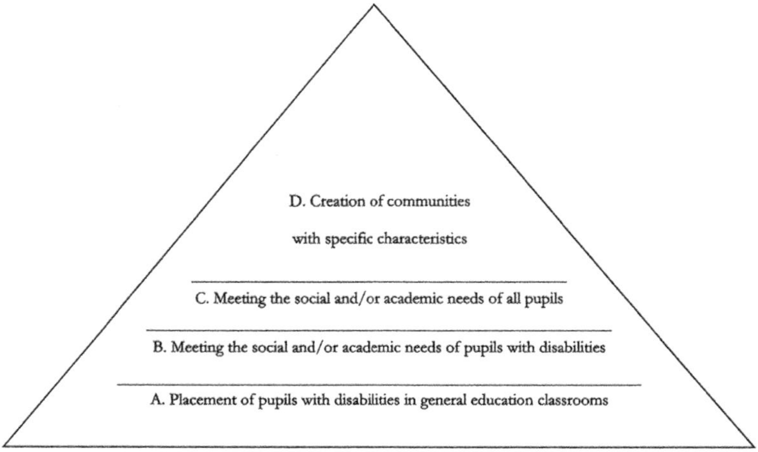

Abb. 1 *Verschiedene Definitionstypen nach Göransson und Nilholm* (2014a). *Reprinted by permission of the publisher Taylor & Francis Ltd. from: Göransson, K. & Nilholm, C. (2014) Conceptual diversities and empirical shortcomings – a critical analysis of research on inclusive education, European Journal of Special Needs Education, 29, 265–280,* https://doi.org/10.1080/08856.257.2014.933.545

im Originaltext implizit enthalten, wurde von den Autor*innen aber erst später expliziert (Nilholm und Göransson 2017).

A. Platzierungsdefinition („placement definition“): Schulische Inklusion ist die Platzierung von Schüler*innen mit Behinderungen bzw. sonderpädagogischen Förderbedarfen in Regelklassen (Original: „inclusion as placement of pupils with disabilities/in need of special support in general education classrooms“).
B. Spezifische Individualisierungsdefinition („specified individualised definition“): Schulische Inklusion ist die Berücksichtigung der sozialen und akademischen Bedarfe von Schüler*innen mit Behinderungen bzw. sonderpädagogischen Förderbedarfen in Regelklassen (Original: „inclusion as meeting the social/academic needs of pupils with disabilities/in need of special support“).
C. Allgemeine Individualisierungsdefinition („general individualised definition“): Schulische Inklusion ist die Berücksichtigung der sozialen und akademischen Bedarfe *aller* Schüler*innen in Regelklassen (Original: „inclusion as meeting the social/academic needs of *all* pupils“).
D. Gemeinschaftsdefinition („community definition“): Schulische Inklusion ist die Schaffung von Lerngemeinschaften in Regelklassen mit bestimmten Eigenschaften (die sich stark zwischen Studien unterscheiden) (Original: „inclusion as creation of communities with specific characteristics (which could vary between proposals)“).

Die Platzierungsdefinition (A) meint mit Inklusion vor allem die gemeinsame Beschulung bzw. Unterrichtung von Schüler*innen mit und ohne Behinderungen bzw. sonderpädagogische Förderbedarfe (SPF). Die spezifische Individualisierungsdefinition (B) meint mit Inklusion die Berücksichtigung und Ermöglichung möglichst hoher akademischer Kompetenzen und tief gehender sozialer Erlebnisse bei Schüler*innen mit Behinderungen bzw. SPF. Die allgemeine Individualisierungsdefinition (C) bezeichnet mit Inklusion etwas sehr Ähnliches, zielt jedoch auf die akademischen Kompetenzen und sozialen Erlebnisse *aller* Schüler*innen, also unabhängig von Behinderungen und SPF. Die Gemeinschaftsdefinition (D) beschreibt mit Inklusion eine besondere Lerngemeinschaft, die beispielsweise demokratisch, selbstbestimmend, partizipativ und anerkennend sowie nicht-exklusiv ist.

Diese vier Definitionen sind anhand ihrer Spezifität und Komplexität hierarchisch geordnet. „In this way, the four definitions can be seen as employing stricter criteria concerning what counts as inclusive education as one goes from definition A to D“ (Göransson und Nilholm 2014, S. 268). Viele Umsetzungen von Inklusion beziehen sich auf die wenig spezifische und wenig komplexe Platzierungsdefinition. Nur wenige Umsetzungen hingegen versuchen zum Beispiel, anerkennende oder demokratische Lerngemeinschaften zu entwickeln (und aufgrund der hohen Spezifität und Komplexität könnten sich manche Leser*innen gerade fragen, was das denn mit Inklusion zu tun habe). Um einem Missverständnis vorzubeugen: Im deutschen Sprachraum werden häufig ein enger und ein weiter Inklusionsbegriff unterschieden (z. B. Grosche und Vock 2018), wobei damit genau das Gegenteil gemeint ist: Während die Definitionen von Göransson und Nilholm (2014a) zunehmend *spezifischere Ereignisse* bezeichnen, beziehen sich die Definitionen aus dem deutschen Sprachraum auf zunehmend *allgemeinere Gruppen* von Schüler*innen. Somit wird der Inklusionsbegriff von A nach D zunehmend *enger* und *komplexer,* weil er zunehmend weniger Ereignisse als inklusiv bezeichnet und die Definitionen erst durch immer mehr Zusatzannahmen verständlich werden. Im vorliegenden Text werden wir diese Zusatzannahmen zu explizieren versuchen. Dabei ist uns wichtig zu betonen, dass die Hierarchie nicht normativ gemeint ist und so auch nicht verstanden werden sollte: A ist nicht „schlechter" als B, und D ist nicht die „beste" Inklusionsdefinition. Jede Definition ist für den Inklusionsdiskurs wichtig und verdient Anerkennung.

Laut Göransson und Nilholm (2014a) schließt die jeweils hierarchie-höhere Definition sämtliche hierarchie-niedrigeren Definitionen mit ein. Aufgrund unserer Erfahrungen aus vielen Diskussionen mit weiteren Forscher*innen stellen wir die Hypothese auf, dass Personen, die ihren Untersuchungen eine hierarchie-hohe Definition zugrunde legen, alle hierarchie-niedrigeren Definition verstehen (aber vielleicht nicht befürworten); aber dass Personen, die Inklusion ausschließlich als Platzierung verstehen, hierarchie-höhere Definitionen als zu abstrakt oder wenig realitätsnah ablehnen. Wir vermuten, dass letzteres vor allem bei quantitativ arbeitenden Forscher*innen der Fall ist, weil uns hierarchie-niedrigere Definitionen einfacher zu operationalisieren erscheinen.

In ihrer Analyse der sechzig meist-zitierten Fachartikel zu Inklusion fanden Nilholm und Göransson (2014a) heraus, dass in 84 % der empirischen Artikel (32 von 38) Inklusion als Platzierung (Definition A) und kein Mal als Lerngemeinschaft (Definition D) verstanden wurde (vier Artikel wurden B und zwei Artikel wurden C zugeordnet). „One hypothesis which needs further examination is that the inclusion concept tends to glide towards a placement definition (A) when one approaches empirical research" (Nilholm und Göransson 2017, S. 446). Dieses Ergebnis verwundert nicht, denn die Platzierungsdefinition ist die am wenigsten komplexe, am leichtesten operationalisierbare und intuitiv verständlichste Definition. Zudem scheint es sinnvoll zu sein, sich erst einmal mit der „Basis" aller Definitionen auseinanderzusetzen, da es auch hierzu viel zu wenig empirische

Forschung gibt (Lindsay 2007). Trotzdem plädieren wir dafür, auch empirische Studien durchzuführen, denen eine der hierarchie-höheren Definitionen zugrunde liegt.

Um solche Studien zu erleichtern, diskutieren wir im Folgenden vier Vorschläge, die im Kern darauf basieren, die eigene Forschung im skizzierten Modell von Göransson und Nilholm (2014a) zu verorten. Wir halten dieses Modell für unser Vorhaben aus *vier Gründen* für geeignet. Erstens ist das Modell auf einem für unsere Ziele geeigneten Abstraktionsniveau. Es ist also weder zu spezifisch, denn ein hochspezifisches Modell, das nur wenige Gegebenheiten als Inklusion bezeichnen würde, wäre für viele wichtige Fragestellungen zum Thema Inklusion nicht mehr anschlussfähig. Noch ist es zu abstrakt, denn ein sehr abstraktes Modell wäre wenig informativ und zumindest teilweise beliebig, vor allem wäre es aber nicht operationalisierbar und somit nicht anschlussfähig an quantitativ-empirische Untersuchungen.

Zweitens scheint das Modell empirisch tragfähig zu sein. In der erwähnten systematischen Literaturübersicht auf Grundlage der sechzig am häufigsten zitierten Zeitschriftenartikel über Inklusion aus Europa und den USA konnten Nilholm und Göransson (2017) keine weiteren als die vier Konzeptionen aufdecken, sodass sich das Modell zumindest einmal empirisch bewährt hat.

Drittens scheint das Modell theoretisch informativ und diskursinitiierend zu sein. So erschienen parallel zum Originalartikel (Göransson und Nilholm 2014a) drei Diskussionsbeiträge (Dyson 2014; Florian 2014; Haug 2014) sowie eine Replik der Autor*innen (Göransson und Nilholm 2014b).

Viertens hat der Originalartikel im *European Journal of Special Needs Education* bereits wenige Jahre nach Veröffentlichung eine für dieses Forschungsfeld ungewöhnlich große Verbreitung gefunden. Der Artikel wurde allein von der Webseite des Verlags schon mehrere Tausend Mal heruntergeladen. In CrossRef sind bereits 47 und in Google Scholar 188 Zitationen des Artikels dokumentiert (Stand: Februar 2020). Für einen solchen Artikel hat er also enorme Aufmerksamkeit erregt.

Gleichwohl sind *drei Einschränkungen* des Modells zu erwähnen. Erstens wurde das Modell zwar durch eine Art deduktive qualitative Inhaltsanalyse empirisch geprüft, jedoch sind in den Publikationen weder die konzeptuelle Entwicklung (Göransson und Nilholm 2014a) noch die Prüfung des Modells (Nilholm und Göransson 2017) methodisch intersubjektiv nachprüfbar beschrieben worden.

Zweitens ist der Abstraktionsgrad des Modells zwar für unsere Zwecke geeignet (weder zu spezifisch noch zu abstrakt), jedoch könnten für spezifische Forschungsarbeiten auch durchaus andere Modelle geeigneter sein (z. B. Booth und Ainscow 2011; Loreman et al. 2014; Mitchell 2015).

Drittens enthält das Modell noch zu viele theoretische Unklarheiten. Viele der Definitionen, Theorien und angesprochenen Konstrukte sind eher implizit im Modell enthalten und nicht explizit beschrieben, sodass die empirische Operationalisierbarkeit schwerfällt.

Daher konkretisieren wir in unseren folgenden vier Vorschlägen das Modell. Hierzu verwenden wir neben dem Folgeartikel von Nilholm und Göransson (2017) zahlreiche weitere Argumente aus dem Inklusionsdiskurs sowie ein anderes Modell mit vier hierarchisch geordneten Inklusionsdefinitionen von Piezunka et al. (2017), das zwar an vielen Stellen konkreter als das Modell von Göransson und Nilholm (2014a) ist, bisher jedoch noch nicht ausreichend auf den internationalen Inklusionsdiskurs bezogen wurde. Somit sind die folgenden Vorschläge ein Versuch, das Modell von Göransson und Nilholm (2014a) für eine breite interessierte, vor allem quantitativ-empirische Forschungsgemeinschaft so aufzubereiten, dass es für ihre Forschung nutzbar wird.

3 Vier Vorschläge zur internationalen Verortung quantitativer Forschung im Inklusionsdiskurs

Im Folgenden schlagen wir vier Schritte zur Verortung der eigenen Forschung im soeben beschriebenen Modell von Göransson und Nilholm (2014a) vor. Die Reihenfolge orientiert sich dabei an üblichen Schritten beim Verfassen einer wissenschaftlichen Publikation. Hierzu zählen 1) die Entwicklung einer präzisen wissenschaftlichen Fragestellung, 2) die Einordnung dieser Fragestellung in ein übergeordnetes Forschungsproblem sowie 3) die Definition der zentralen Begriffe. Diese Schritte, die wir auf den Inklusionsdiskurs beziehen, orientieren sich am allgemeinen Lehrbuch von Booth et al. (2008). Mit einem „Augenzwinkern" ergänzen wir 4) das Coping mit dogmatischen Gutachter*innen im Peer-Review-Prozess.

Wir illustrieren unsere Vorschläge mit einigen willkürlich ausgewählten Beispielen aus der quantitativen Forschung, wobei wir uns auch erlauben, Publikationen zu zitieren, deren Autor*innen keinen Bezug zu Inklusion hergestellt haben und den Begriff nicht einmal erwähnen. Der Grund für den Einbezug dieser Publikationen findet sich auf der einen Seite analog in der Beschreibung der systematischen Literatursuche bei Göransson und Nilholm (2014a): Aufgrund der Breite der Definitionen von Inklusion können Studien, die sich selbst nicht im Inklusionsdiskurs verorten, dennoch für diesen Gegenstand relevant sein. Und auf der anderen Seite wird selbst in vielen Artikeln, die explizit den Begriff Inklusion benutzen, der Begriff nicht explizit definiert (Göransson und Nilholm 2014a; Nilholm und Göransson 2017). Unsere Übernahme dieser Artikel ins Forschungsfeld

Inklusion könnte von manchen Autor*innen als übergriffig empfunden werden, aber wissenschaftliche Arbeit besteht nun mal auch aus der (Re-)Kombination von Wissen.

3.1 Vorschlag 1: Entscheidung über die Einordnung der Fragestellung in das Modell

Die Entwicklung einer geeigneten und präzisen Fragestellung ist häufig ein schwieriges, aber immer ein wichtiges Unterfangen, da die Fragestellung der Dreh- und Angelpunkt eines jeden Forschungsartikels ist (Booth et al. 2008). Unser erster Vorschlag ist, während bzw. nach der Entwicklung der Fragestellung, die Fragestellung in das Modell von Göransson und Nilholm (2014a) einzuordnen. Es muss also eine Entscheidung getroffen werden, welches definitorische Konzept des Begriffs Inklusion am besten zur Fragestellung passt. Im Folgenden skizzieren wir für jede der vier Definitionen mögliche übergeordnete Fragestellungen, präzisieren unsere Ausführungen durch weitere Theorien und Modelle und diskutieren einige Möglichkeiten der quantitativen Operationalisierung.

Platzierungsdefinition A

Es sind vor allem zwei große „Familien“ an Fragestellungen, die besonders gut zur Platzierungsdefinition A passen. Erstens sind dies diejenigen Fragestellungen, die die Effekte von Inklusion evaluieren (z. B. für Schüler*innen mit und ohne sonderpädagogische Förderbedarfe). Gefragt wird, *wo* (statt *wie*) Schüler*innen mit und ohne SPF besser lernen oder partizipieren können. Solche Fragestellungen untersuchen Inklusion als unabhängige Variable auf Nominalskalenniveau[2] und legen nahe, dass Inklusion eine Methode ist (gemeinsamer Unterricht in der Regelschule), die mit einer anderen Methode (Förderschule) verglichen werden kann. Hierzu gehören auch Fragestellungen, die die Effekte verschiedener Arten von Platzierung (z. B. Schwerpunktschulen vs. wohnortnahe Schulen) oder die Effekte von Inklusion (Platzierung) für Schüler*innen ohne SPF (in inklusiven vs. nicht-inklusiven Regelschulen) untersuchen.

[2]Inklusion könnte eine ordinalskalierte Variable sein, wenn verschiedene Beschulungsarten inklusionstheoretisch als „bessere“ oder „schlechtere“ Form von Inklusion bewertet werden könnten. Diese Bewertungen werden sich aber je nach zugrunde gelegter Inklusionstheorie unterscheiden und liegen weit außerhalb des Fokus dieses Artikels.

Zweitens können sich Forschungsfragen darauf beziehen, welche Schüler*innen dieser Methode (also Inklusion) zugewiesen werden. Solche Fragestellungen versuchen zu verstehen, unter welchen Voraussetzungen bestimmte Schüler*innen inklusiv vs. segregiert beschult werden oder wie unterschiedliche Platzierungsquoten zustande kommen. Hier nimmt Inklusion als Platzierung den Status als abhängige Variable auf Nominalskalenniveau[2] ein.

Inklusion als Platzierungsdefinition wird operationalisiert durch das Vorhandensein von Schüler*innen mit SPF in Regelklassen bzw. Regelschulen. Hierzu muss zwingend dichotom operationalisiert sein, wer die Schüler*innen *mit* und wer die Schüler*innen *ohne* sonderpädagogische Förderbedarfe sind. Eine inklusive Schule bzw. Klasse wird als solche bezeichnet, wenn in ihr Schüler*innen mit und ohne SPF unterrichtet werden. Die „inklusive Methode" erschöpft sich auf die Beschulung dieser Schüler*innen in diesen Klassen, ohne zu sagen, was pädagogisch unternommen wird.

Für diese Art der Operationalisierung ist die sogenannte Dekategorisierung, wie sie von manchen Inklusionsforscher*innen vertreten wird (Überblick s. Neumann und Lütje-Klose, in diesem Band), ein großes Problem. Unter Dekategorisierung wird – sehr stark vereinfacht – der Verzicht auf Diagnosen von SPF verstanden, da diese Diagnosen diskriminierend wirken können und manche kategorial wahrnehmbaren Unterschiede zwischen Schüler*innen überhaupt erst hervorbringen können. In dekategorisierenden Schulsystemen ist demnach unbestimmt und auch unbestimmbar, wer die Kinder mit und wer die Kinder ohne SPF sind. In solchen Schulsystemen versuchen einige empirische Studien zur Platzierungsdefinition, eine Lösung herbeizuführen, indem sie die Lehrkräfte befragen, bei welchen Schüler*innen SPF vermutet werden (z. B. Krull et al. 2014).

Im Folgenden illustrieren wir drei Studien, deren Fragestellungen konzeptuell zur Platzierungsdefinition A passen (auch wenn nicht in jeder Studie der Begriff Inklusion definiert oder verwendet wurde). In einer Studie von Kocaj et al. (2014) sollte die Forschungsfrage beantwortet werden, „wie sich die Art der Beschulung (Regel- oder Förderschule) auf die schulischen Kompetenzen der Schüler mit SPF auswirkt" (S. 166 f.). Die Autor*innen konnten nachweisen, dass bei Schüler*innen mit SPF Inklusion zu besseren Schulleistungen im Lesen, Zuhören und in Mathematik führte als bei vergleichbaren Schüler*innen mit SPF, die Förderschulen besuchen. Diese Fragestellung ordnen wir eindeutig der Platzierungsdefinition zu, was die Autor*innen auch implizit bestätigen: „Da der Fokus der Untersuchung auf der Quantifizierung von Effekten des Besuchs einer Regelschule auf die Schulleistung von Schülern mit SPF lag, lassen sich über die den Effekten zugrundliegenden *Mechanismen* keine empirisch abgesicherten

Aussagen treffen“ (S. 182, Hervorhebung im Original). Die angesprochenen Mechanismen wären nämlich der Definition B zuzuordnen (s. u.).

In einer Studie von Kölm et al. (2019) wurde unter anderem die Forschungsfrage untersucht, „ob systematische Zusammenhänge zwischen dem Zuwanderungshintergrund eines Kindes mit diagnostiziertem SPF-L und dem Besuch einer Förderschule statt einer allgemeinen Schule bestehen“ (S. 773). Nach statistischer Berücksichtigung vielfältiger Variablen wurden diejenigen Schüler*innen mit SPF, deren Eltern beide im Ausland geboren wurden, vergleichsweise seltener auf einer Förderschule unterrichtet als Kinder ohne Zuwanderungshintergrund. Die Fragestellung verorten wir unter der Platzierungsdefinition, weil die Platzierung als dichotome abhängige Variable (Inklusion vs. Förderschule) vorhergesagt wurde, wobei wir nochmals betonen möchten, dass die Autorinnen selbst keinen Bezug zu Inklusion herstellen.

In einer Studie von Nusser und Wolter (2016) wurde die Forschungsfrage untersucht, ob für Schüler*innen mit SPF der sogenannte Big-Fish-Little-Pond-Effect (BFLPE) sowohl in der Inklusion als auch in Förderschulen nachgewiesen werden kann. Erwartungskonform wurde der BFLPE in der Inklusion bestätigt, konnte jedoch nicht in Förderschulen gefunden werden. Die Forschungsfrage ordnen wir der Platzierungsdefinition zu, da zwei „Beschulungsformen im Sinne der Integration und der Segregation“ (S. 131) verglichen wurden.

Spezifische Individualisierungsdefinition B

Ganz anders funktionieren Fragestellungen, die der spezifischen Individualisierungsdefinition B zugeordnet werden könnten. Aufgrund der hierarchiehöheren Stufe ist Definition B komplexer als Definition A. Ein Gedankenexperiment mit Extremgruppen mag die Komplexität illustrieren: Stellen wir uns zwei Schulklassen vor, in denen Schüler*innen mit SPF platziert sind. In der einen Klasse laufen diese Schüler*innen nur mit, werden nicht gefördert, von ihren Mitschüler*innen abgelehnt und von der Lehrkraft links liegen gelassen. In der anderen Klasse erhalten diese Schüler*innen differenzierten und individualisierten Unterricht, sind selbstverständlicher Teil der Klassengemeinschaft und werden von der Lehrkraft wertgeschätzt. Beide Klassen wären unter der Platzierungsdefinition A als inklusiv zu bezeichnen. Unter der spezifischen Individualisierungsdefinition B wäre aber die erste Klasse nicht-inklusiv und die zweite Klasse inklusiv zu nennen. Nur wenn akademischen und sozialen Bedarfen entsprochen ist, kann man unter dieser Definition von Inklusion sprechen. Die Frage ist also nicht mehr, *wo* Schüler*innen beschult werden (Definition A), sondern *wie* sie am besten *inkludiert* werden können (Definition B), sodass akademische und soziale Bedarfe erfüllt werden. Inklusion *führt* also nicht zu positiven akademischen und sozialen Effekten (wie bei Definition A), sondern Inklusion *ist* die positive Ausprägung akademischer und sozialer Bedarfe von Schüler*innen mit SPF. Schulische Inklusion ist demnach keine Methode, sondern eine *Folge* von gewissen Methoden, die in Regelklassen angewendet werden (Nilholm und Göransson 2017). Aus Sicht der Definition A ist es nicht sinnvoll zu fragen, ob Schüler*innen in der Inklusion (A) gut inkludiert sind (B). Und aus Sicht der Definition B verliert die Fragestellung, ob es effektiv sei (A), wenn sich Schüler*innen hervorragend weiterentwickeln (B), ihre Sinnhaftigkeit.

Wiederum fallen uns besonders zwei Familien von Forschungsfragen ein. Erstens kann nach Gelingensbedingungen für Inklusion von Schüler*innen mit SPF gefragt werden. Welche Methoden und Mechanismen führen dazu, dass Schüler*innen mit SPF besser oder schlechter in Regelschulen inkludiert sind? *Wie* werden die akademischen und sozialen Bedarfe der Schüler*innen mit sonderpädagogischen Förderbedarfen in Regelklassen am besten gefördert bzw. *warum* wird diesen Bedarfen in Regelklassen mehr oder weniger entsprochen? Inklusion ist in diesem Fall also die abhängige Variable, die häufig intervallskaliert ist (man kann mehr oder weniger inkludiert sein). Diese Fragestellungen können alleinig in Regelschulen untersucht werden; Daten aus Förderschulen sind dafür nicht notwendig.

Zweitens kann geprüft werden, wie sich die Inklusion (definiert als Berücksichtigung der akademischen und sozialen Bedarfe von Schüler*innen mit SPF) auf die Klassenkamerad*innen ohne SPF auswirkt. Führt eine gute Förderung von Schüler*innen mit SPF auch dazu, dass Schüler*innen ohne SPF gut gefördert werden, beispielsweise vermittelt über die Qualifizierung und Professionalität der Lehrkräfte? Oder ist es genau andersherum, führt also eine wirksame Inklusion im Sinne der spezifischen Individualisierungsdefinition dazu, dass Lehrkräfte keine Ressourcen mehr für Schüler*innen ohne SPF zur Verfügung haben und sie somit vernachlässigen?

Wie kann die spezifische Individualisierungsdefinition operationalisiert werden? Die „Berücksichtigung der akademischen und sozialen Bedarfe" ist zugegebenermaßen eine sehr schwammige Formulierung. Es liegt nahe, die Berücksichtigung der akademischen Bedarfe durch Schulleistungs- bzw. Kompetenztests zu operationalisieren (mehr dazu s. u.). Aber was ist genau mit sozialen Bedarfen gemeint? Wir möchten darüber auf drei grundsätzlich verschiedene Arten nachdenken. Erstens enthalten Kompetenzen neben den kognitiven Anteilen auch „die damit verbundenen motivationalen, volitionalen und sozialen Bereitschaften und Fähigkeiten, um die Problemlösungen in variablen Situationen erfolgreich und verantwortungsvoll nutzen zu können" (Weinert 2001, S. 27 f). Üblicherweise werden diese Aspekte über Fragebögen zu Motivation, Selbstkonzept und Nutzungshäufigkeiten dieser Problemlösungen erfragt.

Zweitens könnten soziale Bedarfe als soziale Kompetenzen operationalisiert werden. Zur Messung sozialer Kompetenzen bieten sich Fragebögen zur Selbst- und Fremdeinschätzung, verschiedene Testverfahren und Beobachtungen an (Kanning 2009).

Drittens schlagen wir vor, soziale Bedarfe anhand von Inklusionstheorien deutlich über den Kompetenzbegriff hinaus zu erweitern, nämlich um Konzepte wie Partizipation, Demokratie, Gerechtigkeit, Selbstbestimmung, Freiheit und Anerkennung (Loreman et al. 2014; Piezunka et al. 2017; Prengel 2014). Eine theoretische Aufarbeitung dieser voraussetzungsreichen Begriffe ist an dieser Stelle nicht zu leisten. Daher beschränken wir uns auf einen kurzen Exkurs über Partizipation. Partizipation kann in vier verwandte, aber theoretisch unterscheidbare Konstrukte unterteilt werden (Koster et al. 2011; Bossaert et al. 2013):

1. Freundschaften/Beziehungen: gemeinsame Freundschaften, freundschaftliche Aktivitäten und Mitgliedschaft in Freundesgruppen
2. Kontakte/Interaktionen: gemeinsam spielen, arbeiten und Spaß haben, bei Aktivitäten dabei sein
3. Selbstwahrnehmung der Partizipation: Gefühle der Zugehörigkeit zu einer Gruppe bzw. keine Gefühle der Einsamkeit
4. Akzeptanz durch Klasse: Berücksichtigung der (vorhandenen und nicht-vorhandenen) Fähigkeiten eines Schülers oder einer Schülerin und die Bereitschaft, für den Schüler oder die Schülerin einzustehen und ihn/sie zu unterstützen

Hieraus könnten nun Fragebogenitems für quantitative Studien entwickelt werden. Einen umfassenden Fragebogen für Lehrkräfte, die über die Partizipation ihrer Schüler*innen Auskunft geben, erarbeiteten Koster et al. (2011). Ein kurzer Fragebogen zur Selbstauskunft der Schüler*innen wurde im INSIDE-Projekt vorangebracht. Auch der „Fragebogen zur Erfassung emotionaler und sozialer Schulerfahrung" (FEESS) enthält einige der für Partizipation relevanten Aspekte (Rauer und Schuck 2003). Eine andere, häufig genutzte Operationalisierung von Partizipation ist die soziometrische Befragung.

Aus Inklusionstheorien ergibt sich eine weitere Schwierigkeit der Operationalisierung von akademischen und sozialen Bedarfen, es bleibt nämlich unklar, welche Aspekte dieser Bedarfe überhaupt gemessen werden sollen. Hierzu erscheint es uns sinnvoll, die sogenannten zwei Säulen der inklusiven Didaktik zu reflektieren (Prengel 2014). Die erste Säule besteht aus einem obligatorischen Kerncurriculum zur Sicherung von Chancengleichheit und kultureller Teilhabe. Hierunter fallen beispielsweise sämtliche curriculare Vorgaben und Bildungsstandards (akademische Bedürfnisse) sowie diejenigen sozialen Handlungen, die in der jeweiligen Gesellschaft als angemessen bzw. positiv gelten (soziale Bedürfnisse). Die zweite Säule besteht aus einem fakultativen, offenen Wahlcurriculum, um Selbsttätigkeit, eigene Interessen, selbstgewählte Themen und kreative Aktivitäten zu ermöglichen. Hierunter fallen neben allen *selbstgewählten* akademischen Inhalten und sozialen Handlungen aus der ersten Säule vor allem Inhalte, die dort nicht enthalten sind und individuell sehr verschieden sein können.

Diese beiden Säulen lassen sich nun zumindest konzeptuell auf die Individualisierungsdefinition beziehen. In der ersten Säule könnte Inklusion durch Kompetenztests (z. B. Böhme et al. 2017) oder Fragebögen zum schulischen Wohlbefinden (z. B. Kullmann et al. 2015) und Partizipation (z. B. Koster et al. 2011) operationalisiert werden. Diese erste Säule eignet sich gut für die quantitative Forschung, insbesondere in großen und hochstandardisierten Schulleistungsstudien (z. B. Sälzer et al., in diesem Band).

In der zweiten Säule wären die Bedarfe nicht für alle Schüler*innen identisch, da jedes Individuum über eigene akademische oder soziale Bedarfe verfügt, die über individuelle Diagnostiken operationalisiert werden könnten. Demnach scheint die zweite Säule inkonsistent zum Anspruch und Ziel vieler quantitativer Forschungsprojekte zu sein. Trotzdem denken wir, dass die zweite Säule durchaus quantitativ untersuchbar ist. Beispielsweise entdecken wir konzeptuelle Bezüge zu Formen von individualisierender Diagnostik, etwa bei den akademischen Bedarfen zur Lernverlaufsdiagnostik (Grosche 2014) und bei den sozialen Bedarfen zur direkten Verhaltensbeurteilung (Casale et al. 2015). So werden den Schüler*innen individuell mittelschwere Schulleistungsaufgaben vorgelegt bzw. Items mit individuell mittelschweren Verhaltensweisen beurteilt, die zwar individuell verschieden operationalisiert sein können, aber trotzdem quantitativ ausgewertet werden können.

Diese konzeptuellen Überlegungen zusammenfassend müssen wir konstatieren, dass es selbstverständlich unmöglich sein wird, sämtliche Aspekte akademischer und sozialer Bedarfe sowie ihrer Operationalisierungen in einer einzigen Studie vollständig umzusetzen. Stattdessen empfehlen wir, sich in Studien auf einige wenige Aspekte zu konzentrieren und diese Aspekte konsequent auf die Definition B zu beziehen.

Nachdem die Operationalisierung von sozialen und akademischen Bedarfen als abhängige Variable sehr ausführlich diskutiert wurde, stellt sich nun die Frage, welche unabhängigen Variablen untersucht werden könnten. Aus Platzgründen sei an dieser Stelle auf die sehr umfassende Übersicht von Loreman et al. (2014) verwiesen, die eine Vielzahl möglicher Einflussfaktoren auf die

Inklusion kategorisiert haben (z. B. Auswirkungen von Gesetzesänderungen, Fortbildungen zu schulischer Inklusion, bestimmte Kooperationsformen und Fördermethoden sowie Klassenzusammensetzungen).

Allgemeine Individualisierungsdefinition C
Die allgemeine Individualisierungsdefinition schaut genau wie Definition B auf die sozialen und akademischen Bedarfe, unterscheidet konzeptuell, aber nicht mehr dichotom zwischen Schüler*innen mit und ohne SPF, sondern bezieht sich auf *alle* Schüler*innen. Über diese konzeptuelle Erweiterung kann man inklusionstheoretisch auf wenigstens zwei Arten nachdenken. Erstens stehen nun sämtliche Differenzlinien im Fokus, die im Zusammenhang mit Lernprozessen, Diskriminierungserfahrungen und Partizipation relevant sind (Piezunka et al. 2017), wie Alter, Geschlecht, Religion, Herkunftssprache oder sexuelle Orientierung.

Zweitens, auch wenn von Göransson und Nilholm (2014a) nicht explizit angesprochen, hat diese Definition eine Nähe zur inklusionstheoretisch wichtigen Abkehr von der Zwei-Gruppen-Theorie (Grosche 2015) bzw. Hinwendung zur Dekategorisierung (Neumann und Lütje-Klose, in diesem Band). Die Definitionen A und B waren konzeptuell auf die dichotome Kategorisierung von SPF angewiesen. Meist werden dazu Lehrkräfte oder Eltern befragt, bei welchen Schüler*innen SPF vorliegen. Schulen bzw. Schulsysteme, in denen SPF nicht mehr diagnostisch erfasst werden, können Fragen nach dem Vorliegen eines SPF nicht beantworten, obwohl einige Schüler*innen die Kriterien durchaus erfüllen würden. Was dementsprechend für Fragestellungen unter den Definitionen A und B hochproblematisch ist, stellt für Fragestellungen unter der Definition C keine Schwierigkeit dar. Zwar schließt Definition C dichotome Kategorisierungen nicht grundsätzlich aus, könnte aber auch ohne sie auskommen.

Uns scheinen unter Definition C insbesondere drei Familien von Fragestellungen relevant zu sein. Erstens lassen sich beide unter B genannten Fragestellungen um weitere Heterogenitätsdimensionen und ihre Interaktionen erweitern. Impulse für solche Forschungsfragen könnten zweitens auch aus der Intersektionalitätsforschung entnommen werden (z. B. Hinni und Zurbriggen 2018), die Interaktionen zwischen solchen Dimensionen theoretisch und empirisch aufarbeitet.

Drittens könnte gefragt werden, welche Auswirkungen auf akademische und soziale Bedarfe durch eine zunehmende Heterogenität erwartet werden können. Hier wäre Heterogenität (i. S. v. Varianz oder Anteilen eines Merkmals auf

Individualebene) auf Klassenebene als unabhängige Variable modelliert, um deren Einflüsse auf akademische und soziale Bedarfe aller Schüler*innen zu prüfen. Längsschnittlich untersuchbar wären unter anderem Schereneffekte (immer größer werdende Heterogenität) oder auch Kompensationseffekte (immer geringer werdende Heterogenität).

Die unter der Definition B angeführten Operationalisierungen von Inklusion als abhängige Variable sind vollständig identisch mit Operationalisierungen unter der Definition C, weshalb wir an dieser Stelle lediglich darauf verweisen (s. o.).

Gemeinschaftsdefinition D

Die Definition D erweitert den Fokus nochmals auf die Inklusion als Eigenschaft der Gemeinschaft der gesamten Gruppe. Gemeinschaften sind nur dann als inklusiv zu definieren, wenn sie *bestimmte Eigenschaften* besitzen, zu denen beispielsweise Partizipation, Demokratie, Gerechtigkeit, Selbstbestimmung, Freiheit und Anerkennung zählen könnten. Weitere Beschreibungen oder Spezifikationen der Gemeinschaftsdefinition von schulischer Inklusion fehlen bei Göransson und Nilholm (2014a) bzw. Nilholm und Göransson (2017), weshalb die Präzisierung und Operationalisierung dieser Definition sowie deren Nutzung in quantitativen Studien schwerfällt. Daher wundert nicht, dass bisher keine einzige der von Nilholm und Göransson (2017) analysierten empirischen Publikationen der Gemeinschaftsdefinition zuzuordnen war. Uns erscheint daher fraglich, ob die Gemeinschaftsdefinition ohne präzisere Beschreibung überhaupt für quantitative Studien nutzbar gemacht werden kann.

3.2 Vorschlag 2: Ausrichtung der Rahmung der wissenschaftlichen Publikation

Wissenschaftliche *Fragestellungen* sind meist in ein übergeordnetes wissenschaftliches *Problem* eingeordnet (Booth et al. 2008). Die Ergebnisse einer Studie beantworten im Idealfall also nicht nur die spezifischen Fragestellungen, sondern können ebenso etwas zur Lösung des übergeordneten wissenschaftlichen Problems beitragen. Diesen Problemcharakter bzw. die Relevanz der Fragestellung für die Leser*innen bzw. Gutachter*innen herauszuarbeiten, ist häufig ein schweres Unterfangen (Booth et al. 2008). Daher wollen wir mit unserem zweiten Vorschlag dazu beitragen, nicht nur die Forschungsfrage auf das Modell von Göransson und Nilholm (2014a) zu beziehen, sondern auch die inklusionstheoretische Relevanz der Fragestellung unter Berücksichtigung dieses Modells zu erarbeiten. Mit anderen

Worten: „From Questions to Problems: […] how to frame your project as a problem that readers want to see solved“ (Booth et al. 2008).

Wir stellen die Hypothese auf, dass in quantitativen Forschungsartikeln über Inklusion bisher die Rahmung über die UN-Konvention über die Rechte von Menschen mit Behinderungen (UN-BRK) dominierte und erst allmählich eine Hinwendung zu inklusionstheoretischen Problemen stattfindet. Viele quantitative Forscher*innen haben sich unmittelbar nach der Ratifizierung der UN-BRK erstmalig dem Themenfeld Inklusion genähert. Dabei legten sie ihren Forschungsarbeiten implizit oder explizit die intuitiv verständliche Platzierungsdefinition zugrunde, deren Relevanz selbst von Expert*innen der Inklusionsforschung mit der UN-BRK begründet wird (Piezunka et al. 2017). Zu diesem Schluss gelangen auch Dederich und Felder (2016, S. 199): „Die Durchsicht zahlreicher Publikationen zu quantitativ angelegten Untersuchungen zeigt, dass viele von ihnen auf eine ausdrückliche theoretische Rahmung verzichten. Aktuell zeigt sich dies beispielsweise in der Tendenz, statt auf Theorien ersatzweise auf die UN-Behindertenrechtskonvention (UN-BRK) zu verweisen.“ Gleichwohl ist zu konstatieren, dass eine zunehmende Hinwendung quantitativer Artikel zu inklusionstheoretischen Problemen stattfindet. Um diese wissenschaftlich zu begrüßende Entwicklung weiter zu unterstützen, wollen wir im Folgenden aufzeigen, wie Forschungsfragen mit Bezug zum Modell nach Göransson und Nilholm (2014a) als Forschungsproblem gerahmt werden können. Dabei wird es nicht immer einfach sein, den Unterschied zwischen Frage und Problem zu verstehen. Daher diskutieren wir für jede der vier Definitionen eine exemplarische Fragestellung und rahmen diese Fragestellung einmal als inklusionstheoretisches Problem und einmal als vom Inklusionsdiskurs unabhängiges Problem. Dies tun wir, um zu zeigen, dass eine spezifische Fragestellung je nach übergeordneter Rahmung einmal als inklusionsrelevant und einmal als davon unabhängige Forschungsarbeit gelten kann. Unsere Idee wird noch einmal dadurch unterstützt, dass sich zahlreiche der im Folgenden angeführten Beispiele nicht im Inklusionsdiskurs verorten. Tatsächlich führen viele der Beispiele gar nicht den Begriff Inklusion und wir verwenden die Unterscheidung zwischen einer inklusionstheoretischen und einer davon unabhängigen Rahmung nur aus analytischen Gründen. Dennoch können alle von uns zitierten Beispiele etwas zur Inklusionsforschung beitragen.

Unter der Platzierungsdefinition (A) könnte beispielsweise eine Fragestellung lauten: In sonderpädagogischen Gutachten wird nicht nur der SPF eines Schülers bzw. einer Schülerin diagnostiziert, sondern auch ein Vorschlag für den geeignetsten Förderort (Inklusion vs. Förderschule) erarbeitet. Welche Gutachtervariablen beeinflussen diesen Vorschlag?

- Eine inklusionstheoretische Rahmung wäre das übergeordnete wissenschaftliche Problem, ob Gutachter*innen in Richtung ihrer eigenen Schulzugehörigkeit empfehlen und somit Inklusion (verstanden als Platzierung) unterstützen oder behindern. Ein Beispiel: Mand (2002) konnte zeigen, dass Intelligenz, Rechtschreibentwicklung, Art und Umfang von Verhaltensproblemen sowie Einstellungen der Eltern keine entscheidende Rolle bei der Förderortempfehlung spielten, aber: „Gutachter, die ausschließlich in der Sonderschule arbeiten, empfehlen den Förderort Sonderschule. Gutachter, die (auch) in integrativen Zusammenhängen unterrichten, empfehlen vorrangig den Gemeinsamen Unterricht" (Mand 2002, S. 13).
- Eine Rahmung ohne Inklusionsbezug wäre die Erforschung, wie es um die diagnostischen Kompetenzen von sonderpädagogischen Gutachter*innen bestellt ist. Hier liefert die Untersuchung von Mand (2002) Hinweise darauf, dass Objektivität und Validität der Entscheidungen über den Förderort nicht oder nur eingeschränkt gegeben zu sein scheinen.

Unter der spezifischen Individualisierungsdefinition (B) könnte eine exemplarische Fragestellung lauten: Messen Kompetenztests, die für Schüler*innen ohne SPF entwickelt wurden, ebenfalls valide und reliable für Schüler*innen mit SPF?

- Eine inklusionstheoretische Rahmung wäre das Problem, wie Schüler*innen mit SPF an Tests teilhaben und davon lernen können. Wie könnten für Schüler*innen mit SPF Testsituationen oder Unterrichtsaufgaben barrierefreier und lernwirksamer gestaltet werden? Ein Beispiel: „If children fail to understand test instructions, measurements of their competence may be unfair and invalid" (Nusser und Weinert 2018, S. 227).
- Eine Rahmung ohne Inklusionsbezug wäre das messmethodische Problem der Gefahr invalider Tests, also ob die Schulleistungsstudien die Kompetenzen der Schüler*innen mit SPF überhaupt valide und reliable erfassen können. Müssen Kompetenztests verändert werden, um valide Aussagen über Bildungssysteme erhalten zu können? Ein Beispiel: „Many students with disabilities are provided accommodations to enable their participation in statewide assessment programs; however, there is concern that accommodations may invalidate test results" (Bolt und Ysseldyke 2008, S. 121).

Unter der allgemeinen Individualisierungsdefinition (C) könnte eine exemplarische Fragestellung lauten, ob bestimmte pädagogische Methoden differenziell wirksam sind.

- Eine inklusionstheoretische Rahmung wäre das Problem, wie Schüler*innen mit unterschiedlichen Lernbedingungen und -voraussetzungen effektiv unterrichtet werden könnten. Wie können wir in heterogenen Regelklassen die akademischen Kompetenzen aller Schüler*innen fördern? Ein Beispiel: „Students in classes of heterogeneous ability particularly benefitted from cognitive activation and a supportive climate" (Decristan et al. 2017, S. 109).
- Eine Rahmung ohne Inklusionsbezug wäre das Problem, ob ein positiv evaluiertes Training ebenso für bisher nicht-untersuchte Schüler*innen-Populationen wirksam ist. Ein Beispiel: „Der Erfolg von vorschulischen Programmen zur Förderung der phonologischen Bewusstheit ist mittlerweile hinlänglich belegt. Unklar ist allerdings, inwieweit auch Kinder mit Migrationshintergrund von solchen Förderprogrammen profitieren" (Weber et al. 2007, S. 65).

Unter der Gemeinschaftsdefinition (D) könnte beispielsweise eine Fragestellung lauten, wodurch sich gute Schulen auszeichnen. Hierzu könnten Preisträgerschulen untersucht werden.

- Eine inklusionstheoretische Rahmung wäre das Problem, was man von Preisträgerschulen des Jakob-Muth-Preises für inklusive Bildung lernen kann (Arndt und Werning 2016)[3].
- Eine inklusionsunabhängige Rahmung wäre das Problem, „wie individualisierter Unterricht in der Grundschule an den Preisträgerschulen des Deutschen Schulpreises umgesetzt und gestaltet wird" (Decristan et al. 2019).

Wie hoffentlich durch die Beispiele deutlich wurde, hängt es nicht notwendigerweise von der Fragestellung, sondern eher von ihrer Rahmung ab, ob eine Studie etwas zur Weiterentwicklung von Inklusionsforschung und Inklusionstheorien beitragen kann.

Um nicht missverstanden zu werden: Wir wollen an dieser Stelle betonen, dass wir nicht vorschlagen, alle möglichen zukünftigen Studien hätten sich zum Thema Inklusion zu positionieren. Stattdessen hoffen wir, dass Forscher*innen unseren Vorschlag verwenden können, um eine fundierte Entscheidung für oder gegen eine inklusionstheoretische Rahmung zu fällen. Wenn die Autor*innen meinen, einen Beitrag zur Inklusionsforschung leisten zu können, dann empfehlen wir ihnen, den Begriff wie folgt zu definieren und einzuordnen.

---

[3]Anders als angekündigt handelt es sich hierbei um keine quantitative Studie. Wir führen eine nicht-quantitative Studie an, weil uns kein quantitatives Beispiel zur inklusionstheoretischen Rahmung einer Fragestellung zur Gemeinschaftsdefinition bekannt ist.

3.3 Vorschlag 3: Definition und Einordnung der Definition von Inklusion

In jeder Forschungsarbeit sind natürlich die grundlegenden Begriffe möglichst präzise und eindeutig zu definieren (Booth et al. 2008). Es ist aber nur auf den ersten Blick trivial, dass wir drittens vorschlagen, im jeweiligen Artikel den Begriff Inklusion präzise und eindeutig zu definieren, denn tatsächlich tun dies die wenigsten Forscher*innen (Dederich und Felder 2016). Auch Nilholm und Göransson konstatieren (2017, S. 443): „It should be pointed out that the classification of the inclusion concept used in the articles [we analyzed] was far from undemanding and involved coordination by two researchers with a great deal of experience within the research field."

Natürlich haben Zeitschriftenartikel der quantitativen Forschung aufgrund ihrer Kürze und Prägnanz gar keinen Platz für eine umfassende Auseinandersetzung mit dem Inklusionsbegriff. Daher wurde an anderer Stelle vorgeschlagen, „dass in jedem Artikel über Inklusion das temporäre, reduzierte und singuläre Begriffsverständnis von Inklusion klar definiert wird, ohne sich in Begriffsdiskussionen zu verlieren" (Grosche 2015, S. 31). Nun müssen wir uns an dieser Stelle eingestehen, dass die Umsetzung des damaligen Vorschlags wohl nicht ausreichte. Wie oben bereits angeführt, zeichnet sich der Begriff Inklusion durch eine geringe denotative und eine hohe konnotative Bedeutung aus, was zu einer Dogmatisierung des Diskurses beitragen könnte. Die simple Präzisierung der denotativen Bedeutung im Forschungsartikel berührt die vielen konnotativen Bedeutungen nicht, sodass Forscher*innen, die andere Definitionen von Inklusion bevorzugen, beispielsweise erschrocken über die vermeintliche „Unkenntnis" (Hinz 2013) der Begriffsverwendung sein könnten, wodurch sich der Diskurs noch weiter auflädt.

Daher schlagen wir nun für jeden Artikel, der etwas zur Inklusionsforschung beitragen will, die konzeptuelle Explikation anhand von vier kurzen Erklärungen vor, die hoffentlich auch in Zeitschriftenartikeln Platz finden werden: Zuerst könnte die Diffusität des Begriffs Inklusion erwähnt werden. Zweitens könnten die vier Definitionen von Göransson und Nilholm (2014a) als *ein* Beispiel der Konkretisierung genannt werden. Drittens könnte konstatiert werden, dass alle vier Definitionen wichtige Facetten des Inklusionsdiskurses widerspiegeln. Viertens sollte angemerkt werden, dass für den vorliegenden Artikel nur eines dieser vier Konzepte ausgewählt wurde, das letztendlich explizit zu definieren wäre. Falls noch Platz für die Begründung der Auswahl wäre, könnte auch diese noch angeführt werden.

Wir hoffen, dass die Erklärung der Diffusität und die Nennung verschiedener Definitionen allen (auch den kritischen) Leser*innen aufzeigt, dass man sich der undurchschaubaren Begriffsvielfalt bewusst ist. Statt also eines Satzes schlagen wir nun vier Sätze vor: „Inclusion or inclusive education is a fuzzy concept that is hard to define. As one example for conceptualizing definitions of inclusion, Göransson und Nilholm (2014a) differentiated four definitions of inclusion 1) as placement, 2) as meeting the social and academic needs of students with disabilities, 3) as meeting the needs of all students, or 4) as developing communities with very specific characteristics. Every definition is considered important for studying inclusion. In this paper, we only use the first/second/third/fourth definition and define inclusive education as …"

3.4 Vorschlag 4: Angemessene Reaktion auf Gutachter*innenhinweise

Der geschriebene und revidierte Artikel wird meist in eine Zeitschrift mit Peer-Review-Verfahren eingereicht. Die Kritik im Peer-Review-Prozess wird häufig als hart, aber meistens hilfreich beschrieben. Im Themenfeld Inklusion sind jedoch einige Kritikpunkte der Diffusität des Inklusionsbegriffs und dessen hoher konnotativer Bedeutung geschuldet. Es scheint so zu sein, dass die Begriffsproblematiken um Inklusion stellvertretend in den Gutachten ausgefochten werden, obwohl die Autor*innen eigentlich „nur" ihre empirischen Ergebnisse präsentieren wollten. Wenn also die Gutachter*innen monieren, dass entweder „nicht Inklusion" oder das „falsche Konzept von Inklusion" untersucht wurde (diese Gutachten stammen mutmaßlich aus dem Umfeld der Definitionen C und D und kritisieren eine Studie um die Definitionen A und B) oder „die Fragestellung nicht sinnvoll" sei oder den „Bezug zur Realität vermissen" lasse (solche Gutachten stammen mutmaßlich aus dem Umfeld der Definitionen A und B und kritisieren eine Studie um die Definitionen C und D), dann schlagen wir mit einem Augenzwinkern folgende Coping-Strategien vor.

Nach Erhalt solcher Reviews empfehlen wir trotz jeglicher emotionaler Involvierung erst einmal gar nichts zu tun, sondern (mindestens) eine Nacht über das Review zu schlafen. Mit etwas Abstand könnten die Autor*innen versuchen, die Schärfe des Reviews dadurch zu erklären, dass Gutachter*innen auch nur Menschen sind, die ihr eigenes Begriffsverständnis unbewusst (Äpfel-Birnen-Problem) oder bewusst (Macht-Problem) dogmatisch auslegen und dieses

Begriffsverständnis vom Begriffsverständnis der Autor*innen abweicht. Falls man zur Revision des Artikels eingeladen wird, könnte man im Brief an die Herausgeber*innen erklären, wie sich die eigene Definition zu der mutmaßlichen Definition der Gutachter*innen verhält. Hierzu könnte der konsensuelle Kern der hierarchischen Inklusionsdefinitionen von Piezunka et al. (2017) genutzt werden. Dieser Kern ist in allen Definitionen zu finden und zu beschreiben als „Überwindung von Diskriminierung aufgrund von sozial konstruierter Gruppenzugehörigkeit" (S. 216). Es gilt dann zu erläutern, wie sich die eigene Definition hierzu verhält und wie sich die mutmaßliche Definition der Gutachter*innen dazu verhält. Wenn die eigene Arbeit einer hierarchie-niedrigeren Definition zugeordnet werden kann, könnte beispielsweise angemerkt werden, dass damit keinesfalls impliziert ist, dass damit das volle Potenzial von Inklusion bereits ausgeschöpft sei. Und wenn sie einer hierarchie-höheren Definition zuzuordnen ist, könnte beispielsweise die Analogie bemüht werden, dass auch Demokratie als Utopie empirisch erforschbar ist, obwohl realiter bei Weitem nicht alle gesellschaftlichen Prozesse demokratisch verlaufen. Eine solche Begriffsdiskussion könnte die Wogen etwas glätten.

4 Fazit und Ausblick

Wir hoffen gezeigt zu haben, dass Fachartikel, in denen quantitative Studien aus dem Themenfeld schulischer Inklusion berichtet werden, international besser zum Inklusionsdiskurs beitragen können, wenn sie 1) Inklusion konzeptuell in einem internationalen Inklusionsmodell verorten, 2) die Rahmung ihrer Forschungsfrage klarer auf Inklusion beziehen, 3) Inklusion als diffusen Begriff benennen und ihre Begriffsverwendung eindeutig und präzise definieren und 4) im Falle von dogmatischen Reviews angemessen auf die Begriffsvielfalt reagieren. Diese vier Schritte können hoffentlich dazu beitragen, dass im Inklusionsdiskurs weniger Missverständnisse erzeugt werden, die Artikel zunehmend besser und leichter aufeinander bezogen werden können (u. a. in Metaanalysen) und die Diskurse rationaler statt emotional geführt werden können.

Unsere Vorschläge zeigen allerdings auch, dass wir von einer präzisen und eindeutigen Explikation der Definition(en) von Inklusion noch weit entfernt sind. So haben wir ohne Probleme Studien als Beispiele für Inklusion anführen können, die diesen Begriff gar nicht benutzten, aber konzeptuell durchaus einen Beitrag zur Diskussion um Inklusion leisten können. Dies kann man entweder als feindliche Übernahme unsererseits deuten oder aber als Grundsatzproblem der Weite des Inklusionsbegriffs, denn dadurch scheint die Begriffsverwendung nahezu beliebig zu werden. Wir plädieren daher dringend für eine Explikation und Eingrenzung des Begriffs, um klarer entscheiden zu können, wie Inklusion empirisch untersucht werden kann und ob ein Artikel tatsächlich als Beitrag zur Inklusionsforschung verstanden werden kann. Da wir davon noch sehr weit entfernt sind, verstehen wir unsere vier Vorschläge als momentanen Versuch, das Modell von Göransson und Nilholm (2014a) für eine breite interessierte, vor allem quantitativ-empirische Forschungsgemeinschaft so aufzubereiten, dass es für ihre Forschung nutzbar wird.

Literatur

Arndt, A.-K., & Werning, R. (2016). Was kann man von Jakob-Muth-Preisträgerschulen lernen? Ergebnisse der Studie „Gute inklusive Schule". In B. Stiftung (Hrsg.), *Inklusion kann gelingen! Forschungsergebnisse und Beispiele guter schulischer Praxis* (S. 105–140). Bertelsmann: Gütersloh.

Böhme, K., Kohrt, P., Haag, N., & Weirich, S. (2017). Entwicklung angepasster Testaufgaben für Schülerinnen und Schüler mit sonderpädagogischem Förderbedarf. In P. Stanat, S. Schipolowski, C. Rjosk, S. Weirich, & N. Haag (Hrsg.), *IQB-Bildungstrend 2016* (S. 369–385). Münster: Waxmann.

Bolt, S. E., & Ysseldyke, J. (2008). Accomodating students with disabilities in large-scale testing. *Journal of Psychoeducational Assessment, 26,* 121–138.

Booth, T., & Ainscow, M. (2011). *Index for inclusion: Developing learning and participation in schools* (3. Aufl.). Bristol: Centre for Studies on Inclusive Education.

Booth, W. C., Colomb, G. G., & Williams, J. M. (2008). *The craft of research* (3. Aufl.). Chicago: University Press.

Bossaert, G., Colpin, H., Pijl, S. J., & Petry, K. (2013). Truly included? A literature study focusing on the social dimension of inclusion in education. *International Journal of Inclusive Education, 17,* 60–79.

Casale, G., Hennemann, T., & Grosche, M. (2015). Zum Beitrag der Verlaufsdiagnostik für eine evidenzbasierte sonderpädagogische Praxis am Beispiel des Förderschwerpunkts der emotionalen und sozialen Entwicklung. *Zeitschrift für Heilpädagogik, 66,* 325–334.

Decristan, J., Fauth, B., Kunter, M., Büttner, G., & Klieme, E. (2017). The interplay between class heterogeneity and teaching quality in primary school. *International Journal of Educational Research, 86,* 109–121.

Decristan, J., Dumont, H., & Fauth, B. (2019). *Forschungsprojekt „Adaptivität und Unterrichtsqualität im individualisierten Unterricht" (Ada*Q).* https://projekt-adaq.de/projektinfos/.

Dederich, M., & Felder, F. (2016). Funktionen von Theorie in der Heil- und Sonderpädagogik. *Vierteljahresschrift für Heilpädagogik und ihre Nachbargebiete, 85,* 196–209.

Dyson, A. (2014). A response to Göransson and Nilhom. *European Journal of Special Needs Education, 29,* 281–282.

Florian, L. (2014). What counts as evidence of inclusive education? *European Journal of Special Needs Education, 29,* 286–294.

Göransson, K., & Nilholm, C. (2014a). Conceptual diversities and empirical shortcomings – A critical analysis of research on inclusive education. *European Journal of Special Needs Education, 29,* 265–280.

Göransson, K., & Nilholm, C. (2014b). A continuing need for conceptual analysis into research on inclusive education: Response to commentators. *European Journal of Special Needs Education, 29,* 295–296.

Grosche, M. (2014). Fördermaßnahmen im Prozess überprüfen Das Konzept der Lernverlaufsdiagnostik. In T. Bohl, A. Feindt, B. Lütje-Klose, M. Trautmann, & B. Wischer (Hrsg.), *Friedrich Jahresheft Fördern* (S. 113–115). Hannover: Friedrich Verlag.

Grosche, M. (2015). Was ist Inklusion? Ein Diskussions- und Positionsartikel zur Definition von Inklusion aus Sicht der empirischen Bildungsforschung. In P. Kuhl, P. Stanat, B. Lütje-Klose, C. Gresch, H. A. Pant, & M. Prenzel (Hrsg.), *Inklusion von Schülerinnen und Schülern mit sonderpädagogischem Förderbedarf in Schulleistungserhebungen: Grundlagen und Befunde* (S. 17–39). Wiesbaden: Verlag für Sozialwissenschaften.

Grosche, M., & Vock, M. (2018). Inklusion. In D. H. Rost, J. R. Sparfeldt, & S. Buch (Hrsg.), *Handwörterbuch Pädagogische Psychologie* (5. Aufl., S. 260–269). Weinheim: Beltz.

Haug, P. (2014). Empirical shortcomings? A comment on Kerstin Göransson and Claes Nilholm. *European Journal of Special Needs Education, 29,* 283–285.

Hinni, C., & Zurbriggen, C. (2018). Intersektionalität in der Sonderpädagogik. Perspektiven für die Analyse der Wechselbeziehungen von Behinderung und anderen Ungleichheitsdimensionen. *Vierteljahresschrift für Heilpädagogik und ihre Nachbargebiete, 87,* 167–172.

Hinz, A. (2013). Inklusion – von der Unkenntnis zur Unkenntlichkeit!? Kritische Anmerkungen zu einem Jahrzehnt Diskurs über schulische Inklusion in Deutschland. *Zeitschrift für Inklusion, 7.* https://www.inklusion-online.net/index.php/inklusion-online/article/view/26.

Kanning, U. (2009). *Diagnostik sozialer Kompetenzen* (2. Aufl.). Göttingen: Hogrefe.

Kocaj, A., Kuhl, P., Kroth, A. J., Pant, H. A., & Stanat, P. (2014). Wo lernen Kinder mit sonderpädagogischem Förderbedarf besser? Ein Vergleich schulischer Kompetenzen zwischen Regel- und Förderschulen in der Primarstufe. *Kölner Zeitschrift für Soziologie und Sozialpsychologie, 66,* 165–191.

Kölm, J., Gresch, C., & Kuhl, P. (2019). Zuwanderungsbezogene Disparitäten bei der Diagnose eines sonderpädagogischen Förderbedarfs Lernen und der besuchten Schulart. *Zeitschrift für Erziehungswissenschaft, 22*(4), 771–789.

Koster, M., Minnaert, A. E. M. G., Nakken, H., Pijl, S. J., & van Houten, E. (2011). Assessing social participation of students with special needs in inclusive education: Validation of the social participation questionnaire. *Journal of Psychoeducational Assessment, 29,* 199–213.

Krämer, P., Przibilla, B., & Grosche, M. (2016). Woran erkennt man schulische Inklusion? Indikatoren zur operationalen Definition von schulischer Inklusion. *Heilpädagogische Forschung, 42,* 83–95.

Krull, J., Wilbert, J., & Hennemann, T. (2014). Soziale Ausgrenzung von Erstklässlerinnen und Erstklässlern mit sonderpädagogischem Förderbedarf im Gemeinsamen Unterricht. *Empirische Sonderpädagogik, 6,* 59–75.

Kullmann, H., Geist, S., & Lütje-Klose, B. (2015). Erfassung schulischen Wohlbefindens in inklusiven Schulen. In P. Kuhl, P. Stanat, B. Lütje-Klose, C. Gresch, H. A. Pant, & M. Prenzel (Hrsg.), *Inklusion von Schülerinnen und Schülern mit sonderpädagogischem Förderbedarf in Schulleistungserhebungen: Grundlagen und Befunde* (S. 301–333). Wiesbaden: Verlag für Sozialwissenschaften.

Lindsay, G. (2007). Educational psychology and the effectiveness of inclusive education/ mainstreaming. *British Journal of Educational Psychology, 77,* 1–14.

Loreman, T., Forlin, C., & Sharma, U. (2014). Measuring indicators of inclusive education: A systematic review of the literature. In C. Forlin & T. Loreman (Hrsg.), *Measuring inclusive education* (S. 165–187). Emerald: Bingley.

Löser, J. M., & Werning, R. (2015). Inklusion – Allgegenwärtig, kontrovers, diffus? *Erziehungswissenschaft, 26,* 17–24.

Mand, J. (2002). Sonderschule oder Gemeinsamer Unterricht? *Zeitschrift für Heilpädagogik, 53,* 8–13.

Mitchell, D. (2015). Inclusive education is a multi-faceted concept. *CEPS Journal, 5,* 9–30.

Nilholm, C., & Göransson, K. (2017). What is meant by inclusion? An analysis of European and North American journal articles with high impact. *European Journal of Special Needs Education, 32,* 437–451.

Nusser, L., & Weinert, S. (2018). Appropriate test-taking instructions for students with special educational needs. *Journal of Cognitive Education and Psychology, 16,* 227–240.

Nusser, L., & Wolter, I. (2016). There's plenty more fish in the sea. Das akademische Selbstkonzept von Schülerinnen und Schülern mit sonderpädagogischem Förderbedarf Lernen in integrativen und segregierten Schulsettings. *Empirische Pädagogik, 30,* 130–143.

Opp, K.-D. (2014). *Methodologie der Sozialwissenschaften* (7. Aufl.). Wiesbaden: VS Verlag.

Piezunka, A., Schaffus, T., & Grosche, M. (2017). Vier Definitionen von schulischer Inklusion und ihr konsensueller Kern – Ergebnisse von Experteninterviews mit Inklusionsforschenden. *Unterrichtswissenschaft, 16,* 207–222.

Prengel, A. (2014). Inklusive Bildung: Grundlagen, Praxis, offene Fragen. In T. Häcker & M. Walm (Hrsg.), *Inklusion in Schule und Lehrer_innenbildung* (S. 27–46). Bad Heilbrunn: Klinkhardt.

Rauer, W., & Schuck, K.-D. (2003). *Fragebogen zur Erfassung emotionaler und sozialer Schulerfahrungen von Grundschulkindern dritter und vierter Klassen.* Göttingen: Hogrefe.

Weber, J., Marx, P., & Schneider, W. (2007). Die Prävention von Lese-Rechtschreibschwierigkeiten bei Kindern mit nichtdeutscher Herkunftssprache durch ein Training der phonologischen Bewusstheit. *Zeitschrift für Pädagogische Psychologie, 21,* 65–75.

Weinert, F. E. (2001). Vergleichende Leistungsmessung in Schulen – Eine umstrittene Selbstverständlichkeit. In F. E. Weinert (Hrsg.), *Leistungsmessungen in Schulen* (S. 17–31). Weinheim: Beltz.

Wocken, H. (2010). Was ist Inklusiver Unterricht? Eine Checkliste zur Zertifizierung schulischer Inklusion. *Gemeinsam Leben, 18,* 203–208.

Spezifische Herausforderungen des Einbezugs von Schüler*innen mit sonderpädagogischem Förderbedarf in internationale Large-Scale-Assessments

Christine Sälzer, Albert Denk, Fabian Müller und Michael Grosche

Zusammenfassung

Internationale Large-Scale-Assessments (LSAs) bieten eine breite und repräsentative Datenbasis für den Vergleich unterschiedlicher Bildungssysteme. Sie eröffnen auch die Möglichkeit einer detaillierten Beschreibung und Analyse von Teilpopulationen wie Schüler*innen mit sonderpädagogischem Förderbedarf (SPF). Dieser Beitrag verfolgt die Frage, wie Schüler*innen mit SPF in den Förderschwerpunkten Lernen, Sprache bzw. sprachliche Entwicklung sowie emotionale und soziale Entwicklung in Deutschland aktuell in internationale LSAs einbezogen werden, welche spezifischen Herausforderungen

C. Sälzer (✉)
Universität Stuttgart, Stuttgart, Deutschland
E-Mail: christine.saelzer@ife.uni-stuttgart.de

A. Denk
Technische Universität München, TUM School of Education, München, Deutschland
E-Mail: albert.denk@tum.de

F. Müller
Université de Paris, Institut de Psychologie, Paris, Frankreich
E-Mail: fabian.muller@parisdescartes.fr

M. Grosche
Bergische Universität Wuppertal, Wuppertal, Deutschland
E-Mail: michael.grosche@uni-wuppertal.de

C. Gresch et al. (Hrsg.), *Schüler*innen mit sonderpädagogischem Förderbedarf in Schulleistungserhebungen,* https://doi.org/10.1007/978-3-658-27608-9_3

damit verbunden sind und wie ihr Einbezug verbessert werden könnte. Herausgearbeitet werden dazu vier Verfahrensschritte: die Auswahl und Beschreibung der Population und Stichprobe, die Operationalisierung des sonderpädagogischen Förderbedarfs, die Zuordnung der Schüler*innen mit SPF zu unterschiedlichen Schulformen in verschiedenen Bildungssystemen sowie die Auswahl geeigneter Testaufgaben.

Abstract

International Large-Scale Assessments (LSAs) offer a broad and representative database for comparing different educational systems. Furthermore, they allow for describing subpopulations in detail, such as students with special educational needs. This chapter is lead by the question how students with special educational needs in learning, language, language development as well as social-emotional development in Germany are currently included in international LSAs. A special focus is set on challenges and perspectives on how the inclusion of this subpopulation could be improved. In this regard, our chapter explains four steps: selecting and describing the target population and sample, operationalizing special educational needs, assigning students with special educational needs to different school types across countries as well as selecting and translating adequate test items.

Die Teilnahme Deutschlands an internationalen Bildungsvergleichsstudien ist ein zentraler Bestandteil der Gesamtstrategie zum Bildungsmonitoring, die 2006 von der Ständigen Konferenz der Kultusminister der Länder (KMK) verabschiedet und 2015 aktualisiert wurde (KMK 2006, 2015). Diese Bildungsvergleichsstudien sind als Large-Scale-Assessments (LSAs) angelegt und erfüllen den Zweck, die Kompetenzen der Schüler*innen zu bestimmten Zeitpunkten ihrer Schulbiografie zu beschreiben und international zu verankern. Neben Aussagen über das Niveau und die Verteilung wichtiger Kompetenzen werden Indikatoren benötigt, anhand derer auch systematische Zusammenhänge der Kompetenzen mit Merkmalen wie dem Geschlecht, der sozialen Herkunft oder sonderpädagogischem Förderbedarf (SPF) untersucht werden können. Dieser Beitrag widmet sich dem SPF und verfolgt die Fragen, wie Schüler*innen mit SPF in Deutschland aktuell in internationale LSAs einbezogen werden (Ausgangslage), welche spezifischen Herausforderungen damit verbunden sind (Herausforderungen) und wie diese bewältigt werden können (Perspektiven). In diesem Beitrag konzentrieren wir uns im Hinblick auf SPF ausschließlich auf die sonderpädagogischen Förderschwerpunkte Lernen, Sprache sowie emotionale und soziale Entwicklung (LSE), da derzeit nur diese in LSAs explizit berücksichtigt werden. Sofern es im Folgenden um andere als diese drei Förderschwerpunkte geht, wird dies angesprochen. Als Beispiele für internationale LSAs dienen insbesondere das *Programme for International Student Assessment* (PISA) der OECD sowie die *Trends in International Mathematics and Science Study* (TIMSS) der IEA. Betrachtet werden ausschließlich die Testungen der kognitiven Kompetenzen, die in beiden Studien im Mittelpunkt stehen (Mathematik, Lesen und Naturwissenschaften). Einleitend wird im folgenden Abschnitt zunächst beschrieben, inwieweit Schüler*innen mit SPF bislang in internationalen LSAs repräsentiert sind und wie internationale LSAs allgemein ablaufen.

1 (Unter-)Repräsentanz von Schüler*innen mit sonderpädagogischem Förderbedarf und allgemeiner Ablauf internationaler Large-Scale-Assessments

LSAs bieten insbesondere im internationalen Vergleich eine breite Datenbasis, die Aussagen auf der Ebene nationaler Bildungssysteme und ein Benchmarking im Sinne der Einordnung von Ergebnissen in einen größeren Kontext erlaubt (Sälzer und Prenzel 2013). Daher bergen LSAs eine große Chance, Aussagen auch über kleinere Teilpopulationen treffen zu können, die sonst nicht so häufig im Fokus von quantitativ angelegten empirischen Schulleistungserhebungen stehen, wie z. B. Schüler*innen mit SPF (Müller et al. 2017).

Allerdings sind Schüler*innen mit SPF in LSAs bisher unterrepräsentiert. Im Vergleich des prozentualen Anteils von Schüler*innen mit SPF an der PISA-Stichprobe (durchschnittlich etwa 1 bis 2 %, vgl. Tab. 1) mit den insgesamt zur Population gehörenden Anteilen (z. B. im Mittel 4,44 % in 30 europäischen Ländern, vgl. European Agency for Special Needs und Inclusive Education 2018) wird deutlich, dass Schüler*innen mit SPF nicht in dem Maße an PISA teilnahmen, wie sie anteilsmäßig in der Zielpopulation vertreten sind. Diese Diskrepanz zwischen dem Anteil von Schüler*innen mit SPF an der Population und ihrem Anteil an der an PISA teilnehmenden Stichprobe bestätigen auch die Zahlen aus Deutschland, wo der Anteil der Schüler*innen mit SPF insgesamt bei knapp 7 % liegt (Klemm 2015), an PISA 2015 aber nur etwa 2 % teilgenommen haben (Sälzer und Reiss 2016).

Tab. 1 gibt exemplarisch eine Übersicht über die Entwicklung der PISA-Stichproben seit der ersten Erhebungsrunde 2000 bis zur zuletzt veröffentlichten PISA-Studie aus dem Erhebungsjahr 2015 (vgl. auch LeRoy et al. 2018).

Tab. 1 Ungewichtete Anteile von Schüler*innen mit SPF an der Stichprobe in PISA 2000 bis 2015

	2000	2003	2006	2009	2012	2015
Anzahl OECD-Staaten	28	30	30	34	34	35
Anzahl Partnerstaaten[a]	4	11	27	40	31	37
Anzahl OECD-Staaten mit teilnehmenden Schüler*innen mit SPF	N/A	24/30	29/30	32/34	32/34	35/35
Anzahl Partnerstaaten[a] mit teilnehmenden Schüler*innen mit SPF	N/A	3/11	20/27	32/40	26/31	29/37
Gesamtstichprobe auf Schüler*innenebene	180.000	276.000	399.000	505.000	510.000	540.000
Davon Schüler*innen mit SPF	N/A[b]	3767	4089	9067	10.717	9283
Prozentualer Anteil Schüler*innen mit SPF an der Gesamtstichprobe	N/A	1,37	1,00	1,70	2,26	1,71

[a]PISA-Teilnehmerstaaten und -volkswirtschaften außerhalb der OECD
[b]An der ersten PISA-Erhebungsrunde im Jahr 2000 nahmen zwar Schüler*innen mit SPF teil, ihr Anteil an der Gesamtstichprobe wurde in den von der OECD veröffentlichten Dokumenten jedoch nicht ausgewiesen (z. B. Adams und Wu 2002).

Die Frage nach der mangelnden Repräsentativität der Schüler*innen mit SPF in PISA stellten auch LeRoy et al. (2018). LeRoy und Kolleg*innen untersuchen dabei aus einer international vergleichenden Perspektive die Herausforderungen, die die aktuell gängigen PISA-Prozeduren in Bezug auf die Stichprobenziehung, Populationsdefinition, Identifikation von Schüler*innen mit SPF sowie die Testmethodologie und Berichterstattung beinhalten. Im Gegensatz zum Artikel von LeRoy et al. (2018) nimmt der vorliegende Beitrag die Perspektive empirisch Forschender in Deutschland auf eine Beteiligung an internationalen LSAs ein und fokussiert die für die Durchführung solcher LSAs in Deutschland relevanten Herausforderungen.

LeRoy et al. (2018) kritisieren in ihrem Beitrag, dass ein möglicher Mehrwert durch die repräsentative Einbeziehung von Schüler*innen mit SPF in PISA nicht genutzt wird. Ähnliches gelte für TIMSS und die *Progress in International Reading Literacy Study* (PIRLS) der IEA (Schuelka 2013). Im vorliegenden Beitrag arbeiten wir deshalb heraus, welche Voraussetzungen für eine repräsentative Erfassung von Schüler*innen mit SPF in LSAs erforderlich sind. Dieser Mehrwert ist nicht nur wissenschaftlich, sondern auch bildungspolitisch relevant, da die empirische Evidenz als Bezugspunkt bildungspolitischer Entscheidungen belastbarer wird. Daher gehen wir den Fragen nach, wie Schüler*innen mit SPF in Deutschland aktuell in internationale LSAs einbezogen werden (Ausgangslage), welche spezifischen Herausforderungen damit verbunden sind (Herausforderungen) und wie diese bewältigt werden können (Perspektiven). Ausgangslage, Herausforderungen und Perspektiven beschreiben und diskutieren wir jeweils zu insgesamt vier Verfahrensschritten der Vorbereitung und Durchführung internationaler LSAs (z. B. Sälzer und Prenzel 2013), welche in den jeweiligen Studien zur Gewährleistung methodischer Standards und internationaler Vergleichbarkeit verbindlich festgelegt sind.

1. Zunächst werden die untersuchte Population und dementsprechend die zu ziehende Stichprobe beschrieben und ausgewählt. In diesem Zusammenhang werden auch mögliche Gründe für einen Ausschluss von der Testung festgelegt (Abschn. 2).
2. Ein weiterer Schritt ist die Definition und Operationalisierung der im Test zu erfassenden Konstrukte wie Kompetenzen, Einstellungen oder Merkmale des familiären Hintergrunds der Schüler*innen. Entsprechend werden die Testaufgaben und Kontextfragebögen entwickelt. Im internationalen Kontext sind zudem genau dokumentierte Übersetzungsprozesse notwendig (Abschn. 3).
3. Sind die Erhebungsinstrumente fertiggestellt, erfolgt eine Pilotierung der Tests an einer Stichprobe von Schulen. Zur Bestimmung dieser Stichprobe ist

es sehr wichtig, die in den einzelnen Teilnehmerstaaten vorhandenen Schulformen genau zu beschreiben. In Bezug auf Schüler*innen mit SPF ist dabei besonders darauf zu achten, an welchen Schulformen sie jeweils beschult werden, da dies die Einteilung in Testgruppen – entweder gemeinsam mit Schüler*innen ohne SPF oder ausschließlich mit Schüler*innen mit SPF – bedingt (Abschn. 4).
4. Auf Basis der Ergebnisse der Pilotierungsstudien werden die am besten geeigneten Testaufgaben ausgewählt (Abschn. 5).

Diese vier Verfahrensschritte werden in den folgenden vier Abschnitten mit Blick auf die Einbeziehung von Schüler*innen mit SPF in internationalen LSAs näher betrachtet.

2 Auswahl und Beschreibung der Population und Stichprobe

Ausgangslage
In internationalen LSAs werden Populationen von Schüler*innen in Bezug auf bestimmte Merkmale wie zum Beispiel Kompetenzen beschrieben. Getestet wird dabei in der Regel eine repräsentative Stichprobe, sodass auf entsprechende Populationsparameter geschlossen werden kann (z. B. Mittelwert und Streuung der Lesekompetenz). Damit solche Schlussfolgerungen valide sind, wird die Population sorgfältig beschrieben und die Stichprobe entsprechend gezogen (Häder 2015).

Sowohl bei einer altersbasierten Stichprobe wie in PISA (OECD 2016) als auch bei einer auf der Klassenstufe basierenden Stichprobe wie in TIMSS (Joncas und Foy 2011; Mullis und Martin 2013) wird darauf geachtet, dass alle in den jeweiligen Bildungssystemen vorhandenen Schulformen berücksichtigt werden, die von Schüler*innen der untersuchten Population besucht werden. Dies gilt insbesondere, wenn die Population der untersuchten Schüler*innen nicht zufällig auf diese Schulformen, sondern beispielsweise nach ihren bisherigen Schulleistungen verteilt ist. Existieren in einem Bildungssystem separate Schulen für Schüler*innen mit SPF (z. B. Sonder- bzw. Förderschulen), so werden auch diese in die Beschreibung der zu untersuchenden Population und Stichprobenziehung mit einbezogen (vgl. auch Abschn. 4 in diesem Beitrag).

Herausforderungen
Die Frage, wie Schüler*innen mit SPF in internationale LSAs einbezogen werden können, wirkt sich auf den tatsächlich untersuchten Anteil der betreffenden Schü-

ler*innen an der untersuchten Population aus: Nach der Ziehung der Stichprobe wird für jede*n Schüler*in festgestellt, ob sie*er in der Lage ist, selbstständig und ohne fremde Hilfe am Test teilzunehmen. Dies wird im Kontext von LSAs als Testfähigkeit bezeichnet (vgl. auch Abschn. 3 in diesem Beitrag). Schüler*innen mit SPF werden häufiger für nicht testfähig erklärt als Schüler*innen ohne SPF (vgl. auch nächster Abschnitt). A priori aufgrund der von ihnen besuchten Schule von der Teilnahme ausgeschlossen werden Schüler*innen mit Förderschwerpunkt Geistige Entwicklung, Hören oder Sehen. An Schulen mit den Förderschwerpunkten LSE, die in der Stichprobe sind, wird auf individueller Schüler*innenebene über die Testfähigkeit entschieden. Für beide Ausschlussebenen – Schule und Individuum – gilt: Werden Schüler*innen mit SPF von der Testung ausgeschlossen, so müsste zur Erhaltung des Anteils der Subpopulation der Schüler*innen mit SPF an der Gesamtpopulation jede*r ausgefallene Schüler*in durch eine*n andere*n mit SPF ersetzt werden. Im Gegensatz zur Schulebene (wo üblicherweise eine Ziehung von zwei Ersatzschulen erfolgt, vgl. OECD 2017) werden bisher jedoch keine Ersatzschüler*innen in die Stichprobe gezogen. Die Einbeziehung bzw. der Ausschluss von Schüler*innen mit SPF vom Test hat also Auswirkungen auf die Repräsentativität der Stichprobe der Schüler*innen mit SPF. Dies ist in internationalen LSAs umso problematischer, je stärker die Anteile der einbezogenen bzw. ausgeschlossenen Schüler*innen zwischen den Teilnehmerstaaten variieren. Demnach zielt die Frage, wie Schüler*innen mit SPF in internationale LSAs einbezogen werden können, auch auf eine Reduktion der Variabilität von Ausschlussraten (Engl. *exclusion rates,* vgl. LeRoy et al. 2018). Eine Variabilität beim Anteil der Ausschlussraten steht der Repräsentativität im Wege, da die Teilpopulation der Schüler*innen mit SPF je nach landesspezifischer Häufigkeit der Einbeziehung in LSAs entweder über- oder unterrepräsentiert sein kann. In diesem Sinne führt eine Reduktion der Variabilität der Ausschlussraten zwischen Staaten zu einer besseren Annäherung an repräsentative Daten von Schüler*innen mit SPF in den Förderschwerpunkten LSE.

Perspektiven

Durch Ausschlüsse von nicht testfähigen Schüler*innen, die auch Schüler*innen mit den Förderschwerpunkten LSE umfassen, kann die Repräsentativität auch einer breiten Datenbasis für die Teilpopulation der Schüler*innen mit SPF eingeschränkt sein. Um jedoch zumindest die Fallzahl tatsächlich untersuchter Schüler*innen mit einem Förderschwerpunkt im Bereich LSE zu erhöhen, besteht in den aktuellen internationalen LSAs beispielsweise die Option eines sogenannten Oversamplings (OECD 2017). Die teilnehmenden Länder können sich für diese Option entscheiden und werden bei der Durchführung gemäß den Prozeduren der LSAs unterstützt. Im Rahmen eines Oversamplings werden so viele Schüler*innen gezogen, dass repräsentative Aussagen über diese ansonsten dafür zu kleine Teilpopulation möglich sind. In Deutschland wurde dies beispielsweise als Ergänzungsstudie zu PISA 2012 für Förderschulen gemacht (vgl. z. B. Müller et al. 2017). Für eine umfassende Einbeziehung von Schüler*innen mit SPF ist daher zu empfehlen, in den teilnehmenden Bildungssystemen ein solches Oversampling durchzuführen. Auf Grundlage der darin gewonnenen Daten sind differenziertere Beschreibungen der Teilpopulation der Schüler*innen mit SPF möglich und ein weiterer wesentlicher Aspekt der Einbeziehung dieser Teilpopulation kann vorbereitet werden: die Operationalisierung des sonderpädagogischen Förderbedarfs.

3 Operationalisierung von sonderpädagogischem Förderbedarf sowie Abgrenzung von der Testfähigkeit der Schüler*innen

Ausgangslage
Im Rahmen internationaler LSAs liegen zum Zweck der standardisierten Datenerhebung Richtlinien dafür vor, wie mit Schüler*innen mit SPF verfahren werden soll, wenn diese in die Stichprobe gezogen werden. In PISA, PIRLS und TIMSS sollen Schüler*innen mit SPF grundsätzlich erst einmal einbezogen werden und nur dann (wie alle anderen Schüler*innen) ausgeschlossen werden, wenn sie als *nicht testfähig* bezeichnet werden. In Abschn. 2 wurde Testfähigkeit bereits als die Fähigkeit von Schüler*innen definiert, den Test selbstständig und ohne fremde Hilfe bearbeiten zu können (OECD 2017). Als Kriterien für die mangelnde Testfähigkeit werden in PISA bislang unterschieden 1) eine funktionale Beeinträchtigung (körperlich), 2) eine kognitive, emotionale Beeinträchtigung oder Verhaltensauffälligkeit sowie 3) eine eingeschränkte Praxis in der Testsprache. So ist mit dem *ersten Kriterium* gemeint, dass Schüler*innen dauerhaft derart körperlich beeinträchtigt sind, dass sie im Setting des PISA-Tests nicht valide getestet werden können (z. B. Schüler*innen, die aufgrund beeinträchtigter Hörfähigkeit den vorgelesenen Instruktionen der Testleiter*innen nicht folgen können). Im Rahmen der PISA-Studie gelten nur solche Funktionsschädigungen als funktionale Beeinträchtigung, welche die Schüler*innen an der selbstständigen Bearbeitung des PISA-Tests hindern. Beispielsweise wäre eine Querschnittslähmung nach diesem Verständnis also keine funktionale Beeinträchtigung (OECD 2017). Das *zweite Kriterium* trifft auf Schüler*innen zu, die auf kognitiver oder emotional-sozialer Ebene so deutliche Verzögerungen aufweisen, dass eine valide Testung im bei PISA oder TIMSS vorgegebenen Setting nicht möglich erscheint. Beispielsweise betrifft dies Schüler*innen, die den Anweisungen der Testleiter*innen bzw. den Aufgabenstellungen nicht

folgen könnten. Hier wird also eine gemeinsame Kategorie für kognitive und sozial-emotionale Gründe für den Ausschluss vom Test definiert. Das *dritte Kriterium* betrifft Schüler*innen, denen aufgrund einer eingeschränkten Praxis der Testsprache die selbstständige Bearbeitung des Tests nicht zugetraut wird.

In den Richtlinien der OECD für die Beurteilung der Testfähigkeit der zu testenden Schüler*innen werden diese drei Gründe als SPF (engl. *special educational needs, SEN*) bezeichnet (OECD 2017). Darüber hinaus wird SPF in diesen Richtlinien nicht definiert, sodass die drei genannten Kategorien zugleich Definition von SPF und Indikatoren für mangelnde Testfähigkeit sind. Konzeptuell werden hier also zwei Konstrukte gleichgesetzt oder zumindest nicht konsequent voneinander abgegrenzt: SPF und die mangelnde Testfähigkeit der Schüler*innen. Ausgehend von den auf Englisch veröffentlichten Richtlinien der OECD zu den Prozeduren der Stichprobenziehung und Testdurchführung obliegt es den beteiligten Ländern und deren Projektmanager*innen, den dort verwendeten Begriff SEN in die jeweilige Landessprache zu übersetzen und dort auf eine angemessene Umsetzung zu achten. Für Deutschland bedeutet dies beispielsweise einen Abgleich zwischen den drei Kategorien der Testfähigkeit und den von der KMK definierten Förderschwerpunkten (KMK 2011). Insofern arbeiten internationale LSAs derzeit mit einer nicht trennscharfen Verwendung der Begriffe SEN, SPF und Testfähigkeit.

Herausforderungen

Die Überlappung der Konstrukte SPF und mangelnde Testfähigkeit ist irreführend, da Schüler*innen mit SPF durchaus an Testungen teilnehmen können. Für das Ziel einer reduzierten Varianz bei den Ausschlussraten von Schüler*innen mit SPF und damit letztlich sowohl für die Repräsentativität als auch für die internationale Vergleichbarkeit ist diese Überlappung zudem problematisch. Empirisch belegen lässt sich die notwendige konzeptuelle Trennung der Konstrukte SPF und mangelnde Testfähigkeit beispielsweise durch die Teilnahmequoten der Schüler*innen an Förderschulen in PISA 2012. Wie eine Sekundäranalyse zeigt, nahmen 84 % der gezogenen Schüler*innen an Förderschulen am PISA-Test teil und waren damit trotz SPF testfähig. An den Regelschulen hingegen betrug der Anteil der für testfähig erklärten Schüler*innen in der Gruppe gezogener Schüler*innen mit SPF 74 % (Gebhardt et al. 2015). Wären Testfähigkeit und SPF ein identisches Konstrukt, dürfte kein*e Schüler*in mit SPF für testfähig erklärt werden. Grundsätzlich können darüber hinaus aber auch Schüler*innen ohne einen diagnostizierten SPF als nicht testfähig beschrieben werden. Die Gleichsetzung von SPF und mangelnder Testfähigkeit ist somit zu kritisieren, zumal mit der Sammelkategorie „nicht testfähig" Schüler*innen mit SPF nicht eindeutig ausgewiesen werden können und ihnen auch nicht genuin eine Testunfähigkeit als Eigenschaft zugeschrieben werden kann. Es gibt sowohl unter den Schüler*innen mit SPF als auch unter denjenigen ohne SPF solche, die als testfähig, und solche, die als nicht testfähig klassifiziert werden.

Ein weiterer kritischer Punkt ist mit Blick auf die Teilnahme Deutschlands an internationalen LSAs, dass sich die Definitionen sonderpädagogischer Förderbedarfe und die zugehörigen diagnostischen Prozeduren bereits innerhalb Deutschlands stark voneinander unterscheiden. In Abhängigkeit davon, in welchem Bundesland ein Kind aufwächst, kann es die Diagnose eines sonderpädagogischen Förderbedarfs erhalten oder auch nicht (Sälzer et al. 2015). Ebenso werden aus pädagogischen und politischen Gründen nicht mehr alle Förderbedarfe als solche diagnostiziert (s. Neumann und Lütje-Klose, in diesem Band). Auch international unterscheiden sich die Definitionen von SPF stark; dies gilt insbesondere für die oben beschriebene zweite Kategorie der kognitiven und sozial-emotionalen Beeinträchtigungen (vgl. Schuelka 2013).

Perspektiven

Derzeit werden alle für testfähig erklärten Schüler*innen in internationale LSAs einbezogen; insofern wird in diesem Kontext das Konzept SPF zunächst nicht benötigt. Vielmehr stiftet es sogar Verwirrung, wenn SPF synonym mit der mangelnden Testfähigkeit verwendet wird – zumal gerade in den derzeit bereits einbezogenen Förderschwerpunkten LSE nur ein Teil der Schüler*innen aufgrund mangelnder Testfähigkeit von der Teilnahme an LSAs ausgeschlossen wird. Systematisch werden hingegen solche Schüler*innen ausgeschlossen, deren Förderschwerpunkt andere Bereiche als LSE betrifft, etwa Hören, Sehen oder Geistige Entwicklung. Unser Vorschlag zur Definition und Operationalisierung ist entsprechend, die beiden Konstrukte SPF und Testfähigkeit klar voneinander zu trennen und zunächst grundsätzlich von der Testfähigkeit der Schüler*innen zu sprechen. Für Forschungsfragen, die sich konkret mit SPF befassen, sind dann in einem nächsten Schritt Definitionen und Kategorien des SPF notwendig, die jedoch im Rahmen von LSAs aufgrund der angewandten Methodik standardisierter, selbstständig bearbeiteter Leistungstests der Feststellung der Testfähigkeit nachgelagert sind.

Darüber hinaus wären LSAs deutlich inklusiver, wenn sie die notwendigen Vorkehrungen treffen würden, die standardisierten Testsituationen an die individuellen Bedürfnisse der Schüler*innen (mit und ohne SPF) anzupassen (vgl. Gresch, Nusser und Kohrt, in diesem Band). Somit wären konsequenterweise *alle* Schüler*innen als testfähig zu bezeichnen. Ob diese Empfehlung tatsächlich umgesetzt wird, wird aber auch von den bereitgestellten Mitteln abhängen.

Soll die Teilpopulation der Schüler*innen mit SPF in internationalen LSAs repräsentiert werden, so sind in Bezug auf die Definition und Operationalisierung des Konstrukts des sonderpädagogischen Förderbedarfs nationale und internationale Ebenen zusammenzubringen: Zum einen sollten die national vorhandenen

Definitionen und Kriterien für die Zuweisung eines SPF in den beteiligten Bildungssystemen in vergleichbarer Weise berücksichtigt werden, damit die teilnehmenden Schulen die betreffenden Schüler*innen identifizieren können. Zum anderen sollten die Definitionen auch auf internationaler Ebene vergleichbar oder zumindest so konsensfähig sein, dass die Teilnehmerländer in Gruppen mit ähnlichen Definitionen zusammengefasst werden können. Dies ist, ebenso wie die in Abschn. 2 erörterte Beschreibung und Ziehung der Stichprobe, von Bedeutung für eine möglichst geringe Variabilität der Ausschlussraten von Schüler*innen mit SPF.

4 Unterschiedliche Schulformen in unterschiedlichen Bildungssystemen

Ausgangslage

Ein weiterer für einen internationalen Vergleich zu beachtender Aspekt ist die Frage, welche Schulformen Schüler*innen mit SPF in ihrem jeweiligen Bildungssystem besuchen. Teils existieren separate Schulformen für Kinder mit einem diagnostizierten Förderbedarf, teils besuchen die betreffenden Kinder eine Regelschule mit unterschiedlich ausgestalteten Konzepten der Kooperation und Inklusion (vgl. Blanck 2015; Gebhardt et al. 2014; Grosche und Vock 2018; Vislie 2003). Um einen international mehrheitsfähigen Konsens für einen Vergleich unterschiedlicher Bildungssysteme zu finden, sind Vereinfachungen bei den angestrebten Indikatoren meist das Mittel der Wahl (OECD 2017). Durch relativ grobe Kategorien von Konzepten wird die Zuordnung zahlreicher unterschiedlicher, auf nationaler Ebene vorhandener Kategorien ermöglicht (z. B. für Deutschland die inzwischen berichtete Unterscheidung von Gymnasien und nicht gymnasialen Schularten als Zweiteilung der Stichprobe, vgl. Sälzer und Reiss 2016). Somit können die unterschiedlichen Konzepte der Beschulung von Schüler*innen mit SPF in LSAs nicht vollständig differenziert erfasst werden. Für Deutschland werden beispielsweise in der letzten aktuell veröffentlichten PISA-Erhebungsrunde 2018 lediglich zwei Beschulungsformen für Schüler*innen mit SPF unterschieden: Förderschulen als separate Settings und Regelschulen als inklusive Settings.

In LSAs werden üblicherweise die Schüler*innen einer Schule gemeinsam in einer oder mehreren Testgruppen getestet (OECD 2017). Mit der Schulart, die von Schüler*innen mit einem SPF besucht wird, hängt auch die Zusammensetzung und Organisation der Testgruppe zusammen, in der diese Schüler*innen an internationalen LSAs teilnehmen. Der Umfang der Testhefte und die darin vorgesehenen Zeitpunkte für Pausen unterscheiden sich in Abhängigkeit von der besuchten Schulform. Besuchen Schüler*innen mit SPF eine Förderschule, so bearbeiten sie dort ein verkürztes, einfacheres Testheft. Aufgrund der standardisierten Abläufe der Testsitzungen erhalten Schüler*innen mit SPF, die eine inklusive Regelschule besuchen, zumindest in PISA und TIMSS keine verkürzten Testhefte. Dies führt dazu, dass sich der Umfang der Aufgabencluster und damit auch die Pausenzeiten zwischen den regulären Testheften (zweimal 60 min) und dem verkürzten Testheft (viermal 15 min) unterscheiden (OECD 2017). Für Beschulungsformen, in denen an Regelschulen Außenklassen oder sonstige Kooperationsformen eingerichtet sind und nur Schüler*innen mit SPF unterrichtet werden, wird gemeinsam von der Schulkoordination und dem nationalen Projektmanagement nach Rücksprache mit der internationalen Projektleitung jeweils im Einzelfall entschieden, ob die regulären oder die verkürzten Testhefte für die gesamte Gruppe der Schüler*innen mit sonderpädagogischem Förderbedarf LSE eingesetzt werden können.

Herausforderungen
Unter anderem aus der Perspektive Deutschlands ist ein kritischer Punkt, dass die Teilpopulation dieser Schüler*innen abhängig vom Beschulungsort (Förderschule oder Regelschule) unterschiedliche Testinstrumente vorgelegt bekommen. An Förderschulen werden die kürzeren, einfacheren Testhefte eingesetzt, an Regelschulen die vollständigen Testhefte mit einer größeren Varianz der Aufgabenschwierigkeit (OECD 2017). Diejenigen Schüler*innen mit SPF an Regelschulen, die in einer eigenen (Förderschul-)Testgruppe von den kürzeren, einfacheren Testheften profitiert hätten, sind durch ihre Zuweisung zu ihrer täglichen (Regelschul-)Lerngruppe als Testgruppe mit den vollumfänglichen und damit mitunter systematisch zu schwierigen Testheften konfrontiert. Mit Blick auf internationale LSAs bringt der Beschulungsort von Schüler*innen mit SPF also möglicherweise Verzerrungen in Bezug auf die Zuweisung adäquater Testinstrumente für Schüler*innen mit SPF mit sich.

Perspektiven
Da die Einteilung in Testgruppen im Rahmen von LSAs durch die besuchte Schule bzw. Schulform bestimmt wird, bedeutet eine Aufteilung der Schüler*innen mit SPF auf unterschiedliche Schularten meist zugleich auch die Zuweisung unterschiedlicher Testhefte. Wenn dies, wie beispielsweise im Kontext der PISA-Studie, impliziert, dass der eine Teil der Schüler*innen mit SPF ein reguläres Testheft bekommt (Regelschulen) und der andere Teil ein verkürztes bzw. einfacheres (Förderschulen), schränkt dies die Validität der Kompetenzmessung möglicherweise ein. Auch wenn die Aufgaben in beiden Testheftsorten einem gemeinsamen Pool entstammen und sich auf einer gemeinsamen Kompetenzmetrik verorten lassen, sollte eine möglichst genaue Passung der vorgelegten Testhefte zu den sie bearbeitenden Schüler*innen angestrebt werden, um keinen motivationsbedingten Bias zu begünstigen. In Anlehnung an den

IQB-Bildungstrend schlagen wir vor, die dort praktizierte Administrationslösung auch für internationale LSAs umzusetzen: Die Schüler*innen erhalten im Schwierigkeitsgrad angepasste Testhefte, deren Bearbeitungsdauer für alle Schüler*innen gleich ist. Die Teilnehmer*innen mit SPF bearbeiten den Test im selben Klassenzimmer wie ihre Mitschüler*innen und es wird nur ein*e Testleiter*in benötigt. Die Zuweisung der Testhefte erfolgt durch die festgelegte Sitzreihenfolge, sodass diese Variante pragmatisch und standardisiert durchführbar ist. Zudem scheint sie vergleichsweise kostengünstig zu sein.

Unter Bezug auf eine Untersuchung am Förderschul-Oversample in PISA 2012 (Müller et al. 2017) deutet sich zudem für PISA an, dass die Verkürzung des Testheftes von regulären 120 auf 60 min für die Testgruppen an Förderschulen eine Maßnahme ist, die nicht zu einer optimierten Passung zwischen Testheft und Schüler*innen mit SPF geführt hat. Die Analyse der Anteile sogenannter *not-reached*-Antworten, also aller aus Zeit- oder Konzentrationsgründen nicht mehr bearbeiteten Aufgaben in einem Testheft, zeigt, dass die am besten geeignete Testheftvariante für die Teilpopulation der Schüler*innen mit SPF diejenige war, die 120 min dauerte, aber einfachere Aufgaben enthielt (Müller et al. 2017). Ein solches Vorgehen mit gleicher Testdauer, aber in der Schwierigkeit variierenden Testheften würde es ermöglichen, dass alle Schüler*innen an Regelschulen, ob mit oder ohne SPF, eine gemeinsame Testgruppe bilden könnten. Dadurch entstünden – wie beim IQB-Bildungstrend seit mehreren Jahren praktiziert – keine Mehrkosten für erhöhten organisatorischen Aufwand, etwa durch mehr Testleiter*innen oder mehr Raumbedarf.

Ein anderer Lösungsansatz ist auch bereits im Einsatz und kann, sobald er noch weiter ausgereift ist, die Herausforderung unterschiedlicher Beschulungsorte von Schüler*innen mit SPF lösen: Wenn das computerbasierte Testen, wie es aktuell in PISA und TIMSS eingeführt wurde, auch adaptiv umgesetzt wird, entfällt die vorherige feste Zuweisung von Testheften zu individuellen Schüler*innen, da die Reihung und Auswahl der zur Bearbeitung vorgelegten Aufgaben auf Basis des Antwortverhaltens der Schüler*innen automatisch und im Schwierigkeitsgrad angepasst erfolgt (Frey et al. 2017; Frey et al. 2016). Die Auswahl geeigneter Testaufgaben ist im nächsten Abschnitt der letzte der vier in diesem Beitrag erörterten Verfahrensschritte.

5 Auswahl geeigneter Testaufgaben für Schüler*innen mit Förderschwerpunkt LSE

Ausgangslage

Ein letzter hier zu erörternder Aspekt der Einbeziehung von Schüler*innen mit SPF in internationale LSAs betrifft in Ergänzung zur oben beschriebenen

Zuweisung von Testheften die Auswahl überhaupt geeigneter Testaufgaben für das Kompetenzspektrum von Schüler*innen mit SPF. Nachdem in Abschn. 4 die Zuweisung von Testheften zu Schüler*innen mit SPF in Abhängigkeit von der besuchten Schulform erörtert wurde, liegt der Schwerpunkt in diesem Abschnitt auf den Testaufgaben als Bestandteil der Testhefte. In den Schulleistungsstudien PISA und TIMSS entstammen die Aufgaben, die für Schüler*innen mit SPF oder mit niedriger Kompetenz gedacht sind, demselben Aufgabenpool wie alle weiteren im Test eingesetzten Aufgaben. Sie weisen in der Regel eine geringere mittlere Schwierigkeit auf (vgl. auch Abschn. 4) und sind deutlich weniger leselastig als andere Aufgaben im Test. Die Auswahl der Aufgaben erfolgt gemäß der Einschätzung der Expertengruppen für die in PISA, TIMSS und PIRLS untersuchten Domänen Lesen, Mathematik und Naturwissenschaften (OECD 2017).

Herausforderungen
Mittlerweile gilt als erwiesen, dass die Aufgaben in den Kompetenztests für viele Schüler*innen mit SPF deutlich schwieriger sind als für Kinder ohne SPF, das heißt Schüler*innen mit SPF diese signifikant seltener lösen können als Schüler*innen ohne SPF (Böhme et al. 2017). Dies ist insofern problematisch, als dass hier zwei Faktoren zusammenwirken, deren Effekte nur schwerlich voneinander zu trennen sind: Neben den niedrigeren Kompetenzwerten von Schüler*innen mit SPF ist nicht auszuschließen, dass es sich um eine systematische Benachteiligung von Schüler*innen mit SPF im Sinne des *Differential Item Functioning* (DIF) handelt, die in LSAs grundsätzlich vermieden werden sollte (vgl. etwa Demeris et al. 2007; Heydrich et al. 2013; Rutkowski und Prusinski 2011). *Differential Item Functioning* liegt vor, wenn Gruppen von Schüler*innen in LSAs aufgrund einzelner Merkmale systematisch Vor- oder Nachteile bei der Bearbeitung der Testaufgaben (Items) haben. Beide Faktoren können die Validität der Kompetenzmessung bei Schüler*innen mit SPF beeinträchtigen, was durch tendenziell hohe Missingraten, das heißt nicht bearbeitete Testaufgaben, bei Schüler*innen mit SPF in LSAs weiter verstärkt werden könnte (Kocaj et al. 2015; Südkamp et al. 2015).

Schließlich führt eine geringe Passung zwischen der Aufgabenschwierigkeit und den Kompetenzen der Schüler*innen mit SPF häufig zu einer unzureichenden Differenzierung zwischen unterschiedlich kompetenten Schüler*innen und damit zu einer insgesamt geringen Präzision der Kompetenzschätzungen; die Folge ist eine unzureichende Messqualität der Aufgaben.

Perspektiven
Ein Erfordernis der Methodik internationaler LSAs ist der Einsatz möglichst präzise messender Testinstrumente, das heißt entsprechend konstruierter Aufgaben. Um beispielsweise auch Kompetenzausprägungen im unteren Bereich differenziert beschreiben zu können, sind Aufgaben zur Erfassung geringer Kompetenzen notwendig. Im Rahmen des IQB-Bildungstrends 2016 in Deutschland wurden erstmals gezielt entwickelte Aufgaben für den unteren Kompetenzbereich eingesetzt.

Seit der fünften PISA-Erhebungsrunde im Jahr 2012 liegen auch für die jeweilige Schwerpunktdomäne einige Aufgabengruppen vor (sog. *Cluster,* die im Rahmen eines Multi-Matrix-Designs systematisch auf mehrere Testhefte verteilt werden, vgl. etwa Frey et al. 2009; Gonzalez und Rutkowski 2010), die insgesamt eine geringere Schwierigkeit aufweisen als die übrigen Aufgabengruppen.

Eine Perspektive für die Herstellung einer möglichst guten Passung der Testinstrumente zu einem breiten Spektrum der zu messenden Kompetenzen ist der Einsatz adaptiven Testens, wie es beispielsweise in PISA 2018 und künftig auch in TIMSS erprobt und vorgesehen ist. Adaptives Testen ist beim computerbasierten Testen möglich und bedeutet, dass die Schüler*innen abhängig von ihrer korrekten oder falschen Antwort auf eine Aufgabe eine jeweils schwierigere oder einfachere nächste Aufgabe vorgelegt bekommen (Frey und Seitz 2010). Auf diese Weise entstehen eine individuelle Auswahl von Aufgaben und damit eine deutlich bessere Passung zwischen den zugewiesenen Testaufgaben und der Kompetenz der Testteilnehmer*innen als bei vorab festgelegten Testheften.

6 Diskussion und Fazit

Dieser Beitrag ging der Frage nach, wie Schüler*innen mit SPF in Deutschland aktuell in internationale LSAs einbezogen werden, welche spezifischen Herausforderungen damit verbunden sind und wie diese bewältigt werden können. Entlang von vier Verfahrensschritten wurde herausgearbeitet, an welchen Stellen im Vorbereitungsprozess der LSAs Adaptionen vorgenommen werden können, um durch die Einbeziehung von Schüler*innen mit SPF die Repräsentativität der Stichprobe dieser Schüler*innengruppe zu erhöhen. Die vier Verfahrensschritte umfassen 1) die Auswahl und Beschreibung der Population und Stichprobe, 2) die Definition und Operationalisierung des sonderpädagogischen Förderbedarfs, 3) unterschiedliche Schulformen in verschiedenen Bildungssystemen sowie 4) die Auswahl geeigneter Testaufgaben.

Bezüglich der *Auswahl und Beschreibung der Population und Stichprobe* ist insbesondere die Variabilität der Ausschlussraten zwischen den Teilnehmerstaaten ein Kritikpunkt, da diese Variabilität die Repräsentativität der Stichprobe der Schüler*innen mit SPF unter Umständen einschränkt. Unsere Empfehlung zum Umgang mit dieser Herausforderung ist die Nutzung von Oversamples: Anhand von Oversamples können Teilpopulationen wie Schüler*innen mit SPF differenzierter beschrieben werden, sodass die Ausschlussraten empirisch begründet und auf internationaler Ebene stärker als bisher vereinheitlicht werden können. Die Datenbasis wird breiter und belastbarer, auch wenn sich dadurch das Problem des systematischen Ausschlusses von Schüler*innen mit bestimmten Förderschwerpunkten nicht lösen lässt, die bisher per se oder individuell als nicht testfähig deklariert und daher von der Teilnahme ausgeschlossen werden.

Im Zuge dieser anzustrebenden Angleichung der Ausschlussraten, für die eine breitere empirische Datenbasis zur Beschreibung der Schüler*innen mit SPF benötigt wird, kann mit der *Beschreibung und Operationalisierung von SPF* auch ein zweiter wesentlicher Aspekt der Einbeziehung dieser Teilpopulation vorbereitet werden. Der zentrale Punkt unseres Beitrags ist, dass diese Beschreibung und Operationalisierung jedoch erst der zweite Schritt ist; in erster Linie muss das Konstrukt SPF vom Konzept der Testfähigkeit abgegrenzt werden. Grundsätzlich werden alle als testfähig definierten Schüler*innen in internationale LSAs einbezogen – egal, ob sie einen SPF haben oder nicht. Insofern wird das Konzept SPF in diesem Kontext zunächst nicht benötigt und wir empfehlen, in LSAs vorerst explizit nur von der (mangelnden) Testfähigkeit der Schüler*innen zu sprechen und nur bei entsprechenden Forschungsfragen vom SPF, da er aus methodischer Sicht nur dort relevant ist. Zudem können aktuell nur Schüler*innen mit einem SPF in den Bereichen LSE in internationale LSAs einbezogen werden, da überhaupt nur für diese die Testfähigkeit individuell festgestellt wird. Schüler*innen mit anderen Förderschwerpunkten werden von vornherein und systematisch für nicht testfähig erklärt. Auch dies spricht für die Verwendung des Begriffs der Testfähigkeit statt SPF. Derzeit liegt eine Beschränkung auf LSE vor. Es sind jedoch Akkommodationen in Vorbereitung. Diese sollen es zum Beispiel sehgeschädigten Schüler*innen durch das Vorlesen der Aufgaben über Kopfhörer ermöglichen, selbstständig und ohne fremde Hilfe am Test teilzunehmen. Entsprechend könnten auch sie für testfähig erklärt werden. Ein Einbezug weiterer Förderschwerpunkte steht somit an und ist sicherlich zukunftsweisend (vgl. auch Gresch, Nusser & Kohrt in diesem Band).

Dass Schüler*innen mit SPF *teilweise an Förderschulen und teilweise an Regelschulen* unterrichtet werden, stellt im Rahmen internationaler LSAs dahingehend eine Herausforderung dar, als dass mit dem Besuch unterschiedlicher

Beschulungsformen auch die Zuweisung unterschiedlicher Testhefte vorgesehen oder zumindest möglich ist. Schüler*innen mit SPF, die wegen des Besuchs einer Förderschule das vereinfachte und kürzere Testheft erhalten, werden möglicherweise aufgrund dessen geringere Kompetenzwerte bei einer Schulleistungsstudie erzielen, während Schüler*innen mit SPF an Regelschulen vom regulären Testheft teilweise überfordert sein können. Diese Zweiteilung der Teilstichprobe über die Zuweisung unterschiedlich schwieriger Testhefte ist ein logistisches Problem, das jedoch im IQB-Bildungstrend bereits seit mehreren Jahren erfolgreich gelöst wird, indem die Schüler*innen im Schwierigkeitsgrad angepasste Testhefte erhalten, deren Bearbeitungsdauer für alle gleich ist.

Der vierte in diesem Beitrag behandelte Aspekt betrifft die *Auswahl geeigneter Testaufgaben* für Schüler*innen mit SPF. Hier sind zwei potenzielle Effekte zu berücksichtigen: Zum einen gilt als erwiesen, dass die durchschnittliche Kompetenz von Schüler*innen mit SPF in den Bereichen LSE sich im unteren Bereich der Verteilung befindet (vgl. etwa Gebhardt et al. 2015; Müller et al. 2017). Zum anderen ist nicht auszuschließen, dass Schüler*innen mit SPF im Sinne eines *Differential Item Functioning* (DIF) durch die Auswahl der ihnen vorgelegten Aufgaben systematisch benachteiligt sind. Diese beiden Effekte sind kaum voneinander zu trennen, weshalb der gezielten Entwicklung von Aufgaben für den unteren Leistungsbereich besondere Bedeutung zukommt (vgl. auch den Beitrag von Mahler et al., in diesem Band). Das mit dem bereits begonnenen computerbasierten Testen nun mögliche adaptive Testen ist hier ein Ansatz, der die Passung der vorgelegten Aufgaben zur Kompetenz einer*eines Schüler*in deutlich verbessern kann. Auch der Beschulungsort ist beim computerbasierten, adaptiven Testen dann kein problematischer Aspekt mehr, da keine vorab festgelegte Zuweisung von Testmaterialien zu einzelnen Schüler*innen mehr erfolgen muss.

Der aktuelle methodische Stand internationaler LSAs mit Beteiligung Deutschlands bietet in Bezug auf die vier problematisierten Punkte der Einbeziehung von Schüler*innen mit SPF bereits eine Reihe von Möglichkeiten und Anknüpfungspunkten. So erlaubt die Prozedur der Stichprobenziehung das Oversampling von Teilpopulationen und bietet so die Möglichkeit, langfristig die internationale Variabilität von Ausschlussraten zu minimieren und damit die Repräsentativität der Datenbasis zu erhöhen. Dass in Bezug auf die Entscheidung, einzelne Schüler*innen aufgrund mangelnder Testfähigkeit von der Teilnahme am Schulleistungstest auszuschließen, derzeit von *special educational needs* (SEN) gesprochen wird (z. B. OECD 2017), ist irreführend und wird entsprechend kritisiert. Stattdessen sollte ausschließlich von Testfähigkeit gesprochen werden und die Zuweisung bzw. Registrierung eines SPF nur dann vorgenommen werden, wenn dies für die Bearbeitung einer Forschungsfrage erforderlich ist. Für die

Vermeidung unterschiedlicher Testhefte für die Subpopulation der Schüler*innen mit SPF stehen im Rahmen von PISA dank der einfacheren Aufgabencluster bereits Testhefte zur Verfügung, die genau wie die regulären Testhefte 120 min Bearbeitungszeit vorsehen. Wir empfehlen mit Blick auf die Befunde von Müller et al. (2017) den Einsatz dieser vereinfachten, aber nicht verkürzten Testhefte für Schüler*innen auch an Förderschulen. Das computerbasierte adaptive Testen als weitere Methode zur Erhöhung der Passung von Kompetenztest zu den Kompetenzen der getesteten Schüler*innen wurde in PISA bereits eingeführt und steht in TIMSS nun ebenfalls an.

Eine Frage, die sich am Ende unserer Erörterungen zu den Herausforderungen und Perspektiven der Einbeziehung von Schüler*innen mit SPF in internationale LSAs stellt, ist, ob Analysen zu Schüler*innen mit SPF in diesem Rahmen eigentlich als belastbar gelten können, wenn die Freiheitsgrade bei der Umsetzung dieser Einbeziehung in den teilnehmenden Staaten so groß sind. Eine gemeinsame Grundlage bilden die Richtlinien der OECD oder der IEA, jedoch werden diese Richtlinien derzeit in den beteiligten Bildungssystemen jeweils individuell operationalisiert. Ob Studien wie TIMSS oder PISA das Ziel verfolgen, die Teilpopulation der Schüler*innen mit SPF vertieft zu beschreiben, ist eine Entscheidung der beteiligten Staaten. Bislang wurde eine Forderung nach diesem Ziel noch nicht laut. Insgesamt zeigt dieser Beitrag, dass die Einbeziehung von Schüler*innen mit SPF in internationale LSAs mehrere Herausforderungen mit sich bringt, die jedoch mit dem aktuellen Stand der Methodik durchaus zu bewältigen sind. Indem die Erhebungsmodalitäten den Voraussetzungen für die Teilnahme am Test für möglichst viele Schüler*innen angepasst werden, können mehr und mehr Schüler*innen für testfähig erklärt werden. Dies wiederum schafft die Voraussetzungen dafür, sich inhaltlich damit auseinanderzusetzen, wie Schüler*innen mit SPF in Large-Scale-Assessments über Bildungssysteme hinweg erfasst und verglichen werden können.

Literatur

Adams, R. J., & Wu, M. (2002). *PISA 2000 Technical Report*. Paris: OECD.

Blanck, J. (2015). Schulische Integration und Inklusion in Deutschland. Eine vergleichende Betrachtung der 16 Bundesländer. In P. Kuhl, P. Stanat, B. Lütje-Klose, C. Gresch, H. A. Pant, & M. Prenzel (Hrsg.), *Inklusion von Schülerinnen und Schülern mit sonderpädagogischem Förderbedarf in Schulleistungserhebungen* (S. 153–177). Wiesbaden: Springer VS.

Böhme, K., Kohrt, P., Haag, N., & Weirich, S. (2017). Entwicklung angepasster Testaufgaben für Schülerinnen und Schüler mit sonderpädagogischem Förderbedarf. In P. Stanat, S. Schipolowski, C. Rjosk, S. Weirich, & N. Haag (Hrsg.), *IQB-Bildungstrend 2016: Kompetenzen in den Fächern Deutsch und Mathematik am Ende der 4. Jahrgangsstufe im zweiten Ländervergleich* (S. 369–385). Münster: Waxmann.

Demeris, H., Childs, R. A., & Jordan, A. (2007). The influence of students with special needs included in grade-3 classrooms on the large-scale achievement scores of students without special needs. *Canadian Journal of Education/Revue canadienne de l'éducation, 30*(3), 609–627. https://doi.org/10.2307/20466655.

European Agency for Special Needs and Inclusive Education. (2018). Country information for Iceland – Legislation and policy. https://www.european-agency.org/country-information/iceland/legislation-and-policy.

Frey, A., & Seitz, N.-N. (2010). Projekt MAT. Multidimensionale adaptive Kompetenzdiagnostik: Ergebnisse zur Messeffizienz. In E. Klieme, D. Leutner, & M. Kenk (Hrsg.), *Zeitschrift für Pädagogik. Beiheft: Vol. 56. Kompetenzmodellierung. Zwischenbilanz des DFG-Schwerpunktprogramms und Perspektiven des Forschungsansatzes* (Vol. 56, S. 40–51). Weinheim: Beltz.

Frey, A., Hartig, J., & Rupp, A. A. (2009). An NCME instructional module on booklet designs in large-scale assessments of student achievement: Theory and practice. *Educational Measurement: Issues and Practice, 28*(3), 39–53. https://doi.org/10.1111/j.1745-3992.2009.00154.x.

Frey, A., Seitz, N.-N., & Brandt, S. (2016). Testlet-based multidimensional adaptive testing. *Frontiers in Psychology, 7,* 1758. https://doi.org/10.3389/fpsyg.2016.01758.

Frey, A., Bernhardt, R., & Born, S. (2017). Umgang mit Itempositionseffekten bei der Entwicklung computerisierter adaptiver Tests. *Diagnostica, 63*(3), 167–178. https://doi.org/10.1026/0012-1924/a000173.

Gebhardt, M., Sälzer, C., & Tretter, T. (2014). Die gegenwärtige Umsetzung des gemeinsamen Unterrichts in Deutschland. *Heilpädagogische Forschung, 40*(1), 22–31.

Gebhardt, M., Sälzer, C., Mang, J., Müller, K., & Prenzel, M. (2015). Performance of students with special educational needs in Germany: Findings from programme for international student assessment 2012. *Journal of Cognitive Education and Psychology, 14*(3), 343–356. https://doi.org/10.1891/1945-8959.14.3.343.

Gonzalez, E. J., & Rutkowski, L. (2010). Principles of multiple matrix booklet designs and parameter recovery in large-scale assessments. *IERI Monograph Series, 3,* 125–156.

Grosche, M., & Vock, M. (2018). Inklusion. In D. H. Rost, J. R. Sparfeldt, & S. Buch (Hrsg.), *Beltz Psychologie 2018. Handwörterbuch pädagogische Psychologie* (5. Aufl., S. 260–269). Weinheim: Beltz.

Häder, M. (2015). *Empirische Sozialforschung – Eine Einführung* (3. Aufl.). Wiesbaden: Springer VS.

Heydrich, J., Weinert, S., Nusser, L., Artelt, C., & Carstensen, C. H. (2013). Including students with special educational needs into large-scale assessments of competencies: Challenges and approaches within the German National Educational Panel Study (NEPS). *Journal for Educational Research Online, 5*(2), 217–240.

Joncas, M., & Foy, P. (2011). Sample Design in TIMSS and PIRLS. https://timssandpirls.bc.edu/methods/pdf/TP_Sampling_Design.pdf.

Klemm, K. (2015). *Inklusion in Deutschland – Daten und Fakten. Gutachten im Auftrag der Bertelsmann Stiftung*. Gütersloh: Bertelsmann.

KMK. (2006). *Gesamtstrategie der Kultusministerkonferenz zum Bildungsmonitoring.* München: Wolters Kluwer.

KMK. (2011). *Inklusive Bildung von Kindern und Jugendlichen mit Behinderungen in Schulen: Beschluss der Kultusministerkonferenz vom 20.10.2011.* Berlin. http://www.kmk.org/fileadmin/veroeffentlichungen_beschluesse/2011/2011_10_20-Inklusive-Bildung.pdf.

KMK. (2015). Text der überarbeiteten Gesamtstrategie zum Bildungsmonitoring. http://www.kmk.org/fileadmin/pdf/Gesamtstrategie_Endfassung_DOK.pdf.

Kocaj, A., Kuhl, P., Rjosk, C., Jansen, M., Pant, H. A., & Stanat, P. (2015). Der Zusammenhang zwischen Beschulungsart, Klassenkomposition und schulischen Kompetenzen von Kindern mit sonderpädagogischem Förderbedarf. In P. Kuhl, P. Stanat, B. Lütje-Klose, C. Gresch, H. A. Pant, & M. Prenzel (Hrsg.), *Inklusion von Schülerinnen und Schülern mit sonderpädagogischem Förderbedarf in Schulleistungserhebungen* (S. 335–370). Wiesbaden: Springer VS.

LeRoy, B. W., Samuel, P., Deluca, M., & Evans, P. (2018). Students with special educational needs within PISA. *Assessment in Education: Principles, Policy & Practice, 37*(6), 1–11. https://doi.org/10.1080/0969594X.2017.1421523.

Müller, K., Prenzel, M., Sälzer, C., Mang, J., Heine, J.-H., & Gebhardt, M. (2017). Wie schneiden Schülerinnen und Schüler an Sonder- und Förderschulen bei PISA ab? Analysen aus der PISA 2012-Zusatzerhebung zu Jugendlichen mit sonderpädagogischem Förderbedarf. *Unterrichtswissenschaft, 2,* 175–192.

Mullis, I. V. S., & Martin, M. O. (Hrsg.). (2013). *TIMSS 2015 Assessment Frameworks.* Chestnut Hill: TIMSS & PIRLS International Study Center, Boston College.

OECD. (2016). *PISA 2015 results. Excellence and equity in education.* Paris: OECD.

OECD. (2017). *PISA 2015 Technical Report.* Paris: OECD.

Rutkowski, D. J., & Prusinski, E. L. (2011). The limits and possibilities of international large-scale assessments. Retrieved from http://ceep.indiana.edu/projects/PDF/PB_V9N2_Spring_2011_EPB.pdf.

Sälzer, C., & Prenzel, M. (2013). PISA 2012 – Eine Einführung in die aktuelle Studie. In M. Prenzel, C. Sälzer, E. Klieme, & O. Köller (Hrsg.), *PISA 2012: Fortschritte und Herausforderungen in Deutschland* (S. 11–46). Münster: Waxmann.

Sälzer, C., & Reiss, K. (2016). PISA 2015 – die aktuelle Studie. In K. Reiss, C. Sälzer, A. Schiepe-Tiska, E. Klieme, & O. Köller (Hrsg.), *PISA 2015. Eine Studie zwischen Kontinuität und Innovation* (S. 13–44). Münster: Waxmann.

Sälzer, C., Gebhardt, M., Müller, K., & Pauly, E. (2015). Der Prozess der Feststellung sonderpädagogischen Förderbedarfs in Deutschland. In P. Kuhl, P. Stanat, B. Lütje-Klose, C. Gresch, H. A. Pant, & M. Prenzel (Hrsg.), *Inklusion von Schülerinnen und Schülern mit sonderpädagogischem Förderbedarf in Schulleistungserhebungen* (S. 129–152). Wiesbaden: Springer VS.

Schuelka, M. J. (2013). Excluding students with disabilities from the culture of achievement: The case of the TIMSS, PIRLS, and PISA. *Journal of Education Policy, 28*(2), 216–230. https://doi.org/10.1080/02680939.2012.708789.

Südkamp, A., Pohl, S., & Weinert, S. (2015). Competence assessment of students with special educational needs—Identification of appropriate testing accommodations. *Frontline Learning Research, 3*(2), 1–26.

Vislie, L. (2003). From integration to inclusion: Focusing global trends and changes in the western European societies. *European Journal of Special Needs Education, 18*(1), 17–35. https://doi.org/10.1080/0885625082000042294.

Teil B
Methodische Herausforderungen

Zwischen Standardisierung und Anpassung: Administration und Durchführung der Datenerhebung bei Schüler*innen mit sonderpädagogischem Förderbedarf in Large-Scale-Studien

Cornelia Gresch, Lena Nusser und Pauline Kohrt

Zusammenfassung

In dem Beitrag werden verschiedene Möglichkeiten in der Administrationsvorbereitung und Durchführung der Erhebung bei Large-Scale-Studien untersucht, die genutzt werden können, um potenzielle Zugangsbarrieren für Schüler*innen, insbesondere für diejenigen mit sonderpädagogischem Förderbedarf, zu reduzieren oder auszuräumen. Datengrundlage bilden der IQB-Bildungstrend 2016 und eine IQB-Pilotierungsstudie aus dem Jahr 2017. Im Mittelpunkt stehen drei dort eingesetzte Maßnahmen: 1) das Angebot eines Übungsblattes mit Beispielitems und Ausfüllhinweisen, welches vorab den Schulen zur Verfügung gestellt wurde, 2) die Option, den Hintergrundfragebogen von den Testleiter*innen vorlesen zu lassen und 3) die Möglichkeit der Anwesenheit von Schulbegleitungen bzw. weiteren unterstützenden Personen während der Erhebungen. Die Auswertungen zeigen, dass diese

C. Gresch (✉) · P. Kohrt
Institut zur Qualitätsentwicklung im Bildungswesen, Humboldt-Universität zu Berlin, Berlin, Deutschland
E-Mail: cornelia.gresch@iqb.hu-berlin.de

P. Kohrt
E-Mail: p.kohrt@iqb.hu-berlin.de

L. Nusser
Leibniz-Institut für Bildungsverläufe (LIfBi), Bamberg, Deutschland
E-Mail: lena.nusser@lifbi.de

C. Gresch et al. (Hrsg.), *Schüler*innen mit sonderpädagogischem Förderbedarf in Schulleistungserhebungen*, https://doi.org/10.1007/978-3-658-27608-9_4

Maßnahmen tendenziell häufiger in Klassen bzw. bei Schüler*innen mit sonderpädagogischem Förderbedarf genutzt werden. Implikationen für die Einbeziehung von Schüler*innen mit sonderpädagogischem Förderbedarf in groß angelegten Bildungsstudien werden diskutiert.

Abstract
The standardization of large scale studies may create barriers for students, especially those with special educational needs. This paper examines which techniques can be used during survey preparation and implementation to reduce or remove potential access barriers to the standardized tests and questionnaires. Analyses are based on the IQB Trend 2016 (N = 29.259) and an IQB pilot study 2017 (N = 3819). The study focuses on three techniques: 1) providing an exercise sheet with example items made available to schools in advance, 2) having the background questionnaire read aloud by the test administrators and 3) having an one-on-one aide or other supporting staff present during the survey. The results show that these measures tend to be used more frequently in classes or among students with special educational needs. Implications for the integration of students with special educational needs in large-scale studies are discussed.

1 Einleitung[1]

Die Administration von Datenerhebungen in bundesweiten Large-Scale-Studien im Bildungsbereich ist in hohem Maße standardisiert. Damit wird das Ziel verfolgt, eine objektive, reliable, valide und mit anderen Personengruppen vergleichbare Datengrundlage sicherzustellen (Pitoniak und Royer 2001). Fraglich ist allerdings, ob dieses Ziel auch erreicht wird, wenn unter standardisierten Bedingungen Schüler*innen mit sonderpädagogischem Förderbedarf (SPF) oder anderen besonderen Förderbedarfen in die Untersuchung einbezogen werden.

Kinder und Jugendliche mit SPF sind sehr heterogen bezüglich ihrer schulischen Kompetenzen, wie Lesekompetenzen und schulische Motivation (Kocaj et al. 2017; Kocaj et al. 2014). Entsprechend werden in inklusiven Klassensettings oder auch an Förderschulen vermehrt offene Unterrichtskonzepte umgesetzt. Zudem gibt es individuelle Lernziele und Förderpläne, in denen

[1]Wir danken den anonymen Gutachter*innen für die hilfreichen Hinweise.

gezielt auf die unterschiedlichen Voraussetzungen und Bedürfnisse eingegangen wird (Reiß und Werner 2012). Einzelne Kinder erhalten je nach Bedarf zusätzliche Unterstützung im Unterricht, zum Beispiel durch gesonderte Fördermaßnahmen oder durch eine Schulbegleitung. Neben Kindern mit SPF werden aber auch andere Kinder besonders unterstützt, beispielsweise diejenigen mit sprachlichen Schwierigkeiten. Während es im Unterricht den Lehrkräften möglich ist, gezielt auf die besonderen Bedürfnisse der einzelnen Schüler*innen einzugehen, werden in standardisierten Testsituationen diese zusätzlichen Freiheitsgrade zumeist reduziert oder aufgelöst. Die von Large-Scale-Studien geforderte hohe Standardisierung steht somit im Widerspruch zur Pädagogik einer individualisierten Unterrichtskultur und zu besonderen Unterstützungsbedarfen für einzelne Schüler*innen.

Der Beitrag setzt an dem Spannungsfeld zwischen Anpassung und Standardisierung an. Im Mittelpunkt stehen Schüler*innen mit SPF. Allerdings beziehen die Überlegungen weitere Schüler*innen mit besonderen Unterstützungsbedarfen mit ein, beispielsweise Schüler*innen nichtdeutscher Herkunftssprache oder Schüler*innen mit einer Schulbegleitung. Untersucht wird die Frage, welche Möglichkeiten in der Administrationsvorbereitung und Durchführung der Erhebung bei standardisierten Large-Scale-Studien genutzt werden können, um potenzielle Zugangsbarrieren für Schüler*innen mit SPF oder anderen besonderen Unterstützungsbedarfen zu reduzieren oder auszuräumen.

Nach einer theoretischen Verortung basierend auf der Zugangstheorie von Beddow et al. (2011) werden drei Aspekte einer Erhebung an allgemeinen Schulen und Förderschulen herausgearbeitet, bei denen die standardisierte Vorgehensweise eine besondere Herausforderung für Schüler*innen mit SPF oder anderen besonderen Förderbedarfen darstellen kann, und Maßnahmen dazu vorgestellt: 1) die standardisierten Testformate und die Möglichkeit, ein Übungsblatt vorab einzusetzen, 2) der Erhebungsmodus, also ob ein Fragebogen von der Testleitung vorgelesen oder von den Schüler*innen selbst gelesen wird, und 3) die Möglichkeit der Teilnahme von Schulbegleitungen oder anderen unterstützenden Personen während der Erhebung.

Gestützt werden die Ausführungen durch Auswertungen des IQB-Bildungstrend 2016 (N = 29.259), einer bundesweiten Erhebung in der Primarstufe, und Analysen einer Pilotierungsstudie des IQB (N = 3819), die im Jahr 2017 in der Sekundarstufe I durchgeführt wurde. Dabei wird jeweils geprüft, bei welchen Schüler*innen bzw. Klassen oder Testgruppen die jeweiligen Maßnahmen genutzt wurden. Weiter wird untersucht, ob sich beim Einsatz des Übungsblattes und beim Vorlesen der Hintergrundfragebögen Zusammenhänge zur Datenqualität nachweisen lassen und inwiefern Schulbegleitungen oder andere Personen die Schüler*innen während der Testung inhaltlich unterstützen. Der Beitrag liefert Hinweise zu administrativen Rahmenbedingungen mit besonderem Blick auf Schüler*innen mit SPF, die als Grundlage für Entscheidungen bei der Vorbereitung zukünftiger Studien herangezogen werden können.

2 Ablauf einer Datenerhebung und Zugangsvoraussetzungen der Schüler*innen

Die Datenerhebung in einer Large-Scale-Studie erfolgt in der Regel in hohem Maße standardisiert (exemplarisch für den IQB-Bildungstrend z. B. Rjosk et al. 2017). Bei einer jahrgangsstufenbasierten Definition der Zielpopulation werden üblicherweise vollständige Klassen getestet, teilweise aber auch Klassen oder einzelne Schüler*innen zu einer Testgruppe zusammengelegt. An der Erhebung nehmen – je nach Studie – alle Schüler*innen bzw. diejenigen mit einer positiven Einverständniserklärung der Eltern teil, die nach Einschätzung und Auslegung der Lehrkräfte, ggf. auch der Eltern, „teilnahmefähig" sind (vgl. Sälzer et al. 2020, gleicher Band). Dies umfasst meist diejenigen mit ausreichenden Kenntnissen der deutschen Sprache, die weder körperlich noch geistig oder sozio-emotional so beeinträchtigt sind, dass sie nicht selbstständig ohne fremde Hilfe an der Studie teilnehmen könnten. Beim Bildungstrend 2016 wurden durch diese Einschränkung beispielsweise 2 % aller für die Testung ausgewählten Schüler*innen ausgeschlossen (vgl. Rjosk et al. 2017, S. 96). An Förderschulen gibt es zudem die zusätzliche Einschränkung, dass in der Regel nur Schüler*innen mit den Förderschwerpunkten Lernen (SPF-L), emotionale und soziale Entwicklung und Sprache an der Studie teilnehmen (z. B. für den IQB-Bildungstrend Rjosk et al. 2017, S. 94).

Eine Testsitzung verläuft nach einem vorab definierten Schema: Die Erhebung beginnt für die Schüler*innen nach Möglichkeit in der zweiten Schulstunde. Damit alle Schüler*innen verstehen, wie die einzelnen Aufgabenformate bearbeitet werden müssen, werden der Aufgabenbearbeitung allgemeine Ausfüllhinweise vorangestellt. Diese schriftlich dargebotenen Erläuterungen sind zu Beginn des Testheftes für die Schüler*innen abgedruckt und werden parallel von der bzw. dem Testleiter*in vorgelesen oder auch mithilfe eines Plakates erläutert. Danach beginnt die Bearbeitungszeit für das jeweilige Testheft. In der Regel werden zwei Testteile mit einer Pause dazwischen bearbeitet. Danach erhalten die Schüler*innen, wiederum nach einer kurzen Pause, häufig Aufgaben zu kognitiven Grundfähigkeiten oder weiteren Kontrollmaßen und dann einen standardisierten Fragebogen. Die Durchführung der Erhebung obliegt allein den geschulten

Testleiter*innen. Anwesende Lehrkräfte haben in der Regel ausschließlich Aufsichtspflicht und werden gebeten, nur in Notfällen zu intervenieren.

Diese klaren Vorgaben im Sinne der Standardisierung sind wichtig und sollen die Validität, Reliabilität und Objektivität der Messungen garantieren. Jedoch wird vermutet, dass sich die strikte Einhaltung von Erhebungsprozeduren für einzelne Schüler*innen oder bestimmte Schüler*innengruppen nachteilig auswirken kann (Pitoniak und Royer 2001), da die Bearbeitung von Kompetenztests und von Fragebögen die Schüler*innen vor unterschiedliche kognitive Herausforderungen stellt. Eine Erläuterung hierfür findet sich in der Accessibility Theory (Beddow et al. 2011). Beddow und Kollegen (Beddow et al. 2011, 2013) beschreiben Zugang als eine Wechselwirkung zwischen den Eigenschaften eines Instruments und den Merkmalen der Teilnehmenden. Ist ein ausreichendes Maß an Zugang gegeben, misst das Testinstrument das intendierte Konstrukt und die Teilnehmenden sind in der Lage, ihre Kompetenzen entsprechend ihrer Fähigkeiten zu präsentieren. Neben der eigentlich zu messenden Kompetenz sind Charakteristiken aufseiten der Testperson sowie weitere Zugangsfähigkeiten relevant, um die Anforderungen eines Tests zu verstehen und zu bewältigen. Hierzu gehören das Instruktions- und Leseverständnis, aber auch motivationale Variablen und die Aufmerksamkeit, die die Erhebung beeinflussen können. Sollten aufgrund fehlender Zugangsfertigkeiten aufseiten der Schüler*innen, die für spezifische Anforderungen eines Tests benötigt werden, gruppenspezifische Hindernisse bei der Bearbeitung eines Tests entstehen, ist die Testfairness gefährdet und die Validität des Instruments eingeschränkt (Beddow et al. 2011). Gleiches trifft auch auf Fragebögen zu. Inwieweit in Erhebungssituationen Zugang gewährt ist, ist von vielfältigen Faktoren der Instrumente und deren Entwicklung und der Zielgruppe abhängig. Ob ein hinreichendes Ausmaß an Zugang gegeben ist oder ggf. Anpassungen notwendig sind, kann eine individuums- oder gruppenbezogene Entscheidung sein. Während bei Lernstandserfassungen in den USA meist die Lehrkräfte gemäß vorgegebener Richtlinien entscheiden, ob und welche Anpassung für einzelne Schüler*innen vorgenommen wird (Kettler 2012), erfolgte in bisherigen Bildungsstudien in Deutschland (PISA, Bildungstrend und NEPS) die Entscheidung für Anpassungen a priori gruppenbezogen. Auch wenn dieses Vorgehen ein hohes Maß an Standardisierung zusichert, bleibt unklar, ob die angebotenen Anpassungen für alle Mitglieder der definierten Gruppen (z. B. Schüler*innen mit SPF-L) hinreichend sind, um den Zugang zu verbessern, oder gar notwendig sind, da der Zugang bereits ohne Anpassung gegeben war. Die Verlagerung der Entscheidung auf die Ebene der Lehrkräfte unter Kenntnis der vorliegenden Charakteristiken der Schüler*innen (und mithilfe der Beratung durch ausgebildete Testleiter*innen) kann – bei guten diagnostischen Kompetenzen – zu einer passgenaueren Entscheidung führen. Im Sinne der Interaktion von Charakteristiken der Testperson und den Eigenschaften des Instruments als Zugang erfordert dies jedoch auch Kenntnisse über die eingesetzten Instrumente, was in der Regel nicht der Fall ist. Bei einem solchen Vorgehen könnte es daher zu Fehlentscheidungen kommen, die als Zugangsbarrieren zu verstehen wären.

Schüler*innen mit SPF sind „in ihren Bildungs-, Entwicklungs- und Lernmöglichkeiten so beeinträchtigt […], dass sie im Unterricht der allgemeinen Schule ohne sonderpädagogische Unterstützung nicht ausreichend gefördert werden können“ (KMK – Sekretariat der Ständigen Konferenz der Kultusminister der Länder 1994, S. 5). Diese Beeinträchtigungen können auf verschiedenen Ebenen auch die Zugänglichkeit zu den Instrumenten beeinflussen: Zunächst einmal sind die standardisierten Tests und Fragebögen in der Regel nicht barrierefrei gestaltet. Dadurch können beispielsweise Schüler*innen mit einer starken Sehbeeinträchtigung die Aufgaben nicht bearbeiten oder Schüler*innen mit Förderschwerpunkt Hören den Instruktionen der Testleitungen nicht folgen. Inwiefern hierfür notwendige Zugangserleichterungen sinnvoll und implementierbar sind, ist bislang nicht systematisch untersucht worden. Diese Schüler*innen werden üblicherweise als „nicht-teilnahmefähig“ (s. oben) von der gesamten Erhebung ausgeschlossen (vgl. Sälzer et al. 2020, gleicher Band). Schüler*innen mit den Förderschwerpunkten Lernen, emotionale und soziale Entwicklung oder Sprache gelten hingegen je nach Schweregrad der Einschränkung häufig als „teilnahmefähig“. Dabei sind im Rahmen der Erhebungen meist keine spezifischen Unterstützungsmaßnahmen vorgesehen (z. B. reduzierte kognitive Anforderungen, mehr Wiederholung, individuelle Begleitung durch zusätzliches Personal etc.), wie diese Kinder und Jugendlichen sie möglicherweise sonst im Unterricht erfahren. Eine Ausnahme bildet der Einsatz von im Schwierigkeitsgrad angepassten Aufgaben, der häufig realisiert wird (vgl. Böhme et al. 2017; Mahler et al. 2020, gleicher Band; Südkamp et al. 2015). Darüber hinaus sind die Möglichkeiten, standardisierte Vorgaben bei Kompetenztests und Hintergrundfragebögen zu reduzieren, sehr unterschiedlich. Während die Testung von Kompetenzen eher wenig Anpassungsoptionen bietet, da Maßnahmen das zu messende Konstrukt beeinflussen und auch verändern könnten (z. B. Vorlesen eines Lesetests), sind im Rahmen von Befragungen mehr Freiheitsgrade gegeben. Hier werden in der Regel Einstellungen oder Erfahrungen erfasst, die weniger von konkreten Maßnahmen der Unterstützung verändert werden sollten, wenngleich hier das Risiko der sozial erwünschen Antworten besteht.

3 Möglichkeiten der Anpassung bei der Vorbereitung und Durchführung der Erhebung

Unter Berücksichtigung der unterschiedlichen Ausgangsvoraussetzungen von Schüler*innen in Interaktionen mit den Anforderungen der Erhebungsinstrumente könnten bereits bei der Administrationsvorbereitung und während der Erhebung potenzielle Zugangsbarrieren reduziert oder ausgeräumt werden. Im Folgenden werden drei Maßnahmen vorgestellt: der Einsatz eines Übungsblattes zur Schaffung von Vertrautheit und Erfahrung, das laute Vorlesen der Hintergrundfragebögen durch die Testleitung sowie die Möglichkeiten der Einbeziehung von Schulbegleitungen oder anderen Personen in die Erhebung.

3.1 Übungsblatt

Instruktionen, die vor Beginn einer Testung dargeboten werden, erfolgen nach standardisierten Vorgaben. Jedoch gibt es theoretische und empirische Hinweise (Hessels-Schlatter 2002; Zielinski 1996), dass Testinstruktionen möglicherweise nicht hinreichend verständlich für spezifische Gruppen sind (z. B. Schüler*innen mit SPF-L, Schüler*innen mit nichtdeutscher Herkunftssprache). Entsprechende Aufgabenformate sind ihnen möglicherweise weniger vertraut und können von ihnen eventuell nicht ohne erweiterte Angebote in der Instruktion oder ohne zusätzliche Übungsmöglichkeiten bearbeitet werden.

Für eine reliable und valide Kompetenzschätzung einzelner Schüler*innen ist es jedoch unerlässlich, dass sie verstehen, wie die ihnen vorgelegten Testaufgaben korrekt zu bearbeiten sind. Somit stellt das Instruktionsverständnis eine wichtige Voraussetzung zur Bearbeitung von Testaufgaben dar (Abedi 2011). Es gibt Hinweise, dass das Instruktionsverständnis von Schüler*innen mit SPF-L mit ihrer Testperformanz assoziiert ist (Wong 1991). In diesem Sinne haben bereits experimentelle Studien gezeigt, dass die Veränderung, Intensivierung oder auch Übungsphasen die Testbearbeitung positiv beeinflussen können. Bereits kurze Phasen der Familiarisierung mit dem Testmaterial und zusätzliche Beispielitems führten bei Schüler*innen mit Lernschwierigkeiten sowohl zu erhöhten Testleistungen als auch zu einer verstärkt testkonformen Aufgabenbearbeitung (Hessels 2009; Nusser und Weinert 2017). Auch wenn Schüler*innen (mit und ohne SPF-L) konkrete Informationen über die Aufgabenanforderungen erhalten, verbessert sich ihre Testleistung (Wong et al. 1982).

Bisher wurden unseres Wissens nach keine vergleichbaren Maßnahmen im Sinne einer Instruktionsanpassung oder Vorbereitungsphase in größere Bildungsstudien implementiert.

3.2 Vorlesen oder Selbstlesen von Hintergrundfragebögen

In den verschiedenen Large-Scale-Studien bearbeiten Schüler*innen an allgemeinen Schulen ab Klassenstufe 4 den Fragebogen selbstständig. An Förderschulen wird der Fragebogen hingegen häufig von der Testleitung vorgelesen (vgl. Heydrich et al. 2013; Müller 2014; Nusser et al. 2015). Zum einen haben die Schüler*innen, die den Hintergrundfragebogen ausfüllen, bereits 30 bis 120 min lang Kompetenztests bearbeitet. Dies erfordert Konzentration, Stillsitzen, Lesen und Schreiben. Zum anderen weisen insbesondere Schüler*innen mit SPF-L im Mittel deutlich niedrigere Lesekompetenzen auf als Schüler*innen ohne SPF (Bos et al. 2009; Gebhardt et al. 2015; Kocaj et al. 2017). Durch das Vorlesen soll sichergestellt werden, dass die Schüler*innen mit SPF die Fragebögen so gut wie möglich bearbeiten und valide Antworten geben können. Zudem soll das Vorlesen dazu führen, dass weniger Fragen ausgelassen werden und die Datenqualität erhöht wird. Verschiedene experimentelle Studien weisen zudem darauf hin, dass insbesondere schwache Leser*innen vom Vorlesen der Testitems profitieren (vgl. Meloy et al. 2002; Randall und Engelhard 2010; Wolf et al. 2009). Ein ähnliches Bild zeigt sich bei Hintergrundfragebögen. So zeigte eine Entwicklungsstudie des NEPS mit Hauptschüler*innen, denen der Fragebogen vorgelesen wurde, dass diese unter anderem seltener Fragen auslassen. Zudem fällt die Reliabilität der Skalen etwas höher aus, als wenn der Fragebogen selbst gelesen wurde (Gresch et al. 2016; Strietholt und Gresch 2013). Dieser Befund bestätigte sich in einer quasi-experimentellen Studie mit Fünftklässlern ebenfalls für Schüler*innen mit SPF (Kohrt et al. 2016). Auf der anderen Seite weisen Gresch und Kolleg*innen (2016) aber auch auf Nachteile hin, die sich durch das Vorlesen der Hintergrundfragebögen ergeben: Die Beantwortung der Fragen dauert insgesamt deutlich länger und insbesondere für gute Leser*innen ist das Vorlesen demotivierend und kann letztlich sogar zu größeren Fehlern führen. Vor allem in leistungsstarken Klassen ist eine Unterstützung durch Vorlesen des Fragebogens ggf. nicht immer sinnvoll und hilfreich.

3.3 Schulbegleitung und anderweitige Unterstützung

In inklusiven Unterrichtskonstellationen sind neben der Lehrkraft bzw. den Lehrkräften teilweise weitere Personen tätig, die einzelne Schüler*innen je nach Bedarf zusätzlich unterstützen. Hierbei handelt es sich in der Regel um weiteres pädagogisches Personal (z. B. Erzieher*innen) oder Schulbegleitungen. Die folgenden Ausführungen konzentrieren sich auf Schulbegleitungen, da diese Form der Unterstützung meist im Klassenkontext erfolgt und einzelnen Schüler*innen zugewiesen werden kann. Bei Schulbegleitungen (u. a. auch Integrationshelfer*innen, Schulhelfer*innen oder schulische Assistenz) handelt es sich um Personen, „die Kinder und Jugendliche überwiegend im schulischen Alltag begleiten, die aufgrund besonderer Bedürfnisse im Kontext Lernen, Verhalten, Kommunikation, medizinischer Versorgung und/oder Alltagsbewältigung der besonderen und individuellen Unterstützung bei der Verrichtung unterrichtlicher und außerunterrichtlicher Tätigkeiten bedürfen“ (Dworschak 2010, S. 133 f). Geregelt wird die Schulbegleitung in Sozialgesetzbüchern (nach § 54 SGB XII (ab dem Jahr 2020: § 112 Abs. 1 Nr. 1 SGB IX) oder nach § 35 a SGB VIII (ab dem Jahr 2020: § 35a Abs. 1 und Abs. 3 SGB VIII)). Schulbegleitungen helfen einzelnen Schüler*innen, die Aufmerksamkeit auf die Aufgaben zu fokussieren, geben Hinweise und Hilfestellungen zum Verständnis der Anforderung bzw. Aufgabe und führen durch verschiedene Arbeitsschritte (Henn et al. 2014). Schulbegleitungen können somit – zumindest für die jeweils betroffenen Kinder und ggf. Klassen – durchaus als üblicher Bestandteil des Schulalltags betrachtet werden.

In Large-Scale-Studien geht die Anwesenheit von Schulbegleitungen oder anderen Personen mit dem Risiko einher, dass die Form der Unterstützung in einem Ausmaß erfolgt, das auch die Testergebnisse systematisch beeinflusst. Beispielsweise können Schulbegleitungen neben motivationaler Unterstützung auch inhaltliche Hilfestellungen leisten. Beim Ausfüllen der Fragebögen kann möglicherweise das Antwortverhalten durch die Anwesenheit einer weiteren Person beeinflusst werden, sodass die Schüler*innen stärker sozial erwünscht antworten. Zudem ist nicht auszuschließen, dass die anderen Schüler*innen in der Klasse durch die Anwesenheit einer Schulbegleitung abgelenkt oder selbst inhaltlich unterstützt werden.

Um diese Unsicherheiten auszuschließen und objektiv möglichst gleiche Ausgangslagen zu gewährleisten, werden bei PISA (Baumert et al. 2002), dem Nationalen Bildungspanel (NEPS; Blossfeld et al. 2011) und bis einschließlich 2015 auch im IQB-Bildungstrend (Stanat et al. 2017) Schulbegleitungen oder weiteres pädagogisches Personal konsequent von der Teilnahme an der Testsitzung ausgeschlossen. Grundsätzlich sind die Testleiter*innen zudem angewiesen, die Einsicht Dritter in die Eintragungen im Fragebogen zu unterbinden. Schüler*innen, die üblicherweise durch eine Schulbegleitung unterstützt werden, können nur ohne diese teilnehmen.

Dieser Perspektive, dass durch Standardisierung der Erhebungssituation Vergleichbarkeit gewährleistet werden soll, steht allerdings die Perspektive der jeweiligen Schüler*innen gegenüber: Durch den Ausschluss von Schulbegleitungen oder der sonst üblichen Unterstützung bei Testsituationen im Klassenkontext weicht die Ausgangslage der Datenerhebung bei den betroffenen Schüler*innen deutlich stärker von der regulären Unterrichtssituation ab als bei Schüler*innen ohne entsprechende Unterstützung. Im Sinne der Zugangstheorie nach Beddow und Kollegen (2011) könnte somit der Zugang der Schüler*innen zu den ihnen vorgelegten Instrumenten eingeschränkt sein. Die Charakteristiken der Schüler*innen in Interaktion mit den stark standardisierten Eigenschaften und Administrationsbedingungen der Instrumente könnten Barrieren erzeugen, die die erfolgreiche Teilnahme an der Testung für die weiteren Schüler*innen beeinträchtigen. Während bereits verschiedene Studien den Einsatz von Schulbegleitungen im Unterricht untersucht haben (vgl. z. B. Laubner et al. 2017), ist uns eine quantitative Untersuchung der Rolle von Schulbegleitungen und weiterem unterstützendem Personal in Large-Scale-Studien nicht bekannt.

4 Forschungsfragen

Im Mittelpunkt des Beitrags steht die Frage, welche Möglichkeiten in der Administrationsvorbereitung und Durchführung der Erhebung bei standardisierten Large-Scale-Studien bestehen, um potenzielle Zugangsbarrieren zu reduzieren oder auszuräumen. Drei Forschungsfragen wird nachgegangen: Erstens untersuchen wir, ob das Angebot einer Übungsmöglichkeit von den Lehrkräften in allgemeinen Schulen und Förderschulen genutzt wird und inwiefern es Zusammenhänge zwischen der Nutzung eines Übungsblattes und der Datenqualität gibt. Zweitens untersuchen wir, ob Testleitungen von der Möglichkeit Gebrauch machen, den Hintergrundfragebogen vorzulesen, in welchen Testgruppen an allgemeinen Schulen und Förderschulen dies der Fall ist und inwiefern es hierbei Zusammenhänge mit der Datenqualität gibt. Drittens ermitteln wir, welche Schüler*innen während der Erhebung Unterstützung durch Schulbegleitungen oder weiteres pädagogisches Personal erhalten und inwiefern es sich hierbei um inhaltliche Unterstützung handelt.

5 Datengrundlage

Für die Analysen wird auf zwei Datensätze zurückgegriffen: auf den IQB-Bildungstrend 2016 sowie auf eine IQB-Pilotierungsstudie aus dem Jahr 2017. Bei dem IQB-Bildungstrend 2016 handelt es sich um eine auf Bundes- und Länderebene repräsentative Studie zu den Kompetenzen von Viertklässler*innen an allgemeinen Schulen und Förderschulen in allen 16 Ländern in der Bundesrepublik Deutschland (Stanat et al. 2017). An der Studie nahmen insgesamt 1508 Schulen mit jeweils einer 4. Klasse (Testgruppe) teil. Dazu gehören auch Schulen mit erhöhten Anteilen an Schüler*innen mit SPF, die im Rahmen einer Erweiterungsstichprobe gezogen wurden.

Für die Auswertungen werden für den IQB-Bildungstrend 2016 Fallgewichte verwendet, sofern sich die Aussagen auf die Grundgesamtheit beziehen lassen, Dadurch ist eine auf Bundesebene repräsentative Darstellung möglich (vgl. hierzu Rjosk et al. 2017). Auswertungen, die sich auf Testgruppenebene beziehen, sowie die Auswertungen der IQB-Pilotierungsstudie 2017, werden ohne Gewichtung berichtet.

Aufgrund inkonsistenter Angaben wurden neun Schulen ausgeschlossen, sodass von 1499 Schulen (1398 allgemeine Schulen und 101 Förderschulen) die Daten für die Analysen verwendet werden konnten. Insgesamt nahmen 29.259 Schüler*innen an allgemeinen Schulen und Förderschulen an der Erhebung teil. Es gab zwei Testtage und die Testsitzungen dauerten jeweils etwa zweieinhalb Stunden (vgl. Rjosk et al. 2017, S. 27). Neben standardisierten (teilweise im Schwierigkeitsgrad angepassten) Kompetenztests zu den Fächern Deutsch und Mathematik wurden Fragebögen für Schüler*innen, Eltern, Lehrkräfte und Schulleitungen eingesetzt. Zudem gab es zu jeder Testsitzung ein umfassendes Testsitzungsprotokoll, in dem besondere Vorkommnisse während der Erhebung dokumentiert wurden.

Zur Entwicklung und Erprobung von (im Schwierigkeitsgrad angepassten) Testaufgaben für die Bildungstrenderhebung 2018 in der 9. Jahrgangsstufe wurde zudem in neun Bundesländern eine Pilotierungsstudie im Jahr 2017 durchgeführt. Insgesamt nahmen 3819 Schüler*innen an 49 allgemeinen Schulen und 99 Förderschulen teil. Nach zweimal 60 min Testheftbearbeitung wurde den Schüler*innen ein Fragebogen vorgelegt. Auch die beteiligten Lehrkräfte erhielten einen Fragebogen (z. B. zu ihrem Unterrichtshandeln, ihren Einstellungen etc.). Weitere Informationen zur Administration der Studien können dem Beitrag von Mahler und Kolleginnen (2020, gleicher Band) entnommen werden.

Tab. 1 Beschreibung der Stichprobe des IQB-Bildungstrend 2016 und der IQB-Pilotierungsstudie 2017

	Anzahl Schulen	Anzahl Schüler*innen	Mädchen	Alter	SPF	Herkunftssprache Deutsch
IQB-Bildungstrend 2016						
Allgemeine Schule	1398	27.802	49,8 %[a]	10,4[a]	5,1 %[a]	81,4 %[a]
Förderschule	101	1457	31,4 %[a]	11,0[a]	100,0 %[a]	80,8 %[a]
Gesamtstichprobe	1499	29.259	49,3 %[a]	10,4[a]	7,6 %[a]	81,3 %[a]
Anz. fehlende Werte	0	0	16	16	47	232
IQB-Pilotierungsstudie 2017						
Allgemeine Schule	49	1145	47,8 %	14,5	2,2 %	80,0 %
Förderschule	99	2138	40,6 %	15,0	98,1 %[b]	78,7 %
Gesamtstichprobe	277	3859	44,7 %	14,7	55,3 %	79,0 %
Anz. fehlende Werte	0	0	28	2	46	93

Anmerkung. SPF bedeutet, dass für die Schüler*innen ein sonderpädagogischer Förderbedarf diagnostiziert wurde oder sie sonderpädagogische Förderung (unabhängig von einem Feststellungsverfahren) erhalten;
[a]jeweils gewichtete Werte;
[b]Für 1,9 % der Schüler*innen an Förderschulen wurde angegeben, dass sie keinen SPF haben

In Tab. 1 befindet sich eine Beschreibung der beiden Datengrundlagen. Die Hintergrundinformationen zu den Schüler*innen basieren für den Bildungstrend 2016 auf Angaben der Schüler*innen und Schulen. Hierzu wurde für Geschlecht, Alter und Herkunftssprache zunächst auf Informationen der Schüler*innen zurückgegriffen und diese bei fehlenden Angaben durch Informationen der Lehrkräfte zu den einzelnen Schüler*innen ergänzt. Der SPF wurde über die Lehrkräfte erfasst. Berücksichtigt werden Schüler*innen mit amtlich festgestelltem SPF oder sonderpädagogischer Förderung unabhängig von einem Diagnoseverfahren. Die relevanten Informationen zu der Pilotierungsstudie 2017 (Vorliegen sonderpädagogischer Förderbedarfe bzw. einer sonderpädagogischen Förderung) und die Herkunftssprache (deutsch vs. nichtdeutsch) wurden von den Schulen erfragt.

6 Ergebnisse

6.1 Nutzung eines Übungsblattes

6.1.1 Ausgangslage

Im Rahmen der IQB-Pilotierungsstudie 2017 wurde allen Lehrkräften ein Übungsblatt zur Vorbereitung der Kompetenztests zur Verfügung gestellt, das sie mit ihren Klassen bearbeiten konnten. Diese Maßnahme kann sowohl das Instruktionsverständnis für die Bearbeitung der Kompetenzaufgaben unterstützen als auch erste Testerfahrungen bereitstellen. Insgesamt wurden zwei Versionen des Übungsblattes eingesetzt: Zum einen eine Version für Schüler*innen an allgemeinen Schulen, welche Beispielitems ohne weiterführende Hinweise enthält. Da besonders Schüler*innen an Förderschulen vermehrt Schwierigkeiten beim Verständnis von Instruktionen aufweisen (Hessels-Schlatter 2002; Nusser und Weinert 2017), wurde zum anderen von Didaktiker*innen ein erweitertes Übungsblatt speziell für die Schülerschaft an Förderschulen entwickelt. Neben verschiedenen Beispielaufgaben enthält diese *erweiterte Variante* konkrete Hinweise, wie die Aufgaben zu bearbeiten sind bzw. wie die korrekte, testkonforme Antwortabgabe zu erfolgen hat. Allen Lehrkräften wurde freigestellt, ob sie diese Maßnahme mit ihrer Klasse als Vorbereitung für den Erhebungstag einsetzen. Über die Lehrkraftbefragung wurde schließlich erhoben, ob das Übungsblatt genutzt wurde oder nicht. Falls nicht, wurden die Gründe mit einer teilweise offenen Frage erfasst (zeitliche Restriktionen, kein Bedarf etc.).

Zur Beantwortung der Fragen, ob das Angebot einer Übungsmöglichkeit von den Lehrkräften in allgemeinen Schulen und Förderschulen genutzt wird und welche Konsequenzen sich hieraus für die Datenqualität ergeben, wird zunächst untersucht, ob und wenn ja mit welchen Klassenmerkmalen der Einsatz des Übungsblattes durch die Lehrkraft assoziiert ist. Anschließend wird geprüft, ob der Einsatz des Übungsblattes die testkonforme Bearbeitung der Aufgaben (z. B. valide Antworten wie eine Angabe bei Single-Choice-Aufgaben) bei Schüler*innen an Förderschulen mit dem Schwerpunkt Lernen beeinflusst hat.

6.1.2 Befunde

Insgesamt liegen von 222 der 277 Lehrkräfte (80 %) Informationen zum Einsatz des Übungsblattes vor. Knapp 50 % der Lehrkräfte an allgemeinen Schulen und fast 70 % der Kolleg*innen an Förderschulen haben das Übungsblatt als

Tab. 2 Einsatz des Übungsblattes in der IQB-Pilotierungsstudie 2017 (ungewichtete Daten)

Übungsblatt	Übungsblatt eingesetzt	Übungsblatt nicht eingesetzt	Kruskal-Wallis-Teststatistik
Testgruppen an allgemeine Schulen (n = 51)	24 (47,1 %)	27 (52,9 %)	
Anteil Schüler*innen in der Klasse mit nichtdeutscher Herkunftssprache	21,6 %	18,2 %	$\chi^2 = 2{,}32$ $p = 0{,}13$
Anteil Schüler*innen mit SPF in der Klasse	3,4 %	2,8 %	$\chi^2 = 1{,}07$ $p = 0{,}30$
Empfundene Herausforderung der Lehrkraft	47,8 %	40,7 %	$\chi^2 = 2{,}05$ $p = 0{,}15$
Erweitertes Übungsblatt			
Testgruppen an Förderschulen (n = 171)	115 (67,3 %)	56 (32,7 %)	
Anteil Schüler*innen in der Klasse mit nichtdeutscher Herkunftssprache	23,4 %	16,3 %	$\chi^2 = 1{,}75$ $p = 0{,}19$
Empfundene Herausforderung der Lehrkraft	56,4 %	44,4 %	$\chi^2 = 0{,}25$ $p = 0{,}62$

Anmerkung. SPF bedeutet, dass für die Schüler*innen ein sonderpädagogischer Förderbedarf diagnostiziert wurde oder sie sonderpädagogische Förderung (unabhängig von einem Feststellungsverfahren) erhalten

Vorbereitung der Kompetenztestung eingesetzt (vgl. Tab. 2). Wurde das Übungsblatt nicht genutzt, gaben die Lehrkräfte hierfür überwiegend zeitliche Gründe an. Die Auswertung der offenen Angaben zeigte, dass von 62 Lehrkräften (knapp 28 %) primär organisatorische Aspekte bzw. fehlende Kenntnis über das Übungsblatt angeführt wurden. Nur sehr wenige Personen (ca. 7 %) erachteten den Einsatz als „nicht notwendig“. Somit setzte die Mehrheit der beteiligten Lehrkräfte an Förderschulen und knapp die Hälfte der Lehrpersonen an allgemeinen Schulen die angebotene Maßnahme in ihren Klassen als Vorbereitung für die Erhebung ein.

Verschiedene Heterogenitätsdimensionen innerhalb einer Klasse könnten die Entscheidung der Lehrkraft zum Einsatz des Übungsblattes beeinflusst haben. Klassenkompositionsmerkmale, wie die Deutschkenntnisse der Schüler*innen, der Anteil von Jugendlichen mit einem SPF sowie die empfundene Herausforderung der Lehrkraft als allgemeiner Indikator für die Lernbereitschaft und Aufmerksamkeit der Klassen, können für das Instruktionsverständnis, die Erfahrung mit Testsituationen und für die konzentrierte Bearbeitung von Aufgaben relevant sein und somit die Entscheidung beeinflusst haben.

Hinsichtlich dieser Kompositionsmerkmale zeigten sich leichte Unterschiede zwischen den Klassen, in denen die Lehrkraft entschied, das Übungsblatt einzusetzen bzw. nicht einzusetzen. Diese sind jedoch nicht statistisch signifikant. Ob die hier angeführten Klassenmerkmale von den Lehrkräften als relevante Faktoren für ihre Entscheidung, das Übungsblatt einzusetzen, gelten können, lässt sich nicht abschließend beantworten.

Schließlich wird vertiefend betrachtet, ob es einen Zusammenhang zwischen dem Einsatz des Übungsblattes und der Datenqualität im Sinne einer testkonformen Testbearbeitung gibt. Aufgrund der unterschiedlich eingesetzten Varianten sowie der geringen Anzahl an Schüler*innen mit SPF an allgemeinen Schulen beschränken sich die folgenden Auswertungen auf Schüler*innen an Förderschulen. Konkret wird der Frage nachgegangen, ob es einen positiven Zusammenhang zwischen der Bearbeitung des erweiterten Übungsblattes und der testkonformen Bearbeitung der Aufgaben gibt. Nicht-testkonforme Bearbeitung bedeutet, dass die Antworten der Schüler*innen nicht gemäß der Instruktion ausfallen. Dies ist etwa der Fall, wenn bei Multiple-Choice-Aufgaben mehr als eine Antwort angekreuzt wird.

Nicht-testkonforme Antworten treten bei knapp einem Drittel der Förderschüler*innen auf; etwa 70 % der Schüler*innen an Förderschulen gaben ausschließlich konforme Antworten. Im Durchschnitt gaben die Schüler*innen 0,55 ($SD = 1{,}46$) nicht-testkonforme Antworten. Insgesamt 454 Schüler*innen wiesen mindestens eine oder mehrere solcher Antworten auf. Zwischen der Schüler*innengruppe, die ein erweitertes Übungsblatt bearbeitete ($M = 0{,}54$; $SD = 1{,}21$), und jener, die keines bearbeitete ($M = 0{,}56$; $SD = 1{,}19$), gibt es diesbezüglich keinen signifikanten Unterschied ($\chi^2 = 0{,}16$; $p = 0{,}69$).

Ob der Einsatz des erweiterten Übungsblattes einen Einfluss auf die testkonforme Bearbeitung der Aufgaben hatte, wurde in einem regressionsanalytischen Ansatz untersucht. Als abhängige Variable wurde die Anzahl nicht-testkonformer Antworten definiert. Als unabhängige Variablen wurde der Einsatz des Übungsblattes, die Herkunftssprache als Indikator für die Deutschkenntnisse der Schüler*innen und die empfundene Herausforderung der Lehrkraft, die Klasse zu unterrichten, als Indikator für die Lernbereitschaft, Aufmerksamkeit und Störungsanfälligkeit der Klasse in das Modell aufgenommen. Für die Datenstruktur (Schüler*innen genestet in Klassen) wurde kontrolliert. Die Ergebnisse sind in Tab. 3 dargestellt.

Der Einsatz des Übungsblattes stand in keinem signifikanten Zusammenhang mit der Anzahl nicht-testkonformer Antworten. Dies ändert sich auch nicht unter zusätzlicher Berücksichtigung der Herkunftssprache und der durch die Lehrkraft empfundenen Herausforderungen. Die wahrgenommene Herausforderung als Klassenmerkmal hatte unter Kontrolle des Übungsblattes und der

Tab. 3 Lineare Regression des erweiterten Übungsblattes auf die Anzahl nicht-instruktionskonformer Antworten

Anzahl nicht-instruktionskonformer Antworten N = 1450	Modell 1	Modell 2
Intercept	−0,60	0,54
Übungsblatt (Referenz: nein)	−0,04	−0,04
Nichtdeutsche Herkunftssprache (Referenz: Deutsch)		−0,63*
Empfundene Herausforderung		0,23

Anmerkung. * = $p < 0{,}05$

Zusammensetzung der Klasse nach Herkunftssprache keine signifikante Assoziation mit der Anzahl nicht-testkonformer Antworten der einzelnen Schüler*innen. Hatten die Schüler*innen eine nichtdeutsche Herkunftssprache, gaben sie hingegen unter Berücksichtigung der anderen unabhängigen Variablen mehr nicht-testkonforme Antworten an.

6.2 Vorlesen oder Selbstlesen von Hintergrundfragebögen

6.2.1 Ausgangslage

Die Datengrundlage folgender Ausführungen ist der IQB-Bildungstrend 2016. Hier konnten die Testleiter*innen nach eigenem Ermessen und unter Beratschlagung mit den Lehrkräften die Entscheidung zum Vorlesen der Fragebögen in einer Testgruppe selbst treffen. Da für Schüler*innen mit SPF eine etwas andere Fragebogenversion eingesetzt wurde, konnten an allgemeinen Schulen, in denen Schüler*innen mit und ohne SPF gemeinsam unterrichtet wurden, allerdings nur die ersten acht Fragen laut vorgelesen werden.

Die Untersuchung der Fragen, ob und in welchen Testgruppen die Testleitungen von der Möglichkeit Gebrauch machen, den Hintergrundfragebogen vorzulesen, und inwiefern sich hieraus Implikationen für die Datenqualität ergeben, erfolgt in drei Schritten. Zunächst wird geprüft, ob bei bestimmten Klassenmerkmalen (Anteil der Schüler*innen mit SPF und der Schüler*innen mit nichtdeutscher Herkunftssprache) das Vorlesen der Hintergrundfragebögen bevorzugt wird und inwiefern es hier Unterschiede zwischen allgemeinen Schulen und Förderschulen gibt. Danach wird untersucht, ob das Vorlesen mit einer geringeren Anzahl fehlender Werte (als Indikator für die Datenqualität) einhergeht und schließlich, inwiefern der Anteil fehlender Werte bei den einzelnen Schüler*innen mit einer nichtdeutschen Herkunftssprache zusammenhängt.

6.2.2 Befunde

In die folgenden Auswertungen gehen alle Testgruppen ein, zu denen Informationen zum Administrationsmodus des Fragebogens (Vorlesen oder Selbstlesen), zur Herkunftssprache und zum SPF vorliegen. Dies sind 1370 Klassen an allgemeinen Schulen und 99 Klassen an Förderschulen. Die Hintergrundmerkmale der Testgruppen sind in Tab. 4 dargestellt. In den betrachteten Testgruppen hatten insgesamt 19,1 % der Schüler*innen eine nichtdeutsche Herkunftssprache (2,5 % fehlende Werte) und 13,8 % wiesen einen SPF auf (1,2 % fehlende Werte).

In allgemeinen Schulen wurde in 21 % der Testgruppen der Schüler*innenfragebogen von den Testleitungen vorgelesen. Dies erfolgte signifikant häufiger in Testgruppen mit höheren Anteilen an Kindern mit nichtdeutscher Herkunftssprache oder mit einem SPF.

In Förderschulen wurde insgesamt in mehr als zwei Dritteln der Testgruppen der Schüler*innenfragebogen von der Testleitung vorgelesen. Dies erfolgte unabhängig von den Anteilen an Schüler*innen mit nichtdeutscher Herkunftssprache.

Tab. 4 Zusammensetzung der Testgruppen im IQB-Bildungstrend 2016, in denen der Hintergrundfragebogen vorgelesen oder eigenständig bearbeitetet wurde (ungewichtete Daten)

	Hintergrundfragebogen vorgelesen	Hintergrundfragebogen eigenständig bearbeitet	Kruskal-Wallis-Teststatistik
Allgemeine Schulen (n = 1370)	293 (21,4 %)	1077 (78,6 %)	
Anteil der Schüler*innen in der Testgruppe mit nichtdeutscher Herkunftssprache	24,5 %	17,1 %	$\chi^2 = 20{,}23$ $p < 0{,}01$
Anteil der Schüler*innen mit SPF in der Testgruppe	11,8 %	8,0 %	$\chi^2 = 19{,}73$ $p < 0{,}01$
Förderschulen (n = 99)	72 (72,7 %)	27 (27,3 %)	
Anteil der Schüler*innen in der Testgruppe mit nichtdeutscher Herkunftssprache	18,5 %	11,1 %	$\chi^2 = 2{,}53$ $p = 0{,}11$

Anmerkung. SPF bedeutet, dass für die Schüler*innen ein sonderpädagogischer Förderbedarf diagnostiziert wurde oder dass sie sonderpädagogische Förderung (unabhängig von einem Feststellungsverfahren) erhalten

Die Entscheidung, den Fragebogen in einer Klasse vorzulesen oder selbst lesen zu lassen, oblag in letzter Instanz der Testleitung, die sich mit dem Schulpersonal dazu austauschen konnte und auch dazu angehalten war. Ob die genannten Klassenmerkmale für die Testleiter*innen oder Lehrkräfte als Entscheidungsfaktoren galten, den Fragebogen vorzulesen, lässt sich nicht abschließend beantworten.

In einem zweiten Schritt wird untersucht, inwiefern das Vorlesen der Hintergrundfragebögen mit einer geringeren Anzahl fehlender Werte einhergeht. Dies kann auch als Indikator für die Datenqualität interpretiert werden (z. B. Gresch et al. 2016). Die Analysen beschränken sich auf Förderschulen, in denen der Fragebogen vorgelesen wurde. Betrachtet man den Anteil fehlender Werte, also den Anteil der nicht bearbeiteten Items, zeigen sich keine Unterschiede zwischen Testgruppen, in denen der Fragebogen vorgelesen wurde, und Testgruppen, in denen der Fragebogen eigenständig bearbeitet wurde. Die mittlere Anzahl fehlender Werte beträgt 3,3 % in Testgruppen, in denen vorgelesen wurde, und 3,8 %, in denen die Schüler*innen eigenständig gearbeitet haben (Kruskal-Wallis $\chi^2 = 0{,}29$; $p = 0{,}58$).

In einem letzten Schritt wurde zudem mittels einer linearen Regression geprüft, inwiefern der Anteil fehlender Werte damit zusammenhängt, ob der Schüler*innenfragebogen vorgelesen wurde und ob die oder der Schüler*in eine nichtdeutsche Herkunftssprache aufweist. In diese Mehrebenenmodelle wurden 99 Förderschulen einbezogen. Die Ergebnisse finden sich in Tab. 5.

Es zeigte sich kein substanzieller Zusammenhang zwischen dem Vorlesen des Hintergrundfragebogens und dem Anteil fehlender Werte (Modell 1). Dies ändert sich auch nicht, wenn zusätzlich die nichtdeutsche Herkunftssprache berücksichtigt wird (Modell 2). Auch für die nichtdeutsche Herkunftssprache ergab sich (unter Berücksichtigung des Vorlesens) kein signifikanter Zusammenhang bezüglich der Reduktion fehlender Werte.

Tab. 5 Lineare Regression des Vorlesens des Fragebogens auf den Anteil fehlender Werte

Anteil fehlender Werte N = 1406	Model 1	Model 2
Intercept	4,27	4,18
Vorlesen des Fragebogens (Referenz nein)	−0,28	−0,34
Nichtdeutsche Herkunftssprache (Referenz: Deutsch)		0,79

Anmerkung. Alle Regressionsgewichte sind nicht signifikant ($p < {,}05$)

6.3 Schulbegleitungen und anderweitige Unterstützung bei der Testung

6.3.1 Ausgangslage

Den Auswertungen zu den Schulbegleitungen liegen Daten des IQB-Bildungstrend 2016 und der IQB-Pilotierungsstudie 2017 zugrunde. Im IQB-Bildungstrend 2016 wurde über die Schulleitungen erfasst, ob Schulbegleitungen an der Schule tätig sind. Für die einzelnen Schüler*innen wurde ermittelt, ob diese im Schulalltag durch eine Schulbegleitung unterstützt werden. Zudem wurden die Testleiter*innen nach Abschluss der Testsitzung unter anderem gebeten, anzugeben, ob und wie viel weiteres Personal (z. B. Einzelfallhelfer*innen, Schulbegleitungen) neben der Aufsichtslehrkraft bei der Testung anwesend war und um welche Kinder sich dieses weitere Personal gekümmert hat. In der IQB-Pilotierungsstudie 2017 wurde darüber hinaus erfasst, ob diese Unterstützung bei den Testungen auch inhaltlich war oder nicht. Somit ist eine erste Einschätzung darüber möglich, wo und wie viele Schüler*innen durch Schulbegleitungen oder andere Personen während der Testung unterstützt werden (könnten).

Zunächst wird gezeigt, wie viele Schüler*innen der vierten Klassenstufe in Deutschland überhaupt im Schulalltag Unterstützung durch eine Schulbegleitung erhalten und inwiefern sich diese Schüler*innengruppe hinsichtlich weiterer Hintergrundmerkmale von ihren Mitschüler*innen unterscheidet. In einem zweiten Schritt wird untersucht, inwiefern Schüler*innen während der Testung zusätzliche Unterstützung erhalten, welche Schüler*innen dies besonders betrifft und ob auch inhaltliche Unterstützung erfolgt.

6.3.2 Befunde

Nach Angaben der Schulleitungen im IQB-Bildungstrend 2016 wurde an 45,5 % aller Grundschulen in Deutschland mindestens eine Schulbegleitung eingesetzt. 44,6 % der Schulen arbeiten ohne Schulbegleitung und für 9,9 % liegen keine Angaben auf Schulebene vor. Von allen Schüler*innen der 4. Klassenstufe, die als teilnahmefähig erachtet wurden, erhalten 1,1 % im Schulalltag diese Form der individuellen Unterstützung (0,8 % fehlende Angaben). Der Anteil an Schüler*innen mit einer Schulbegleitung lag an Förderschulen mit 1,3 % etwas höher als an allgemeinen Schulen (1,1 %; $\chi^2(1)=39{,}5$; $p<0{,}01$). Schüler*innen nichtdeutscher Herkunftssprache wurden (unabhängig vom SPF) mit 2,1 % etwas häufiger im Schulalltag durch eine Schulbegleitung unterstützt als diejenigen mit deutscher Herkunftssprache (0,9 %; $\chi^2(1)=26{,}9$; $p<0{,}01$; 1,3 % fehlende Werte). Gleichfalls wurde bei Jungen (1,4 %) häufiger angegeben, dass sie eine

Schulbegleitung haben, als bei Mädchen (0,8 %, $\chi^2(1)=50{,}8$; $p<0{,}01$; 0,8 % fehlende Angaben). Der Bedarf einer Schulbegleitung ist nicht zwingend an einen SPF gekoppelt, geht aber vermehrt mit einer entsprechenden Diagnose einher. So hatten die Schüler*innen mit SPF aus der 4. Klasse mit 6,5 % deutlich häufiger eine Schulbegleitung als Schüler*innen ohne SPF mit 0,7 % ($\chi^2(1)=677{,}10$; $p<0{,}01$; 0,7 % fehlende Angaben).

Im Weiteren wird geprüft, welche Schüler*innen tatsächlich auch während der Testsitzung unterstützt wurden. Die berichteten Ergebnisse beziehen sich jeweils auf die erste Testsitzung.[2] Beim IQB-Bildungstrend 2016 ist in der Regel während der Erhebung eine Aufsichtsperson der Schule anwesend. Diese Aufsichtspersonen waren angehalten, nicht inhaltlich zu unterstützen. Zusätzlich war es möglich, dass Schulbegleitungen (Schul-, Unterrichts-, Einzelfall- oder Integrationshelfer*innen) der Erhebung beiwohnten, sofern es laut Angaben der Schule zur Motivierung und emotionalen Unterstützung einzelner Schüler*innen zwingend notwendig schien und den allgemeinen Testablauf nicht störte.

Auswertungen der Testsitzungsprotokolle zeigen, dass diese Möglichkeit der Teilnahme weiterer Personen durchaus wahrgenommen wurde. In 9 % der Testsitzungen war neben der Aufsichtsperson weiteres pädagogisches Personal während der Erhebung anwesend (3 % fehlende Angaben). Die Testleitungen wurden gebeten, anzugeben, um welche Kinder sich diese zusätzlichen Personen kümmerten. Diese Angaben können mit weiteren Hintergrundinformationen des Kindes gekoppelt werden. Eine Übersicht findet sich in Tab. 6. Die tatsächliche Unterstützung beschränkte sich – betrachtet man alle Schüler*innen der vierten Klassenstufe – mit weniger als 0,5 % auf sehr wenige Schüler*innen (für eine Testgruppe liegen hierzu keine Angaben vor). An Förderschulen liegt dieser Wert mit 2 % etwas höher als an allgemeinen Schulen. Vertiefende Auswertungen zeigen, dass eine nichtdeutsche Herkunftssprache insgesamt betrachtet nicht mit zusätzlicher Unterstützung während der Testung einhergeht (1,1 % fehlende Werte). Hingegen erhalten Schüler*innen mit SPF mit knapp 5 % häufiger diese Form einer zusätzlichen Unterstützung während der Testung als Schüler*innen ohne SPF (0,1 %; fehlende Werte 0,3 %). Unterstützung betrifft zudem deutlich häufiger Schüler*innen, die auch im Schulalltag gemeinsam mit einer Schulbegleitung arbeiten (24,7 % vs. 0,2 %; fehlende Werte 0,9 %).

Erste Hinweise, inwiefern diese unterstützenden Personen auch inhaltlich Hilfestellung leisten, können der Pilotierungsstudie 2017 entnommen werden, auch wenn die Ergebnisse aufgrund der geringen Fallzahlen vorsichtig zu

[2]Die Übereinstimmung der Angaben zur Unterstützung zwischen den beiden Testtagen liegt bei 99,6 %.

Tab. 6 Anteil der Schüler*innen, die während der Testung zusätzlich unterstützt wurden, IQB-Bildungstrend 2016 (N = 29.259; gewichtete Angaben)

	Gesamt	Allgemeine Schule	Förderschule
Gesamt	0,5	$0{,}4^{a}$	$2{,}1^{b}$
Nichtdeutsche Herkunftssprache			
Ja	$0{,}4^{1}$	$0{,}4^{1}$	$0{,}4^{1}$
Nein	$0{,}5^{1}$	$0{,}4^{1a}$	$2{,}0^{1b}$
SPF			
Ja	$4{,}9^{1}$	$6{,}3^{1a}$	$2{,}1^{1b}$
Nein	$0{,}1^{2}$	$0{,}1^{2}$	–
Schulbegleitung im Schulalltag			
Ja	$24{,}7^{1}$	$24{,}9^{1a}$	$20{,}3^{1a}$
Nein	$0{,}2^{2}$	$0{,}2^{2a}$	$1{,}8^{2b}$

Anmerkungen: SPF bedeutet, dass für die Schüler*innen ein sonderpädagogischer Förderbedarf diagnostiziert wurde oder dass sie sonderpädagogische Förderung (unabhängig von einem Feststellungsverfahren) erhalten;
Die Indizes zeigen an, welche Differenzen jeweils signifikant sind. Unterschiedliche Buchstaben innerhalb einer Zeile verweisen auf signifikante Unterschiede zwischen den Schulformen. Unterschiedliche Zahlen innerhalb einer Spalte verweisen auf signifikante Unterschiede zwischen der Gruppe mit vs. ohne SPF bzw. nichtdeutscher vs. deutscher Herkunftssprache ($p < .05$)

interpretieren sind. Hier wurden die Testleitungen gebeten, jeweils anzugeben, ob die Schüler*innen durch die zusätzlich anwesenden Personen „inhaltlich" oder „nicht inhaltlich" bei den beiden Testheften unterstützt wurden.

In 5,8 % der ersten Testsitzung war neben der Aufsicht weiteres Personal bei der Testung anwesend (22,4 % fehlende Angaben). Für 0,6 % aller teilnehmenden Schüler*innen wurde berichtet, dass diese während der Testung zusätzlich unterstützt wurden. Die Frage, inwiefern auch inhaltliche Hilfestellung geleistet wurde, wurde für 0,1 % der Schüler*innen bejaht. Bei diesen Schüler*innen handelte es sich mit einer Ausnahme um Schüler*innen mit SPF-L.

Auf der einen Seite bestätigen die Befunde somit, dass nicht ausgeschlossen werden kann, dass im Rahmen einer Testung auch inhaltliche Unterstützung erfolgt. Auf der anderen Seite weisen die Auswertungen darauf hin, dass nur in sehr wenigen Fällen inhaltlich unterstützt wird.

Von einer Untersuchung der Datenqualität in Form von Missinganalysen, wie in den Abschn. 6.1 und 6.2, wurde an dieser Stelle aufgrund der geringen Fallzahlen abgesehen.

7 Zusammenfassung und Diskussion

Die Durchführung von Large-Scale-Studien erfolgt in hohem Maße standardisiert. Dabei besteht ein Widerspruch zwischen der realisierten hohen Standardisierung und der Pädagogik einer individualisierten Unterrichtskultur und den unterschiedlichen Unterstützungsbedarfen einzelner Schüler*innen. Die Standardisierung während der Erhebung kann Schüler*innen mit SPF vor besondere Herausforderungen stellen und zu Unsicherheiten führen, wie die Ergebnisse zu interpretieren sind. Große Bildungsstudien sollten jedoch das Ziel haben, valide und vergleichbare Daten für verschiedene Schüler*innengruppen zu erheben. Im Mittelpunkt des Beitrags stand die Frage, welche Möglichkeiten in der Administrationsvorbereitung und Durchführung der Erhebung genutzt werden können, um im Sinne der Zugangstheorie (Beddow et al. 2011) potenzielle Barrieren für Schüler*innen und hier insbesondere für diejenigen mit SPF zu reduzieren oder auszuräumen. Auf Grundlage des IQB-Bildungstrend 2016 und einer IQB-Pilotierungsstudie 2017 wurden hierzu drei Maßnahmen näher untersucht: 1) das Angebot eines Übungsblattes mit Beispielitems und Ausfüllhinweisen, welches vorab den Schulen zur Verfügung gestellt wurde, 2) die Option, den Hintergrundfragebogen von der Testleitung vorlesen und nicht – wie üblich – durch die Schüler*innen selbstständig in Stillarbeit bearbeiten zu lassen und 3) die Anwesenheit von Schulbegleitungen oder weiterem pädagogischem Personal während der Erhebungen.

Es wurde jeweils geprüft, bei welchen Schüler*innen bzw. Klassen oder Testgruppen die Maßnahmen genutzt wurden. Für den Einsatz des Übungsblattes und das Vorlesen der Hintergrundfragebögen wurde zudem untersucht, ob sich Zusammenhänge zur Datenqualität nachweisen lassen.

7.1 Zusammenfassung der Befunde

Es zeigt sich, dass mehr als die Hälfte der Lehrkräfte an allgemeinen Schulen und insbesondere an Förderschulen die Möglichkeit wahrnahmen, das angebotene

Übungsblatt vor der eigentlichen Erhebung in ihrer Klasse einzusetzen. Von welchen Faktoren diese Entscheidung der Lehrkraft abhing, kann an dieser Stelle nicht abschließend gesagt werden. Jedoch wurde von den Lehrpersonen selbst vor allem der Faktor Zeitmangel genannt, wenn das Übungsblatt nicht in der Klasse bearbeitet wurde. Nur wenige gaben an, dass sie den Einsatz für nicht erforderlich hielten. Auch wenn die Ergebnisse nicht signifikant waren, deutet sich an, dass in Klassen mit einem hohen Anteil an Schüler*innen mit nichtdeutscher Herkunftssprache oder auch in besonders herausfordernden Klassen das Übungsblatt etwas häufiger eingesetzt wurde. Es bleibt unklar, inwieweit diese passgenau für die Lerngruppe waren.

Da keine Informationen zur Art und Weise des Einsatzes des Übungsblattes vorliegen, sind differenzierte Analysen zu Effekten bzw. Zusammenhängen zum Verständnis der Instruktion und der Testbearbeitung der Schüler*innen nicht möglich. Spezifische Durchführungshinweise und Anleitungen für die Lehrkraft zur Nutzung und Implementierung des Übungsblattes bzw. Fragen zum Einsatz der Maßnahme könnten die Aussagekraft der Analysen stärken. Weitere Zusammenhänge mit der Datenqualität und somit der Frage, ob die Maßnahme den Zugang verbessert hat, konnten hingegen nicht nachgewiesen werden. Aufgrund der geringen Anzahl an Klassen und des nicht-experimentellen Charakters der Studie (vgl. hierzu Abschn. 7.2) ist die Aussagekraft mit Blick auf differenzielle Zusammenhänge der Daten limitiert.

Auch wenn in den vorliegenden Daten keine statistisch signifikanten Zusammenhänge ermittelt wurden, lassen sich in der Literatur verschiedene Hinweise finden, dass das Üben mit Beispielaufgaben eine gezielte und wirkungsvolle Maßnahme zur Testvorbereitung darstellt (Hessels 2009; Nusser und Weinert 2017; Wong et al. 1982). Grund für nicht nachweisebare Effekte könnte die fehlende Standardisierung bzw. Anleitung für die Lehrkräfte sein, wie sie das Übungsblatt sinnvoll einsetzen. Es liegen keine Informationen vor, wie die Implementation innerhalb der Klassen stattgefunden hat. Der hier vorgestellte Ansatz ist ein erster und wichtiger Versuch, im Rahmen von Large-Scale-Studien das Instruktionsverständnis von Schüler*innen mit Unterstützungsbedarf oder SPF-L mit einer gezielten Maßnahme zu unterstützen. Diesen Ansatz gilt es, zu vertiefen.

Während der Erhebung selbst nutzte zudem ein erheblicher Anteil der Testleiter*innen die Möglichkeit, den Schüler*innen den Hintergrundfragebogen vorzulesen. Dies erfolgte häufiger an Förderschulen als an allgemeinen Schulen und in allgemeinen Schulen häufiger in Testgruppen mit höheren Anteilen an Schüler*innen mit nichtdeutscher Herkunftssprache oder SPF. Es konnten keine substanziellen Unterschiede in der Anzahl fehlender Werte beim Hintergrundfragebogen je nach Erhebungsmodus nachgewiesen werden.

Eine mögliche Erklärung für die Unterschiede in der Häufigkeit des Vorlesens der Hintergrundfragebögen zwischen den Förderschulen und den allgemeinen Schulen könnte darin bestehen, dass an allgemeinen Schulen der Fragebogen nur teilweise vorgelesen werden konnte und die Testleiter*innen und Lehrkräfte diese Option daher als weniger attraktiv empfanden. Auch könnte auf das Vorlesen häufiger zugunsten der leistungsstärkeren Kinder verzichtet worden sein, um diese nicht zu langweilen oder von der Bearbeitung der Fragebögen abzulenken. Dies sind allerdings nur erste Überlegungen, zu denen es weiterer Analysen bedürfte. Zu den Gründen für den gewählten Administrationsmodus liegen keine Daten vor.

Die Analysen weisen weiter keine Unterschiede in der Datenqualität auf, unabhängig davon, ob der Fragebogen vorgelesen wurde oder nicht. Hieraus kann nicht geschlossen werden, dass es keine Rolle spielt, ob der Fragebogen vorgelesen wird oder nicht, da es sich um keine experimentelle Studie handelt (vgl. Abschn. 7.2). Die Schüler*innen wurden nicht zufällig den beiden Gruppen zugewiesen (Vorlesen – eigenständige Bearbeitung), sondern die Testleitungen trafen diese Entscheidung in Absprache mit der Lehrkraft nach eigenem Ermessen. Wie in den Analysen gezeigt wurde, hängt diese Entscheidung unter anderem auch mit der Zusammensetzung der Testgruppe zusammen. Möglicherweise wurde der Fragebogen also gerade in denjenigen Sitzungen vorgelesen, in denen viele Schüler*innen besonders ungünstige Voraussetzungen für die eigenständige Bearbeitung des Fragebogens hatten. So wurde eventuell durch das Vorlesen die Anzahl fehlender Werte zwar reduziert, allerdings nur in einem Maße, das zu einer Niveauangleichung verglichen mit den anderen Klassen führte, in denen der Fragebogen eigenständig bearbeitet wurde. Somit könnte durch das Vorlesen der Zugang zum Fragebogen für diese Schüler*innen verbessert worden sein. Des Weiteren wurde für Schüler*innen mit SPF (an Förder- und allgemeinen Schulen) bereits eine reduzierte Fragebogenversion eingesetzt, die es den Schüler*innen ermöglichen sollte, trotz geringerer Lesegeschwindigkeit, möglichst alle Fragen zu beantworten. Es liegt nahe, dass der damit verbundene Zeitpuffer den Schüler*innen, die den Fragebogen selbstständig bearbeiteten, dabei half, ebenfalls weniger Fragen auszulassen und sich dies bereits positiv auf die Datenqualität auswirkte. Die breite Nutzung der Vorleseoption, vor allem an Förderschulen, zeigt allerdings, dass zumindest in der Wahrnehmung der an der Testsitzung beteiligten Personen eine solche Unterstützung als gewinnbringend eingeschätzt wird. Ob auch für Kinder und Jugendliche mit SPF die Datenqualität durch das Vorlesen erhöht werden kann, könnte mit einem experimentellen Design in zukünftigen Forschungsvorhaben untersucht werden.

Schließlich ergaben die Auswertungen, dass Schulbegleitungen oder anderes unterstützendes Personal aus der Schule häufig bei der Erhebung im Klassenzimmer zugegen waren, sofern diese Möglichkeit bestand. Tatsächlich unterstützt wurden überproportional häufig Schüler*innen mit SPF, mit nichtdeutscher Herkunftssprache oder mit einer Schulbegleitung im sonstigen Schulalltag. Vertiefende Analysen zeigten zudem, dass entgegen der standardisierten Vorgaben eine inhaltliche Unterstützung nicht in jedem Fall ausgeschlossen werden konnte. Somit stellt sich grundsätzlich die Frage, inwiefern Schulbegleitungen oder ggf. weiteres unterstützendes Personal in standardisierten Erhebungen teilnehmen können. Dass inhaltliche Unterstützung nicht grundsätzlich ausgeschlossen werden kann, untermauert zunächst die Argumentation zu bisherigen Large-Scale-Studien, dass Schulbegleitungen nicht an der Erhebung teilnehmen sollten. Allerdings zeigen die Analysen gleichfalls, dass insgesamt nur sehr wenige Schüler*innen überhaupt unterstützt werden und dass die Unterstützung nicht nur durch Schulbegleitungen erfolgt bzw. Schüler*innen betrifft, die im Schulalltag von einer Schulbegleitung unterstützt werden. Inhaltliche Unterstützung erhalten tatsächlich weit unter 1 % aller teilnehmenden Schüler*innen, zudem handelt es sich hierbei primär um eine Schülergruppe, die in der Regel bei der Berichterstattung – beispielsweise zu den Bildungsstandards oder für internationale Vergleiche – ausgeschlossen wird. Somit ist das Risiko äußerst gering, durch die Einbeziehung von Schulbegleitungen oder ggf. anderen unterstützenden Personen Ergebnisse für die Berichterstattung zu verzerren.

Zudem sprechen eine Reihe weiterer Gründen dafür, diese Möglichkeiten der Unterstützung in den Testsitzungen zuzulassen: Es ist anzunehmen, dass Unterstützungsmaßnahmen, die aufgrund der besonderen Ausgangslage von Schüler*innen bei Leistungsüberprüfungen im Schulalltag integriert sind, überwiegend begründet und zielführend sind. Somit ist zum einen eine Verbesserung des Zugangs zur Erhebungssituation und zu den Instrumenten anzunehmen. Zum anderen könnte möglicherweise zusätzlich die Akzeptanz vonseiten der Schulen, Schüler*innen und Eltern für die Testungen erhöht und potenziell schwierige Situationen (z. B. Störungen und Unruhe) für die Testleitung bei der Erhebung reduziert werden.

Grundsätzlich zeigen alle drei Analysen, dass die Angebote zur Verbesserung der Zugangsbedingungen von den Schulen und Testleitungen genutzt werden. Da der Zugang zu den Erhebungen eine grundlegende Voraussetzung für die Teilnahme an Testungen und Befragungen darstellt, stellt sich somit aus unserer Sicht weniger die Frage, ob diese zusätzlichen Unterstützungsmaßnahmen auch in Large-Scale-Studien zugelassen werden sollten, sondern vielmehr, weshalb dies nicht der Fall sein sollte.

7.2 Limitationen

Die untersuchten Maßnahmen sind Annäherungen entgegen der üblichen Standardisierung, die die Teilnahme an der Erhebung für kleine Populationen (Schüler*innen mit SPF, nichtdeutscher Herkunftssprache, Schulbegleitung) erleichtern können. Inwiefern diese Maßnahmen „kausal" mit der Datenqualität zusammenhängen, konnte letztlich allerdings nicht geprüft werden. Hierfür bedürfte es experimenteller Herangehensweisen, bei denen zudem weitere Kriterien der Datenqualität (z. B. interne Konsistenz von Skalen) mit einbezogen werden (vgl. z. B. Strietholt und Gresch 2013).

Im Mittelpunkt der Ausführungen standen Schüler*innen mit SPF. Hierbei handelt es sich um eine Gruppe, die in besonderem und ausgewiesenem Maße förderbedürftig ist. Allerdings gibt es darüber hinaus eine Reihe von Schüler*innen mit verschiedenen weiteren Förderbedarfen, die ebenfalls von den genannten Maßnahmen profitieren könnten. Exemplarisch wurde in den Analysen die Gruppe von Schüler*innen mit nichtdeutscher Herkunftssprache berücksichtigt. Gleichermaßen ist anzunehmen, dass von den genannten Maßnahmen zum Beispiel auch Schüler*innen mit Teilleistungsschwäche oder ADHS profitieren könnten. Hierzu bedarf es allerdings weiterer Forschung und ggf. auch der Einbeziehung weiterer Maßnahmen. So wurden in den Ausführungen nur einzelne Teilaspekte betrachtet, die Schüler*innen mit SPF in besonderem Maße betreffen können. Weitere Maßnahmen oder Umsetzungsformen wurden nicht adressiert, wie der Umgang mit Schüler*innen, die „Nachteilsausgleich" erhalten.

Wenig Berücksichtigung fanden in dem Beitrag schließlich die Schüler*innen ohne SPF: Hier ist sicherzustellen, dass Anpassungen, wie die vorgeschlagenen, nicht mit Nachteilen für die anderen Schüler*innen einhergehen oder ein Risiko für die Datenqualität insgesamt darstellen.

7.3 Ausblick

Mit dem Beitrag möchten wir dafür sensibilisieren, dass die besondere Ausgangslage von Schüler*innen mit SPF, aber auch von Schüler*innen mit anderen besonderen Förderbedarfen nicht nur bei Kompetenztests (vgl. Mahler et al., 2020, gleicher Band), sondern auch bei weiteren erhebungsrelevanten Aspekten berücksichtigt werden sollte. Standardisierte Erhebungsformen können dazu führen, dass einzelne Schüler*innengruppen – wie die mit SPF – aufgrund ihrer unterschiedlichen Ausgangslagen unter ihren Möglichkeiten bleiben, sei es bei der Teilnahme an den Kompetenztests oder beim Ausfüllen des Hintergrundfragebogens.

Aufgrund des nicht-experimentellen Designs sind Aussagen zu den Folgen der Maßnahmen für die Datenqualität nur begrenzt möglich. Die Auswertungen zeigen allerdings, dass die verschiedenen angebotenen Maßnahmen sowohl von den Schulen als auch von den Testleitungen umfassend genutzt wurden, und zwar insbesondere in Klassen mit hohen Anteilen an Schüler*innen mit SPF oder nichtdeutscher Herkunftssprache bzw. bei entsprechenden Schüler*innen. Es ist somit anzunehmen, dass die beteiligten Lehrkräfte und Testleitungen diese Maßnahmen für sinnvoll erachten, um die Erhebungssituation für die jeweiligen Schüler*innen mit SPF, nichtdeutscher Herkunftssprache oder ggf. weiteren Unterstützungsbedarfen zu erleichtern. Aufgrund der nicht signifikanten Befunde kann nicht ausgeschlossen werden, dass der Einsatz der Maßnahmen einen Effekt auf die Erhebungen und auf die Bearbeitung des Fragebogens oder des Kompetenztests hatte. Vielmehr gilt es, in weiterführenden Studien zusätzliche Einflussvariablen systematisch in einem experimentellen Design zu kontrollieren und die Frage des Zugangs mit Blick auf die Instrumenteneigenschaften und die Charakteristiken der Testpersonen differenziert zu betrachten.

Eigene quantitative Erhebungen zur Untersuchung von fallzahlschwachen Populationen, wie Schüler*innen mit Migrationshintergrund oder mit SPF, sind in der Umsetzung äußerst aufwendig. Zudem ist die Identifikation dieser Zielgruppe für die Stichprobenziehung nur beschränkt möglich (vgl. für Schüler*innen mit SPF Gresch und Piezunka 2015). Vor diesem Hintergrund gewinnt die Nutzung von Large-Scale-Studien zur Untersuchung von Schüler*innen mit SPF zusätzliches Gewicht. Die Daten von Large-Scale-Studien werden neben der häufig vorliegenden Berichtserstattungspflicht in der Regel für zahlreiche weitere wissenschaftliche Arbeiten verwendet. Sie weisen zumeist hohe Fallzahlen auf und die Umsetzung erfolgt mit hohen methodischen Standards, sodass eine sehr gute Datenqualität vorliegt. Large-Scale-Studien können einen wichtigen Beitrag zur Forschung leisten, wenn auch fallzahlschwache Populationen so gut wie möglich in die Erhebungen integriert werden, sodass diese untersucht werden können. Diese Potenziale sollten genutzt werden. Der adäquate Umgang mit heterogenen Lerngruppen im Rahmen von Large-Scale-Studien kann zudem die Vergleichbarkeit der Daten stützen. Fehlender Zugang der Schüler*innen mit einem SPF zu den vorgelegten Instrumenten kann durch hier genannte und ggf. weitere Maßnahmen kompensiert und somit konstrukt-irrelevante Varianz reduziert werden. Aber auch die zunehmende Auseinandersetzung mit technologiebasierten Erhebungen könnte hier zusätzliche individualisierte Möglichkeiten schaffen (z. B. indem Schüler*innen bei Bedarf über Kopfhörer die Hintergrundfragebögen vorgelesen bekommen).

Vor diesem Hintergrund empfehlen wir eine standardisierte und dabei gut dokumentierte Ermöglichung verschiedener Anpassungen in Large-Scale-Studien. Dies umfasst sowohl das Angebot an die Schulen, vor der Erhebung ein Übungsblatt zu bearbeiten, um die Schüler*innen auf die Administration und die Aufgabenformate vorzubereiten. Gleichfalls empfehlen wir, Testleitungen die Möglichkeit anzubieten, Hintergrundfragebögen bei Bedarf vorzulesen. Schließlich empfehlen wir die Integration der Schulbegleitungen oder weiterer Personen in die Erhebung: Individuell abgestimmte Maßnahmen für die einzelnen Schüler*innen, die im Schulalltag bei der Leistungserfassung üblich sind, sollten nach Möglichkeit auch für die Testung beibehalten werden, sofern sie den Testablauf der anderen Schüler*innen nicht stören. Allerdings sollte für alle Maßnahmen dokumentiert werden, in welchem Rahmen diese umgesetzt werden, inwiefern beispielsweise Unterstützung während der Kompetenzmessung erfolgt. Auf diese Weise können Schüler*innen, die besondere Unterstützung erhalten haben, bei den Analysen identifiziert werden. Je nach Fragestellung kann dann entschieden werden, ob sie in die Analysen einbezogen werden (z. B. bei der Analyse von Befragungsdaten) oder ausgeschlossen werden sollten (z. B. bei Auswertungen zu den erreichten schulischen Kompetenzen).

Literatur

Abedi, J. (2011). Language issues in the design of accessible items. In S. N. Elliott, R. J. Kettler, P. A. Beddow, & A. Kurz (Hrsg.), *Handbook of accessible achievement tests for all students* (S. 217–230). New York: Springer.

Baumert, J., Artelt, C., Carstensen, C. H., Sibberns, H., & Stanat, P. (2002). Untersuchungsgegenstand, Fragestellungen und technische Grundlagen der Studie. In Deutsches PISA-Konsortium (Hrsg.), *PISA 2000 – Die Länder der Bundesrepublik Deutschland im Vergleich* (S. 11–38). Wiesbaden: VS Verlag.

Beddow, P. A., Kurz, A., & Frey, J. R. (2011). Accessibility theory: Guiding the science and practice of test item design with the test-taker in mind. In S. N. Elliott, R. J. Kettler, P. A. Beddow, & A. Kurz (Hrsg.), *Handbook of accessible achievement tests for all students* (S. 163–182). New York: Springer.

Beddow, P. A., Elliott, S. N., & Kettler, R. J. (2013). Test accessibility: Item reviews and lessons learned from four state assessments. *Education Research International, 2013,* 1–12. https://doi.org/10.1155/2013/952704.

Blossfeld, H.-P., von Maurice, J., & Schneider, T. (2011). The national educational panel study: Need, main features, and research potential. *Zeitschrift Für Erziehungswissenschaft, 14*(2), 5–17. https://doi.org/10.1007/s11618-011-0178-3.

Böhme, K., Kohrt, P., Haag, N., & Weirich, S. (2017). Entwicklung angepasster Testaufgaben für Schülerinnen und Schüler mit sonderpädagogischem Förderbedarf. In P. Stanat, S. Schipolowski, C. Rjosk, S. Weirich, & N. Haag (Hrsg.), *IQB-Bildungstrend 2016. Kompetenzen in den Fächern Deutsch und Mathematik am Ende der 4. Jahrgangsstufe im zweiten Ländervergleich* (S. 369–385). Münster: Waxmann.

Bos, W., Gartmeier, M., & Gröhlich, C. (Hrsg.). (2009). *KESS 7. Kompetenzen und Einstellungen von Schülerinnen und Schülern an Hamburger Schulen zu Beginn der Jahrgangsstufe 7*. Münster: Waxmann.

Dworschak, W. (2010). Schulbegleiter, Integrationshelfer, Schulassistent? Begriffliche Klärung einer Maßnahme zur Integration in die Allgemeine Schule bzw. *Die Förderschule. Teilhabe, 49*(3), 131–135.

Gebhardt, M., Sälzer, C., Mang, J., Müller, K., & Prenzel, M. (2015). Performance of students with special educational needs in Germany: Findings from Programme for International Student Assessment 2012. *Journal of Cognitive Education and Psychology, 14*(3), 343–356. https://doi.org/10.1891/1945-8959.14.3.343.

Gresch, C., & Piezunka, A. (2015). Schülerinnen und Schüler mit sonderpädagogischer Förderung (im Bereich „Lernen") an Regelschulen. In P. Kuhl, P. Stanat, B. Lütje-Klose, C. Gresch, H. A. Pant, & M. Prenzel (Hrsg.), *Inklusion von Schülerinnen und Schülern mit sonderpädagogischem Förderbedarf in Schulleistungserhebungen* (S. 181–219). Wiesbaden: Springer VS. https://doi.org/10.1007/978-3-658-06604-8_7.

Gresch, C., Strietholt, R., Kanders, M., & Solga, H. (2016). Reading-aloud versus self-administered student questionnaires: An experiment on data quality. In H.-P. Blossfeld, J. von Maurice, M. Bayer, & J. Skopek (Hrsg.), *Methodological issues of longitudinal surveys* (S. 561–578). Wiesbaden: Springer.

Henn, K., Thurn, L., Besier, T., Künster, A. K., Fegert, J. M., & Ziegenhain, U. (2014). Schulbegleiter als Unterstützung von Inklusion im Schulwesen: Erhebung zur gegenwärtigen Situation von Schulbegleitern in Baden-Württemberg. *Zeitschrift Für Kinder- Und Jugendpsychiatrie Und Psychotherapie, 42*(6), 397–403. https://doi.org/10.1024/1422-4917/a000318.

Hessels, M. G. P. (2009). Estimation of the predictive validity of the HART by means of a dynamic test of geography. *Journal of Cognitive Education and Psychology, 8*(1), 5–21. https://doi.org/10.1891/1945-8959.8.1.5.

Hessels-Schlatter, C. (2002). A dynamic test to assess learning capacity in people with severe impairments. *American Journal on Mental Retardation, 107*(5), 340–351.

Heydrich, J., Weinert, S., Nusser, L., Artelt, C., & Carstensen, C. H. (2013). Including students with special educational needs into large-scale assessments of competencies: Challenges and approaches within the German National Educational Panel Study (NEPS). *Journal for Educational Research Online, 5*(2), 217–240.

Kettler, R. J. (2012). Testing accommodations: Theory and research to inform practice. *International Journal of Disability, Development and Education, 59*(1), 53–66. https://doi.org/10.1080/1034912X.2012.654952.

KMK – Sekretariat der Ständigen Konferenz der Kultusminister der Länder (Hrsg.). (1994). *Empfehlungen zur sonderpädagogischen Förderung in den Schulen in der Bundesrepublik Deutschland*. http://www.kmk.org/fileadmin/veroeffentlichungen_beschluesse/1994/1994_05_06-Empfehlung-sonderpaed-Foerderung.pdf.

Kocaj, A., Kuhl, P., Kroth, A. J., Pant, H. A., & Stanat, P. (2014). Wo lernen Kinder mit sonderpädagogischem Förderbedarf besser? Ein Vergleich schulischer Kompetenzen zwischen Regel- und Förderschulen in der Primarstufe. *Kölner Zeitschrift für Soziologie und Sozialpsychologie, 66*(2), 165–191. https://doi.org/10.1007/s11577-014-0253-x.

Kocaj, A., Kuhl, P., Haag, N., Kohrt, P., & Stanat, P. (2017). Schulische Kompetenzen und schulische Motivation von Kindern mit sonderpädagogischem Förderbedarf an Förderschulen und an allgemeinen Schulen. In P. Stanat, S. Schipolowski, C. Rjosk, S. Weirich, & N. Haag (Hrsg.), *IQB-Bildungstrend 2016. Kompetenzen in den Fächern Deutsch und Mathematik am Ende der 4. Jahrgangsstufe im zweiten Ländervergleich* (S. 302–315). Münster: Waxmann.

Kohrt, P., Böhme, K., & Richter, D. (2016, März). *Inwieweit erleichtert das laute Vorlesen die Bearbeitung von Schülerfragebögen für Kinder mit und ohne sonderpädagogischen Förderbedarf?* Gehalten auf der 4. Tagung der Gesellschaft für Empirische Bildungsforschung, Berlin.

Laubner, M., Lindmeier, B., & Lübeck, A. (2017). *Schulbegleitung in der inklusiven Schule*. Weinheim Basel: Beltz.

Mahler, N., Kölm, J., & Werner, B. (2020). Entwicklung von Mathematiktestaufgaben für Schüler*innen mit einem sonderpädagogischen Förderbedarf im Lernen – Konzeption und empirische Ergebnisse. In C. Gresch, P. Kuhl, M. Grosche, C. Sälzer & P. Stanat (Hrsg.), *Schüler*innen mit sonderpädagogischem Förderbedarf in Schulleistungserhebungen – Einblicke und Entwicklungen* (S. 109–146). Wiesbaden: VS-Verlag.

Meloy, L. L., Deville, C., & Frisbie, D. A. (2002). The effect of a read aloud accommodation on test scores of students with and without a learning disability in reading. *Remedial and Special Education, 23*(4), 248–255. https://doi.org/10.1177/07419325020230040801.

Müller, S. (2014). Data Rich, Information Poor? Chancen und Grenzen vergleichender Leistungsmessung an der Förderschule mit dem Förderschwerpunkt Lernen. https://content-select.com/media/moz_viewer/54f81eba-894c-45a5-8e24-71e0b0dd2d03/language:de.

Nusser, L., & Weinert, S. (2017). Instructions in test-taking: An appropriate approach for students with special educational needs. *Journal of Cognitive Education and Psychology, 16*(3), 227–240. https://doi.org/10.1891/1945-8959.16.3.227.

Nusser, L., Carstensen, C. H., & Artelt, C. (2015). Befragung von Schülerinnen und Schülern mit sonderpädagogischem Förderbedarf Lernen: Ergebnisse zur Messinvarianz. *Empirische Sonderpädagogik, 7*(2), 99–116.

Pitoniak, M. J., & Royer, J. M. (2001). Testing accommodations for examinees with disabilities: A review of psychometric, legal, and social policy issues. *Review of Educational Research, 71*(1), 53–104. https://doi.org/10.3102/00346543071001053.

Randall, J., & Engelhard, G. (2010). Performance of students with and without disabilities under modified conditions: Using resource guides and read-aloud test modifications on a high-stakes reading test. *The Journal of Special Education, 44*(2), 79–93. https://doi.org/10.1177/0022466908331045.

Reiß, W., & Werner, B. (2012). Offener Unterricht. In U. Heimlich & F. B. Wember (Hrsg.), *Didaktik des Unterrichts im Förderschwerpunkt Lernen*. Stuttgart: Kohlhammer.

Rjosk, C., Engelbert, M., Schipolowski, S., & Kohrt, P. (2017). Anlage, Durchführung. In P. Stanat, S. Schipolowski, C. Rjosk, S. Weirich, & N. Haag (Hrsg.), *IQB-Bildungstrend 2016: Kompetenzen in den Fächern Deutsch und Mathematik am Ende der 4. Jahrgangsstufe in zweiten Ländervergleich* (S. 83–105). Münster: Waxmann.

Sälzer, C., Denk, A., Müller, F., & Grosche, M. (2020). Spezifische Herausforderungen des Einbezugs von Schüler*innen mit sonderpädagogischem Förderbedarf in internationale Large-Scale-Assessments. In C. Gresch, P. Kuhl, M. Grosche, C. Sälzer & P. Stanat (Hrsg.), *Schüler*innen mit sonderpädagogischem Förderbedarf in Schulleistungserhebungen – Einblicke und Entwicklungen* (S. 55–74). Wiesbaden: VS-Verlag.

Stanat, P., Schipolowski, S., Rjosk, C., Weirich, S., & Haag, N. (Hrsg.). (2017). *IQB-Bildungstrend 2016: Kompetenzen in den Fächern Deutsch und Mathematik am Ende der 4. Jahrgangsstufe in zweiten Ländervergleich.* Münster: Waxmann.

Strietholt, R., & Gresch, C. (2013). *Vorlesen oder Selbstlesen? Ein Experiment zu den Effekten des Erhebungsmodus auf die Datenqualität.* Gehalten auf der 1. Tagung der Gesellschaft für Empirische Bildungsforschung (GEBF), Kiel.

Südkamp, A., Pohl, S., & Weinert, S. (2015). Competence assessment of students with special educational needs – Identification of appropriate testing accommodations. *Frontline Learning Research, 3*(2), 1–26.

Wolf, M. K., Kim, J., Kao, J. C., & Rivera, N. M. (2009). *Examining the effectiveness and validity of glossary and read-aloud accommodations for English language learners in a math assessment* (CRESST Report 766). Los Angele, CA: University of California, National Center for Research on Evaluation, Standards, and Student Testing (CRESST).

Wong, B. Y. L. (1991). The relevance of metacognition to learning disabilities. In B. Y. L. Wong (Hrsg.), *Learning about learning disabilities* (S. 231–258). San Diego: Academic.

Wong, B. Y. L., Wong, R., & LeMare, L. (1982). The effects of knowledge of criterion task on comprehension and recall in normally achieving and learning disabled children. *Journal of Educational Research, 76,* 119–126.

Zielinski, W. (1996). Lernschwierigkeiten. In F. E. Weinert (Hrsg.), *Psychologie des Lernens und der Instruktion* (S. 369–402). Göttingen: Hogrefe.

Entwicklung von Mathematiktestaufgaben für Schüler*innen mit einem sonderpädagogischen Förderbedarf im Lernen – Konzeption und empirische Ergebnisse

Nicole Mahler, Jenny Kölm und Birgit Werner

Zusammenfassung

Large-Scale-Assessments erfassen die Kompetenzen von Schüler*innen mit sonderpädagogischem Förderbedarf (SPF) meist nicht differenziert, da entsprechende Aufgaben für den unteren Leistungsbereich fehlen. Das vorliegende Kapitel beschreibt die Entwicklung und Erprobung von Mathematiktestaufgaben für Schüler*innen an Förderschulen mit einem Förderschwerpunkt im Lernen. Bei der Aufgabenentwicklung wurde der zumeist zieldifferent angelegte Bildungsgang im Förderschwerpunkt Lernen berücksichtigt, indem die zu überprüfenden mathematischen Kompetenzen in authentische Kontexte eingebettet wurden, für die anzunehmen ist, dass sie für die Jugendlichen relevant sind. In einer Erprobungsstudie zum IQB-

N. Mahler (✉) · J. Kölm
Humboldt-Universität zu Berlin, Institut zur Qualitätsentwicklung im Bildungswesen (IQB), Berlin, Deutschland
E-Mail: nicole.mahler@iqb.hu-berlin.de

J. Kölm
E-Mail: jenny.koelm@iqb.hu-berlin.de

B. Werner
Pädagogische Hochschule Heidelberg, Institut für Sonderpädagogik, Heidelberg, Deutschland
E-Mail: birgit.werner@ph-heidelberg.de

C. Gresch et al. (Hrsg.), *Schüler*innen mit sonderpädagogischem Förderbedarf in Schulleistungserhebungen,* https://doi.org/10.1007/978-3-658-27608-9_5

Bildungstrend 2018 wurden die Messeigenschaften der Aufgaben in der Zielgruppe und für Schüler*innen ohne SPF geprüft und den Eigenschaften der bislang für Schüler*innen mit SPF eingesetzten Aufgaben gegenübergestellt. Die Skala, auf der die Kompetenzen der Schüler*innen verortet wurden, wurde durch beide Aufgabensets im Wesentlichen vergleichbar erfasst. Die neuen Aufgaben wiesen in der Zielgruppe günstigere Messeigenschaften auf als die bisher eingesetzten Aufgaben, was sich an geringeren Anteilen fehlender Werte und höherer Differenzierungsfähigkeit im unteren Leistungsbereich zeigte. Sie waren jedoch nur eingeschränkt für Schüler*innen ohne SPF geeignet.

Abstract

Large-scale assessments often fail to provide detailed information about students with special educational needs (SEN), due to a lack of suitable test items. In this chapter, we describe the development of mathematics test items for students with learning disabilities and provide empirical results on item characteristics from a pilot study conducted in Germany. In developing the test items, we took into account the special educational setting encountered by many students with learning disabilities and embedded the mathematical tasks in rich authentic contexts considered to be relevant to students. In a pilot study for the national assessment in mathematics, we checked the psychometric properties of the newly developed items for students with SEN and for students without disabilities and contrasted them with the properties of previously used items for students with SEN. Both sets of items could be located on a common scale. The newly developed items were better suited for the assessment of students with SEN, showing lower omission rates and higher discrimination for low ability levels. However, they were less well suited to assess the mathematical ability of students without disabilities.

1 Einleitung

Mit Studien des Bildungsmonitorings sollen Aussagen über die Leistungsfähigkeit von Bildungssystemen getroffen werden, die wiederum in politische Entscheidungen einfließen können (vgl. S. Müller et al. 2013). In den Bildungstrendstudien des Instituts zur Qualitätsentwicklung im Bildungswesen (IQB) wird in regelmäßigen Abständen überprüft, inwieweit die in den Bildungsstandards der Kultusministerkonferenz verankerten Kompetenzen in den Ländern der

Bundesrepublik Deutschland erreicht werden. Diese Studien bilden ein zentrales Instrument des nationalen Bildungsmonitorings. Für zuverlässige Aussagen ist es wichtig, die Population der Schüler*innen möglichst vollständig zu erfassen (vgl. Sälzer et al. 2020). Da sich die Länder teilweise deutlich in den Anteilen von Schüler*innen mit diagnostiziertem sonderpädagogischem Förderbedarf (SPF) unterscheiden (zwischen 4 % und 11 % der Schülerschaft eines Landes in der 9. Jahrgangsstufe, vgl. Schipolowski et al. 2016), könnten Vergleiche der im Mittel erreichten Kompetenzen zwischen den Ländern systematisch verzerrt sein, wenn diese Schüler*innen von der Teilnahme ausgeschlossen werden.

Die Einbeziehung von Schüler*innen mit SPF in Large-Scale-Assessments geht jedoch mit organisatorischen, inhaltlichen und methodischen Herausforderungen einher (vgl. Heydrich et al. 2013; Kocaj et al. 2016), die sich insbesondere für Schüler*innen mit einem SPF im Förderschwerpunkt Lernen (SPF-L) stellen. Zumeist liegen keine Aufgaben vor, die eine Differenzierung von Kompetenzen im unteren Leistungsniveau ermöglichen, da Schüler*innen mit SPF – vor allem an Förderschulen – bei der Entwicklung und Erprobung der Testaufgaben bislang kaum einbezogen wurden (Heydrich et al. 2013; Kocaj et al. 2016; K. Müller et al. 2017; S. Müller 2014; Südkamp et al. 2015). Dadurch können ihre Kompetenzen weniger zuverlässig erfasst werden (vgl. Nusser 2017).

Das Ziel war daher, für den IQB-Bildungstrend 2018 (Stanat et al. 2019) sonderpädagogisch fundierte Testaufgaben für das Fach Mathematik zu entwickeln, die eine differenzierte Messung der mathematischen Kompetenzen von Schüler*innen mit SPF-L erlauben. Gleichzeitig sollten die Aufgaben an den nationalen Bildungsstandards (KMK 2003, 2004; s. auch Roppelt et al. 2013) orientiert und mit den bisher eingesetzten Aufgaben vergleichbar sein, um die Kompetenzen der Zielgruppe mit den Kompetenzwerten von Schüler*innen ohne SPF in Beziehung setzen zu können.

Im folgenden Abschnitt soll zunächst die schulische Situation von Schüler*innen mit SPF-L charakterisiert sowie die sich daraus ergebenden Anforderungen an die Aufgabenentwicklung dargestellt werden. Daran anschließend werden Befunde zur Messgüte der bisher in Large-Scale-Assessments eingesetzten Mathematiktestaufgaben für Schüler*innen mit SPF berichtet.

2 Schüler*innen mit SPF-L

Schüler*innen mit SPF-L bilden die größte Gruppe unter den Schüler*innen mit SPF. Sie umfasst rund 40 % aller Heranwachsenden mit sonderpädagogischem Förderbedarf bzw. rund 3 % aller Schulpflichtigen insgesamt (KMK 2016).

Es handelt sich dabei um eine im Hinblick auf ihre pädagogische Ausgangslage, ihre familiären Hintergrundbedingungen sowie ihre häufig bestehenden weiteren Beeinträchtigungen (z. B. der motorischen, sensorisch kognitiven, sprachlichen sowie sozial-emotionalen Fähigkeiten; KMK 1999) sehr heterogene Schüler*innengruppe (für eine ausführlichere Beschreibung s. Nusser et al. 2020). Der pädagogische Unterstützungsbedarf lässt sich häufig erst in der Auseinandersetzung der Schüler*innen mit formal-abstrakten, strukturierten und institutionalisierten Lernanforderungen erkennen.

In verschiedenen Studien konnte gezeigt werden, dass Schüler*innen mit SPF-L an Förderschulen im Mittel eher ungünstige familiäre Lernvoraussetzungen aufweisen (Euen et al. 2015; Kölm et al. 2017). Die betroffenen Kinder und Jugendlichen stammen häufig aus Lebenswelten, die durch Armut, Arbeitslosigkeit, Gewalt- und Delinquenzerfahrungen, Diskriminierung, durch gesellschaftliche Ausschlusserfahrungen und/oder soziale Randständigkeit gekennzeichnet sind (vgl. Werner 2017). Die geringeren schulischen Leistungen dieser Kinder und Jugendlichen werden unter anderem vom soziokulturellen Umfeld beeinflusst (KMK 1999) und dürften damit vermutlich teilweise auf die ungünstigeren familiären Ausgangslagen zurückzuführen sein (vgl. Bos et al. 2010; Koch 2007; Wocken 2000).

2.1 Mathematische Kompetenzen von Schüler*innen mit SPF-L

Empirische Befunde deuten darauf hin, dass bei Schüler*innen an Förderschulen im Vergleich zu Schüler*innen ohne SPF an allgemeinen Schulen – gemessen an den curricularen Normen der allgemeinen Schule – ein Leistungsrückstand von etwa zwei bis vier Jahren besteht (vgl. S. Müller et al. 2013). Der Erwerb mathematischer Kompetenzen kann für Schüler*innen mit SPF-L – sowohl an Förderschulen als auch an allgemeinen Schulen – aufgrund verschiedener Faktoren erschwert sein. Beispielsweise verfügen Schüler*innen mit SPF-L an Förderschulen im Vergleich zu Schüler*innen ohne SPF an Grundschulen über geringere Fähigkeiten in den Bereichen Sprachverständnis, Wortschatz und Grammatik (Werner und Berg 2015). Da mathematisches Wissen in der Unterrichtssituation sprachlich vermittelt wird, können diese geringeren sprachlichen Fähigkeiten das Erlernen mathematischer Inhalte erschweren (vgl. Donlan et al. 2007; Erath et al. 2018; Fazio 1996; Krajewski et al. 2008; Paetsch 2016; Paetsch und Felbrich

2016). Auch in der Testsituation können sprachliche Hürden der Aufgaben für einzelne Schüler*innengruppen differenziell benachteiligend wirken (vgl. Haag 2015; Walzebug 2015), wobei für die Gruppe der Schüler*innen mit SPF dazu noch keine belastbaren empirischen Ergebnisse vorliegen.

Bei der empirischen Beschreibung mathematischer Kompetenzen von Schüler*innen mit SPF-L kommt derzeit den mathematischen Basiskompetenzen ein besonderer Stellenwert zu. Hierunter werden grundlegende Mengen-Zahlen-Kompetenzen (Entsprechungen von Zahlen und Mengen), Konventions- und Regelwissen (Verständnis der Bedeutung mathematischer Symbole und der durch sie dargestellten Verarbeitungsregeln) sowie teilweise auch einfache Rechenfertigkeiten zusammengefasst (z. B. Ennemoser et al. 2011). Obwohl lange Zeit davon ausgegangen wurde, dass der Erwerb mathematischer Basiskompetenzen nach der Grundschulzeit abgeschlossen ist, wurde in mehreren Studien gezeigt, dass diese Kompetenzen sowohl bei Schüler*innen an allgemeinen Schulen als auch bei Schüler*innen an Förderschulen noch in der Sekundarstufe I substanzielle Varianz aufweisen und stark mit den im Curriculum der Sekundarstufe I verankerten Kompetenzen zusammenhängen (Ennemoser et al. 2011; Gebhardt et al. 2013; Moser Opitz 2005; Sinner et al. 2011).

Die bisher häufig zur Erfassung mathematischer Kompetenzen von Schüler*innen mit SPF-L eingesetzten Aufgaben vernachlässigen jedoch sowohl methodisch als auch inhaltlich die spezifischen Bildungsbedarfe der Schüler*innen in diesem Förderschwerpunkt. Inhaltliche Akzente, die die spezifischen lebenslagen-, aber auch ausbildungs- bzw. arbeitsplatzrelevanten Anforderungen berücksichtigen (s. Abschn. 2.2), finden sich derzeit nicht.

2.2 Zieldifferenter Unterricht und Anschlussorientierung

Die zieldifferenten Lernangebote für Schüler*innen mit SPF-L weichen zum Teil erheblich von den curricularen Vorgaben der allgemeinen Schulen ab. Zieldifferente Bildungsgänge sollen die Teilhabe an gesellschaftlich relevanten Handlungsfeldern sichern, vorrangig durch die Anschlussfähigkeit an nachschulische Bildungsangebote und den Ausbildungsmarkt (KMK 1999). Zentral ist dabei nicht, welcher (Schul-)Abschluss, sondern welcher Anschluss möglich ist. Hierzu wird der Lerngegenstand Mathematik in der Sonderpädagogik vor allem aus der Perspektive der Schüler*innen analysiert. Handlungsleitend ist die Frage:

Welchen Beitrag leistet dieser Lerngegenstand für die Teilhabe der Lernenden am Unterricht und an anderen für sie relevanten gesellschaftlichen Handlungsfeldern (z. B. Ausbildung, Erwerbsarbeit, Wohnen, Freizeitgestaltung)? Dies begründet die Möglichkeit bzw. die Notwendigkeit, das Spektrum mathematischer Inhalte zu modifizieren und ggf. zu reduzieren.

Umfragen in ausbildenden Unternehmen über generelle Anforderungen an un- und angelernte Erwerbspersonen ergaben, dass die für die Aufnahme einer Ausbildung notwendigen mathematischen Kompetenzen fast ausschließlich den Bildungsplänen der Primarstufe und maximal der 7. Klasse an allgemeinen Schulen zuzuordnen sind (Klein und Schöpper-Grabe 2012). Zu den gleichen Ergebnissen kam eine Analyse der mathematischen Anforderungen in niedrig qualifizierten Arbeitsbereichen, insbesondere solchen mit den größten beruflichen Teilhabechancen für Jugendliche ohne Schulabschluss (z. B. Arbeitsplätze in der Küche und im Service der Gastronomie, der metall- und holzverarbeitenden Produktion; Basendowski 2013, 2014). Die Anforderungen waren „gerahmt durch Anforderungen der Sorgfalt, der Umsetzung von mündlichen Arbeitseinweisungen und der Erfüllung von Routinen" (Basendowski 2014, S. 200). Hieraus lässt sich ableiten, dass mathematische Anforderungen in nachschulischen Umwelten zumeist in authentische Kontexte eingebettet sind.

2.3 Implikationen für die Aufgabenentwicklung

Wie eingangs erwähnt, sollen die neu entwickelten Aufgaben im Rahmen des IQB-Bildungstrends 2018 im nationalen Bildungsmonitoring eingesetzt werden. Daher bildeten die nationalen Bildungsstandards für das Fach Mathematik (KMK 2003, 2004) die fachdidaktische Rahmung für die Aufgabenentwicklung. Aufgrund des überwiegend zieldifferent erteilten Unterrichts für Schüler*innen mit SPF-L wurden die Bildungsstandards jedoch nicht normativ interpretiert, das heißt, es wurde nicht erwartet, dass die Mehrzahl dieser Schüler*innen den Regelstandard erreicht. Wie bereits erläutert, umfasst eine Überprüfung mathematischer Kompetenzen bei Schüler*innen mit SPF-L besondere Herausforderungen, die neben den schwächeren kognitiven Voraussetzungen dieser Schüler*innengruppe mit soziokulturellen bzw. lebenslagenspezifischen Faktoren, den Schwerpunkten im Mathematikunterricht und der besonderen schulischen Orientierung auf Teilhabe in gesellschaftlich relevanten Kontexten zusammenhängen. Daraus ergeben sich folgende Aspekte, die bei der Entwicklung von Testaufgaben berücksichtigt wurden:

- möglichst leicht verständliches Testmaterial, um sprachliche Hürden bei der Testbearbeitung zu minimieren
- höchstmöglicher Grad an Authentizität der Aufgaben, um die Motivation der Jugendlichen zu erhöhen sowie Barrieren durch unbekannte Kontexte bei der Bearbeitung der Aufgaben zu verringern
- Fokussierung auf eine Anschlussorientierung, das heißt Berücksichtigung ausbildungs- bzw. arbeitsweltbezogener Kompetenzen, um an das Bildungsziel der Teilhabe anzuknüpfen

Der Authentizität der Aufgaben kommt hierbei eine herausragende Rolle zu, da sich die schulische Orientierung auf Teilhabe auch durch die Verwendung authentischer Kontexte auszeichnet. Die Orientierung der Aufgabenkontexte an der Lebenswelt der Lernenden soll dazu beitragen, die Motivation der Jugendlichen zu erhöhen, sich mit mathematischen Inhalten auseinanderzusetzen, und die Passung der Aufgaben zu biografischen, sozialen und sozio-kulturellen Erfahrungen der Jugendlichen verbessern. Authentische Aufgaben sollen den Jugendlichen zudem verdeutlichen, dass mathematische Fertigkeiten in ihrem Alltag anwendbar sind und somit zur Teilhabe beitragen können (vgl. Werner 2017).

In Anlehnung an Palm (2006) lässt sich die Authentizität durch folgende Fragen operationalisieren:

1. Konkrete Situation mit einer mathematischen Problemstellung *(event):* Entspricht die Situation der außerschulischen, alltäglichen Situation?
2. Ähnlichkeit der Frage primär gemäß der Situation *(question):* Werden die Fragen gestellt, die im Alltag auch mathematisch gelöst werden müssen (so muss z. B. auf einem Kassenbon im Supermarkt das Rückgeld nicht mehr berechnet werden, da es schon auf diesem ersichtlich ist)?
3. Ähnlichkeit der Angaben primär gemäß der Situation *(information/data):* Sind alle vorgegebenen Angaben (Mengen, Zahlen, Größenangaben) so im Alltag auffindbar?
4. Präsentation der Aufgabe *(modus):* Ist die Problemstellung sprachlich so gestaltet, wie sie sich auch in der realen Situation darstellt?
5. Erreichbarkeit und Plausibilität der Hilfsmittel entsprechend der Situation *(tools):* Stehen genau die Hilfsmittel zur Verfügung, die auch in der realen Situation erreichbar und nutzbar sind?

Authentizität bezieht sich in der vorliegenden Studie somit auf den Kontext bzw. die Darbietungsform der Aufgaben, die die in den Bildungsstandards beschriebenen mathematischen Kompetenzen erfassen sollen. Wie sich insbesondere an den Kriterien *question, information/data* sowie *modus* erkennen lässt, hängt die Authentizität einer Aufgabe davon ab, wie nahe sich das in der Aufgabe gestellte mathematische Problem an einer realen, alltäglichen Situation befindet.

3 Empirische Befunde zu den in Large-Scale-Assessments eingesetzten Aufgaben für Schüler*innen mit SPF

Die Messeigenschaften der in verschiedenen Large-Scale-Assessments eingesetzten Mathematikaufgaben für Schüler*innen an Förderschulen in der Sekundarstufe I wurden in Deutschland[1] bislang in zwei Studien untersucht und den für Schüler*innen an allgemeinen Schulen festgestellten Messeigenschaften gegenübergestellt (K. Müller et al. 2017; Südkamp et al. 2015). Dabei wurden jeweils Schüler*innen, die eine Hauptschule besuchen, als Vergleichsgruppe herangezogen, da diese Gruppe ebenfalls ein geringes mittleres Kompetenzniveau aufweist.

K. Müller et al. (2017) analysierten Daten von Schüler*innen der 9. Jahrgangsstufe aus der PISA-Hauptstudie 2012 und einer angekoppelten Zusatzerhebung an Förderschulen. Erfasst wurden Kompetenzen im Lesen, in den Naturwissenschaften und in Mathematik, wobei an Förderschulen teilweise kürzere oder empirisch leichtere Testhefte zum Einsatz kamen als in der Haupterhebung. Die Kompetenzwerte erwiesen sich als nur eingeschränkt zwischen den Gruppen vergleichbar. An Förderschulen wurden die Testhefte seltener bis zum Ende bearbeitet als an Hauptschulen, darüber hinaus zeigten die Aufgaben häufiger Trennschärfen, die nicht den Annahmen des Skalierungsmodells entsprachen. 26 % der Aufgaben wiesen außerdem differenzielles Itemfunktionieren zwischen den Gruppen auf, was darauf hindeutet, dass die Aufgaben neben mathematischer Kompetenz noch andere gruppenspezifische Aspekte erfassten.

[1]Die Darstellung des Forschungsstands beschränkt sich auf Studien aus Deutschland, da internationale Studien sowohl im Hinblick auf die Identifikation von Schüler*innen mit SPF-L als auch auf deren schulische Situation nicht ohne Weiteres vergleichbar sind (vgl. Sälzer et al. 2015). Eine zusammenfassende Darstellung internationaler Befunde findet sich im Beitrag von Nusser et al. (2020).

Auch in Zusatzstudien mit Neuntklässler*innen an Förderschulen mit dem Schwerpunkt Lernen aus dem Nationalen Bildungspanel wurde gezeigt, dass die normalerweise eingesetzten Testaufgaben die mathematischen Kompetenzen der Schüler*innen nicht zuverlässig erfassen (Südkamp et al. 2015). Aufgaben, die für die 6. Jahrgangsstufe entwickelt wurden, entsprachen zwar eher den Fähigkeiten der an Förderschulen unterrichteten Jugendlichen und erlaubten eine differenziertere Erfassung ihrer Kompetenzen; jedoch war ein Test, der zu einem Drittel leichtere Aufgaben enthielt, tendenziell immer noch zu schwierig für die Zielgruppe. Die Passung zum Auswertungsmodell war in dieser Studie für alle Aufgaben gegeben, ebenso wurden die Testhefte gleich häufig bis zum Ende bearbeitet wie an Hauptschulen. Allerdings stellten Südkamp et al. (2015) fest, dass Schüler*innen an Förderschulen in stärkerem Maße zum Auslassen einzelner Items neigen, insbesondere von Items, die eine kurze verbale Antwort erforderten. Der Einsatz spezifischer Aufgaben für Schüler*innen an Förderschulen schränkte außerdem die Vergleichbarkeit der Kompetenzmessung mit Schüler*innen an allgemeinen Schulen ein.

Die Befundlage weist also darauf hin, dass für die zuverlässige Erfassung der Kompetenzen von Schüler*innen an Förderschulen angepasste Aufgaben nötig sind (Kocaj et al. 2016; Nusser 2017; Südkamp et al. 2015). Jedoch liegen bislang nur für die Grundschule speziell entwickelte Aufgaben für den Einsatz im Bildungsmonitoring vor. Aufbauend auf Befunde von Kocaj et al. (2016), wonach die im IQB-Ländervergleich 2011 in der 4. Jahrgangsstufe (Stanat et al. 2012) eingesetzten Aufgaben zur differenzierten Erfassung von Kompetenzen bei Schüler*innen mit SPF nur eingeschränkt geeignet sind, wurden in Zusammenarbeit mit Expert*innen aus der Sonderpädagogik für die darauffolgende Studie (IQB-Bildungstrend 2016, Stanat et al. 2017) in den Bereichen Lesen, Zuhören und Mathematik gezielt Aufgaben für Schüler*innen mit SPF entwickelt (Böhme et al. 2017). In Bezug auf die mathematische Kompetenz wurden sehr einfache mathematische Inhalte erfasst. Im Vergleich zu den im IQB-Ländervergleich 2011 eingesetzten Mathematikaufgaben enthielten die neu entwickelten Aufgaben einfacheres Zahlenmaterial (z. B. keine Zehnerübergänge) sowie geringere rezeptive und produktive sprachliche Anforderungen. Auch auf illustrierende Bilder wurde verzichtet. Im Vergleich zu den bisherigen Aufgaben wiesen die neu entwickelten Aufgaben weniger fehlende Werte und eine vergleichbare oder sogar bessere Modellpassung auf. Sie deckten den unteren Leistungsbereich besser ab, was eine differenziertere Messung der Kompetenzen in der Gruppe der Schüler*innen an Förderschulen erlaubte. Zwischen den von den bisherigen Aufgaben und den neu entwickelten Aufgaben gemessenen Kompetenzen wurde eine latente Korrelation von $r = 0{,}83$ festgestellt, was darauf hinweist, dass die gemessenen Kompetenzen zwar sehr ähnlich, aber nicht vollständig deckungsgleich waren (Böhme et al. 2017).

Zusammenfassend lässt sich feststellen, dass Schüler*innen mit SPF in Large-Scale-Assessments in Deutschland meistens angepasstes Testmaterial erhalten. Die Anpassung erfolgt in der Regel durch empirisch leichtere Aufgaben, die teilweise für niedrigere Jahrgangsstufen entwickelt wurden. Spezifische Entwicklungen von Aufgaben für Large-Scale-Assessments, die den besonderen Bedürfnissen und der schulischen Situation von Schüler*innen mit SPF-L Rechnung tragen, eine sonderpädagogische Perspektive einbeziehen und in dieser Schüler*innengruppe empirisch erprobt wurden, liegen bislang jedoch für die Sekundarstufe I nicht vor.

4 Fragestellung

Ziel der Aufgabenentwicklung für den IQB-Bildungstrend 2018 war es, einen Pool psychometrisch hochwertiger Aufgaben bereitzustellen, die die mathematischen Kompetenzen von Schüler*innen mit SPF-L in der 9. Jahrgangsstufe differenziert erfassen. Im Unterschied zu den meisten bisherigen Studien sollten nicht nur empirisch leichtere Aufgaben eingesetzt werden, sondern die Aufgaben sollten an die schulische Situation der Jugendlichen anknüpfen. Gleichzeitig sollen sie auch für Schüler*innen an allgemeinen Schulen geeignet sein, um eine hinreichende Überlappung des Aufgabenmaterials für alle Schüler*innen sicherzustellen. Darüber hinaus müssen die neu entwickelten Aufgaben – vergleichbar mit den bisher eingesetzten Aufgaben – an den Bildungsstandards orientiert sein, damit die Kompetenzen der Schüler*innen im Förderschwerpunkt Lernen auf der Berichtsmetrik des IQB-Bildungstrends verortet werden können.

Im Einzelnen werden im vorliegenden Artikel folgende Fragestellungen untersucht:

1. Ermöglichen die neu entwickelten Aufgaben eine zuverlässige Messung der mathematischen Kompetenzen von Schüler*innen mit SPF-L?
2. Welche psychometrischen Eigenschaften haben die neu entwickelten Aufgaben?
   a. Wie gut passen die Aufgaben zum Auswertungsmodell des IQB-Bildungstrends?
   b. Wie gut differenzieren die Aufgaben in der Gruppe der Schüler*innen mit SPF-L?

3. Ermöglichen die neu entwickelten Aufgaben eine vergleichbare Messung für Schüler*innen mit SPF-L und für Schüler*innen ohne SPF?
4. Erfassen die neu entwickelten Aufgaben dasselbe Konstrukt wie die bislang im IQB-Ländervergleich eingesetzten Aufgaben?

Die Eignung der neu entwickelten Aufgaben wird hierbei zum einen mit einer Auswahl der bereits im IQB-Ländervergleich 2012 (Pant et al. 2013) eingesetzten Aufgaben verglichen[2] (s. Abschn. 5.2). Zum anderen wird die Eignung nicht nur für die Zielgruppe, sondern auch für zwei weitere Gruppen von Schüler*innen geprüft, die in der Berichtlegung zu den IQB-Studien getrennt betrachtet werden (s. Abschn. 5.3). Dies ist notwendig, da die neu entwickelten Aufgaben auch bei Schüler*innen ohne SPF eingesetzt werden sollen, um eine Überlappung der bearbeiteten Aufgaben zwischen den Gruppen zu realisieren. Daher war es wünschenswert, dass die Aufgaben nicht nur für Schüler*innen mit SPF-L gute Messeigenschaften aufweisen, sondern auch bei anderen heterogenen Personengruppen.

5 Methoden

5.1 Aufgabenentwicklung

Das Projekt wurde in einer Kooperation des IQB und der Pädagogischen Hochschule Heidelberg (PH) realisiert. Die fachdidaktische und sonderpädagogische Verantwortung lag bei der PH, während das IQB die Projektkoordination übernahm und darauf achtete, dass die entwickelten Aufgaben den spezifischen Anforderungen an bildungsstandardbasierte Testaufgaben genügten. Darüber hinaus war das IQB für die Erstellung der Testinstrumente sowie die empirischen Analysen zuständig.

5.1.1 Vorgehen

Die Entwicklung der Aufgaben orientierte sich am bewährten Prozess der Aufgabenentwicklung von bildungsstandardbasierten Mathematiktestaufgaben

[2] Im IQB-Ländervergleich 2012 wurden die mathematischen Kompetenzen der Schüler*innen der 9. Jahrgangsstufe in Deutschland erstmals auf Basis der nationalen Bildungsstandards ländervergleichend untersucht. Der IQB-Bildungstrend 2018 (Stanat et al. 2019) erfasst diese Kompetenzen erneut und dient unter anderem der Beschreibung ihrer Veränderungen.

für die Sekundarstufe I (Ehmke et al. 2006), wobei insbesondere auf eine enge Verzahnung von sonderpädagogischer, fachdidaktischer und psychometrischer Expertise geachtet wurde.

Die Aufgabenentwickler*innen waren fünf Lehrkräfte aus dem Förderschwerpunkt Lernen, die über zum Teil langjährige Erfahrungen sowohl im Unterricht der Sekundarstufe I an Förderschulen als auch im Übergangs- bzw. berufspädagogischen Bereich verfügen. Ihre Expertise lag vor allem in der zielgruppenspezifischen, individualisierten Verknüpfung mathematischer Themen mit authentischen Alltagssituationen. Die Auswahl der Lehrkräfte erfolgte aufgrund langjähriger und verschiedenartiger Kooperationen mit der sonderpädagogischen Projektleitung. Die Aufgabenentwickler*innen wurden von Mitarbeiter*innen des IQB in die Grundlagen der Aufgabenkonstruktion für Large-Scale-Assessments eingewiesen. Darüber hinaus nahm eine Lehrkraft an der Aufgabenentwicklung teil, die über Erfahrung in der Entwicklung von Testaufgaben für die Vergleichsarbeiten Mathematik verfügt. Sie unterstützte die Aufgabenentwickler*innen dabei, die spezifischen Anforderungen an bildungsstandardbasierte Testaufgaben zu berücksichtigen (z. B. zielgerichtete Aufgabenentwicklung für bestimmte Kombinationen allgemeiner Kompetenzen und Leitideen, Entwicklung statistisch unabhängiger Teilaufgaben mit eindeutiger Lösung).

Die entwickelten Aufgaben wurden von zwei externen Bewertern der Universität Münster bzw. der Universität Hamburg mathematikdidaktisch und sonderpädagogisch begutachtet. Die mathematikdidaktische Begutachtung umfasste eine inhaltliche und methodische Bewertung der Aufgaben sowie eine Klassifikation der Aufgaben nach allgemeinen Kompetenzen, Leitideen und Anforderungsbereichen. Die sonderpädagogische Begutachtung orientierte sich unter anderem an den von Palm (2006) beschriebenen fünf Kriterien der Authentizität von Mathematikaufgaben. Im Rahmen der Bewertung wurden Überarbeitungsvorschläge für die Aufgaben unterbreitet, die in den folgenden Schritten weitgehend umgesetzt wurden.

Um einen ersten Eindruck zu bekommen, ob die entwickelten Aufgaben für die Zielgruppe geeignet sind, wurden sie von den Aufgabenentwickler*innen in kleineren Stichproben an ihren Schulen getestet. Ziel dieser Präpilotierungen war es, verschiedene Lösungsansätze der Schüler*innen zu sichten und zu evaluieren, die Verständlichkeit und Eindeutigkeit der Aufgabenstellungen zu prüfen sowie die zur Bearbeitung der Aufgaben erforderliche Zeit zu schätzen.

Der Prozess der Aufgabenentwicklung war iterativ angelegt, sodass die Aufgaben auf Grundlage der empirischen Erprobung und der Begutachtungen jeweils auf Arbeitstagungen der Aufgabenentwickler*innen diskutiert und überarbeitet wurden, bevor sie in der in diesem Beitrag beschriebenen Studie eingesetzt wurden.

5.1.2 Umsetzung der konzeptionellen Kriterien

Da die entwickelten Aufgaben im nationalen Bildungsmonitoring eingesetzt werden sollten, waren die in dieser Studie zu überprüfenden Kompetenzen an den Bildungsstandards im Fach Mathematik orientiert. Die in den Bildungsstandards beschriebenen mathematischen Kompetenzen umfassen drei Dimensionen, die in einem Kompetenzstrukturmodell konkretisiert werden (Roppelt et al. 2013). Die Prozessdimension wird durch sechs allgemeine mathematische Kompetenzen abgebildet, die Inhaltsdimension durch fünf mathematische Leitideen und die Anspruchsdimension durch drei Anforderungsbereiche (s. auch Abschn. 5.2). Das Modell bildete den fachdidaktischen Rahmen für die Aufgabenentwicklung. Die Berücksichtigung anschlussfähiger, arbeitsweltbezogener Kompetenzen wurde durch die Auswahl authentischer Kontexte für die Aufgaben sichergestellt. Ein Großteil der Aufgaben thematisierte inner- oder nachschulische Kontexte, in denen arbeitsplatzrelevante Kompetenzen wie das Schätzen, Überschlagen bzw. Berechnen von Mengen, Zeit- und Geldeinheiten benötigt werden (z. B. Verkauf auf einem Schulfest, Schüler*innenpraktikum in Ausbildungsbetrieben).

Um die Zugänglichkeit des Testmaterials sicherzustellen, wurde darauf geachtet, dass die Testaufgaben keine unnötigen Hürden für die Schüler*innen enthalten. So wurden häufig vorkommende Wörter und kurze Sätze verwendet und unnötige Fachbegriffe, Redewendungen und Metaphern vermieden. Die Texte wurden durch Absätze und Überschriften übersichtlich gegliedert und durch Fotos ansprechend gestaltet. Die Fotos erfüllen in einigen Aufgaben zudem die Funktion, eine detaillierte verbale Beschreibung der authentischen Situation zu ersetzen und somit die sprachlichen Anforderungen der Aufgaben zu verringern (Beddow 2012).

Die Authentizität der Aufgaben wurde anhand der von Palm (2006) formulierten Fragen operationalisiert. Die Kriterien *event, question* und *information/ data* konnten in nahezu allen Aufgaben umgesetzt werden, indem das verwendete Material (z. B. Originalrechnungen von Handwerker*innen, Preisschilder aus dem Supermarkt, Lohn- bzw. Gehaltsabrechnungen, Zeitungsartikel, Hinweisschilder) aus dem unmittelbaren Alltag außerhalb der Schule entnommen und nicht fachdidaktisch aufbereitet wurde (Eichler 2015, S. 108). Die Kriterien *modus* und *tools* waren hingegen schon allein durch die schulisch verankerte Testsituation sowie die Durchführung des Tests im Papier-und-Bleistift-Format deutlich schwerer zu berücksichtigen.

Die Kriterien wurden außerdem miteinander verzahnt, indem die Aufgaben mehrschrittig angelegt sind und verschiedene mathematische Anforderungen erfassen, die sich in einem authentischen Kontext stellen. So werden beispielsweise bei einer Aufgabe zu einem Verkaufsstand beim Schulfest zunächst die

Einkäufe geplant, dann die Preise für den Verkauf festgelegt, die Gewinne berechnet und abschließend wird geprüft, ob für eine gemeinsame Unternehmung der Klasse genug Geld eingenommen wurde.

5.2 Aufgabenpools

Für die Erfassung mathematischer Kompetenzen kamen neben den neu entwickelten Aufgaben auch Aufgaben zum Einsatz, die bereits im IQB-Ländervergleich 2012 (Pant et al. 2013) eingesetzt wurden. Dadurch konnten die Schwierigkeiten der neu entwickelten Aufgaben auf der Metrik der Bildungsstandards verortet werden.

In der Erprobungsstudie wurden 38 neu entwickelte Aufgaben mit insgesamt 173 Items und 61 bereits im IQB-Ländervergleich 2012 verwendete sogenannte Linkaufgaben mit insgesamt 82 Items eingesetzt.[3] Tab. 1 gibt einen Überblick über die Anzahl der Items pro Aufgabe, über die prozentuale Verteilung der Items auf die drei eingesetzten Itemformate sowie auf die fünf inhaltlichen Kompetenzbereiche (Leitideen) und die drei Anforderungsbereiche des Kompetenzstrukturmodells im Fach Mathematik Sekundarstufe I (Roppelt et al. 2013).

Die im Durchschnitt höhere Itemanzahl der neu entwickelten Aufgaben liegt darin begründet, dass bei der Aufgabenentwicklung ein stärkerer Fokus auf die lebensweltlich orientierte Kontextualisierung der Aufgaben gelegt wurde. Der Unterschied zu den aus dem IQB-Ländervergleich 2012 übernommenen Aufgaben zeigt sich deutlich in der Verteilung der Items: So weisen über 80 % der neu entwickelten Aufgaben zwischen drei und sechs Items auf, wohingegen der überwiegende Teil der Linkaufgaben (80 %) nur ein Item umfasst.

Der Anteil von Multiple-Choice-Antwortformaten fällt bei den neu entwickelten Items etwas geringer aus als bei den Linkitems, wohingegen der Anteil offener Items etwas höher ist. Die Verteilung der Items auf die fünf mathematischen Leitideen zeigt, dass bei den neu entwickelten Items ein Fokus auf den Leitideen „Zahl“ und „Messen“ liegt, demgegenüber sind die Leitideen „Raum und Form“ sowie „Funktionaler Zusammenhang“ weniger stark

[3]An Förderschulen wurden darüber hinaus Varianten von neun neu entwickelten Aufgaben (53 Items) erprobt, an allgemeinen Schulen kamen weitere 45 Aufgaben (76 Items) zum Einsatz, die nicht speziell für Schüler*innen mit SPF entwickelt wurden. Da erstere nur an Förderschulen und letztere nur an allgemeinen Schulen eingesetzt wurden, werden sie in diesem Beitrag nicht dargestellt.

Tab. 1 Verteilung der Items auf Aufgaben, Itemformate, Leitideen und Anforderungsbereiche

		Neu entwickelte Items ($N = 173$)	Linkitems aus dem Jahr 2012 ($N = 82$)
Items pro Aufgabe	Mittelwert	4,55	1,34
	Standardabweichung	1,62	0,81
	Minimum	2	1
	Maximum	8	5
Itemformate (Anteil in %)	Multiple Choice	34,10	48,78
	Kurzantwort	54,34	45,12
	Offene Antwort	11,56	6,10
Leitideen (Anteil in %)	Zahl	31,21	19,51
	Messen	28,90	26,83
	Raum und Form	9,83	19,51
	Funktionaler Zusammenhang	10,40	15,85
	Daten und Zufall	19,65	18,29
Anforderungsbereiche (Anteil in %)	Anforderungsbereich I	50,87	71,95
	Anforderungsbereich II	47,40	28,05
	Anforderungsbereich III	1,73	0,00

vertreten als bei den aus dem IQB-Ländervergleich 2012 übernommenen Items. Bei den Anforderungsbereichen liegt der Schwerpunkt der Linkitems auf dem Anforderungsbereich I (direkte, einfache Tätigkeiten), wohingegen die neu entwickelten Items etwas stärker im Anforderungsbereich II (Zusammenhänge herstellen) konzentriert sind. Der Anteil an Items im Anforderungsbereich III (komplexe Tätigkeiten, Verallgemeinerungen) ist in beiden Aufgabensets sehr gering.

5.3 Stichprobe

Die Daten für die vorliegenden Analysen stammen aus einer Erprobungsstudie für den IQB-Bildungstrend 2018, die zwischen April und Mai 2017 in neun Bundesländern durchgeführt wurde. Neben den zu erprobenden Aufgaben wurden unter anderem Fragebögen für Schüler*innen eingesetzt. An Förderschulen wurden zudem die Eltern befragt. An der Studie nahmen insgesamt 3728 Schüler*innen teil.

In Studien, in denen die Eignung von Testaufgaben für Schüler*innen mit SPF geprüft wird, werden meist Schüler*innen, die eine Hauptschule besuchen, als Vergleichsgruppe herangezogen (K. Müller et al. 2017; Südkamp et al. 2015). Ein möglichst ähnliches Kompetenzniveau der Personengruppen soll es erleichtern, Unterschiede in den Testeigenschaften der Aufgaben zwischen den Gruppen statistisch zu identifizieren (Buzick und Stone 2011). Das Hauptaugenmerk der vorliegenden Studie richtet sich jedoch auf den Vergleich der Aufgabeneigenschaften zwischen den beiden Aufgabensets (Fragestellungen 1, 2 und 4), wohingegen der Vergleich der Aufgabeneigenschaften zwischen Personengruppen (Fragestellung 3) eine geringere Rolle einnimmt. Ferner soll geprüft werden, ob die neu entwickelten Aufgaben auch bei Schüler*innen ohne SPF eingesetzt werden können. Bei der Wahl der Vergleichsgruppen orientierten wir uns daher an den Gruppen, die in der Berichtlegung der IQB-Studien separat ausgewiesen werden (vgl. Schipolowski et al. 2016).[4]

Die Gruppe der Schüler*innen mit SPF-L umfasst in der vorliegenden Studie ausschließlich an Förderschulen unterrichtete Schüler*innen. Eine Fokussierung auf diese Gruppe war aus ökonomischen Gründen notwendig, da für die zuverlässige Schätzung der Itemparameter für an allgemeinen Schulen unterrichtete Schüler*innen mit SPF-L bei der gegebenen Itemanzahl eine Stichprobe von ca. 1500 Personen gezogen werden müsste. Dies wäre jedoch mit ungleich höherem finanziellem und personellem Aufwand verbunden, da an allgemeinen Schulen in jeder Klasse nur wenige Schüler*innen mit SPF-L zu finden sind und somit unverhältnismäßig viele Klassen an der Erhebung teilnehmen müssten.

Für die Auswertungen wurden 2975 Schüler*innen aus drei Gruppen berücksichtigt:[5] Schüler*innen an Förderschulen mit SPF-L ($N = 1435$, durchschnittliches Alter: 149 Jahre, $SD = 0{,}6$ Jahre, 42 % Mädchen), Schüler*innen ohne SPF an Gymnasien ($N = 683$, durchschnittliches Alter: 14,3 Jahre, $SD = 0{,}5$ Jahre, 48,6 % Mädchen) und Schüler*innen ohne SPF an nicht-gymnasialen allgemeinen Schulen ($N = 857$, durchschnittliches Alter: 145 Jahre, $SD = 0{,}6$ Jahre,

[4]Darüber hinaus umfasste die Stichprobe an allgemeinen Schulen zu wenige Schüler*innen an Hauptschulen ($N = 90$), um eine zuverlässige Schätzung der Itemparameter in dieser Gruppe zu ermöglichen.

[5]Schüler*innen an Förderschulen mit einem anderen Förderschwerpunkt als Lernen ($N = 272$), Schüler*innen mit SPF an allgemeinen Schulen ($N = 33$) sowie Schüler*innen, die keine Aufgaben bearbeitet haben, wurden für die Auswertungen ausgeschlossen.

46,9 % Mädchen; Anteile der Schularten in dieser Gruppe: Hauptschule 10,5 %, Schule mit mehreren Bildungsgängen 21,7 %, Realschule 26,8 %, Gesamtschule 41,0 %).

Tab. 2 gibt einen Überblick über Gruppenunterschiede im Zuwanderungshintergrund und in dem höchsten Schulabschluss in der Familie. Die Angaben stammen aus der Befragung der Schüler*innen und der Eltern, wobei an Förderschulen fehlende Angaben der Eltern mit Angaben der Schüler*innen aufgefüllt wurden (an allgemeinen Schulen wurden die Eltern nicht befragt). Während die Anteile von Schüler*innen mit Zuwanderungshintergrund weitgehend zwischen den Stichproben vergleichbar sind, bestehen in Bezug auf den höchsten Schulabschluss in der Familie größere Unterschiede zwischen den Gruppen. Die Bestimmung der Anteile ist jedoch aufgrund des vergleichsweise hohen Anteils fehlender Werte für diese Frage insbesondere bei Schüler*innen mit SPF-L an Förderschulen mit einer starken Unsicherheit behaftet, sodass die Höhe der Unterschiede nicht interpretiert werden sollte.

5.4 Studiendesign

Die in der Erprobungsstudie eingesetzten Aufgaben wurden zu Blöcken mit einer geschätzten Bearbeitungszeit von ca. 20 min zusammengefasst. Die Blöcke wurden sodann in einem Multi-Matrix-Design auf insgesamt 27 miteinander verlinkte Testhefte verteilt (13 Hefte für Förderschulen, 14 Hefte für allgemeine Schulen), sodass jede*r Schüler*in nur eine Teilmenge der Aufgaben bearbeitete. Die Testzeit betrug sowohl an Förderschulen als auch an allgemeinen Schulen insgesamt 120 min, wobei nach 60 min eine Pause von 15 min vorgesehen war. Schüler*innen an allgemeinen Schulen bearbeiteten in dieser Zeit insgesamt sechs Blöcke, Schüler*innen an Förderschulen insgesamt vier Blöcke. Diese verlängerte Testzeit pro Item für Schüler*innen an Förderschulen wurde aus dem IQB-Ländervergleich 2012 übernommen.

5.5 Datenanalyse

Die Bestimmung der Itemschwierigkeiten erfolgte analog zum Vorgehen im IQB-Ländervergleich 2012 (vgl. Hecht et al. 2013) auf Basis der Item-Response-Theorie (IRT). Hierbei dienen die Antworten der Schüler*innen als Indikatoren für zwei nicht direkt beobachtbare (latente) Merkmale: die Schwierigkeit der Testitems und die mathematische Kompetenz der Personen.

Tab. 2 Stichprobenbeschreibung

		Schüler*innen mit SPF Lernen an Förderschulen (in %)	Schüler*innen ohne SPF an nichtgymnasialen allgemeinen Schulen (in %)	Schüler*innen ohne SPF an Gymnasien (in %)
Zuwanderungs-hintergrund	Kein Zuwanderungshintergrund	58,0	56,9	67,2
	Mindestens ein Elternteil im Ausland geboren	26,1	30,5	25,0
	Keine Angabe	15,9	12,5	7,9
Höchster Schul-abschluss in der Familie	Kein Schulabschluss	6,3	3,3	0,9
	Hauptschulabschluss	21,6	10,6	3,7
	Mitterer Schulabschluss	25,1	31,7	22,7
	Fachhochschulabschluss/Abitur	7,9	26,1	55,6
	Sonstiger Schulabschluss (z. B. im Ausland)	2,9	5,7	4,1
	Keine Angabe	36,2	22,5	13,0

Anmerkung. SPF = sonderpädagogischer Förderbedarf

Mittels einer Skalierung der Testantworten wird für jedes Item ein Schwierigkeitswert sowie für jede Person ein Kompetenzwert bestimmt. Die Werte liegen auf einer gemeinsamen Skala und lassen sich direkt aufeinander beziehen.

5.5.1 Zuverlässigkeit der Messung

Zur Überprüfung der Zuverlässigkeit der Messung mathematischer Kompetenzen (Fragestellung 1) werden die neu entwickelten und die aus dem IQB-Ländervergleich 2012 übernommenen Aufgaben zunächst hinsichtlich dreier Arten von fehlenden Werten verglichen: „missing by intention", „missing not reached" und „nicht interpretierbar". Die Kategorie „missing by intention" umfasst fehlende Werte für Testitems, die während der Testbearbeitung übersprungen wurden. „Missing not reached" bezeichnet fehlende Werte am Ende des Testhefts, die darauf hindeuten, dass die Testzeit für die Schüler*innen zu knapp bemessen war. In die Kategorie „nicht interpretierbar" fallen vorhandene Antworten, die nicht eindeutig als richtig oder falsch identifiziert werden konnten, beispielsweise wenn Schüler*innen bei Multiple-Choice-Aufgaben mehrere Antwortalternativen ankreuzten. Darüber hinaus wurden in allen Gruppen für beide Aufgabensets die Reliabilitäten (EAP-PV-Reliabilität, vgl. Rost 2004) bestimmt.

5.5.2 Psychometrische Eigenschaften

Die Bestimmung der psychometrischen Eigenschaften der Items (Fragestellung 2) erfolgte separat für jede Schüler*innengruppe. Zu diesem Zweck wurde ein eindimensionales IRT-Modell für jede Personengruppe geschätzt, in dem – analog zum Vorgehen in den IQB-Ländervergleichen bzw. IQB-Bildungstrends – fehlende Werte als falsch behandelt wurden. Die Analysen umfassten folgende psychometrische Eigenschaften: die mittlere Lösungshäufigkeit der Items pro Gruppe (*p*-Wert), die Trennschärfen (punkt-biseriale Korrelationen, r_{ptbis}) und ihre Passung zum Rasch-Modell (Fragestellung 2a). Die Trennschärfe wurde zusätzlich in Kategorien eingeteilt, dabei wurden Anzahlen und Anteile von Aufgaben mit guter ($r_{ptbis} \geq 0{,}20$), ausreichender ($0{,}10 < r_{ptbis} < 0{,}20$) und geringer ($r_{ptbis} \leq 0{,}10$) Trennschärfe bestimmt (vgl. K. Müller et al. 2017). Zur Beurteilung der Modellpassung diente der Weighted Mean Square (WMNSQ). Dieses auch als Infit bezeichnete Maß gibt an, wie stark die empirische Kurve der Lösungswahrscheinlichkeit eines Items über das Fähigkeitsspektrum von der modellimplizierten Kurve abweicht. Ein Infit von 1 bedeutet, dass beide Kurven deckungsgleich sind und die Trennschärfe des Items somit der modellimplizierten Trennschärfe entspricht. Infit-Werte größer 1 weisen darauf hin, dass die empirische Kurve flacher verläuft als die modellimplizierte Kurve, was eine geringere Trennschärfe des Items anzeigt. Infit-Werte kleiner 1 bezeichnen hingegen eine steilere empirische Kurve und deuten somit auf einen engeren Zusammenhang zwischen Fähigkeit und Lösungswahrscheinlichkeit und ein trennschärferes Item hin. Berichtet werden Anzahlen und Anteile von Aufgaben mit modellwidrig geringem (WMNSQ $\leq$ 0,80), modellgemäßem (0,80 < WMNSQ < 1,20) und modellwidrig erhöhtem (WMNSQ $\geq$ 1,20) Infit (vgl. K. Müller et al. 2017).

5.5.3 Differenzierungsfähigkeit und Angemessenheit der Aufgabenschwierigkeiten

Mithilfe von Wright Maps wurde der Frage nachgegangen, inwieweit die neu entwickelten Aufgaben eine bessere Passung zu den Fähigkeiten der Schüler*innen an Förderschulen aufweisen als die aus dem IQB-Ländervergleich 2012 stammenden Aufgaben (Fragestellung 2b). Wright Maps visualisieren die Lage der Itemschwierigkeiten im Vergleich zur Verteilung der Personenfähigkeiten aus einem IRT-Modell. Ein Test kann umso klarer zwischen Personen mit verschiedener Fähigkeit differenzieren, je besser die Verteilung der Schwierigkeiten mit der Verteilung der Personenfähigkeiten korrespondiert. Demgegenüber bietet ein Test, in dem die Items nicht die ganze Spanne der Personenfähigkeiten abdecken oder in dem ein Übergewicht von zu schweren oder zu leichten Items besteht, weniger Informationen über die Fähigkeiten der getesteten Personen. Die Analysen zur Differenzierungsfähigkeit der Aufgabensets wurden für alle drei Personengruppen getrennt durchgeführt.

5.5.4 Vergleichbarkeit der Messungen für verschiedene Personengruppen

Die Vergleichbarkeit der Messungen zwischen den Personengruppen (Fragestellung 3) wurde mithilfe von Analysen des differenziellen Itemfunktionierens (DIF, Penfield und Camilli 2007) überprüft. Differenzielles Itemfunktionieren liegt vor, wenn die Lösungswahrscheinlichkeit einer Aufgabe nach Kontrolle der mathematischen Kompetenz der Schüler*innen von ihrer Gruppenzugehörigkeit beeinflusst wird. Da DIF-Analysen durch große Fähigkeitsunterschiede zwischen den Gruppen verzerrt sein können (Buzick und Stone 2011), wurden Schüler*innen an Gymnasien in diese Analysen nicht einbezogen. Angegeben wird die Anzahl von Items mit geringem DIF (|DIF| < 0,43 oder nicht signifikant > 0), moderatem DIF (0,43 < |DIF| < 0,64 und |DIF| signifikant > 0) und starkem DIF (|DIF| > 0,64 und signifikant > 0,43) (DeMars 2011; Penfield und Camilli 2007).

5.5.5 Vergleichbarkeit der gemessenen Konstrukte für die beiden Aufgabensets

Um die Frage zu beantworten, ob die neu entwickelten Aufgaben die mathematischen Kompetenzen in gleicher Weise erfassen wie die aus dem

IQB-Ländervergleich 2012 übernommenen Aufgaben (Fragestellung 4), wurden innerhalb der Personengruppen ein- und zweidimensionale IRT-Modelle miteinander verglichen. Hierbei wurden die neu entwickelten Items und die übernommenen Aufgaben jeweils als eine Dimension modelliert. Zeigt ein zweidimensionales Modell eine bessere Anpassung als ein eindimensionales Modell, so deutet dies darauf hin, dass sich die von beiden Dimensionen erfassten Konstrukte in der jeweiligen Personengruppe unterscheiden. Zum Modellvergleich wurden Likelihood-Differenztests betrachtet, die jedoch sensitiv für die Stichprobengröße sind. Daher wurden zusätzlich die gängigen Informationskriterien Akaikes Information Criterion (AIC) sowie Bayes Information Criterion (BIC) herangezogen, wobei der BIC gegenüber dem AIC Modelle mit geringerer Parameterzahl bevorzugt.

Neben dem statistischen Vergleich der Modelle wurde außerdem die latente Korrelation beider Dimensionen untersucht. Zur Einordnung der Korrelationen können die Zusammenhänge herangezogen werden, die sich zwischen mathematischen Kompetenzen verschiedener großer Schulleistungsstudien zeigen. So fanden van den Ham et al. (2016) zwischen den Tests mathematischer Kompetenzen von Neuntklässler*innen in PISA, im NEPS und im IQB-Ländervergleich 2012 Korrelationen von $r_{\text{PISA - LV}}=0{,}90$, $r_{\text{NEPS - LV}}=0{,}92$ sowie $r_{\text{PISA - NEPS}}=0{,}90$. Hartig und Frey (2012) untersuchten die Zusammenhänge eines Vorläufertests des IQB-Ländervergleichs 2012 zu Maßen der Mathematik-, Lese- und Naturwissenschaftskompetenz aus PISA 2006 und fanden einen Zusammenhang des IQB-Tests mit dem PISA-Mathematiktest von $r=0{,}94$, wohingegen die Zusammenhänge mit der Lesekompetenz ($r=0{,}73$) sowie der naturwissenschaftlichen Kompetenz ($r=0{,}81$) geringer ausfielen. Aufgrund der heterogenen Trennschärfen in beiden Itemsets und allen Gruppen (s. Abschn. 6.2.1) wurden die Korrelationen in der vorliegenden Studie sowohl unter Annahme eines einparametrischen IRT-Modells – in dem nur die Schwierigkeit der Items modelliert wird – als auch unter Annahme eines zweiparametrischen Modells – in dem zusätzlich die Trennschärfe der Items geschätzt wird – bestimmt.

6 Ergebnisse

6.1 Zuverlässigkeit der Messung

Die neu entwickelten Items wiesen in allen Gruppen um knapp die Hälfte weniger fehlende Werte auf als die Linkitems (s. Tab. 3), wobei für Schüler*innen an Gymnasien bei beiden Aufgabensets nur äußerst geringe Anteile fehlender Werte zu verzeichnen sind. Für Schüler*innen an Förderschulen sowie an

Tab. 3 Prozentuale Anteile fehlender Werte sowie EAP-Reliabilität nach Item- und Schüler*innengruppen

	Schüler*innen mit SPF Lernen an Förderschulen		Schüler*innen ohne SPF an nicht-gymnasialen allgemeinen Schulen		Schüler*innen ohne SPF an Gymnasien	
	Neu entwickelte Items	Linkitems aus dem Jahr 2012	Neu entwickelte Items	Linkitems aus dem Jahr 2012	Neu entwickelte Items	Linkitems aus dem Jahr 2012
Fehlende Werte insgesamt	7,4 %	12,4 %	3,5 %	6,8 %	1,2 %	2,1 %
Missing by intention	4,6 %	9,9 %	1,9 %	4,3 %	0,7 %	0,9 %
Missing invalid response	0,9 %	1,5 %	0,4 %	1,3 %	0,3 %	0,7 %
Missing not reached	1,8 %	1,0 %	1,2 %	1,2 %	0,2 %	0,4 %
EAP Reliabilität	0,82	0,69	0,81	0,67	0,58	0,52

Anmerkungen. SPF = sonderpädagogischer Förderbedarf, missing by intention = ausgelassene Antworten; missing invalid response = ungültige Antworten; missing not reached = fehlende Antworten am Ende des Testhefts, EAP = expected a posteriori estimate nicht-gymnasialen allgemeinen Schulen fiel der Anteil der ausgelassenen Items („missing by intention") bei den neu entwickelten Items deutlich geringer aus als bei den Linkitems. Die Anteile ungültiger Antworten („missing invalid response") sowie fehlender Werte am Ende der Testhefte („missing not reached") waren mit unter 2 % in allen Gruppen für beide Aufgabensets gering. Vergleicht man die Anteile fehlender Werte am Ende des Testhefts zwischen Schüler*innen an Förderschulen und Schüler*innen ohne SPF an nicht-gymnasialen allgemeinen Schulen, so waren diese für Schüler*innen an Förderschulen trotz der verlängerten Bearbeitungszeit pro Item ähnlich hoch oder sogar höher. Der Befund kann als Hinweis darauf interpretiert werden, dass die für beide Aufgabensets umgesetzte verlängerte Bearbeitungszeit für Schüler*innen an Förderschulen eine sinnvolle Anpassung der Testbedingungen darstellt, da ohne diese Anpassung vermutlich noch höhere Anteile fehlender Werte am Ende des Testhefts auftreten würden.

Ferner zeigten die EAP-Reliabilitäten, dass die neu entwickelten Aufgaben sowohl für Schüler*innen an Förderschulen als auch für Schüler*innen ohne SPF an nicht-gymnasialen allgemeinen Schulen eine präzisere Messung erlaubten. Für Schüler*innen ohne SPF an Gymnasien war die Messung hingegen eher unzuverlässig, was sich auf die geringe Passung beider Itemsets zu den Fähigkeiten dieser Schüler*innengruppe zurückführen lässt (s. Abschn. 6.2.2).

6.2 Psychometrische Eigenschaften

Die psychometrischen Eigenschaften der Items sind für die einzelnen Item- und Personengruppen in den Tab. 4 und 5 dargestellt.

6.2.1 Passung zum Auswertungsmodell

Für die Zielgruppe der Schüler*innen an Förderschulen zeigte sich, dass die neu entwickelten Items im Mittel eine höhere Lösungshäufigkeit aufwiesen als die aus dem IQB-Ländervergleich 2012 übernommenen Items (s. Tab. 4, mittlerer *p*-Wert der neu entwickelten Items: 0,46, mittlerer *p*-Wert der Linkitems: 0,35). In den angewendeten Modellen auf Basis der IRT liefert ein Test dann am meisten Information, wenn der mittlere *p*-Wert 0,50 beträgt. Dies war in der Gruppe der Schüler*innen an Förderschulen für die neu entwickelten Items in etwa der Fall, woran sich zeigt, dass sie den Fähigkeiten der Zielgruppe besser entsprechen. Die Spanne der Lösungshäufigkeiten war für beide Itemsets vergleichbar groß: Beide Itemsets umfassten sowohl sehr schwere Items mit geringer Lösungshäufigkeit als auch sehr einfache Items mit hoher Lösungshäufigkeit. Ein ähnlicher Befund zeigte sich für Schüler*innen ohne SPF an nicht-gymnasialen allgemeinen

Tab. 4 Mittelwerte und Spanne der psychometrischen Eigenschaften der Items nach Item- und Schüler*innengruppen

		Schüler*innen mit SPF Lernen an Förderschulen		Schüler*innen ohne SPF an nicht-gymnasialen allgemeinen Schulen		Schüler*innen ohne SPF an Gymnasien	
		Neu entwickelte Items	Linkitems aus dem Jahr 2012	Neu entwickelte Items	Linkitems aus dem Jahr 2012	Neu entwickelte Items	Linkitems aus dem Jahr 2012
Lösungshäufigkelten (*p*-Wert)	*M*	0,46	0,35	0,75	0,64	0,87	0,85
	Min	0,03	0,06	0,17	0,15	0,24	0,03
	Max	0,97	0,94	0,99	0,98	0,99	0,99
Trennschärfe (r_{pb})	*M*	0,34	0,27	0,40	0,37	0,25	0,26
	Min	0,00	0,03	−0,07	−0,08	−0,23	−0,05
	Max	0,59	0,56	0,72	0,62	0,60	0,54

Anmerkungen. SPF = sonderpädagogischer Förderbedarf, *M* = Mittelwert, r_{pb} = punkt-biseriale Korrelation

Tab. 5 Anzahl und prozentualer Anteil der Items mit bestimmten psychometrischen Eigenschaften nach Item- und Schüler*innengruppen

		Schüler*innen mit SPF Lernen an Förderschulen		Schüler*innen ohne SPF an nicht-gymnasialen allgemeinen Schulen		Schüler*innen ohne SPF an Gymnasien	
		Neu entwickelte Items *N* (%)	Linkitems aus dem Jahr 2012 *N* (%)	Neu entwickelte Items *N* (%)	Linkitems aus dem Jahr 2012 *N* (%)	Neu entwickelte Items *N* (%)	Linkitems aus dem Jahr 2012 *N* (%)
Trennschärfe (r_{pb})	$r_{pb} \geq 0,20$	157 (90,75)	53 (64,63)	164 (94,80)	75 (91,46)	98 (59,76)	56 (68,29)
	$0,10 < r_{pb} < 0,20$	12 (6,94)	21 (25,61)	6 (3,47)	4 (4,88)	26 (15,85)	15 (18,29)
	$r_{pb} \leq 0,10$	4 (2,31)	8 (9,76)	3 (1,73)	3 (3,66)	40 (24,39)	11 (13,41)
Modellpassung (*N* Items)	WMNSQ $\leq$ 0,80	1 (0,58)	0 (0,00)	17 (9,83)	2 (2,44)	7 (4,27)	2 (2,44)
	0,80 < WMNSQ < 1,20	170 (98,27)	82 (100,00)	149 (86,13)	76 (92,68)	154 (93,90)	80 (97,56)
	WMNSQ $\geq$ 1,20	2 (1,16)	0 (0,00)	7 (4,05)	4 (4,88)	3 (1,83)	0 (0,00)
	Insgesamt	173	82	173	82	164	82

Anmerkungen. SPF = sonderpädagogischer Förderbedarf, M = Mittelwert, WMNSQ = standardisierter Weighted Mean Square, r_{pb} = punkt-biseriale Korrelation

Schulen, wobei die recht hohe mittlere Lösungshäufigkeit beider Itemsets mit $p = 0{,}75$ bzw. $p = 0{,}64$ für diese Gruppe darauf hindeutet, dass die Zusammenstellung der Aufgaben die Fähigkeiten dieser Gruppe nicht optimal erfasst. Die mittlere Lösungshäufigkeit beider Itemsets für Schüler*innen an Gymnasien unterschied sich kaum. Wie zu erwarten, waren beide Itemsets mit einer mittleren Lösungshäufigkeit von $p \approx 0{,}85$ für diese Gruppe viel zu leicht. Neun neu entwickelte Items wurden von allen Schüler*innen an Gymnasien gelöst und daher für diese Gruppe aus den Analysen ausgeschlossen.

In Bezug auf die Trennschärfen zeigte sich insbesondere für die Zielgruppe der Schüler*innen an Förderschulen ein Unterschied zwischen den Itemsets (Tab. 4). Die neu entwickelten Items waren für diese Gruppe im Mittel etwas trennschärfer als die Linkitems, wohingegen der Unterschied in den anderen beiden Gruppen geringer ausfiel. Betrachtet man die Spannweiten der Trennschärfen, so lässt sich erkennen, dass die Kennwerte innerhalb der Itemsets recht heterogen waren.

Tab. 5 zeigt die Anzahl sowie die Anteile der Items mit guter, ausreichender oder kritischer Trennschärfe. Beide Itemsets enthielten in allen Gruppen Items mit sehr geringer oder sogar negativer Trennschärfe, die sich nicht gut für die Messung mathematischer Kompetenzen eignen, wobei dieser Anteil für Schüler*innen an Förderschulen bei den neu entwickelten Items deutlich geringer ausfiel als bei den aus dem IQB-Ländervergleich 2012 übernommenen Items.

Die neu entwickelten Items umfassten in der Gruppe der Schüler*innen an Förderschulen nur wenige Items mit problematischen Werten der Modellpassung, für die Linkitems wurde sogar für alle Items eine ausreichende Modellpassung festgestellt (Tab. 5). Dieser Befund steht in einem scheinbaren Widerspruch zum Unterschied in den Anteilen der Items mit problematischen Trennschärfen in dieser Gruppe, dieser ist jedoch auf die Schwierigkeitsunterschiede zwischen den beiden Itemsets zurückzuführen. Da die Linkitems für die Gruppe der Schüler*innen an Förderschulen eher zu schwer waren, impliziert das Modell für diese Gruppe eine geringe Trennschärfe, da erwartet wird, dass die meisten Schüler*innen die Items nicht lösen. Dementsprechend wiesen die in ihrer Schwierigkeit heterogeneren, neu entwickelten Items teilweise eine geringere Modellpassung auf, da für diese Items andere Trennschärfen erwartet wurden. In der Gruppe der Schüler*innen an nicht-gymnasialen allgemeinen Schulen hingegen zeigte ein substanzieller Anteil der neu entwickelten Items eine ungünstige Modellpassung, wobei hier sowohl zu stark als auch zu schwach diskriminierende Items vorkamen. Der Anteil der Items mit problematischer Modellpassung für Schüler*innen an Gymnasien lag zwischen den Anteilen der beiden anderen Gruppen.

6.2.2 Differenzierungsfähigkeit und Angemessenheit der Aufgabenschwierigkeiten

Die in Abb. 1 gezeigten Wright Maps verdeutlichen nochmals die Passung zwischen den Itemschwierigkeiten der zwei Itemsets und den Personenfähigkeiten der drei Gruppen. Bei der Interpretation dieser Abbildung ist zu beachten, dass die Analysen für jede Personengruppe einzeln durchgeführt wurden. Die Schwierigkeitsparameter für die beiden Itemsets wurden gemeinsam in einem eindimensionalen Modell bestimmt, sodass die Nullpunkte der Skalen in jedem Modell der mittleren Personenfähigkeit in der betreffenden Gruppe entsprechen. Daher können nur die beiden Itemsets innerhalb der Personengruppen miteinander verglichen werden, nicht aber die Itemsets über die Personengruppen.

Für Schüler*innen an Förderschulen wiesen die neu entwickelten Items eine bessere Passung zur Verteilung der Fähigkeiten auf als die Linkitems. Dies zeigt sich daran, dass die neu entwickelten Items den unteren Fähigkeitsbereich besser abdecken, wohingegen die Linkitems sich eher im oberen Fähigkeitsbereich bewegen. Für Schüler*innen an nicht-gymnasialen allgemeinen Schulen waren die neu entwickelten Items jedoch etwas zu leicht und die Linkitems entsprachen der Fähigkeitsverteilung dieser Gruppe besser. Für Schüler*innen an Gymnasien waren beide Itemgruppen deutlich zu leicht; die Itemverteilungen und die Personenverteilung überlappten sich wesentlich weniger, als dies bei den beiden anderen Personengruppen der Fall war.

6.3 Vergleichbarkeit der Messungen für verschiedene Personengruppen

Die Vergleichbarkeit der Messungen für Schüler*innen mit SPF-L an Förderschulen und Schüler*innen ohne SPF an nicht-gymnasialen allgemeinen Schulen wurde mithilfe von Analysen des differenziellen Itemfunktionierens der Itemschwierigkeiten aus einem eindimensionalen, einparametrischen IRT-Modell geprüft. Betrachtet man zunächst die Linkitems, so wiesen 39 % der Items moderates und weitere 4 % der Items starkes DIF auf. Die prozentualen Anteile von DIF-Items waren bei den neu entwickelten Aufgaben etwas geringer (35 % mit moderatem DIF, 1 % mit hohem DIF). Dies deutet darauf hin, dass die Antworten auf beide Itemsets in beiden Personengruppen neben der mathematischen Kompetenz teilweise von weiteren gruppenspezifischen Merkmalen beeinflusst wurden.

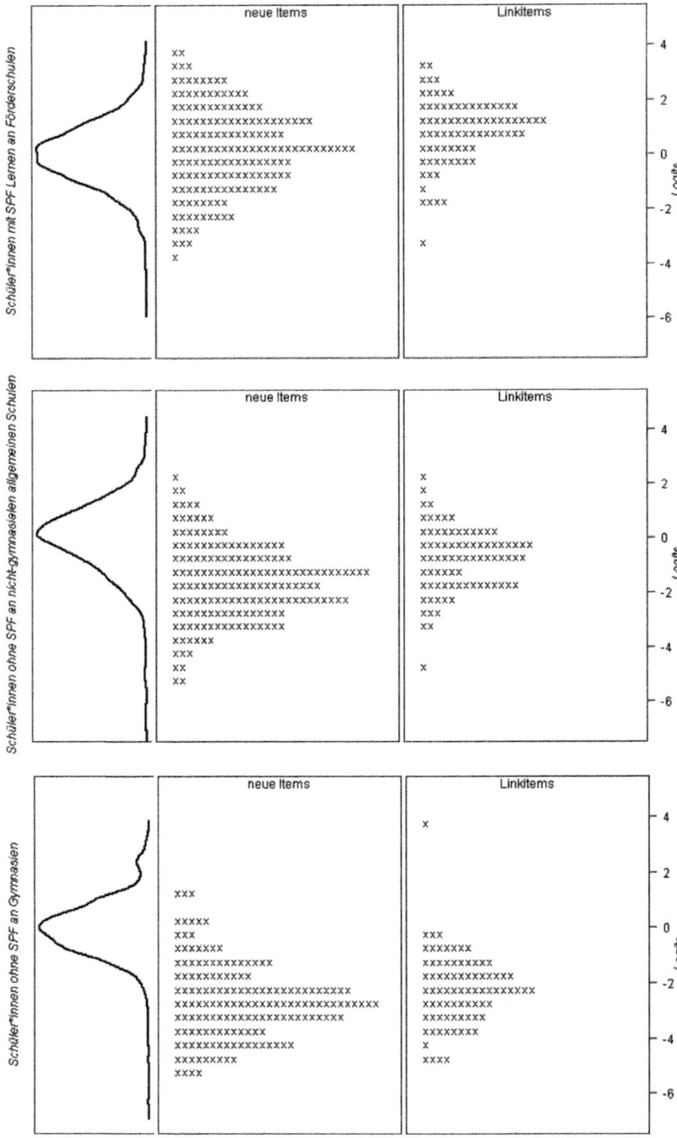

Die linke Seite der Abbildung zeigt die Verteilung der Personenfähigkeiten.
Jedes X steht für ein Item.

Abb. 1 Wright Maps nach Schüler*innengruppen

6.4 Vergleichbarkeit der gemessenen Konstrukte für die beiden Aufgabensets

Um zu überprüfen, ob die beiden Itemsets die Mathematikkompetenz von Schüler*innen insgesamt vergleichbar erfassen, wurden in einem zweidimensionalen IRT-Modell latente Korrelationen bestimmt.

Die Korrelation zwischen den durch beide Itemsets operationalisierten Fähigkeiten betrug im einparametrischen Modell für Schüler*innen an Förderschulen $r = 0{,}83$, für Schüler*innen an nicht-gymnasialen allgemeinen Schulen $r = 0{,}89$ und für Schüler*innen an Gymnasien $r = 0{,}75$ (s. Tab. 6, Zeilen 2Dim, 1PL). Die Korrelation zwischen den Itemsets deutet darauf hin, dass sie insbesondere bei Schüler*innen an nicht-gymnasialen allgemeinen Schulen die mathematischen Kompetenzen vergleichbar erfassten, wohingegen die Korrelation für Schüler*innen an Gymnasien eher gering ausfiel. Dies ist vermutlich auf die geringe Passung beider Itemsets zu den Fähigkeiten dieser Gruppe und der dadurch eingeschränkten Varianz der Personenfähigkeiten ($\text{Varianz}_{\text{neu}} = 0{,}84$; $\text{Varianz}_{\text{link}} = 0{,}88$) zurückzuführen.

Auch für Schüler*innen an Förderschulen wurde im Vergleich zu den Schüler*innen an nicht-gymnasialen allgemeinen Schulen eine etwas geringere Korrelation festgestellt. Dies könnte darauf zurückzuführen sein, dass die neu entwickelten Aufgaben die Kompetenzen in dieser Gruppe stärker differenzieren, was sich an der größeren Varianz der Personenfähigkeiten auf dieser Dimension zeigt ($\text{Varianz}_{\text{neu}} = 1{,}22$; $\text{Varianz}_{\text{link}} = 0{,}77$). In der Itemanalyse wurde ersichtlich, dass sich auch die Trennschärfen der beiden Itemsets in der Gruppe der Schüler*innen an Förderschulen am deutlichsten unterschieden (s. Tab. 4). Daher wurden zusätzlich zweiparametrische IRT-Modelle geschätzt, in denen die Trennschärfen der Items variieren können (s. Tab. 6, Zeilen 2Dim, 2PL). Die Korrelationen der Dimensionen für die einzelnen Personengruppen unterschieden sich jedoch kaum von den in einparametrischen Modellen festgestellten Korrelationen.

Im Vergleich zu Korrelationen zwischen Mathematiktests aus verschiedenen Bildungsmonitoring-Studien, die in etwa $r = 0{,}90$ betragen (Hartig und Frey 2012; van den Ham et al. 2016), fielen die Korrelationen in dieser Studie etwas geringer aus (s. Tab. 6). Bei diesem Vergleich ist jedoch die Varianzeinschränkung zu beachten, die dadurch entsteht, dass sich die drei Schüler*innengruppen in ihrer Mathematikkompetenz unterscheiden. Berechnet man die Korrelationen in der Erprobungsstudie für alle Schüler*innen, so liegen diese in einem zur Korrelation zwischen verschiedenen Mathematiktests vergleichbaren Bereich ($r_{1PL} = 0{,}94$; $r_{2PL} = 0{,}96$).

Tab. 6 Ergebnisse des Modellgütevergleichs

	Korrelation zwischen Dimensionen	EAP Reliabilität	Varianz der Personen-fähigkeiten	Anzahl Parameter	Deviance	AIC	BIC
Schüler*innen mit SPF an Förderschulen							
1Dim, 1PL	–	0,85	0,98	256	56.472	56.984	58.333
2Dim, 1PL	0,83	0,84/0,72	1,22/0,77	258	56.295	56.811	58.170
1Dim, 2PL	–	0,87	–	510	55.206	56.226	58.913
2Dim, 2PL	0,82	0,86/0,75	–	511	55.031	56.053	58.745
Schüler*innen ohne SPF an nicht-gymnasialen allgemeinen Schulen							
1Dim, 1PL	–	0,88	1,39	256	33.371	33.883	35.100
2Dim, 1PL	0,89	0,85/0,82	1,64/1,30	258	33.302	33.818	35.044
1Dim, 2PL	–	0,89	–	510	32.589	33.609	36.033
2Dim, 2PL	0,88	0,86/0,83	–	511	32.503	33.525	35.954
Schüler*innen ohne SPF an Gymnasien							
1Dim, 1PL	–	0,72	0,78	247	18.093	18.587	19.705
2Dim, 1PL	0,75	0,65/0,63	0,84/0,88	249	18.062	18.560	19.687
1Dim, 2PL	–	0,76	–	492	17.598	18.582	20.809
2Dim, 2PL	0,72	0,69/0,64	–	493	17.545	18.531	20.763
Alle Schüler*innen							
1Dim, 1PL	–	0,93	2,66	256	112.810	113.322	114.858
2Dim, 1PL	0,94	0,91/0,89	2,98/2,47	258	112.581	113.097	114.645
1Dim, 2PL	–	0,93	–	510	110.110	111.130	114.189
2Dim, 2PL	0,96	0,92/0,90	–	511	109.762	110.784	113.849

Anmerkungen. EAP = Expected a posteriori estimate, AIC = Akaikes Information Criterion, BIC = Bayes Information Criterion, 1Dim = eindimensionales Modell, 2Dim: zweidimensionales Modell, 1PL = einparametrisches Modell, 2PL = zweiparametrisches Modell. In den zweidimensionalen Modellen umfasst die erste Dimension die neu entwickelten Items, die zweite Dimension umfasst die Linkitems. Die Werte für Varianz der Personenfähigkeiten und EAP-Reliabilität sind für die erste Dimension vor dem Schrägstrich und für die zweite Dimension nach dem Schrägstrich angegeben. In den zweiparametrischen Modellen wurden die Varianzen der Personenfähigkeiten auf 1 fixiert.

Ein Vergleich der verschiedenen IRT-Modelle innerhalb der Gruppen zeigt, dass die zweidimensionalen Modelle die Daten in allen Gruppen besser repräsentierten als die eindimensionalen Modelle (s. Tab. 6). Die Likelihood-Differenztests (alle $ps < 0{,}01$) sowie das Informationskriterium AIC identifizierten in allen Gruppen ein zweiparametrisches, zweidimensionales Modell als bestpassendstes Modell, wohingegen das Informationskriterium BIC aufgrund der geringeren Anzahl an Modellparametern ein einparametrisches, zweidimensionales Modell bevorzugte.

7 Diskussion

Im vorliegenden Artikel wurden die Entwicklung und Erprobung von Aufgaben zur Erfassung mathematischer Kompetenzen von Schüler*innen mit SPF-L in der 9. Jahrgangsstufe beschrieben. Die entwickelten Aufgaben sollten zum einen den besonderen Bedürfnissen dieser Schüler*innengruppe Rechnung tragen und eine präzisere Messung ihrer Kompetenzen ermöglichen, zum anderen sollte die Messung mit den im Rahmen der im IQB-Bildungstrend erfassten mathematischen Kompetenzen vergleichbar sein.

Die Ergebnisse zeigen, dass beide Ansprüche erfüllt werden konnten: Verglichen mit den bisher im IQB-Ländervergleich bei dieser Zielgruppe eingesetzten Aufgaben wiesen die neu entwickelten Aufgaben eine bessere Passung zu den mathematischen Kompetenzen der Schüler*innen mit SPF-L auf und differenzierten besser im unteren Leistungsbereich. Darüber hinaus konnte eine zufriedenstellende Passung zum Auswertungsmodell und eine hinreichende Vergleichbarkeit der durch beide Itemsets erfassten Kompetenzen erreicht werden. Die Vergleichbarkeit der Messung zwischen den untersuchten Gruppen ließ sich durch die neu entwickelten Aufgaben allerdings nur eingeschränkt verbessern, da sie ähnlich wie die bisher eingesetzten Aufgaben teilweise differenzielles Itemfunktionieren aufwiesen. Dies kann jedoch auch auf die Kompetenzunterschiede zwischen den betrachteten Gruppen zurückzuführen sein, die die Interpretation der Ergebnisse von DIF-Analysen erschweren (Buzick und Stone 2011). Auch Unterschiede in den Curricula an Förderschulen und an allgemeinen Schulen könnten hier eine Rolle spielen. Beiden Aspekten sollte in weiterführenden Studien nachgegangen werden.

Ebenfalls sollten die in der Aufgabenentwicklung berücksichtigten Kriterien, insbesondere diejenigen zur Authentizität der Aufgaben, in weiterführenden Studien systematisch variiert werden. So wäre zu prüfen, inwiefern diese Kriterien insgesamt bedeutsam mit der Lösungswahrscheinlichkeit der Aufgaben zusammenhängen und ob Schüler*innen mit SPF-L von Aufgaben mit bestimmten Merkmalen differenziell profitieren (vgl. Sireci et al. 2005). Aus den Befunden ließe sich ableiten, auf welche Aspekte bei der Entwicklung von Aufgaben für Schüler*innen mit SPF-L besonders zu achten ist. Da die Kriterien in der vorliegenden Studie nicht quantifiziert oder systematisch variiert wurden, sind keine Aussagen darüber möglich, welche Anpassungen der Aufgaben besonders bedeutsam sind.

Die Entwicklung angepasster Aufgaben für Schüler*innen mit SPF wurde in der Literatur verschiedentlich angeregt (Kocaj et al. 2016; Südkamp et al. 2015), bislang allerdings nur selten umgesetzt (Böhme et al. 2017). In der vorliegenden Studie wurden einige der inhaltlichen und methodischen Herausforderungen deutlich, die mit einem solchen Vorhaben verbunden sind.

Aus inhaltlicher Sicht war die Heterogenität der üblicherweise in Large-Scale-Assessments einbezogenen Schüler*innen mit SPF bedeutsam. Diese Schüler*innen unterscheiden sich in ihren im Mittel erreichten Kompetenzen, aber auch im Hinblick auf ihre schulischen Erfahrungen. Um eine fokussierte Aufgabenentwicklung zu ermöglichen, wurde sich auf die Gruppe der Schüler*innen mit SPF-L an Förderschulen konzentriert. Diese Gruppe wurde ausgewählt, da Schüler*innen mit SPF-L den größten Anteil der Schüler*innen mit SPF ausmachen (KMK 1999, 2011, 2016) und aufgrund ihrer im Mittel geringeren Kompetenzen (z. B. Kocaj et al. 2014) besonders stark von angepassten Aufgaben profitieren sollten. Die Schwerpunktsetzung begründete zum einen die Auswahl der verwendeten Stimulusmaterialien, zum anderen die Einbeziehung erfahrener Lehrkräfte an Förderschulen in die Aufgabenentwickler*innengruppe. Eine Berücksichtigung weiterer Schüler*innengruppen in der vorliegende Untersuchung war aus organisatorischen und finanziellen Gründen leider nicht möglich. Inwiefern die Aufgaben für die Erfassung mathematischer Kompetenzen von Schüler*innen mit SPF-L an allgemeinen Schulen und von Schüler*innen mit anderen häufig in Large-Scale-Assessments einbezogenen Förderschwerpunkten wie Sprache und emotionale und soziale Entwicklung geeignet sind, lässt sich mit den Daten aus dem IQB-Bildungstrend 2018 (Stanat et al. 2019) untersuchen, in den eine psychometrisch und fachdidaktisch begründete Auswahl der hier betrachteten Aufgaben übernommen wurde.

Auch auf der Ebene der Länder besteht Heterogenität in den schulischen Umwelten, in denen Schüler*innen mit SPF lernen. Diese Heterogenität konnte in der Aufgabenentwicklung für diese Studie nur eingeschränkt repräsentiert werden, da die Aufgabenentwickler*innen aus ökonomischen Gründen aus einer Region kamen. In Zukunft wäre es wünschenswert, Aufgabenentwickler*innen aus unterschiedlichen Ländern einzubeziehen, um die verschiedenen schulischen Umwelten besser berücksichtigen zu können.

Aus methodischer Sicht bleibt die Abbildung der Kompetenzen *aller* Schüler*innen der 9. Jahrgangsstufe auf einer gemeinsamen Skala aufgrund der beträchtlichen Kompetenzunterschiede eine Herausforderung. In Large-Scale-Assessments kommen zwar zumeist Multi-Matrix-Designs zum Einsatz, anhand derer nach bestimmten Kriterien Testhefte mit unterschiedlichen Schwierigkeiten, aber teilweise überlappenden Aufgaben zusammengestellt werden (Rutkowski et al. 2014). Diese Testhefte können gruppenspezifisch administriert werden, wenn den Unterschieden in der Schwierigkeit der Testhefte bei der Datenauswertung Rechnung getragen wird. Um alle Schüler*innen auf einer gemeinsamen Skala verorten zu können, muss allerdings eine hinreichende Anzahl von Aufgaben vorhanden sein, die die Mathematikkompetenzen in allen Zielgruppen vergleichbar erfassen. Da sich die betrachteten Gruppen sowohl in ihren mittleren Kompetenzen als auch in den schulischen Bedingungen deutlich unterscheiden, ist jedoch kritisch zu hinterfragen, inwiefern es überhaupt realistisch ist, messinvariante Aufgaben für die gesamte Population der 9. Jahrgangsstufe zu entwickeln. Eine ausreichende Anzahl von Aufgaben mit akzeptablen Messeigenschaften für beide Gruppen zu finden, „scheint gerade im Bereich Mathematik vor dem Hintergrund der starken curricularen Struktur und der Unterschiede im Curriculum an Regel- und Förderschulen die größte Herausforderung zu sein“ (Südkamp et al. 2015, S. 267). Eine weitere Möglichkeit könnte sein, die unterschiedlichen Messeigenschaften der Aufgaben in der Datenauswertung zu berücksichtigen, beispielsweise indem Auswertungsmodelle gewählt werden, die gruppenspezifische Trennschärfen der Aufgaben zulassen (vgl. Weirich et al. 2017; Becker et al. 2019).

Aus den Befunden lässt sich zusammenfassend ableiten, dass die neu entwickelten Aufgaben eine sinnvolle Ergänzung zum Aufgabenpool für den IQB-Bildungstrend darstellen und die mit ihnen gemessenen Werte auf der Berichtsmetrik der Studie dargestellt werden können. Das Projekt kann somit als ein erfolgreicher erster Schritt zur Integration fachdidaktischer, sonderpädagogischer und psychometrischer Perspektiven auf mathematische Kompetenz in der Sekundarstufe I gelten.

Literatur

Basendowski, S. (2013). *Die soziale Frage an (mathematische) Grundbildung. Eine empirische Studie zu dem Wesen, der Funktion und der Relevanz mathematischer Kompetenzen in einfachen Erwerbstätigkeiten sowie Analysen für didaktische Implikationen*. Bad Heilbrunn: Klinkhardt.

Basendowski, S. (2014). Grundbildung – Ein Konzept für alle in einem inklusiven Bildungssystem. *Vierteljahreszeitschrift für Heilpädagogik und ihre Nachbargebiete, 3,* 191–204.

Becker, B., Weirich, S., Mahler, N., & Sachse, K. A. (2019). Testdesign und Auswertung des IQB-Bildungstrends 2018: Technische Grundlagen. In P. Stanat, S. Schipolowski, N. Mahler, S. Weirich & S. Henschel (Hrsg.), *IQB-Bildungstrend 2018. Mathemati-*

sche und naturwissenschaftliche Kompetenzen am Ende der Sekundarstufe I im zweiten Ländervergleich (S. 411–425). Münster: Waxmann.

Beddow, P. A. (2012). Accessibility theory for enhancing the validity of test results for students with special needs. *International Journal of Disability, Development and Education, 59,* 97–111.

Böhme, K., Kohrt, P., Haag, N., & Weirich, S. (2017). Entwicklung angepasster Testaufgaben für Schülerinnen und Schüler mit sonderpädagogischem Förderbedarf. In P. Stanat, S. Schipolowski, C. Rjosk, S. Weirich, & N. Haag (Hrsg.), *IQB-Bildungstrend 2016. Kompetenzen in den Fächern Deutsch und Mathematik am Ende der 4. Jahrgangsstufe im zweiten Ländervergleich* (S. 369–385). Münster: Waxmann.

Bos, W., Müller, S., & Stubbe, T. C. (2010). Abgehängte Bildungsinstitutionen: Hauptschulen und Förderschulen. In G. Quenzel & K. Hurrelmann (Hrsg.), *Bildungsverlierer. Neue Ungleichheiten* (S. 375–397). Wiesbaden: VS Verlag für Sozialwissenschaften.

Buzick, H., & Stone, E. (2011). *Recommendations for conducting Differential Item Functioning (DIF) analyses for students with disabilities based on previous DIF studies.* Princeton, NJ: Educational Testing Service.

DeMars, C. E. (2011). An analytic comparison of effect sizes for differential item functioning. *Applied Measurement in Education, 24,* 189–209.

Donlan, C., Cowan, R., Newton, E. J., & Lloyd, D. (2007). The role of language in mathematical development: Evidence from children with specific language impairments. *Cognition, 103,* 23–33.

Ehmke, T., Leiss, D., Blum, W., & Prenzel, M. (2006). Entwicklung von Testverfahren für die Bildungsstandards Mathematik. Rahmenkonzeption, Aufgabenentwicklung. *Feld- und Haupttest. Unterrichtswissenschaft, 34,* 220–238.

Eichler, A. (2015). Zur Authentizität realitätsorientierter Aufgaben im Mathematikunterricht. In G. Kaiser & H.-W. Henn (Hrsg.), *Werner Blum und seine Beiträge zum Modellieren im Mathematikunterricht* (S. 105–118). Wiesbaden: Springer.

Ennemoser, M., Krajewski, K., & Schmidt, S. (2011). Entwicklung und Bedeutung von Mengen-Zahlen-Kompetenzen und eines basalen Konventions- und Regelwissens in den Klassen 5 bis 9. *Zeitschrift für Entwicklungspsychologie und Pädagogische Psychologie, 43,* 228–242.

Erath, K., Prediger, S., Quasthoff, U., & Heller, V. (2018). Discourse competence as important part of academic language proficiency in mathematics classrooms: The case of explaining to learn and learning to explain. *Educational Studies in Mathematics, 99,* 161–179.

Euen, B., Vaskova, A., Walzebug, A., & Bos, W. (2015). Armutsgefährdete Schülerinnen und Schüler mit einem Förderbedarf im Förderschwerpunkt Lernen am Beispiel von PARS-F und KESS-7-F. In P. Kuhl, P. Stanat, B. Lütje-Klose, C. Gresch, H. A. Pant, & M. Prenzel (Hrsg.), *Inklusion von Schülerinnen und Schülern mit sonderpädagogischem Förderbedarf in Schulleistungserhebungen* (S. 101–128). Wiesbaden: Springer Fachmedien.

Fazio, B. B. (1996). Mathematical abilities of children with specific language impairment: A 2-year follow-up. *Journal of Speech, Language, and Hearing Research, 39,* 839–849.

Gebhardt, M., Oelkrug, K., & Tretter, T. (2013). Das mathematische Leistungsspektrum bei Schülerinnen und Schülern mit sonderpädagogischem Förderbedarf in der Sekundarstufe. Ein explorativer Querschnitt der fünften bis neunten Klasse in Münchener Förderschulen. *Empirische Sonderpädagogik, 2,* 130–143.

Haag, N. (2015). *Differenzielle Validität von Mathematiktestaufgaben für Kinder mit nicht-deutscher Familiensprache*. Berlin: Humboldt-Universität zu Berlin.

Hartig, J., & Frey, A. (2012). Validität des Tests zur Überprüfung des Erreichens der Bildungsstandards in Mathematik. *Diagnostica, 58,* 3–14.

Hecht, M., Roppelt, A., & Siegle, T. (2013). Testdesign und Auswertung des Ländervergleichs. In H. A. Pant, P. Stanat, U. Schroeders, A. Roppelt, T. Siegle, & C. Pöhlmann (Hrsg.), *IQB-Ländervergleich 2012. Mathematische und naturwissenschaftliche Kompetenzen am Ende der Sekundarstufe I* (S. 391–402). Münster: Waxmann.

Heydrich, J., Weinert, S., Nusser, L., Artelt, C., & Carstensen, C. H. (2013). Including students with special educational needs into large-scale assessments of competencies: Challenges and approaches within the German National Educational Panel Study (NEPS). *Journal for Educational Research Online, 5,* 217–240.

Klein, H. E., & Schöpper-Grabe, S. (2012). Grundbildung und Beschäftigungsfähigkeit von Geringqualifizierten: Betriebliche Anforderungen und arbeitsmarktpolitische Rahmenbedingungen. *IW-Trends – Vierteljahresschrift zur empirischen Wirtschaftsforschung, 39,* 71–84.

KMK (1999). Sekretariat der Ständigen Konferenz der Kultusminister der Länder in der Bundesrepublik Deutschland (1999). *Empfehlungen zum Förderschwerpunkt Lernen. Beschluss der Kultusministerkonferenz vom 01.10.1999.* https://www.kmk.org/fileadmin/Dateien/pdf/PresseUndAktuelles/2000/sopale.pdf.

KMK (2003). Sekretariat der Ständigen Konferenz der Kultusminister der Länder in der Bundesrepublik Deutschland (2003). *Bildungsstandards im Fach Mathematik für den Mittleren Schulabschluss. Beschluss der Kultusministerkonferenz vom 4.12.2003.* München: Luchterhand.

KMK (2004). Sekretariat der Ständigen Konferenz der Kultusminister der Länder in der Bundesrepublik Deutschland (2004). *Bildungsstandards im Fach Mathematik für den Hauptschulabschluss. Beschluss der Kultusministerkonferenz vom 15.10.2004.* München: Luchterhand.

KMK (2011). Sekretariat der Ständigen Konferenz der Kultusminister der Länder in der Bundesrepublik Deutschland (2011). *Inklusive Bildung von Kindern und Jugendlichen mit Behinderungen in Schulen. Beschluss der Kultusministerkonferenz vom 20.10.2011.* http://www.kmk.org/fileadmin/veroeffentlichungen_beschluesse/2011/2011_10_20-Inklusive-Bildung.pdf.

KMK (2016). Sekretariat der Ständigen Konferenz der Kultusminister der Länder in der Bundesrepublik Deutschland (2016). *Sonderpädagogische Förderung in Schulen 2005 bis 2014.* https://www.kmk.org/fileadmin/Dateien/pdf/Statistik/Dokumentationen/Dok_210_SoPae_2014.pdf.

Kocaj, A., Kuhl, P., Kroth, A. J., Pant, H. A., & Stanat, P. (2014). Wo lernen Kinder mit sonderpädagogischem Förderbedarf besser? Ein Vergleich schulischer Kompetenzen zwischen Regel- und Förderschulen in der Primarstufe. *Kölner Zeitschrift für Soziologie und Sozialpsychologie, 66,* 165–191.

Kocaj, A., Haag, N., Weirich, S., Kuhl, P., Pant, H. A., & Stanat, P. (2016). Aspekte der Testgüte bei der Erfassung schulischer Kompetenzen von Schülerinnen und Schülern mit sonderpädagogischem Förderbedarf. In V. Moser & B. Lütje-Klose (Hrsg.), *Zeitschrift für Pädagogik (62. Beiheft „Schulische Inklusion")* (S. 212–234). Basel: Beltz Juventa.

Koch, K. (2007). Soziokulturelle Benachteiligung. In J. Walter & F. B. Wember (Hrsg.), *Sonderpädagogik des Lernens* (S. 105–116). Göttingen: Hogrefe.

Kölm, J., Gresch, C., & Haag, N. (2017). Hintergrundmerkmale von Schülerinnen und Schülern mit sonderpädagogischem Förderbedarf an Förderschulen und an allgemeinen Schulen. In P. Stanat, S. Schipolowski, C. Rjosk, S. Weirich, & N. Haag (Hrsg.), *IQB-Bildungstrend 2016. Kompetenzen in den Fächern Deutsch und Mathematik am Ende der 4. Jahrgangsstufe im zweiten Ländervergleich* (S. 291–301). Münster: Waxmann.

Krajewski, K., Schneider, W., & Nieding, G. (2008). Zur Bedeutung von Arbeitsgedächtnis, Intelligenz, phonologischer Bewusstheit und früher Mengen-Zahlen-Kompetenz beim Übergang vom Kindergarten in die Grundschule. *Psychologie in Erziehung und Unterricht, 55,* 100–113.

Moser Opitz, E. (2005). Lernschwierigkeiten Mathematik in Klasse 5 und 8. *Vierteljahreszeitschrift für Heilpädagogik und ihre Nachbargebiete, 74,* 113–128.

Müller, K., Prenzel, M., Sälzer, C., Mang, J., Heine, J. H., & Gebhardt, M. (2017). Wie schneiden Schülerinnen und Schüler an Förderschulen bei PISA ab? Analysen aus der PISA 2012-Zusatzerhebung zu Jugendlichen mit sonderpädagogischem Förderbedarf. *Unterrichtswissenschaft, 45,* 175–192.

Müller, S. (2014). *Data Rich, Information Poor? Chancen und Grenzen vergleichender Leistungsmessung an der Förderschule mit dem Förderschwerpunkt Lernen.* Münster: Waxmann.

Müller, S., Stubbe, T. C., & Bos, W. (2013). Leistungsheterogenität angemessen berücksichtigen. Konzeption der Kompetenzmessung an Förderschulen mit dem Förderschwerpunkt Lernen im Rahmen von PARS-F. In N. McElvany, M. M. Gebauer, W. Bos, & H. G. Holtappels (Hrsg.), *Jahrbuch der Schulentwicklung Band 17. Daten, Beispiele und Perspektiven* (Vol. Daten, S. 264–297). Weinheim: Beltz.

Nusser, L. (2017). *Valide und vergleichbare Erfassung bildungsrelevanter Konstrukte bei Schülerinnen und Schülern mit sonderpädagogischem Förderbedarf Lernen.* Bamberg: Otto-Friedrich-Universität Bamberg.

Nusser, L., Weinert, S., Artelt, C., & Carstensen, C. H. (2020). Machbarkeitsstudien an Förderschulen mit dem Schwerpunkt Lernen im Rahmen des Nationalen Bildungspanels (2010 bis 2013) – Ergebnisse und Resümee. In C. Gresch, P. Kuhl, M. Grosche, C. Sälzer, & P. Stanat, (Hrsg.), *Schüler*innen mit sonderpädagogischem Förderbedarf in Schulleistungserhebungen: Einblicke und Entwicklungen* (S. 147–175). Wiesbaden: Springer.

Paetsch, J. (2016). *Der Zusammenhang zwischen sprachlichen und mathematischen Kompetenzen bei Kindern deutscher und bei Kindern nicht-deutscher Familiensprache.* Berlin: Freie Universität Berlin.

Paetsch, J., & Felbrich, A. (2016). Longitudinale Zusammenhänge zwischen sprachlichen Kompetenzen und elementaren mathematischen Modellierungskompetenzen bei Kindern mit Deutsch als Zweitsprache. *Psychologie in Erziehung und Unterricht, 63,* 16–33.

Palm, T. (2006). Word problems as simulations of real-world situations: A proposed framework. *For the Learning of Mathematics, 26,* 42–47.

Pant, H. A., Stanat, P., Schroeders, U., Roppelt, A., Siegle, T., & Pöhlmann, C. (Hrsg.). (2013). *IQB-Ländervergleich 2012. Mathematische und naturwissenschaftliche Kompetenzen am Ende der Sekundarstufe I.* Münster: Waxmann.

Penfield, R. D., & Camilli, G. (2007). Differential item functioning and item bias. In C. R. Rao & S. Sinharay (Hrsg.), *Handbook of statistics* (Bd. 26, S. 125–167). New York: Elsevier.

Roppelt, A., Blum, W., & Pöhlmann, C. (2013). Beschreibung der untersuchten mathematischen Kompetenzen. In H. A. Pant, P. Stanat, U. Schroeders, A. Roppelt, T. Siegle, & C. Pöhlmann (Hrsg.), *IQB-Ländervergleich 2012. Mathematische und naturwissenschaftliche Kompetenzen am Ende der Sekundarstufe I* (S. 23–37). Münster: Waxmann.

Rost, J. (2004). *Lehrbuch Testtheorie Testkonstruktion*. Bern: Huber.

Rutkowski, L., Gonzales, E., v Davier, M., & Zhou, Y. (2014). Assessment design for international large-scale assessments. In L. Rutkowski, M. v Davier, & D. Rutkowski (Hrsg.), *Handbook of international large-scale assessment: Background, technical issues, and methods of data analysis* (S. 75–95). New York: Chapman and Hall/CRC.

Sälzer, C., Gebhardt, M., Müller, K., & Pauly, E. (2015). Der Prozess der Feststellung sonderpädagogischen Förderbedarfs in Deutschland. In P. Kuhl, P. Stanat, B. Lütje-Klose, C. Gresch, H. A. Pant, & M. Prenzel (Hrsg.), *Inklusion von Schülerinnen und Schülern mit sonderpädagogischem Förderbedarf in Schulleistungserhebungen* (S. 129–152). Wiesbaden: Springer Fachmedien.

Sälzer, C., Denk, A., Müller, F., & Grosche, M. (2020). Spezifische Herausforderungen des Einbezugs von Schüler*innen mit sonderpädagogischem Förderbedarf in internationale Large-Scale-Assessments. In C. Gresch, P. Kuhl, M. Grosche, C. Sälzer, & P. Stanat (Hrsg.), *Schüler*innen mit sonderpädagogischem Förderbedarf in Schulleistungserhebungen: Einblicke und Entwicklungen* (S. 55–74). Wiesbaden: Springer.

Schipolowski, S., Stanat, P., Böhme, K., Haag, N., Sachse, K. A., Hoffmann, L., et al. (2016). Der Blick in die Länder. In P. Stanat, K. Böhme, S. Schipolowski, & N. Haag (Hrsg.), *IQB-Bildungstrend 2015. Sprachliche Kompetenzen am Ende der 9. Jahrgangsstufe im zweiten Ländervergleich* (S. 171–329). Münster: Waxmann.

Sinner, D., Ennemoser, M., & Krajewski, K. (2011). Entwicklungspsychologische Frühdiagnostik mathematischer Basiskompetenzen im Kindergarten- und frühen Grundschulalter (MBK-0 und MBK-1). In M. Hasselhorn & W. Schneider (Hrsg.), *Frühprognose schulischer Kompetenzen* (S. 109–126). Göttingen: Hogrefe.

Sireci, S. G., Scarpati, S. E., & Li, S. (2005). Test accommodations for students with disabilities: An analysis of the interaction hypothesis. *Review of Educational Research, 75,* 457–490.

Stanat, P., Pant, H. A., Böhme, K., & Richter, D. (Hrsg.). (2012). *Kompetenzen von Schülerinnen und Schülern am Ende der vierten Jahrgangsstufe in den Fächern Deutsch und Mathematik: Ergebnisse des IQB-Ländervergleichs 2011*. Münster: Waxmann.

Stanat, P., Schipolowski, S., Rjosk, C., Weirich, S., & Haag, N. (Hrsg.). (2017). *IQB-Bildungstrend 2016. Kompetenzen in den Fächern Deutsch und Mathematik am Ende der 4. Jahrgangsstufe im zweiten Ländervergleich*. Münster: Waxmann.

Stanat, P., Schipolowski, S., Mahler, N., Weirich, S. & Henschel, S. (Hrsg.). (2019). *IQB-Bildungstrend 2018. Mathematische und naturwissenschaftliche Kompetenzen am Ende der Sekundarstufe I im zweiten Ländervergleich*. Münster: Waxmann.

Südkamp, A., Pohl, S., Hardt, K., Jordan, A.-K., & Duchhardt, C. (2015). Kompetenzmessung in den Bereichen Lesen und Mathematik bei Schülerinnen und Schülern mit sonderpädagogischem Förderbedarf. In P. Kuhl, P. Stanat, B. Lütje-Klose, C. Gresch, H. A. Pant, & M. Prenzel (Hrsg.), *Inklusion von Schülerinnen und Schülern mit sonderpädagogischem Förderbedarf in Schulleistungserhebungen* (S. 243–272). Wiesbaden: Springer Fachmedien.

van den Ham, A.-K., Ehmke, T., Hahn, I., Wagner, H., & Schöps, K. (2016). Mathematische und naturwissenschaftliche Kompetenz in PISA, im IQB-Ländervergleich und in der National Educational Panel Study (NEPS) – Vergleich der Rahmenkonzepte und der dimensionalen Struktur der Testinstrumente. In Bundesministerium für Bildung und Forschung (Hrsg.), *Forschungsvorhaben in Ankopplung an Large-Scale-Assessments. Stand August 2016* (S. 140–160). Berlin: Bundesministerium für Bildung und Forschung.

Walzebug, A. (2015). *Sprachlich bedingte soziale Ungleichheit*. Münster: Waxmann.

Weirich, S., Haag, N., & Sachse, K. A. (2017). Testdesign und Auswertung des IQB-Bildungstrends 2016. In P. Stanat, S. Schipolowski, C. Rjosk, S. Weirich, & N. Haag (Hrsg.), *IQB-Bildungstrend 2016. Kompetenzen in den Fächern Deutsch und Mathematik am Ende der 4. Jahrgangsstufe im zweiten Ländervergleich* (S. 355–368). Münster: Waxmann.

Werner, B. (2017). *Teilhabe durch Grundbildung. Die Förderung Benachteiligter im Sekundarbereich I*. Stuttgart: Kohlhammer.

Werner, B., & Berg, M. (2015). PRIMA®Sprache – Studie zum Sprachverständnis bei Schülern der Klasse 3/4 an Grund-, Sprachheil- und Förderschulen. *Zeitschrift für Heilpädagogik, 66,* 432–447.

Wocken, H. (2000). Leistung, Intelligenz und Soziallage von Schülern mit Lernbehinderungen. Vergleichende Untersuchungen an Förderschulen in Hamburg. *Zeitschrift für Heilpädagogik, 51,* 492–503.

Machbarkeitsstudien an Förderschulen mit dem Schwerpunkt Lernen im Rahmen des Nationalen Bildungspanels (2010 bis 2013) – Ergebnisse und Resümee

Lena Nusser, Sabine Weinert, Cordula Artelt und Claus H. Carstensen

Zusammenfassung

Das Nationale Bildungspanel (NEPS) untersucht seit 2009 Bildungsverläufe in Deutschland. In sechs Startkohorten werden bildungsrelevante Kompetenzen und Prädiktoren in regelmäßigen Abständen vom Neugeborenen- bis zum Erwachsenenalter erfasst. Im Rahmen der Schulkohorten

L. Nusser (✉)
Leibniz-Institut für Bildungsverläufe (LIfBi), Bamberg, Deutschland
E-Mail: lena.nusser@lifbi.de

S. Weinert
Lehrstuhl Psychologie I – Entwicklungspsychologie, Otto-Friedrich-Universität Bamberg, Bamberg, Deutschland
E-Mail: sabine.weinert@uni-bamberg.de

C. Artelt
Leibniz-Institut für Bildungsverläufe (LIfBi), Bamberg, Deutschland;
Lehrstuhl für Bildungsforschung im Längsschnitt, Otto-Friedrich-Universität Bamberg, Bamberg, Deutschland
E-Mail: cordula.artelt@lifbi.de

C. H. Carstensen
Leibniz-Institut für Bildungsverläufe (LIfBi), Bamberg, Deutschland;
Professur für Psychologische Methoden Empirischer Bildungsforschung, Otto-Friedrich-Universität Bamberg, Bamberg, Deutschland
E-Mail: claus.carstensen@uni-bamberg.de

C. Gresch et al. (Hrsg.), *Schüler*innen mit sonderpädagogischem Förderbedarf in Schulleistungserhebungen*, https://doi.org/10.1007/978-3-658-27608-9_6

(Startkohorte 3 im 5. Jahrgang; Startkohorte 4 im 9. Jahrgang) wurde eine Serie von Machbarkeitsstudien an Förderschulen mit dem Schwerpunkt *Lernen* implementiert. Diese hatten das Ziel, empirisch zu überprüfen, ob und wenn ja, wie Schüler*innen mit einem sonderpädagogischen Förderbedarf Lernen (SPF-L) angemessen in die längsschnittliche Untersuchung des NEPS einbezogen werden können, um valide und aussagekräftige Ergebnisse zu erhalten. Im Rahmen der NEPS-Erhebungen werden neben unterschiedlichen Kompetenztests (z. B. Lesen, Metakognition, Mathematik) auch schriftliche Fragebögen eingesetzt. Für Erhebungen an Förderschulen wurden die unterschiedlichen Instrumente angepasst und in experimentellen Variationen administriert. Der vorliegende Beitrag skizziert deren Design, liefert einen Überblick der zentralen Erkenntnisse der bisher veröffentlichten Ergebnisse und diskutiert die Implikationen für die Einbeziehung von Schüler*innen mit SPF-L in groß angelegte Bildungsstudien.

Abstract

The National Educational Panel (NEPS) has been investigating educational trajectories in Germany since 2009. In six starting cohorts, competences and predictors relevant to educational outcomes are assessed regularly from early childhood to adulthood. Within the framework of the two school cohorts (starting cohort 3 in 5th grade; starting cohort 4 in 9th grade), a series of feasibility studies were implemented at special schools. It was the aim to empirically examine whether and, if so, how students with a special educational need in the area of learning (SEN-L) can be adequately included in the longitudinal assessment of the NEPS in order to obtain valid and meaningful data. In addition to various competence tests (e.g. reading, metacognition, mathematics), written questionnaires are also administrated within the NEPS surveys. For assessments at special schools, the different instruments were adapted and administered in experimental variations. The present paper outlines the design of the feasibility studies, provides an overview of the central findings published so far and discusses the implications for the integration of students with SEN-L in large-scale studies.

1 Einleitung

Auch ein Jahrzehnt nach der Ratifizierung der UN-Behindertenrechtskonvention von 2009 werden Schüler*innen mit einem sonderpädagogischen Förderbedarf Lernen (SPF-L) in Deutschland überwiegend in segregierten Förderschulen unterrichtet (Autorengruppe Bildungsberichterstattung 2018; Dietze 2012). Insgesamt ist noch wenig über die schulischen Entwicklungen und Bildungsbiografien von Schüler*innen mit SPF-L bekannt. Daher hat die Einbeziehung dieser Schüler*innen im Rahmen groß angelegter Bildungsstudien in den vergangenen Jahren zunehmend an Bedeutung gewonnen. Jedoch existieren bisher wenige Leitlinien bzw. evidenzbasierte Verfahrensvorschläge, was bei der Einbeziehung von Schüler*innen mit SPF-L in Large-Scale-Assessments zu beachten ist (z. B. Gresch und Piezunka 2015; Nusser 2018). Das Nationale Bildungspanel (NEPS; Blossfeld et al. 2011) hat in den Jahren 2010 bis 2013 erstmalig im Rahmen eines Oversamplings je eine Stichprobe an Förderschulen mit dem Schwerpunkt Lernen in der 5. und eine in der 9. Jahrgangsstufe in die längsschnittlichen Erhebungen einbezogen. Die Schüler*innen mit SPF-L wurden nachfolgend über vier Jahre hinweg in der Regel einmal jährlich befragt und getestet. Im Zuge dieser Machbarkeitsstudien wurde eine Reihe experimenteller Variationen der Administration und Aufgabenzusammenstellung vorgenommen, um empirisch überprüfen zu können, ob und wenn ja, welche spezifischen Anpassungen für die Einbeziehung von Schüler*innen an Förderschulen mit dem Schwerpunkt Lernen in das NEPS erforderlich sind, um valide und mit anderen Schüler*innen vergleichbare Aussagen über diese Gruppe treffen zu können (Heydrich et al. 2013). Der erste Schwerpunkt lag auf einer reliablen und validen Erfassung zentraler, für den Bildungsweg relevanter Kompetenzen, wie Lesen und Metakognition, und weiterer bildungsrelevanter, mittels Fragebogen erhobener Konstrukte (z. B. familiärer Hintergrund, akademisches Selbstkonzept). Den zweiten Schwerpunkt bildete die Vergleichbarkeit und Messinvarianz der erhobenen Daten. Der vorliegende Beitrag stellt die mit der Testung und Befragung verbundenen Herausforderungen vor dem Hintergrund der spezifischen Ausgangsvoraussetzungen der Zielgruppe von Schüler*innen mit SPF-L dar. Implementierte Akkommodationen sowie dazu vorliegende zentrale Erkenntnisse bisheriger wissenschaftlicher Veröffentlichungen zu den Machbarkeitsstudien an Förderschulen mit dem Schwerpunkt Lernen werden zusammenfassend berichtet. Der Beitrag schließt, basierend auf diesen aktuellen Ergebnissen, mit einem ersten Resümee bezogen auf die Implikationen für das NEPS und weitere Bildungsstudien.

2 Schüler*innen mit sonderpädagogischem Förderbedarf Lernen

Bei der Gruppe der Schüler*innen mit SPF-L handelt es sich um eine sehr heterogene Schüler*innenschaft (Bos et al. 2010). Da diese Kinder und Jugendlichen durchschnittliche kognitive Leistungen bis hin zu einer leichten geistigen Behinderung aufweisen (Grünke und Grosche 2014), sind auch ihre inter- und intraindividuellen Kompetenzprofile entsprechend heterogen. Eine Lernbehinderung, die häufig einer Diagnose eines SPF-L zugrunde liegt, gilt als „eine besonders ausgeprägte Form einer Minderleistung bei der absichtsvollen und aktiven Verarbeitung sowie der Abspeicherung von Wissen. Die Einschränkungen zeigen sich in erster Linie beim Erwerb kognitiv-verbaler und abstrakter Inhalte“ (Grünke und Grosche 2014, S. 76). Häufig resultiert dies in einem Leistungsabstand von zwei bis drei Schuljahren im Vergleich zu Gleichaltrigen ohne Beeinträchtigung. Dies liegt u. a. daran, dass Schüler*innen mit SPF-L größere Schwierigkeiten haben, sprachliche Instruktionen zu verstehen, sodass sie die mündlich dargebotenen Unterrichtsgeschehnisse und Lehrkrafthinweise weniger gut verarbeiten und anwenden können (Zielinski 1996). Neben schwächeren sprachlichen Fähigkeiten, geringeren Lernleistungen, aber auch einer reduzierten Aufmerksamkeitsspanne weisen Schüler*innen mit SPF-L zudem Einschränkungen in metakognitiven Fähigkeiten auf, welche für die Regulierung von Lernprozessen zentral sind (Grünke und Grosche 2014; Klauer und Lauth 1997; Wong 1991). Sie kennen weniger adäquate Strategien zur Organisation von Lernprozessen und wenden diese seltener an (Lauth et al. 2014; Torgesen 1977). Häufig extrahieren sie bei der Bearbeitung kognitiver Aufgaben Informationen tendenziell oberflächlich, raten eher oder nutzen weniger effektive Strategien (Hessels 2009; Scruggs et al. 1985).

Bisherige Befunde zeigen jedoch, dass sich segregiert lernende Schüler*innen mit SPF-L an Förderschulen und inklusiv lernende an allgemeinen Schulen hinsichtlich ihrer kognitiven Grundfähigkeiten, domänenspezifischen Kompetenzen und Hintergrundmerkmalen unterscheiden (Bos et al. 2010; Kocaj et al. 2014; Mahler et al. 2020). Daher sind Herausforderungen hinsichtlich der Einbeziehung in die Testung und Befragung im Rahmen von Bildungsstudien nicht zwingend gleichermaßen bei beiden Gruppen anzunehmen. Vielmehr ist von Selektionseffekten bei Schulformentscheidungen auszugehen. Auch Kontexteffekte begründet durch unterschiedliche Curricular an verschiedenen Schulformen sowie differierende Klassenkompositionen sind hinsichtlich der Kompetenzentwicklung erwartbar (z. B. Kocaj et al. 2014).

Im Folgenden sind stets, soweit nicht anders angegeben, jene Schüler*innen mit SPF-L gemeint, die an Förderschulen unterrichtet werden.

3 Testung und Befragung von Schüler*innen mit SPF-L

Sowohl die valide und vergleichbare Erfassung bildungsrelevanter Kompetenzen als auch deren Prädiktoren bei Schüler*innen mit SPF-L in Large-Scale-Assessments stellt eine große Herausforderung dar (Nusser 2018). Die beschriebenen kognitiven Beeinträchtigungen der Schüler*innen mit SPF-L führen bei Kompetenzmessungen häufig zu einschränkungsbezogenen, aber konstrukt-irrelevanten Varianzen (Sireci et al. 2005). Das bedeutet, dass die Ergebnisse von spezifischen Einschränkungen der Beeinträchtigung beeinflusst werden, die jedoch konzeptuell unabhängig von der gemessenen Kompetenz sind. Um diese unerwünschten Effekte zu kompensieren, werden in internationalen Studien häufig sogenannte Akkommodationen implementiert (Koretz und Barton 2004). Diese sollen einen verbesserten Zugang der Schüler*innen zum Instrument und den damit verbundenen konstruktrelevanten Anforderungen ermöglichen (vgl. Beddow et al. 2011). Eine besondere Herausforderung für die Anpassung bei Kompetenztestungen stellt die Anforderung einer unveränderten Rahmenkonzeption der zu messenden Domänen dar, um auf theoretischer Ebene Konstruktäquivalenz annehmen zu können und die Vergleichbarkeit der Maße nicht einzuschränken (Pitoniak und Royer 2001). Darüber hinaus ist für die Implementation von Akkommodationen bei Kompetenztests die *differential boost hypothesis* eine zentrale Anforderung; also die Annahme, dass entsprechende Anpassungen zu einer Verbesserung der Testperformanz von Schüler*innen mit Beeinträchtigungen führen, die Testergebnisse von Schüler*innengruppen ohne entsprechende Beeinträchtigungen jedoch unberührt lassen (Fuchs und Fuchs 2001; Sireci et al. 2005).[1]

Akkommodationen können sich u. a. auf die Form der Darbietung (z. B. mündlich, paraphrasiert, motivationale Unterstützung und Stichwortgabe) oder den zeitlichen Rahmen (z. B. mehr (Test-)Zeit, mehr Testsitzungen/-tage, mehr Pausen) beziehen (Koretz und Barton 2004; Sireci et al. 2005). Es wird erwartet, dass Akkommodationen zudem positive Effekte auf die Motivation der Schüler*innen haben (Koretz und Barton 2004). Bisher vorgenommene Instrumentenanpassungen sind vielfältig (z. B. Cox et al. 2006; Kettler 2012; Thurlow et al. 1995) und die vorliegende Befundlage ist höchst heterogen (Cormier et al. 2010). Aufgrund uneinheitlicher Forschungsbefunde sind konkrete Schlussfolgerungen mit Blick auf Akkommodationen nicht unproblematisch: Es wurde zwar bisher eine große Vielfalt an inhaltlichen Anpassungen untersucht, die Definition der Zielpopulationen ist jedoch divers; damit einher gehen häufig kleine Stichproben und eine geringe statistische Power der Analysen (Pitoniak und Royer 2001). Bisher ist es nicht gelungen, konkrete Richtlinien für wirksame Anpassungen zu formulieren, die eine valide Messung und Vergleichbarkeit der Daten von Schüler*innen mit SPF-L gewährleisten. Daher wurden im Rahmen des NEPS

---

[1]Diese Annahme trifft auf jegliche Veränderung von Testmaterial zu, unabhängig davon, welche Art von Behinderung bei den Teilnehmenden vorliegt.

zunächst Machbarkeitsstudien implementiert, welche die Untersuchung verschiedener Anpassungen in experimentellen Designs ermöglichen.

4 NEPS-Machbarkeitsstudien an Förderschulen mit dem Schwerpunkt Lernen

Ausgehend vom oben skizzierten Hintergrund wurden theoriebasierte Anpassungen der Administration von Tests und Fragebögen sowie Akkommodationen der Instrumente entwickelt, welche im Rahmen des NEPS in einer Reihe experimenteller Designs an Förderschulen mit dem Schwerpunkt Lernen eingesetzt wurden. In einer zusammenfassenden Darstellung der bisher veröffentlichten Ergebnisse werden im Folgenden die zentralen Erkenntnisse der Machbarkeitsstudien erörtert. Im Fokus stehen bildungsrelevante Kompetenzen (Lesen, Mathematik, Metakognition; Weinert et al. 2011) sowie die schriftlichen Befragungen der Schüler*innen. In einem Überblick werden die eingesetzten Akkommodationen beschrieben, ihre Auswirkungen auf die Testperformanz bzw. das Antwortverhalten und die Vergleichbarkeit der Ergebnisse mit anderen Schüler*innengruppen dargestellt. Abschließend wird in einer zusammenfassenden Diskussion ein erstes Resümee gezogen und Implikationen hinsichtlich der Einbeziehung von Schüler*innen mit SPF-L in Bildungsstudien diskutiert.

4.1 Erhebungen im Rahmen des Nationalen Bildungspanels

Das NEPS als längsschnittliche Bildungsstudie verfolgt unter anderem das Ziel, Kompetenzen kohärent über die Lebensspanne zu erfassen, inklusive deren Einflussfaktoren und weiterer Outcomes (z. B. Bildungsrenditen). Die längsschnittliche Erfassung von Kompetenzen erfordert übergreifende Rahmenkonzeptionen, die gleichzeitig die Dynamiken inter-individueller Entwicklungen und Schwerpunktverschiebungen im Lebensverlauf berücksichtigen (Artelt et al. 2013). Die Erhebungen im NEPS umfassen zentrale bildungsrelevante Kompetenzen insbesondere aus drei Bereichen:[2] Neben domänenübergreifenden kognitiven

[2]Zusätzlich werden im NEPS etappenspezifische Maße erhoben (Weinert et al. 2011), auf die an dieser Stelle nicht näher eingegangen wird.

Grundfähigkeiten werden domänenspezifische sowie metakognitive Kompetenzen erfasst (Weinert et al. 2011). *Domänenübergreifende* kognitive Grundfähigkeiten werden mit einem nonverbalen Kurzindikator gemessen (Lang et al. 2014). Dieses Verfahren wurde für die besonderen Anforderungen des NEPS mit seinem Multi-Kohorten-Sequenz-Design (von Maurice et al. 2017) entwickelt und erlaubt den Einsatz eines unveränderten Testinstruments von der 5. Klasse bis ins hohe Erwachsenenalter (Brunner et al. 2014). Die Erfassung *domänenspezifischer* Kompetenzen basiert auf einem Literacy-Ansatz, der im Sinne gesellschaftlicher Teilhabe alltagsnahe Herausforderungen berücksichtigt und daher wenig curriculumsabhängig ist (Weinert et al. 2011). Hierunter fallen die Domänen Lesen (Gehrer et al. 2013), Mathematik (Neumann et al. 2013) und Naturwissenschaften (Hahn et al. 2013). Zu den *metakognitiven* Kompetenzen werden im NEPS das metakognitive Wissen als das Wissen über geeignete Strategien und deren Anwendungsbedingungen (deklarative Metakognition) sowie Aspekte der prozeduralen Metakognition, also der Überwachung und Steuerung von Lernprozessen (Händel et al. 2013), gezählt. Darüber hinaus gehört auch die technologische und informationsbezogene Literacy (Senkbeil et al. 2013) in den Bereich der metakognitiven Kompetenzen.

Abgesehen von den domänenübergreifenden kognitiven Grundfähigkeiten, die als relativ stabiles Maß gelten, erfolgt die Erfassung der domänenspezifischen Kompetenzen während der Sekundarschulzeit in zwei- bis dreijährigen Abständen (Artelt et al. 2013). Die Erhebungen im Schulkontext erfolgen in der Regel an einem Vormittag ab der 2. Schulstunde. Nach einer allgemeinen Einführung und Instruktionshinweisen, die mündlich und schriftlich dargeboten werden, bearbeiten die Schüler*innen zwei bis vier Testteile, bevor sie nach einer kurzen Pause einen schriftlichen Fragebogen erhalten. Mit diesem werden sowohl zentrale Hintergrundvariablen zur Familie der Schüler*innen als auch weitere bildungsrelevante Konstrukte wie das Selbstkonzept, Lerngelegenheiten und Freizeitgestaltung erfasst. Darüber hinaus werden im Rahmen des NEPS auch weitere Personen, wie Eltern, Lehrkräfte und Schulleitungen, befragt (Frahm et al. 2011).

4.2 Erhebungen mit experimentellen Designs an Förderschulen

Die Erhebungen an Förderschulen weisen vergleichbare Ablauf- und Designspezifikationen auf, jedoch wurden für alle Testsitzungen Anpassungen vorgenommen: Die Instruktion zu Beginn einer Testsitzung wurde durch ein großformatiges Poster visuell unterstützt. Die Testleiter*innen waren darin geschult, die Anleitung zur Bearbeitung der Aufgaben bzw. des Fragebogens nicht „nur“ vorzulesen, sondern die korrekte Bearbeitung der Aufgaben anhand des Posters zu demonstrieren. Schüler*innen an Förderschulen bearbeiteten maximal zwei Testheftteile an einem Vormittag. Anschließend erhielten sie einen im Vergleich zu allgemeinen Schulen gekürzten Fragebogen.

Neben diesen Anpassungen erhebungsadministrativer Aspekte, welche nicht experimentell variiert wurden, wurde eine Vielzahl an inhaltlichen Akkommodationen für verschiedene Kompetenzdomänen und die Fragebögen vorgenommen. Zentrales Ziel der Akkommodationen für die Kompetenztests und die Befragung war die Reduktion der kognitiven Anforderungen, die unter anderem mit folgenden Maßnahmen[3] umgesetzt wurde: (1) Reduktion der Anzahl administrierter Aufgaben, (2) Out-of-Level-Testung, (3) Vorlesen der Testaufgaben und (4) Vorlesen der Fragebogenitems. Diese vier zentralen Akkommodationen werden im Folgenden genauer erläutert.

(1) Reduktion der Anzahl administrierter Aufgaben Kognitive Anforderungen sind immanente Facetten von Kompetenztestaufgaben. Diese können sich zum einen auf konkrete kognitive Operationen beziehen (z. B. Informationen in einem Text finden, verschiedene Informationen verknüpfen, mathematische Formeln anwenden etc.). Zum anderen kann jede dieser konkreten Anforderungen einen ähnlichen oder auch unterschiedlichen Schwierigkeitsgrad aufweisen. Da die unterschiedlichen kognitiven Anforderungen zentraler Bestandteil der Rahmenkonzeptionen sind, wurde darauf geachtet, bei den Anpassungen für die Erhebungen an Förderschulen keine kognitiven Anforderungen auszuschließen. Stattdessen wurden Items gemäß ihrer empirischen Schwierigkeit ausgewählt und die Zahl der Items für Schüler*innen mit SPF-L reduziert. Die Reduktion der Aufgabenanzahl führte gleichzeitig dazu, dass die Schüler*innen durchschnittlich mehr Zeit für die Bearbeitung der einzelnen Aufgaben zur Verfügung hatten.

(2) Out-of-Level-Testung Eine spezifische Möglichkeit für die Kompetenzmessung stellt das sogenannte Out-of-Level-Testung dar, bei dem Aufgaben für Schüler*innen einer tieferen Klassenstufe eingesetzt werden. Ziel hierbei ist es, eine bessere Passung zwischen dem Leistungspotenzial der Schüler*innen und

[3]Eine detaillierte Darstellung aller Designvariationen und Akkommodationen über alle Erhebungswellen hinweg sind in Nusser et al. (in Vorbereitung) zu finden. Zudem erfolgte in einer querschnittlichen Studie im 3. Jahrgang eine experimentelle Variation und Erweiterung der Testinstruktion (Nusser und Weinert 2017).

den gestellten Testanforderungen zu erreichen. Die längsschnittliche Erfassung bildungsrelevanter Kompetenzen im NEPS erfordert, dass Aufgaben für unterschiedliche Altersbereiche vorliegen, die jeweils auf Grundlage derselben Rahmenkonzeption konstruiert werden und somit über die Lebensspanne eine kohärente Erfassung ermöglichen. Die Testinstrumente werden für jede Erhebung entsprechend der Stichprobe altersgerecht entwickelt, zusammengestellt und so miteinander verlinkt, dass sie auf einer gemeinsamen Metrik abbildbar sind (Fischer et al. 2016). Die Basis eines Itempools, der für unterschiedliche Altersgruppen unter Maßgabe einer eindimensionalen Kompetenzerfassung entwickelt wurde, bietet das Potenzial für eine Instrumentenzusammenstellung, welche Aufgaben für altersgleiche und jüngere Schüler*innen einschließt. Unter der Annahme, dass der Leistungsabstand von Schüler*innen mit SPF-L etwa zwei bis drei Schuljahre beträgt (Grünke und Grosche 2014), sollten Aufgaben für jüngere Kinder ein passgenaueres Schwierigkeitsniveau aufweisen und somit die Kompetenzen der Schüler*innen mit SPF-L adäquater und differenzierter erfassen. In diese Out-of-Level-Testhefte wurden somit Aufgaben für zwei bis mehrere Jahre jüngere Schüler*innen einbezogen, daneben jedoch auch Aufgaben für altersgleiche Schüler*innen, die als sogenannte Ankeritems zur Verlinkung der verschiedenen Testinstrumente dienen und damit ermöglichen, die Testergebnisse miteinander zu vergleichen.

(3) Vorlesen der Testaufgaben Schüler*innen mit SPF-L lesen in der Regel weniger flüssig und haben ein geringeres Leseverständnis als Schüler*innen ohne SPF (Gebhardt et al. 2015; Kocaj et al. 2014). Viele Testaufgaben beinhalten sprachliche Hinweise und Problembeschreibungen und erfordern somit, unabhängig vom zu messenden Konstrukt, dass die Schüler*innen die Aufgaben, Situationen oder Hinweise sinnentnehmend lesen. Somit kann die Fähigkeit, sprachbasierte Aufgabenstellungen (z. B. bei Metakognition) zu verstehen und zu bearbeiten, die Testperformanz von Schüler*innen mit eingeschränkter Lesefähigkeit beeinträchtigen, obwohl diese Kompetenz keinen immanenten Teil des zu erfassenden Konstrukts darstellt. Um diese kognitive Anforderung und die daraus resultierende konstrukt-irrelevante Varianz zu reduzieren, wurden Aufgaben, mit denen nicht die Lesekompetenz der Schüler*innen gemessen werden sollte, teilweise vorgelesen.

Alle Anpassungen der Kompetenztests wurden in einem experimentellen Design administriert, das heißt, dass meist die regulären Testaufgaben, die für allgemeine Schulen entwickelt wurden, als Referenzmaß auch an Förderschulen administriert wurden. Alternativ und ergänzend wurde mit Ankeritemdesigns gearbeitet, welche zusätzlich zu angepassten Aufgaben auch unveränderte Aufgaben enthalten, die als Ankeritems die Grundlage für die psychometrische Verknüpfung mit den regulären Testheften darstellen. Somit ist die Prüfung der Messinvarianz und Vergleichbarkeit der Kompetenzwerte unterschiedlicher Schüler*innengruppen möglich. Ist diese gegeben, erlaubt ein solches Design auch die Abbildung der Kompetenz verschiedener Schüler*innengruppen mit unterschiedlichen Aufgabenzusammenstellungen auf derselben Metrik.

(4) Vorlesen der Fragebogenitems Eine reduzierte Lesefähigkeit kann auch die Validität der Beantwortung von Fragebogeninhalten einschränken (Steinmetz et al. 2009). Werden die Inhalte der Fragen nicht korrekt verstanden, beeinträchtigt dies die Aussagekraft der abgegebenen Antworten. Entsprechend hat sich gezeigt, dass Lesekompetenz bei jüngeren Schüler*innen Einfluss auf die Konsistenz der gegebenen Antworten und die Anzahl der fehlenden Antworten hat (Borgers et al. 2000). Vor allem negativ formulierte Sätze beeinflussen bei reduzierter Lesefähigkeit die Validität der Antworten (Marsh 1986). Ergebnisse einer Untersuchung an Hauptschulen in 6. Klassen deuten an, dass unter der Bedingung des Vorlesens im Vergleich zum selbstständigen Lesen die Reliabilität der Schüler*innenangaben höher ausfällt und die Anteile fehlender Werte reduziert werden (Gresch et al. 2016). Um die Güte der Fragebogenantworten zu verbessern, wurde daher Schüler*innen an Förderschulen der Fragebogen vorgelesen. Das Vorlesen führt die Schüler*innen gleichzeitig durch das gesamte Instrument, was vor allem das vorzeitige Abbrechen oder Anteile fehlender Werte am Ende des Fragebogens reduzieren sollte.

4.3 Stichproben

Zwei bundesweit gezogene Stichproben an Förderschulen mit dem Schwerpunkt Lernen zum Beginn und Ende der Sekundarschulzeit wurden in den Jahren 2010 bis 2013 im Rahmen der Startkohorten 3 (Klasse 5) und 4 (Klasse 9) in die jährlichen Erhebungen des NEPS einbezogen.[4] Das Sample in der 5. Klasse umfasste 587 Schüler*innen mit SPF-L an 57 Förderschulen; in der 9. Jahrgangsstufe nahmen insgesamt 1 186 Schüler*innen an 103 Förderschulen teil. Von allen Schüler*innen und deren Eltern wurde ein informiertes Einverständnis eingeholt.

[4]Für weitere Informationen zur Ziehungsprozedur siehe Aßmann et al. (2011).

Eine ergänzende Hauptschulkontrollgruppe ($n = 664$) in der 5. und 6. Klasse erhielt identische Testaufgaben unter gleichen Bedingungen wie die Schüler*innen an Förderschulen der Startkohorte 3. Dieses zusätzliche Sample diente als Referenzstichprobe und hatte den Zweck, Effekte der Anpassungen auf die Testperformanz von Schüler*innen an allgemeinen Schulen mit tendenziell ebenfalls geringeren Leistungen zu überprüfen (Heydrich et al. 2013).

5 Zusammenfassung der Ergebnisse

Nachfolgend werden die Ergebnisse der verschiedenen Veröffentlichungen überblicksartig zusammengefasst. Hierbei sind je nach Kompetenzbereich (domänenübergreifende, domänenspezifische oder metakognitive Kompetenzen) bzw. Befragungen einzelne oder mehrere der oben eingeführten Akkommodationen relevant. Zentrale Kennwerte der verschiedenen Analysen sind in Tab. 1 dokumentiert.

5.1 Domänenübergreifende kognitive Fähigkeiten

Die Erfassung nonverbaler kognitiver Grundfähigkeiten erfolgt im NEPS mittels zweier Kurztests (Weinert et al. 2011). Während die Testaufgaben zum schlussfolgernden Denken (Matrizentest) eher als Powertest konzipiert sind und die Teilnehmenden ausreichend Zeit zur Bearbeitung der insgesamt 12 Items haben, enthält der Untertest zur Wahrnehmungsgeschwindigkeit (Bild-Zahlen-Test) mit insgesamt 93 Items eine ausgeprägte Speed-Komponente (Lang et al. 2014). Dieses Instrument wurde an Förderschulen ohne Anpassungen administriert.

Differenzierte Analysen zur Validität und Messinvarianz des Tests zu kognitiven Grundfähigkeiten im NEPS liegen für Schüler*innen mit SPF-L in der Startkohorte 4 (9. Klassen) von Nusser und Messingschlager (2018) sowie von Gnambs und Nusser (2019) vor. In dieser Stichprobe wurde das Instrument zwei Mal im Abstand von sechs Jahren eingesetzt. Erwartungsgemäß zeigten Schüler*innen an Förderschulen in der Jahrgangsstufe 9 eine geringere Testperformanz als die Vergleichsstichprobe an Hauptschulen. Zudem sind erhöhte Anteile fehlender Werte und eine geringere Lösungswahrscheinlichkeit für Schüler*innen mit SPF-L festzustellen.

Dennoch konnte mit den Daten des ersten Messzeitpunkts für die Neuntklässler*innen an Förderschulen und Hauptschulen mittels eines Mehrgruppenvergleichs konfirmatorischer Faktorenmodelle die Messäquivalenz für beide Subtests

Tab. 1 Synopse der Kompetenztestungen im Rahmen der NEPS-Machbarkeitsstudien an Förderschulen mit dem Schwerpunkt Lernen

		Nicht aggregierte Itemanzahl	Itemschwierigkeit bzw. Lösungswahrscheinlichkeit	Auffälliger WMNSQ (< 0,85 / > 1,15)	Nicht modellkonforme ICCs	Niedrige Trennschärfe < 0,20	Reliabilität	Items mit DIF
Bereich A: Domänenübergreifende kognitive Fähigkeiten								
Kognitive Grundfähigkeiten								
Wahrnehmungsgeschwindigkeit	K9 (n = 990)	93	0,87 – 0,99	tnz	tnz	tnz	0,96	tnz
Schlussfolgerndes Denken	K9 (n = 990)	12	-1,48 – 1,85	0	0	tnz	0,66	4 (33,3 %)
Schlussfolgerndes Denken	21-Jährige (n = 324)	12	-2,05 – 0,92	0	0	tnz	0,61	2 (16,7 %)
Bereich B: Domänenspezifische Kompetenzen								
Lesen								
Regelheft	K5 (n = 176)	56	-1,69 – 1,59 (M = 0,58)	7 (12,5 %)	15 (26,8 %)	14 (26,8 %)	0,65	26 (46,43 %)
Out-of-Level	K5 (n = 84)	12	-1,02 – 1,36 (M = 0,43)	1 (8,3 %)	12 (100 %)	5 (41,7 %)	0,60	5 (41,67 %)
Reduziert	K5 (n = 173)	38	-1,63 – 1,60 (M = 0,61)	2 (5,3 %)	17 (44,7 %)	14 (36,8 %)	0,53	23 (60,53 %)
Regelheft	K9 (n = 202)	41	-2,09 – 2,06 (M = 0,07)	4 (9,8 %)	10 (24,4 %)	10 (24,4 %)	0,77	tnz
Out-of-Level	K9 (n = 202)	43	-2,19 – 1,76 (M = -0,10)	2 (4,7 %)	8 (18,6 %)	10 (23,3 %)	0,70	tnz

(Fortsetzung)

Tab. 1 (Fortsetzung)

		Nicht aggregierte Itemanzahl	Itemschwierigkeit bzw. Lösungswahrscheinlichkeit	Auffälliger WMNSQ (< 0,85 / > 1,15)	Nicht modellkonforme ICCs	Niedrige Trennschärfe < 0,20	Reliabilität	Items mit DIF
Mathematik								
Out-of-Level-A	K9 (n = 559)	20	0,23 – 3,17 (*M* = 1,20)	0	0	2 (10,0 %)	0,52	tnz
Out-of-Level-B	K9 (n = 539)	20	-0,48 – 2,71 (*M* = 0,87)	0	0	0	0,62	tnz
Bereich C: Metakognitive Kompetenzen								
Metakognitive Kompetenzen								
Selbstständiges Lesen	K6 (n = 220)	48	tnz	tnz	tnz	tnz	0,85	tnz
Lautes Vorlesen	K6 (n = 184)	48	tnz	tnz	tnz	tnz		tnz

Anmerkung. tnz = trifft nicht zu bzw. wurde nicht berichtet. Details zu den einzelnen Studien und Experimenten sowie Erläuterungen zu den Kennwerten sind in Abschn. 5 zu finden bestätigt werden (Nusser und Messingschlager 2018). Dieses Ergebnis konnten Gnambs und Nusser (2019) für den Matrizentest[5] mittels eines Item-Response-Theory-Ansatzes (IRT) im Vergleich zu einer reduzierten, hinsichtlich der vorliegenden kognitiven Grundfähigkeiten parallelisierten Stichprobe von Hauptschüler*innen replizieren. Auch zum zweiten Messzeitpunkt sechs Jahre später kann mithilfe des IRT-Ansatzes Konstruktäquivalenz empirisch bestätigt werden, da nur wenige Aufgaben mit leichtem *differential item functioning* (DIF)[6] identifiziert wurden, die keinen signifikanten Einfluss auf die Testergebnisse hatten (Gnambs und Nusser 2019). Die Ergebnisse für die domänenübergreifenden kognitiven Grundfähigkeiten sind für die älteren Schüler*innen mit SPF-L bzw. jungen Erwachsenen belastbar.

5.2 Lesekompetenz

Zur Erfassung der Lesekompetenz werden den Teilnehmenden im NEPS kürzere oder längere Texte mit zugehörigen Verständnisfragen vorgelegt (Gehrer et al. 2013). Die Messung erfolgt dabei mittels fünf verschiedener Texte, die jeweils unterschiedliche Funktionen (z. B. literarisch, Werbung, Sachtext) aufweisen (Gehrer und Artelt 2013). Die Aufgaben lassen sich je einer von drei kognitiven Anforderungen (Informationen finden, schlussfolgern, reflektieren und bewerten) zuordnen und werden papierbasiert in drei verschiedenen Antwortformaten dargeboten (für Aufgabenbeispiele s. Gehrer et al. 2012).

Für die Erhebung an Förderschulen erfolgte die Aufgabenzusammenstellung der Lesekompetenztests in den Altersgruppen der 5. und 9. Klassen nach gleichen Designvorgaben mit insgesamt drei verschiedenen Varianten (s. Abschn. 4.2). Neben dem Regelheft wurden ein aufgabenreduziertes Testheft mit vier anstatt fünf Texten und weniger schwierigen Aufgaben sowie ein Testheft mit einer Out-of-Level-Variante mit Aufgaben für zwei Jahre jüngere Schüler*innen administriert. Hinzu kamen weitere Rotationsversionen, um Positionseffekte und gegebenenfalls Ermüdungserscheinungen im Verlauf der Aufgabenbearbeitung zu kontrollieren (Heydrich et al. 2013). Die Heftzuweisung erfolgte auf Individualebene.

[5]Der Bild-Zahlen-Test wurde in dieser Studie nicht untersucht.

[6]DIF: Unter Kontrolle der Fähigkeit der Schüler*innen sind einzelne Aufgaben für eine bestimmte Gruppe mit spezifischen Merkmalen (z. B. SPF-L) systematisch schwieriger zu lösen (Roussos und Stout 2004).

5. Klasse Die Güte der Lesetestaufgaben für die Fünftklässler*innen an Förderschulen wurde im Vergleich zur Hauptschulkontrollgruppe von Südkamp, Pohl und Weinert (2015) evaluiert. Hierzu wurde neben der Itemgüte und Vergleichbarkeit der Kompetenzwerte geprüft, inwiefern sich das Auftreten fehlender Werte zwischen den eingesetzten Varianten unterschied. Insgesamt waren die Missing-Anteile von Schüler*innen mit SPF-L im Vergleich zur Gruppe an Hauptschulen erhöht; es zeigten sich jedoch Unterschiede je nach Heftvariante. Während beim reduzierten Testheft die Anzahl nicht erreichter Aufgaben geringer war, wurden in der Out-of-Level-Variante[7] weniger Items ausgelassen bzw. übersprungen. Die nicht-instruktionskonformen Antworten (z. B. Mehrfachantworten bei Single-Choice-Aufgaben) waren im reduzierten Testheft am niedrigsten.

Unter Berücksichtigung der im NEPS standardmäßig hinzugezogenen relevanten Indikatoren zur Evaluation der Aufgabengüte (Pohl und Carstensen 2012), wie des Itemfitindices Weighted Mean Square (WMNSQ), der Item Characteristic Curve (ICC) zur Prüfung der Modellkonformität einzelner Aufgaben und der punktbiserialen Korrelation als Trennschärfe, wiesen die Testaufgaben aller drei Testhefte an Hauptschulen zufriedenstellende Ergebnisse mit wenigen Hinweisen auf Item-Misfit auf. Die Aufgaben der beiden angepassten Testhefte zeigten im Vergleich zu den Items des Regelheftes deutlich weniger Auffälligkeiten. Damit erfüllen die Items die geforderten Standards für eine reliable und valide Erfassung der Lesekompetenz an Hauptschulen. In der Förderschulgruppe ergab sich dagegen für alle eingesetzten Testheftversionen ein etwas anderes Bild: Der WMNSQ-Wert lag für einige Aufgaben über- bzw. unterhalb des Grenzbereiches, die ICCs zeigten öfter nicht modellkonforme Verläufe und auch die Trennschärfen fielen für einige Items sehr niedrig aus (s. Tab. 1). Ungenügende Fitwerte wurden besonders für das Regelheft sichtbar, während die beiden anderen Heftversionen besser abschnitten.

Die Überprüfung der Messäquivalenz ergab, dass für Schüler*innen an Hauptschulen die Vergleichbarkeit mit Schüler*innen an anderen allgemeinen Schulen nur marginal eingeschränkt war. Der Vergleich zwischen Schüler*innen an Förderschulen und Hauptschulen legte jedoch nur bedingt Messinvarianz nahe. Etwa 46 % aller Items des Regelheftes wiesen moderaten bzw. starken DIF auf. Für das reduzierte Testheft mit weniger Aufgaben wurden 60 % der Items mit moderatem bzw. starkem DIF identifiziert. In der Out-of-Level-Heftversion war bei 40 % der 12 Ankeritems die Vergleichbarkeit unzureichend (s. Tab. 1).

---

[7] In der Originalarbeit wird dieses Testheft *easy* genannt.

Zusammenfassend zeigte sich für die 5. Klassen, dass die angepassten Testhefte an Hauptschulen die Kriterien der Itemgüte und Vergleichbarkeit erfüllten. An Förderschulen waren hingegen alle drei Bedingungen nicht gut geeignet, die Lesekompetenz der Schüler*innen mit SPF-L valide und vergleichbar mit anderen Schüler*innengruppen zu messen.

9. Klassen Analysen zur Güte der Lesekompetenzaufgaben für 9. Klassen an Förderschulen wurden von Südkamp, Pohl, Hardt et al. (2015) durchgeführt. Betrachtet wurden das Regelheft und die Out-of-Level-Variante. Vier von 41 bzw. zwei von 43 Items wiesen erhöhte WMNSQ-Werte auf, jeweils rund ein Viertel der Aufgaben (elf bzw. acht Aufgaben) zeigten nicht modellkonforme ICC-Verläufe und etwa ebenso viele Items (jeweils zehn) fielen durch niedrige Trennschärfen auf. In beiden Heftversionen war die Schwierigkeit der Aufgaben negativ mit der Trennschärfe assoziiert, Aufgaben mit geringerer Schwierigkeit zeigten also eine bessere Itemgüte. Dennoch war die Schwierigkeitspassung der Aufgaben für die 9. Klassen insgesamt angemessen (s. Tab. 1).

In einem vertiefenden Beitrag untersuchten Pohl et al. (2016) das Antwortverhalten der Schüler*innen mit SPF-L in 9. Klassen bei der Bearbeitung der Lesekompetenztests. Ziel dieser Untersuchung war es zum einen, nach Möglichkeit eine Gruppe von Schüler*innen an Förderschulen zu identifizieren, für die valide und messinvariante Kompetenzwerte vorliegen. Zum anderen sollten Testbearbeitungsmuster untersucht werden, die potenzielle Erklärungen für die oben genannte eingeschränkte Güte der Messungen bieten könnten. Zugrunde gelegt wurden die 31 Items, die sowohl im Regelheft als auch in der reduzierten Heftvariante enthalten waren. Für beide Testversionen konnte eine Subgruppe von Schüler*innen mit SPF-L identifiziert werden, für die zufriedenstellende Itemfitwerte vorlagen sowie Messinvarianz im Vergleich zu Schüler*innen an allgemeinen Schulen festgestellt werden konnte. Insgesamt wiesen 97 von 401 Schüler*innen mit SPF-L eine (stark) erhöhte Person Outfit Statistic auf, was darauf hinweist, dass ihre Testergebnisse nicht zum postulierten Rasch-Modell passten. Für die anderen drei Viertel der Stichprobe im 9. Jahrgang an Förderschulen waren die Testergebnisse, unabhängig von der Testheftversion, valide und messinvariant im Vergleich zu Schüler*innen an Hauptschulen. Die Betrachtung des Bearbeitungsverhaltens verdeutlichte, dass etwa 5 % der Schüler*innen ein verstärktes Rateverhalten zeigten. Unter Berücksichtigung fehlender Werte (übersprungene und nicht erreichte Aufgaben) konnten zudem zwei fast gleich große Gruppen mit unterschiedlichen Bearbeitungsmustern identifiziert werden. Während die erste Gruppe insgesamt niedrige Anteile fehlender Werte aufwies, waren diese in der zweiten Gruppe – abgesehen von der Bearbeitung einfacher

Multiple-Choice-Aufgaben – deutlich erhöht. Vor allem komplexe Items (Entscheidungstabellen bzw. Zuordnungsaufgaben; Gehrer et al. 2012) wurden von Schüler*innen der zweiten Gruppe seltener bearbeitet. Eine differenzierte Betrachtung der Itemgüte für beide Bearbeitungsgruppen ergab, dass diese für die zweite Gruppe deutlich schlechter ausfiel. Auch die Vergleichbarkeit mit Schüler*innen an allgemeinen Schulen war für die zweite Gruppe stärker eingeschränkt.

Somit liegen für die Schüler*innen in 9. Klassen an Förderschulen differenzielle Ergebnisse vor, die unterschiedliche Annahmen hinsichtlich der Aufgabenbearbeitung und Güte der Daten in Subpopulationen nahelegen. Während Schüler*innen identifiziert werden konnten, für die mit den eingesetzten Testheftvarianten valide Ergebnisse erzielt wurden, gilt dieses Resultat für einen Teil der Stichprobe nicht. Eine detailliertere Beschreibung dieser beiden Populationen hinsichtlich weiterer relevanter Hintergrundvariablen (z. B. kognitive Grundfähigkeiten) steht noch aus.

5.3 Mathematische Kompetenz

Die im Rahmen des NEPS erfasste mathematische Kompetenz kann als ein globales Maß zum Lösen mathematik-bezogener Alltagsprobleme verstanden werden (Neumann et al. 2013). Die Aufgaben lassen sich vier Inhaltsbereichen (z. B. Quantität, Raum und Form) und sechs prozessorientierten Komponenten (z. B. Modellieren) zuordnen (für Beispielaufgaben s. Schnittjer und Duchhardt 2015).

Im 9. Jahrgang an Förderschulen wurden zwei angepasste Heftversionen, die den Schüler*innen zufällig auf Individualebene zugewiesen wurden, mit je 20 Items administriert. Items des Regelheftes wurden mit zehn (Out-of-Level-A) bzw. 14 (Out-of-Level-B) Aufgaben für vier Jahre jüngere Schüler*innen (5. Klassenstufe) ergänzt. Die Heftzuweisung erfolgte auf Individualebne. Die Passung und Güte der Instrumente für die Gruppe von Schüler*innen mit SPF-L an Förderschulen wurden von Südkamp, Pohl, Hardt et al. (2015) untersucht. Es zeigte sich, dass die Schwierigkeiten der Aufgaben den unteren Fähigkeitsbereich der Schüler*innen mit SPF-L nicht abdecken. Auch wenn die Version Out-of-Level-B mehr Items mit adäquater Schwierigkeit für Schüler*innen mit SPF-L enthielt, reichen diese Aufgaben nicht aus, um das Leistungsspektrum im unteren Fähigkeitsbereich differenziert zu erfassen. Bis auf zwei Aufgaben im Out-of-Level-A wiesen alle Aufgaben jedoch akzeptable bis gute Trennschärfen auf, die WMNSQ-Werte lagen zwischen den erwarteten Grenzwerten und keine ICC-Kurve wurde als auffällig eingestuft (s. Tab. 1). Somit bildet die Zusammenstellung der Aufgaben eine erste Grundlage für eine reliable Messung der Mathematikkompetenz von Schüler*innen an Förderschulen im mittleren bis oberen Kompetenzbereich. Die Passung der Schwierigkeiten an die Fähigkeiten im unteren Leistungsspektrum ist jedoch noch zu optimieren.

5.4 Metakognitives Wissen

Die Erfassung der deklarativen Metakognition erfolgt in einem szenario-basierten Format, mit Fokus auf verschiedene Aspekte des Strategiewissens. Die Nützlichkeit bestimmter Strategien in einer vorgegebenen Situation (z. B. Erinnern und Organisieren von Informationen, Planen und Regulieren von Lernsituationen) soll bewertet werden (Händel et al. 2013). Für Schüler*innen an Förderschulen im 6. Jahrgang wurde das Instrument testgruppenweise in zwei Variationen administriert: selbstständiges Lesen versus standardisiertes Vorlesen der Items von CD. Das identische Design wurde auch in einer Kontrollstichprobe von Hauptschüler*innen umgesetzt. Die Effekte und Auswirkungen dieser Anpassung wurden von Händel et al. (2014, 2015) untersucht. Die Reliabilitäten erwiesen sich sowohl für beide Stichproben als auch in beiden Bedingungen als zufriedenstellend ($\alpha > 0{,}85$). Aufgrund der weniger ausgeprägten metakognitiven Strategiewissens von Schüler*innen mit SPF-L (s. Abschn. 2) wurde ein Mittelwertsunterschied zwischen den Schüler*innengruppen erwartet, was sich bestätigte. Während die Schüler*innen an Hauptschulen 66 % der Aufgaben korrekt beantworteten, waren die Antworten der Förderschüler*innen bei knapp 44 % der Items korrekt. Schüler*innen an Hauptschulen profitierten von der angepassten Darbietung (laut vorlesen) und zeigten signifikant höhere Leistungen als jene Hauptschüler*innen, die die Aufgaben selbstständig lesen mussten. Die Testleistung der Schüler*innen an Förderschulen hingegen unterschied sich zwischen den beiden Darbietungsbedingungen nicht, jedoch reduzierte das Vorlesen die Häufigkeit fehlender Werte deutlich. Eine differenzierte Betrachtung der Zusammenhänge zwischen der Testperformanz und der Lesegeschwindigkeit der Schüler*innen zeigte, dass vor allem langsam lesende Schüler*innen an Hauptschulen in der Vorlesevariante eine höhere Testperformanz erzielten. Diese Assoziation war allerdings für die Gruppe von Förderschüler*innen nicht zu verzeichnen. Die Schüler*innen an Förderschulen, welche im Durchschnitt eine geringere Lesegeschwindigkeit als Schüler*innen an Hauptschulen aufwiesen, lasen anscheinend insgesamt zu langsam, als dass für sie die Maßnahme des laut Vorlesens bei der Bearbeitung der Aufgaben ein Vorteil gegenüber dem eigenständigen Lesen gewesen wäre.

5.5 Schriftliche Befragung

Die Befragung der Schüler*innen erfolgte im Rahmen des NEPS mit einem papierbasierten schriftlichen Instrument. Im Vergleich zu Schüler*innen an allgemeinen Schulen erhielten alle Schüler*innen an Förderschulen in den Jahrgängen 5 und 9 einen bezüglich der folgenden Aspekte angepassten Fragebogen: 1) Auswahl bestimmter Konstrukte, 2) Kürzung des Instruments zur Reduzierung der kognitiven Anforderungen und 3) Rotation der Itemreihenfolge,[8] um Aufmerksamkeitseffekte überprüfen zu können. Zudem wurde der Darbietungsmodus angepasst, indem alle Fragen und Items von geschulten Testleiter*innen nach einem standardisierten Skript vorgelesen wurden.

5.5.1 Familiäre Hintergrundmerkmale

Die Validität von Angaben zu familiären Hintergrundmerkmalen, die für die Untersuchung verschiedener Fragestellungen in der empirischen Bildungsforschung besonders relevant sind, wurden von Nusser et al. (2016) überprüft. Der Fokus lag auf Übereinstimmungen bei den Antworten von Eltern und Schüler*innen hinsichtlich der Angaben zum Migrationshintergrund und zum sozioökonomischen Status der Familie. Im NEPS erfolgt die Erfassung des Migrationshintergrunds sehr differenziert bis in die 3. Generation (Kristen et al. 2011). In den Antworten zum Geburtsland der 2. und 3. Generation (Eltern und Großeltern) war der Anteil fehlender Werte bei Schüler*innen an Förderschulen in der 5. und 9. Klassenstufe signifikant höher als bei Schüler*innen an allgemeinen Schulen. Auch die Übereinstimmung der Angaben mit den Eltern war bei diesen Fragen in der Gruppe der Förderschüler*innen geringer als in der Vergleichsgruppe an allgemeinen Schulen. Somit ist von einer eher geringen Validität der Antworten der Kinder und Jugendlichen mit SPF-L auszugehen. Fragen zum eigenen Geburtsland und der eigenen sowie der Muttersprache der Eltern wurden von den Schüler*innen häufiger in Übereinstimmung mit den Eltern beantwortet und können daher eher als valide betrachtet werden. Es lässt sich schlussfolgern, dass Aspekte, die eine alltägliche Relevanz haben, wie die Muttersprache, demnach eher akkurat beantwortet werden können.

[8]Fragen zum familiären Hintergrund wurden zu Beginn der Befragung administriert und nicht rotiert.

Die älteren Schüler*innen in 9. Klassen wurden zusätzlich zum sozioökonomischen Status ihrer Familie befragt. Es ist bekannt, dass eine valide Beantwortung von Fragen zum Bildungsabschluss und zur Erwerbstätigkeit der Eltern für Jugendliche eine Herausforderung darstellt (s. auch Maaz et al. 2006). Entsprechend zeigte auch die Untersuchung der Antworten von Schüler*innen an Förderschulen, dass die Übereinstimmung zwischen den Angaben der Jugendlichen und denen ihrer Eltern gering war. Die Herausforderung für die Schüler*innen, diese Fragen zu beantworten, wurde auch an den hohen Anteilen fehlender Werte (bis zu 70 %) deutlich.

5.5.2 Weitere bildungsrelevante Konstrukte

Weitere bildungsrelevante Konstrukte, wie das akademische Selbstkonzept und die Lesemotivation, wurden von Nusser et al. (2015) auf ihre Messinvarianz hin untersucht. Zunächst konnte gezeigt werden, dass die Position der Itembatterien innerhalb des Fragebogens die Messung der beiden Konstrukte nicht beeinflusste. Die Länge des gekürzten Fragebogens scheint demnach angemessen zu sein und die Position innerhalb des Instruments beeinflusste nicht das Antwortverhalten der Schüler*innen. Darüber hinaus zeigten die Mehrgruppenvergleiche konfirmatorischer Faktorenanalysen, dass für diese beiden Konstrukte in einer Stichprobe von Schüler*innen an Förderschulen und Hauptschulen im 5. Jahrgang zumindest partielle skalare Messinvarianz vorliegt, die zwar gruppenspezifische Parameter (einzelne Faktorladungen und/oder Interzepts) vorsieht, jedoch vergleichende Analysen erlaubt. Wesentliche Probleme mit gewissen Items (negativ formulierte Aussagesätze), die nicht in die Analysen einbezogen werden konnten, waren unabhängig von der Schulform evident. Auch wenn einzelne Items von Schüler*innen an Förderschulen und Hauptschulen konzeptuell offenbar unterschiedlich verstanden wurden, erlaubt die partielle skalare Messinvarianz den Vergleich von Mittelwerten der Konstrukte Selbstkonzept und Lesemotivation zwischen den beiden Schüler*innengruppen an Förderschulen und Hauptschulen.

6 Diskussion

Das Ziel, Kompetenzen und weitere bildungsrelevante Konstrukte bei Schüler*innen mit einem sonderpädagogischen Förderbedarf Lernen (SPF-L) valide und mit anderen Schüler*innengruppen vergleichbar zu erfassen, stellt Bildungsstudien vor große Herausforderungen (Nusser 2018). Das Nationale Bildungspanel (NEPS) hat in einer Serie von Machbarkeitsstudien überprüft, inwieweit eine Einbeziehung dieser Kinder und Jugendlichen in das längsschnittliche Design der deutschlandweiten Studie zu aussagekräftigen Daten führen kann. Hierzu wurden verschiedene Akkommodationen und angepasste Administrationsbedingungen entwickelt und in experimentellen Designs eingesetzt, um zu prüfen, ob und welche Maßnahmen zu einer validen und vergleichbaren Testung und Befragung beitragen. Die in diesem Beitrag zusammengefassten Ergebnisse der Machbarkeitsstudien an Förderschulen mit dem Schwerpunkt Lernen beruhen auf zwei längsschnittlichen Stichproben, allerdings wurde zunächst in querschnittlichen Designs experimentell überprüft, ob und wenn ja, wie eine valide und gleichzeitig messinvariante Kompetenztestung in verschiedenen Bereichen umgesetzt werden kann.

Auf Basis bisheriger Veröffentlichungen zu verschiedenen Kompetenzbereichen und NEPS-Befragungen der Schüler*innen mit SPF-L zeichnet sich ein heterogenes Bild.

Domänenübergreifende Maße Die Erfassung der kognitiven Grundfähigkeiten als domänenübergreifendes Maß erfolgte mittels eines Kurzindikators (Lang et al. 2014) ohne Anpassungen. Für Schüler*innen mit SPF-L (9. Klasse) führte das Testverfahren zu messinvarianten und mit Hauptschüler*innen vergleichbaren – wenn auch geringeren – Ergebnissen (Gnambs und Nusser 2019). Bei diesem Testverfahren handelt es sich um ein in der Anforderung der einzelnen Aufgaben homogenes Verfahren, das von älteren Schüler*innen an Förderschulen ohne besondere Probleme bearbeitet werden konnte.

Domänenspezifische Maße (Lesen, Mathematik) Im Unterschied dazu ist vor allem die Erfassung domänenspezifischer Kompetenzen, wie Leseverständnis und Mathematik, auf der theoretischen Fundierung längsschnittlich angelegter und literacy-orientierter Rahmenkonzeptionen mit einer Reihe von Herausforderungen verbunden (vgl. auch Müller et al. 2017). Trotz Anpassungen der Testaufgaben war die Schwierigkeitspassung an die Fähigkeiten der Förderschüler*innen, die Güte und Validität der Aufgaben sowie die Vergleichbarkeit mit anderen Schüler*innen nicht zufriedenstellend (Südkamp, Pohl, Hardt et al. 2015; Südkamp, Pohl und Weinert 2015). Auch wenn die Akkommodationen die genannten Qualitätskriterien insgesamt positiv beeinflussten, lagen nach wie vor Einschränkungen vor. Die in diesem Beitrag zusammengefassten Ergebnisse weisen darauf hin, dass die NEPS-Machbarkeitsstudien mit akkommodierten Out-of-Level-Heften für Lese- und Mathematikaufgaben eine bessere Schwierigkeitspassung und Testgüte für Schüler*innen mit SPF-L erreichen konnten als mit dem jeweiligen Regelheft. Der Ansatz der Out-of-Level-Testung lässt sich – insbesondere im Kontext des NEPS mit einer kohärenten Kompetenzerfassung über die Lebensspanne – als vielversprechendes Verfahren interpretieren. Die umgesetzte Akkommodation unter

Einbeziehung von Aufgaben für jüngere Schüler*innen reicht jedoch noch nicht aus, um eine *optimale* Passung zwischen Aufgabenschwierigkeit und Fähigkeitsniveau der Schüler*innen mit SPF-L zu erreichen. Einschränkend lässt sich jedoch sagen, dass Out-of-Level-Aufgaben insbesondere in der Domäne Lesen unter Umständen die Passung zwischen den Themen und Inhalten der Texte und dem Alter der Schüler*innen negativ beeinflussen könnten. Nicht altersgerechte, passende Themen resultieren vermutlich in geringerem Interesse sowie einer reduzierten Motivation, sodass die Validität der Messung ebenfalls beeinträchtigt sein kann.

Das Ziel, vergleichbare Kompetenzschätzer für Schüler*innen an Förderschulen und allgemeinen Schulen berechnen zu können, verlangt identische Aufgaben (Ankeritems), die Messinvarianz aufweisen (Fischer et al. 2016). Somit werden für Schüler*innen mit SPF-L angepasste Testhefte immer auch Aufgaben enthalten müssen, die für das Fähigkeitsniveau von Schüler*innen an allgemeinen Schulen entwickelt wurden. Basierend auf den Ergebnissen der NEPS-Machbarkeitsstudien lässt sich zeigen, dass solche Ankeritems auch unter Kontrolle der Fähigkeiten *vermutlich* überwiegend nicht identische Itemschwierigkeiten für Schüler*innengruppen an allgemeinen Schulen und an Förderschulen und somit *differential item functioning* (DIF) aufweisen werden. Aufgaben, die ein DIF kennzeichnet, tragen jedoch weder zu einem validen noch zu einem messinvarianten Kompetenzschätzer bei. Das Auftreten von DIF kann auf curriculare Unterschiede zwischen Förderschulen und allgemeinen Schulen zurückgehen. Obwohl die Kompetenztests im NEPS einem Literacy-Ansatz folgen und eher curriculums-unabhängig sind (Weinert et al. 2011), erhalten Schüler*innen an diesen verschiedenen Schulformen unterschiedliche Lerngelegenheiten mit nicht zwingend vergleichbaren Inhalten.

In den berichteten Ergebnissen zeigten sich Unterschiede zwischen den Altersbereichen. Für die 9. Klassen konnten Pohl et al. (2016) für etwa drei Viertel der Stichprobe an Förderschulen belegen, dass vergleichbare Lesekompetenzschätzer anzunehmen sind. Vor allem für jüngere Schüler*innen (5. Klasse) ist die Güte der Leseaufgaben stärker eingeschränkt (Südkamp, Pohl, Hardt et al. 2015). Das könnte u. a. daran liegen, dass die jüngeren Schüler*innen über weniger Testerfahrung verfügen. Auch wenn für beide Altersstichproben die Ergebnisse zur Validität und Vergleichbarkeit für das Regelheft und über alle angepassten Testhefte hinweg grundsätzlich eher wenig zufriedenstellend waren, deuten die Befunde – vor allem für ältere Schüler*innen – in eine positive Richtung.

Metakognitive Kompetenzen Im dritten Bereich, der Testung der metakognitiven Kompetenzen, wurden keine inhaltlichen Anpassungen vorgenommen, sondern die Darbietungsformen (laut vorlesen über CD vs. selbstständig lesen) experimentell variiert (Händel et al. 2014). Erwartungsgemäß zeigten Schüler*innen mit SPF-L in dem Test zu metakognitivem Wissen geringere Ergebnisse im Vergleich zu Schüler*innen an Hauptschulen. Das Vorlesen der Aufgaben hatte keinen Effekt auf die Testperformanz der Schüler*innen an Förderschulen, die Hauptschüler*innen konnten hingegen davon profitieren. Vor allem für langsam lesende Schüler*innen an Hauptschulen wirkt sich das Vorlesen der Testaufgaben positiv aus. Somit widerspricht diese Anpassung für diesen Test der *differential boost hypothesis* (Sireci et al. 2005), die besagt, dass Akkommodationen nur die Testperformanz von Schüler*innen mit Förderbedarf beeinflussen darf. Dennoch ist festzustellen, dass die umgesetzte Akkommodation des Vorlesens für bestimmte Schüler*innen, jedoch nicht für diejenigen mit SPF-L, eine Quelle der konstrukt-irrelevanten Varianz – die der Lesegeschwindigkeit – reduziert. Somit ist zu berücksichtigen, dass auch für die Nutzung spezifischer Hilfsangebote, wie das Vorlesen, bestimmte basale Fähigkeiten aufseiten der Schüler*innen notwendig sind, damit sie bzw. ihre Testperformanz davon profitieren können.

Befragung Für die Befragung der Schüler*innen mit SPF-L zeigten sich hingegen teilweise positive Ergebnisse in Bezug auf das Vorlesen. Jedoch wurde in der Stichprobe der Förderschüler*innen das Vorlesen der Fragebogenitems nicht experimentell variiert, sodass keine Vergleiche zwischen verschiedenen Darbietungsmodi durchgeführt werden können. Die Befragung von Jugendlichen zu ihren familiären Hintergrundmerkmalen stellt auch an allgemeinen Schulen eine Herausforderung dar (vgl. auch Kreuter et al. 2010; Maaz et al. 2006). Dies wurde auch im Rahmen der Erhebungen an Förderschulen evident. Vor allem Aspekte zum Bildungshintergrund der Eltern konnten kaum beantwortet werden. Allerdings zeigte sich, dass Fragen, die eine hohe Vertrautheit und Salienz für die Schüler*innen besitzen, wie die eigene Muttersprache, im Vergleich zu anspruchsvolleren Fragen (z. B. Geburtsland der Eltern und Großeltern) deutlich akkurater beantwortet werden konnten (Nusser et al. 2016). Dies entspricht früheren Hinweisen aus der Literatur (vgl. Looker 1989). Für Fragen zum akademischen Selbstkonzept und zur Lesemotivation kann von Messinvarianz ausgegangen werden (Nusser et al. 2015). Somit scheint das Vorlesen, trotz fehlender Vergleichsgruppe, eine adäquate Darbietung für jüngere Schüler*innen an Förderschulen mit dem Schwerpunkt Lernen zu sein. Mit Blick auf die Ergebnisse zur Erfassung des metakognitiven Wissens jedoch erweist sich das Vorlesen von Aufgaben in Tests bzw. Fragen in Fragebögen nicht als gleichermaßen zielführend. In den hier vorgestellten Beispielen unterschieden sich zudem die

Vorlesearten, was auch zu Unterschieden geführt haben könnte. So wurde der Test zum metakognitiven Wissen für die Standardisierung über CD administriert. Demgegenüber wurden die Fragebogenitems von geschulten Testleiter*innen vorgelesen. Letzteres hatte den Vorteil, dass ein besser auf die Klasse abgestimmtes Tempo möglich war und individuelle Nachfragen berücksichtigt werden konnten.

Die hier vorgestellten Ergebnisse verdeutlichen, dass die spezifischen Ausgangsvoraussetzungen von Schüler*innen mit SPF-L an Förderschulen mit dem Schwerpunkt Lernen im Rahmen großer Bildungsstudien beachtet werden müssen und können, um valide und vergleichbare Kompetenzwerte zu erhalten. Andere an Förderschulen durchgeführte Studien legen ähnliche Befunde nahe (Müller et al. 2017), wohingegen Untersuchungen bei inklusiv lernenden Schüler*innen mit SPF-L deutlich weniger Einschränkungen in der Itemgüte und Messinvarianz aufzeigen (Kocaj et al. 2016). Fehlendes Instruktionsverständnis, geringere kognitive Grundfähigkeiten und Lesefertigkeiten, wenig Testerfahrung u. Ä. können beim Einsatz von Aufgaben, die für Schüler*innen ohne Beeinträchtigungen an allgemeinen Schulen entwickelt wurden, wichtige Itemqualitätskriterien einschränken. Da es sich bei der Gruppe von Schüler*innen mit SPF-L an Förderschulen mit dem Schwerpunkt Lernen um eine höchst heterogene Gruppe handelt, ist davon auszugehen, dass Effekte von Akkommodationen innerhalb dieser Schüler*innenschaft unterschiedlich ausfallen können, teilweise sich nur für gewisse Subpopulationen konstrukt-irrelevante Anforderungen wirksam reduzieren und daher erhebliche inter-individuelle Unterschiede anzunehmen sind (vgl. Weinert und Artelt 2019). Theoretisch fundierte Ansätze sind zu nutzen und weiterzuentwickeln, um die aussagekräftige Einbeziehung von Schüler*innen mit SPF-L in Large-Scale-Assessments weiter zu fördern. Einzelne Anpassungen spezifischer Administrationsbedingungen (z. B. Vorlesen) scheinen nicht immer ausreichend zu sein, um konstrukt-irrelevante Varianzen für alle Schüler*innen zu reduzieren. Die hier vorgestellten Ansätze liefern wichtige Orientierungspunkte für Bildungsstudien in Deutschland. Insbesondere ist für das längsschnittliche Design des NEPS der Ansatz der Out-of-Level-Testung ein wichtiger Anknüpfungspunkt, der mit entsprechenden Linkstudien die Verortung der Kompetenzen verschiedener Schüler*innengruppen auf der gleichen Metrik ermöglichen könnte. Das Vorlesen von Aufgaben und Fragen ist je nach Konstrukt, Altersgruppe und Inhalt differenziert zu prüfen. Darüber hinaus sind weiterführende Anpassungen auszubauen, die andere Aspekte der Zugänge zu Testaufgaben und -anforderungen berücksichtigen (z. B. erweiterte Instruktion; vgl. Gresch et al. 2020; Nusser und Weinert 2017).

Literatur

Artelt, C., Weinert, S., & Carstensen, C. H. (2013). Assessing competencies across the lifespan within the German National Educational Panel Study (NEPS)-Editorial. *Journal for Educational Research Online, 5*(2), 5–14.

Aßmann, C., Steinhauer, H. W., Kiesl, H., Koch, S., Schönberger, B., Müller-Kuller, A., et al. (2011). Sampling designs of the National Educational Panel Study: Challenges and solutions. *Zeitschrift Für Erziehungswissenschaft, 14*(2), 51–65. https://doi.org/10.1007/s11618-011-0181-8.

Autorengruppe Bildungsberichterstattung. (2018). *Bildung in Deutschland 2018: Ein indikatorengestützter Bericht mit einer Analyse zu Wirkungen und Erträgen von Bildung*. Bielefeld: Bertelsmann.

Beddow, P. A., Kurz, A., & Frey, J. R. (2011). Accessibility theory: Guiding the science and practice of test item design with the test-taker in mind. In S. N. Elliott, R. J. Kettler, P. A. Beddow, & A. Kurz (Hrsg.), *Handbook of accessible achievement tests for all students* (S. 163–182). New York: Springer.

Blossfeld, H.-P., Roßbach, H.-G., & von Maurice, J. (2011). Education as a lifelong process. The German National Educational Panel Study (NEPS). *Zeitschrift Für Erziehungswissenschaft, 14,* 2.

Borgers, N., De Leeuw, E. D., & Hox, J. (2000). Children as respondants in survey research: Cognitive development and response quality. *Bulletin de Methodologie Sociologique, 66,* 60–75.

Bos, W., Müller, S., & Stubbe, T. C. (2010). Abgehängte Bildungsinstitutionen: Hauptschulen und Förderschulen. In G. Quenzel & K. Hurrelmann (Hrsg.), *Bildungsverlierer. Neue Ungleichheiten* (S. 375–397). Wiesbaden: Springer.

Brunner, M., Lang, F. R., & Lüdtke, O. (2014). *Erfassung der fluiden kognitiven Leistungfähigkeit über die Lebensspanne im Rahmen der National Educational Panel Study: Expertise* (NEPS Working Paper No. 42). https://www.neps-data.de/Portals/0/Working%20Papers/WP_XLII.pdf.

Cormier, D. C., Altman, J., Shyyan, V., & Thurlow, M. L. (2010). A summary of the research on the effects of test accommodations: 2007–2008. Technical Report 56. *National Center on Educational Outcomes, University of Minnesota.* http://eric.ed.gov/?id=ED511744.

Cox, M. L., Herner, J. G., Demczyk, M. J., & Nieberding, J. J. (2006). Provision of testing accommodations for students with disabilities on statewide assessments: Statistical links with participation and discipline rates. *Remedial and Special Education, 27*(6), 346–353. https://doi.org/10.1177/07419325060270060401.

Dietze, T. (2012). Zum Stand der sonderpädagogischen Förderung in Deutschland. Die Schulstatistik 2010/11. *Zeitschrift für Heilpädagogik, 63*(1), 26–31.

Fischer, L., Rohm, T., Gnambs, T., & Carstensen, C. H. (2016). *Linking the data of the competence tests* (NEPS Survey Paper No. 1). Bamberg: Leibniz Institute for Educational Trajectories, National Educational Panel Study.

Frahm, S., Goy, M., Kowalski, K., Sixt, M., Strietholt, R., Blatt, I., et al. (2011). Transition and development from lower secondary to upper secondary school. *Zeitschrift Für Erziehungswissenschaft, 14*(2), 217–232. https://doi.org/10.1007/s11618-011-0188-1.

Fuchs, L. S., & Fuchs, D. (2001). Helping teachers formulate sound test accommodation decisions for students with learning disabilities. *Learning Disabilities Research & Practice, 16*(3), 174–181.

Gebhardt, M., Sälzer, C., Mang, J., Müller, K., & Prenzel, M. (2015). Performance of students with special educational needs in Germany: Findings from Programme for International Student Assessment 2012. *Journal of Cognitive Education and Psychology, 14*(3), 343–356. https://doi.org/10.1891/1945-8959.14.3.343.

Gehrer, K., & Artelt, C. (2013). Literalität und Bildungslaufbahn: Das Bildungspanel NEPS. In C. Rosebrock & A. Bertschi-Kaufmann (Hrsg.), *Literalität erfassen: Bildungspolitisch, kulturell, individuell* (S. 168–187). Weinheim: Beltz-Juventa.

Gehrer, K., Zimmermann, S., Artelt, C., & Weinert, S. (2012). *The assessment of reading competence (including sample items for grade 5 and 9).* https://www.neps-data.de/Portals/0/NEPS/Datenzentrum/Forschungsdaten/SC4/1-0-0/com_re_2012_en.pdf.

Gehrer, K., Zimmermann, S., Artelt, C., & Weinert, S. (2013). NEPS framework for assessing reading competence and results from an adult pilot study. *Journal for Educational Research Online, 5*(2), 50–79.

Gnambs, T., & Nusser, L. (2019). The longitudinal measurement of reasoning abilities in students with special educational needs. *Frontiers in Psychology, 10.* https://doi.org/10.3389/fpsyg.2019.00232.

Gresch, C., & Piezunka, A. (2015). Schülerinnen und Schüler mit sonderpädagogischer Förderung (im Bereich „Lernen") an Regelschulen. In P. Kuhl, P. Stanat, B. Lütje-Klose, C. Gresch, H. A. Pant, & M. Prenzel (Hrsg.), *Inklusion von Schülerinnen und Schülern mit sonderpädagogischem Förderbedarf in Schulleistungserhebungen* (S. 181–219). Wiesbaden: Springer VS. https://doi.org/10.1007/978-3-658-06604-8_7.

Gresch, C., Nusser, L., & Kohrt, P. (2020). Zwischen Standardisierung und Anpassung: Administration und Durchführung der Datenerhebung bei Schüler*innen mit sonderpädagogischem Förderbedarf in Large-Scale-Studien. In C. Gresch, P. Kuhl, M. Grosche, C. Sälzer & P. Stanat (Hrsg.), *Schüler*innen mit sonderpädagogischem Förderbedarf in Schulleistungserhebungen: Einblicke und Entwicklungen* (S. 77–107). Wiesbaden: Springer.

Gresch, C., Strietholt, R., Kanders, M., & Solga, H. (2016). Reading-aloud versus self-administered student questionnaires: An experiment on data quality. In H.-P. Blossfeld, J. von Maurice, M. Bayer, & J. Skopek (Hrsg.), *Methodological issues of longitudinal surveys* (S. 561–578). Wiesbaden: Springer.

Grünke, M., & Grosche, M. (2014). Lernbehinderung. In G. W. Lauth, M. Grünke, & J. C. Brunstein (Hrsg.), *Interventionen bei Lernstörungen* (S. 76–89). Göttingen: Hogrefe.

Hahn, I., Schöps, K., Rönnebeck, S., Martensen, M., Hansen, S., Saß, S., et al. (2013). Assessing scientific literacy over the lifespan – A description of the NEPS science framework and the test development. *Journal for Educational Research Online, 5*(2), 110–138.

Händel, M., Artelt, C., & Weinert, S. (2013). Assessing metacognitive knowledge: Development and evaluation of a test instrument. *Journal for Educational Research Online, 5*(2), 162–188.

Händel, M., Lockl, K., Heydrich, J., Weinert, S., & Artelt, C. (2014). Assessment of metacognitive knowledge in students with special educational needs. *Metacognition and Learning, 9*(3), 333–352. https://doi.org/10.1007/s11409-014-9119-x.

Händel, M., Lockl, K., Heydrich, J., Weinert, S., & Artelt, C. (2015). Kompetenztestung bei Schülerinnen und Schülern mit Förderschwerpunkt Lernen. Effekte unterschiedlicher Testbedingungen am Beispiel eines Tests zum metakognitiven Wissen. In P. Kuhl,

P. Stanat, B. Lütje-Klose, C. Gresch, H. A. Pant, & M. Prenzel (Hrsg.), *Inklusion von Schülerinnen und Schülern mit sonderpädagogischem Förderbedarf in Schulleistungserhebungen* (S. 221–242). Wiesbaden: Springer.

Hessels, M. G. P. (2009). Estimation of the predictive validity of the HART by means of a dynamic test of geography. *Journal of Cognitive Education and Psychology, 8*(1), 5–21. https://doi.org/10.1891/1945-8959.8.1.5.

Heydrich, J., Weinert, S., Nusser, L., Artelt, C., & Carstensen, C. H. (2013). Including students with special educational needs into large-scale assessments of competencies: Challenges and approaches within the German National Educational Panel Study (NEPS). *Journal for Educational Research Online, 5*(2), 217–240.

Kettler, R. J. (2012). Testing Accommodations: Theory and research to inform practice. *International Journal of Disability, Development and Education, 59*(1), 53–66. https://doi.org/10.1080/1034912X.2012.654952.

Klauer, K. J., & Lauth, G. W. (1997). Lernbehinderungen und Leistungsschwierigkeiten bei Schülern. In F. E. Weinert (Hrsg.), *Psychologie des Unterrichts und der Schule* (S. 701–738). Göttingen: Hogrefe.

Kocaj, A., Kuhl, P., Kroth, A. J., Pant, H. A., & Stanat, P. (2014). Wo lernen Kinder mit sonderpädagogischem Förderbedarf besser? Ein Vergleich schulischer Kompetenzen zwischen Regel- und Förderschulen in der Primarstufe. *Kölner Zeitschrift für Soziologie und Sozialpsychologie, 66*(2), 165–191. https://doi.org/10.1007/s11577-014-0253-x.

Kocaj, A., Haag, N., Weirich, S., Kuhl, P., Pant, H. A., & Stanat, P. (2016). Aspekte der Testgüte bei der Erfassung schulischer Kompetenzen von Schülerinnen und Schülern mit sonderpädagogischem Förderbedarf. In V. Moser & B. Lütje-Klose (Hrsg.), *Zeitschrift für Pädagogik – 62. Beiheft „Schulische Inklusion“* (S. 212–234). Weinheim: Beltz/Juventa.

Koretz, D., & Barton, K. (2004). Assessing students with disabilities: Issues and evidence. *Educational Assessment, 9*(1–2), 29–60. https://doi.org/10.1080/10627197.2004.9652958.

Kreuter, F., Eckman, S., Maaz, K., & Watermann, R. (2010). Children's reports of parents' education level: Does it matter whom you ask and what you ask about. *Survey Research Methods, 4,* 127–138.

Kristen, C., Edele, A., Kalter, F., Kogan, I., Schulz, B., Stanat, P., & Will, G. (2011). The education of migrants and their children across the life course. *Zeitschrift Für Erziehungswissenschaft, 14*(S2), 121–137. https://doi.org/10.1007/s11618-011-0194-3.

Lang, F. R., Kamin, S., Rohr, M., Stünkel, C., & Willinger, B. (2014). *Erfassung der fluiden kognitiven Leistungsfähigkeit über die Lebensspanne im Rahmen des Nationalen Bildungspanels: Abschlussbericht zu einer NEPS-Ergänzungsstudie* (NEPS Working Paper No. 43). Bamberg: Leibniz-Institut für Bildungsverläufe, Nationales Bildungspanel.

Lauth, G. W., Brunstein, J. C., & Grünke, M. (2014). Lernstörungen im Überblick: Arten, Klassifikation, Verbreitung und Erklärungsperspektiven. In G. W. Lauth, M. Grünke, & J. C. Brunstein (Hrsg.), *Interventionen bei Lernstörungen: Förderung, Training und Therapie in der Praxis* (S. 17–31). Göttingen: Hogrefe.

Looker, E. D. (1989). Accuracy of proxy reports of parental status characteristics. *Sociology of Education, 62*(4), 257. https://doi.org/10.2307/2112830.

Maaz, K., Kreuter, F., & Watermann, R. (2006). Schüler als Informanten? Die Qualität von Schülerangaben zum sozialen Hintergrund. In J. Baumert, P. Stanat, & R. Waterman (Hrsg.), *Herkunftsbedingte Disparitäten im Bildungswesen: Differenzielle Bildungsprozesse und Probleme der Verteilungsgerechtigkeit* (S. 31–59). Wiesbaden: Springer.

Mahler, N., Kölm, J., & Werner, B. (2020). Entwicklung von Mathematiktestaufgaben für Schüler*innen mit sonderpädagogischem Förderbedarf Lernen – Konzeption und empirische Ergebnisse. In C. Gresch, P. Kuhl, M. Grosche, C. Sälzer & P. Stanat (Hrsg.), *Schüler*innen mit sonderpädagogischem Förderbedarf in Schulleistungserhebungen: Einblicke und Entwicklungen* (S. 109–146). Wiesbaden: Springer.

Marsh, H. W. (1986). Negative item bias in ratings scales for preadolescent children: A cognitive-developmental phenomenon. *Developmental Psychology, 22*(1), 37–49. https://doi.org/10.1037/0012-1649.22.1.37.

Müller, K., Prenzel, M., Sälzer, C., Mang, J., Heine, J.-H., & Gebhardt, M. (2017). Wie schneiden Schülerinnen und Schüler an Förderschulen bei PISA ab? Analysen aus der PISA 2012-Zusatzerhebung zu Jugendlichen mit sonderpädagogischem Förderbedarf. *Unterrichtswissenschaft, 45*(2), 175–192.

Neumann, I., Duchhardt, C., Grüßing, M., Heinze, A., Knopp, E., & Ehmke, T. (2013). Modeling and assessing mathematical competence over the lifespan. *Journal for Educational Research Online, 5*(2), 80–109.

Nusser, L. (2018). *Valide und vergleichbare Erfassung bildungsrelevanter Konstrukte bei Schülerinnen und Schüler mit einem sonderpädagogischen Förderbedarf Lernen*. Bamberg: OPUS (Otto-Friedrich-Universität).

Nusser, L., & Messingschlager, M. (2018). *Erfassung kognitiver Grundfähigkeiten bei Schülerinnen und Schülern an Förderschulen in Startkohorte 4 (Klasse 9)* (NEPS Survey Paper No. 33). Bamberg: Leibniz-Institut für Bildungsverläufe, Nationales Bildungspanel.

Nusser, L., & Weinert, S. (2017). Instructions in test-taking: An appropriate approach for students with special educational needs. *Journal of Cognitive Education and Psychology, 16*(3), 227–240. https://doi.org/10.1891/1945-8959.16.3.227.

Nusser, L., Carstensen, C. H., & Artelt, C. (2015). Befragung von Schülerinnen und Schülern mit sonderpädagogischem Förderbedarf Lernen: Ergebnisse zur Messinvarianz. *Empirische Sonderpädagogik, 7*(2), 99–116.

Nusser, L., Heydrich, J., Carstensen, C. H., Artelt, C., & Weinert, S. (2016). Validity of survey data of students with special educational needs – Results from the National Educational Panel Study. In H.-P. Blossfeld, J. von Maurice, M. Bayer, & J. Skopek (Hrsg.), *Methodological Issues of Longitudinal Surveys* (S. 251–266). Wiesbaden: Springer.

Nusser, L., Weinert, S., Artelt, C., & Carstensen, C. H. (in Vorbereitung). *Anlage der Machbarkeitsstudien an Förderschulen Lernen im Rahmen des Nationalen Bildungspanels (2010–2013)* (NEPS Survey Paper). Bamberg: Leibniz-Institut für Bildungsverläufe, Nationales Bildungspanel.

Pitoniak, M. J., & Royer, J. M. (2001). Testing accommodations for examinees with disabilities: A review of psychometric, legal, and social policy issues. *Review of Educational Research, 71*(1), 53–104. https://doi.org/10.3102/00346543071001053.

Pohl, S., & Carstensen, C. H. (2012). *NEPS technical report – Scaling the data of the competence tests*. https://www.neps-data.de/Portals/0/Working%20Papers/WP_XIV.pdf.

Pohl, S., Südkamp, A., Hardt, K., Carstensen, C. H., & Weinert, S. (2016). Testing students with special educational needs in large-scale assessments – Psychometric properties of test scores and associations with test taking behavior. *Frontiers in Psychology, 7*. https://doi.org/10.3389/fpsyg.2016.00154.

Roussos, L. A. & Stout, W. (2004). Differential item functioning analysis: Detecting DIF item and testing DIF hypotheses. In D. Kaplan (Hrsg.), *The Sage handbook of quantitative methodology for the social sciences* (S. 107–115). Thousand Oaks, CA: Sage.

Schnittjer, I., & Duchhardt, C. (2015). *Mathematical competence: Framework and exemplary test items*. https://www.neps-data.de/Portals/0/NEPS/Datenzentrum/Forschungsdaten/Kompetenzen/com_ma_2015.pdf.

Scruggs, T. E., Bennion, K., & Lifson, S. (1985). An analysis of children's strategy use on reading achievement tests. *The Elementary School Journal, 85*(4), 479–484.

Senkbeil, M., Ihme, J. M., & Wittwer, J. (2013). The Test of Technological and Information Literacy (TILT) in the National Educational Panel Study: Development, empirical testing, and evidence for validity. *Journal for Educational Research Online, 5*(2), 139–161.

Sireci, S. G., Scarpati, S. E., & Li, S. (2005). Test accommodations for students with disabilities: An analysis of the interaction hypothesis. *Review of Educational Research, 75*(4), 457–490.

Steinmetz, H., Schmidt, P., Tina-Booh, A., Wieczorek, S., & Schwartz, S. H. (2009). Testing measurement invariance using multigroup CFA: Differences between educational groups in human values measurement. *Quality & Quantity, 43*(4), 599–616. https://doi.org/10.1007/s11135-007-9143-x.

Südkamp, A., Pohl, S., Hardt, K., Jordan, A.-K., & Duchhardt, C. (2015). Kompetenzmessung in den Bereichen Lesen und Mathematik bei Schülerinnen und Schülern mit sonderpädagogischem Förderbedarf. In P. Kuhl, P. Stanat, B. Lütje-Klose, C. Gresch, H. A. Pant, & M. Prenzel (Hrsg.), *Inklusion von Schülerinnen und Schülern mit sonderpädagogischem Förderbedarf in Schulleistungserhebungen* (S. 243–272). Wiesbaden: Springer.

Südkamp, A., Pohl, S., & Weinert, S. (2015). Competence assessment of students with special educational needs – Identification of appropriate testing accommodations. *Frontline Learning Research, 3*(2), 1–26.

Thurlow, M. L., Ysseldyke, J. E., & Silverstein, B. (1995). Testing accommodations for students with disabilities. *Remedial and Special Education, 16*(5), 260–270. https://doi.org/10.1177/074193259501600502.

Torgesen, J. K. (1977). The role of nonspecific factors in the task performance of learning disabled children: A theoretical assessment. *Journal of Learning Disabilities, 10*(1), 33–40.

von Maurice, J., Zinn, S., & Wolter, I. (2017). Large-scale assessments: Potentials and challenges in longitudinal designs. *Psychological Test and Assessment Modeling, 59*(1), 35–54.

Weinert, S., & Artelt, C. (2019). Measurement of skills and achievement: A critical assessment of theoretical and methodological concepts. In R. Becker (Hrsg.), *Research handbook on the sociology of education* (S. 106–131). Cheltenham, UK: Edward Elgar Publishing.

Weinert, S., Artelt, C., Prenzel, M., Senkbeil, M., Ehmke, T., & Carstensen, C. H. (2011). Development of competencies across the life span. *Zeitschrift Für Erziehungswissenschaft, 14*(S2), 67–86. https://doi.org/10.1007/s11618-011-0182-7.

Wong, B. Y. L. (1991). The relevance of metacognition to learning disabilities. In B. Y. L. Wong (Hrsg.), *Learning about learning disabilities* (S. 231–258). San Diego: Academic.

Zielinski, W. (1996). Lernschwierigkeiten. In F. E. Weinert (Hrsg.), *Psychologie des Lernens und der Instruktion* (S. 369–402). Göttingen: Hogrefe.

Teil C

Bedingungen und Erträge schulischer Inklusion

Ausgewählte schulische Ausgangslagen und organisatorische Gestaltungsformen von Inklusion an Grundschulen in Deutschland

Cornelia Gresch, Poldi Kuhl und Lena Külker

Zusammenfassung

Es ist wenig darüber bekannt, wie Inklusion auf Schulebene in Deutschland jeweils ausgestaltet wird. Angelehnt an Kontext-Input-Prozess-Output-Modelle beschreibt dieser Beitrag, wie Grundschulen, an denen Schüler*innen mit sonderpädagogischem Förderbedarf (SPF) in Deutschland unterrichtet werden, hinsichtlich ausgewählter schulischer Ausgangslagen und organisatorischer Gestaltungsformen variieren. Datengrundlage bildet die Befragung von $N = 1113$ Schulleitungen im Rahmen des IQB-Bildungstrend 2016. Es werden sechs Bereiche betrachtet: 1) die Anteile an Schüler*innen mit SPF in den Schulen, 2) die Verteilung auf die unterschiedlichen Klassen, 3) verschiedene Aspekte inklusiver Strukturen, 4) die personellen Ressourcen, 5) die Aufgabenbereiche der sonderpädagogischen Lehrkräfte und 6) die Einstellungen der Schulleitungen zum Gemeinsamen Unterricht. Die Ausgangslagen und Gestaltungsformen werden jeweils für Schulen mit geringen, mittleren und hohen Anteilen an Schüler*innen mit SPF dargestellt. Die Ergebnisse vermitteln einen ersten deskriptiven Eindruck

C. Gresch (✉) · L. Külker
Institut zur Qualitätsentwicklung im Bildungswesen, Humboldt-Universität zu Berlin, Berlin, Deutschland
E-Mail: cornelia.gresch@iqb.hu-berlin.de

L. Külker
E-Mail: lena.kuelker@iqb.hu-berlin.de

P. Kuhl
Institut für Bildungswissenschaft, Leuphana Universität Lüneburg, Lüneburg, Deutschland
E-Mail: poldi.kuhl@leuphana.de

C. Gresch et al. (Hrsg.), *Schüler*innen mit sonderpädagogischem Förderbedarf in Schulleistungserhebungen,* https://doi.org/10.1007/978-3-658-27608-9_7

von den vielfältigen Ausgangslagen und Herangehensweisen inklusiver Schulen und den Potenzialen für weiterführende Forschung.

Abstract
To date, little is known about how students with special educational needs (SEN) are inclusively taught in general schools in Germany. Based on a context-input-process-output-model, this article describes the variation in how primary schools including students with SEN. The schools vary with regard to selected factors pertaining to the context and organizational aspects. The data used for the analyses stem from questionnaires answered by $N = 1113$ principals in the *IQB Trend 2016*. Six contextual and organizational aspects were examined: 1) the percentage of students with SEN in schools, 2) the allocation of SEN students to different classrooms; 3) different aspects of inclusive structures, 4) staff resources, 5) responsibilities of SEN teachers and 6) the principals' attitudes toward inclusive education. For each aspect, schools were divided into groups with low, medium and high proportions of students with SEN and compared accordingly. The results give a preliminary descriptive impression of the manifold preconditions of inclusion, the different approaches realizing inclusion, and the potential for further research.

1 Einleitung[1]

Günstige Rahmenbedingungen der Einzelschulen werden immer wieder als bedeutende Gelingensbedingungen für schulische Inklusion[2] benannt (z. B. Dyson 2010; Heimlich 2014). Gleichzeitig ist wenig darüber bekannt, wie diese Rahmenbedingungen in Deutschland überhaupt gestaltet sind. So wird zur Beschreibung der Umsetzung von Inklusion häufig auf Grundlage amtlicher Daten gezeigt, wie sich Schüler*innen mit sonderpädagogischer Förderung auf allgemeine Schulen verteilen (z. B. Klemm 2015). Über diese Beschreibung hinaus bieten diese Daten allerdings keine vertiefenden Informationen darüber, was letztlich in den Schulen geschieht, unter welchen Bedingungen diese Schulen arbeiten und wie Inklusion umgesetzt wird.

Studien, in denen schulische Ausgangslagen und organisatorische Gestaltungsformen von Inklusion auf der Einzelschulebene untersucht werden, sind uns nur

[1]Wir danken den anonymen Gutachter*innen für die hilfreichen Hinweise.

[2]Zum Inklusionsbegriff vergleiche Abschn. 2.

wenige bekannt (vgl. aber z. B. die qualitative Studie von Prinz und Kulik 2018). Dies liegt zum einen an der Schwierigkeit, eine ausreichend große Stichprobe von inklusiv arbeitenden Schulen zu ziehen (vgl. hierzu auch Gresch und Piezunka 2015). Zum anderen ist bislang nicht abschließend geklärt, welche Faktoren überhaupt als „Rahmenbedingung" oder „Organisationsform" auf Schulebene für Inklusion relevant sind. Eine Annäherung an eine Identifikation relevanter Bedingungen bietet das Handlungsmodell von Fend (2008a), welches auch den sogenannten „Kontext-Input-Prozess-Output-Modellen (KIPO)" zugeordnet werden kann (z. B. Ditton 2000, 2016; Egger 2017; Gresch und Piezunka 2015; Loreman et al. 2014; Lütje-Klose 2018; Stufflebeam 1967). Angelehnt an Fend (2008a) und weitere KIPO-Modelle zeigt dieser Beitrag, wie Grundschulen, an denen Schüler*innen mit sonderpädagogischem Förderbedarf (SPF) unterrichtet werden, hinsichtlich ausgewählter schulischer Ausgangslagen und organisatorischer Gestaltungsformen variieren.

Dem Beitrag liegt zunächst ein enges Verständnis von Inklusion zugrunde, welches von der Platzierung von Schüler*innen mit sonderpädagogischem Förderbedarf an allgemeinen Schulen ausgeht (vgl. zu verschiedenen Inklusionsverständnissen in empirischen Studien Grosche und Lüke 2020, gleicher Band; Nilholm und Göransson 2017; Werning 2014). Gleichsam werden auch Ausgangslagen und Organisationsformen beschrieben, die die gesamte Schülerschaft betreffen und somit perspektivisch auch für ein weites Inklusionsverständnis bedeutsam sein können.

Dabei werden sechs Bereiche untersucht: 1) die Zusammensetzung der Schülerschaft hinsichtlich SPF in den Schulen, 2) die Verteilung der Schüler*innen mit SPF innerhalb der Schulen auf die unterschiedlichen Klassen, 3) verschiedene Aspekte inklusiver Strukturen, 4) die personellen Ressourcen an den Schulen, 5) die Aufgabenbereiche der sonderpädagogischen Lehrkräfte und 6) die Einstellungen der Schulleitungen zum Gemeinsamen Unterricht. Die Ausgangslagen und Gestaltungsformen werden jeweils für Schulen mit geringen, mittleren und hohen Anteilen an Schüler*innen mit sonderpädagogischem Förderbedarf betrachtet.

Datengrundlage bildet die Befragung von insgesamt $N = 1113$ Schulleitungen, die im Rahmen des IQB-Bildungstrend 2016, einer bundesweiten und auf Länderebene repräsentativen Studie, an allgemeinbildenden Grundschulen durchgeführt wurde (Stanat et al. 2017). Einbezogen in die Analysen dieses Beitrags werden alle Schulen aus der Stichprobe des IQB-Bildungstrend 2016, an denen mindestens ein Kind unterrichtet wird, das einen amtlich festgestellten sonderpädagogischen Förderbedarf hat oder unabhängig von einem Feststellungsverfahren sonderpädagogisch gefördert wird.

Die Ergebnisse der Analysen können als Ausgangspunkt für die Auseinandersetzung mit Handlungsspielräumen für Schulen dienen, die zum Gelingen von Inklusion beitragen könnten. Sie vermitteln einen ersten Eindruck von den vielfältigen Ausgangslagen und Herangehensweisen inklusiver Schulen und den Potenzialen für weiterführende Forschung.

2 Ausgangslage

Im Mittelpunkt des Beitrags stehen schulische Ausgangslagen und Gestaltungsformen von Inklusion. In der Literatur besteht bislang keine Einigkeit über die Bedeutung des Begriffs „Inklusion" und dieser wird vielfältig verwendet (für eine ausführliche Darstellung vgl. Grosche 2015; Hinz 2002; Wocken 2010, 2014). Ähnlich spiegeln sich diese unterschiedlichen Verständnisse auch in den jeweiligen Umsetzungspraktiken in den Ländern wider (z. B. Blanck 2014). Im Folgenden wird im Sinne des engen Verständnisses von „Inklusion" gesprochen, wenn Schüler*innen mit und ohne SPF gemeinsam an einer allgemeinen Schule lernen. Der Begriff „sonderpädagogischer Förderbedarf" bezieht sich dabei sowohl auf Schüler*innen, deren Bedarf im Rahmen eines offiziellen Feststellungsverfahrens diagnostiziert wurde, als auch auf diejenigen, die unabhängig von einem solchen Verfahren sonderpädagogisch gefördert werden (vgl. Gresch et al. 2017; Piezunka et al. 2016)[3]. Sofern Schüler*innen mit und ohne SPF gemeinsam unterrichtet werden, wird der Begriff „Gemeinsamer Unterricht" verwendet.

Die folgenden Ausführungen knüpfen an das theoretische Handlungsmodell von Fend (2008a) an. Es wurde entwickelt, um zu illustrieren, wie verschiedene Handlungsebenen im Bildungswesen miteinander verbunden sind und wie diese zur Erfüllung des zentralen Auftrags der Schule beitragen. Fend (2008a) unterscheidet fünf Handlungsebenen: Bildungspolitik, Bildungsverwaltung, Einzelschule, Klasse und Person. Innerhalb dieser Handlungsebenen gibt es jeweils einen Handlungskontext, mehrere Handlungsformen und verschiedene Handlungsergebnisse. Die verschiedenen Handlungsebenen sind miteinander verschränkt, sodass das Handlungsergebnis der einen Ebene gleichzeitig einen Teil des Handlungskontextes der nachgelagerten Ebene bildet (vgl. hierzu auch den

[3]Uns ist bekannt, dass diese Definition teilweise begrifflich auch als „Integration" bezeichnet wird (vgl. Wocken (2009). Wir teilen allerdings die Argumentation von Grosche (2015, S. 31 f.) und nutzen dennoch den Begriff der „Inklusion".

Begriff der Rekontextualisierung im Sinne von Educational Governance; vgl. Altrichter et al. 2007). Bei „Regelungsvorgaben der Makroebene, des ‚Masterplans der Bildungsplanung'" (Fend 2008b, S. 154) handelt es sich beispielsweise um Ergebnisse von Entscheidungsprozessen, die auf die Kontextebene der Einzelschule überführt werden. Übertragen auf die inklusive Ausgestaltung werden zum Beispiel auf Ebene der Bildungspolitik und Bildungsverwaltung Entscheidungen darüber getroffen, ob eine Schule pauschale Ressourcen für sonderpädagogische Förderung zugewiesen bekommt, ob ein*e Schüler*in ein sonderpädagogisches Gutachten als Voraussetzung für sonderpädagogische Förderung benötigt oder wie viele bzw. welche Schüler*innen mit SPF diese allgemeine Schule besuchen. Die von Fend (2008b) als „Handlungsergebnisse" bezeichneten Folgen dieser Entscheidung wirken sich direkt auf Ebene der Einzelschule aus. Dort bilden sie (gekoppelt mit weiteren schulspezifischen Ausgangslagen) den Handlungskontext (Input) für die innerschulischen Prozesse und Outputs.

Bei dem Modell von Fend handelt es sich um ein sogenanntes Kontext-Input-Prozess-Output-Modell (KIPO). KIPO-Modelle haben in der Schulentwicklungsforschung eine lange Tradition (z. B. Ditton 2000, 2016; Egger 2017; Fend 2008a, b; Stufflebeam 1967). Dabei liegt in der Regel kein besonderer Fokus auf „inklusiven Schulen" bzw. auf Schulen, an denen Schüler*innen mit SPF unterrichtet werden. Zunehmend werden KIPO-Modelle aber auch auf inklusive Schulen übertragen oder dahin gehend diskutiert (vgl. Gresch und Piezunka 2015; Loreman et al. 2014; Lütje-Klose 2018). Beispielsweise haben Loreman et al. (2014) in einem systematischen Review Indikatoren für inklusive Bildung in ein KIPO-Modell eingeordnet, welches neben allgemeinen schulischen Indikatoren, wie beispielsweise die Ausbildung der Lehrkräfte oder das soziale Klima, auch Aspekte berücksichtigt, die speziell Schüler*innen mit SPF betreffen, wie beispielsweise die Rolle angrenzender Förderschulen oder sonderpädagogische Unterstützung. Loreman et al. (2014) unterscheiden dabei drei Ebenen: die Makroebene (Politik, Administration), die Mesoebene (Einzelschule) und die Mikroebene (Klassenebene). Die einzelnen Aspekte sind allerdings – ähnlich wie auch bei Fend (2008a, b) – wenig spezifiziert. Das heißt, diese Modelle bieten zwar eine Orientierung, jedoch keine konkrete Handreiche, welche Ausgangslagen und Prozesse auf Ebene der Einzelschule tatsächlich für die Umsetzung und das Gelingen von Inklusion relevant sind.

Forschungsarbeiten, die sich mit schulischen Ausgangslagen oder Prozessen von Inklusion auseinandersetzen, sind überwiegend auf der Makroebene oder auf der Mikroebene angesiedelt. Auf der Makroebene gibt es beispielsweise verschiedene Veröffentlichungen, in denen basierend auf Analysen von Gesetzestexten, Rechts- und Verwaltungsvorschriften die jeweiligen Vorgehensweisen der Länder in Deutschland bei der Umsetzung inklusiver Bildung beschrieben und teilweise auch klassifiziert werden (z. B. Blanck 2015; Gresch et al. 2014; Mißling und Ückert 2014). Auswertungen auf Basis amtlicher Daten (Klemm 2015) können ebenfalls der Makroebene zugeschrieben werden. Auf Grundlage von Informationen zur Anzahl an Schüler*innen mit SPF an allgemeinen Schulen und Förderschulen werden beispielsweise zeitliche Entwicklungen der „Inklusionsquoten" in Deutschland untersucht oder verschiedene Bundesländer miteinander verglichen (Autorengruppe Bildungsberichterstattung 2018; Klemm 2015; Moser und Dietze 2015). Auswertungen auf Grundlage amtlicher Daten stehen dabei allerdings immer wieder in der Kritik, da hier die spezifischen Gegebenheiten und Unterschiede innerhalb der Länder und an den Schulen nicht umfänglich berücksichtigt werden können (z. B. Gresch und Piezunka 2015).

Studien, die sich direkt auf die Ausgangslagen und Prozesse auf der Einzelschulebene (Mesoebene) konzentrieren, greifen häufig bestimmte Aspekte auf, die auch in dem Handlungsmodell von Fend benannt sind. Hier finden sich beispielsweise Studien zum Schulleitungshandeln (z. B. Badstieber et al. 2018; Badstieber und Moldenhauer 2016) oder zu den verschiedenen Kooperationsformen innerhalb der Schule (z. B. Lütje-Klose und Urban 2014), die bei Fend jeweils unter „Handlungsformen" (Prozesse) verortet sind.

Eine der wenigen Studien, in der explizit Input- und Prozessfaktoren inklusiver Schulen identifiziert werden, findet sich in einem qualitativen Teilprojekt des Projekts „Evaluation inklusiver Bildung in Hamburgs Schulen" (EiBiSch; Schuck et al. 2018). Hier untersuchen Prinz und Kulik (2018) Gelingensbedingungen und Hemmnisse bei der Umsetzung inklusiver Bildung mit Blick auf die Organisations-, Unterrichts- und Personalentwicklung und unter Anwendung des Educational-Governance-Ansatzes. Als Ergebnis werden verschiedene relevante Bedingungen benannt, die auf der Meso-Ebene verortet werden können, zwischen Schulen variieren und sich teilweise in anderen bekannten Modellen (z.B. Fend 2008b; Loreman et al. 2014) wiederfinden. Die untersuchten Schulen variierten erheblich bezüglich ihrer Ausgangslagen und implementierten Prozesse, wie beispielsweise hinsichtlich der inklusiven Strukturen, des Leitungshandelns, der Rolle der Sonderpädagogischen Lehrkräfte oder auch der für multiprofessionelle Kooperationen bedeutsamen Rahmenbedingungen.

Zusammenfassend gibt es bislang nur wenige Studien, die sich damit befassen, welche Ausgangslagen und Prozesse auf Einzelschulebene für die Umsetzung von Inklusion relevant sind und wie sich Schulen hinsichtlich dieser Ausgangslagen und Prozesse unterscheiden. Einen allgemeinen Rahmen zur Orientierung bieten KIPO-Modelle und hier insbesondere das Handlungsmodell von Fend (2008a) und das KIPO-Modell von Loreman et al. (2014). Bislang ist jedoch wenig darüber bekannt, welche Ausgangslagen und Prozesse überhaupt eine Rolle bei schulischer Inklusion spielen.

Vor diesem Hintergrund werden im Folgenden verschiedene schulische Ausgangslagen und Prozesse exemplarisch beschrieben; eine vollständige Abbildung der genannten KIPO-Modelle erfolgt nicht. Allerdings handelt es sich bei den ausgewählten Aspekten um Input- und Prozessmerkmale, die immer wieder diskutiert werden oder für die bislang keine oder nur wenige Informationen darüber vorliegen, wie sie sich zwischen den Schulen unterscheiden. Betrachtet werden folgende Merkmale: 1) die Zusammensetzung der Schulen hinsichtlich der Anteile an Schüler*innen mit SPF, 2) die Verteilung der Schüler*innen innerhalb der Schule auf die Klassen, 3) die personelle Ausstattung der Schulen, 4) die Aufgabenbereiche der sonderpädagogischen Lehrkräfte, 5) verschiedene inklusive Strukturen und schließlich 6) die Einstellungen der Schulleitungen.

2.1 Zusammensetzung der Schülerschaft nach SPF

Schulen unterscheiden sich in der Zusammensetzung ihrer Schülerschaft, auch hinsichtlich der Anteile an Schüler*innen mit SPF (vgl. Gresch et al. 2014). Es gibt eine Reihe von Gründen für diese unterschiedlichen Zusammensetzungen. Unter anderem besteht für den Förderschwerpunkt „Lernen" eine Konfundierung mit der sozialen Herkunft (vgl. Kölm et al. 2017). Als Folge dieser Konfundierung sind an Grundschulen in sozial benachteiligten Wohngegenden Schüler*innen mit diesem Förderschwerpunkt stärker vertreten als an Grundschulen, deren Einzugsgebiet in sozial privilegierteren Gegenden liegt. Ein anderer Grund für die ungleiche Verteilung der Schüler*innen mit SPF auf Grundschulen liegt darin, dass es teilweise Schwerpunktschulen gibt, also allgemeine Schulen, die gezielt ihr Profil auf das gemeinsame Unterrichten von Schüler*innen mit und ohne SPF ausgerichtet haben. Aus verschiedenen, hier nur auszugsweise angeführten Gründen unterscheiden sich Schulen demnach in den Anteilen der Kinder mit SPF, die sie unterrichten. Die Untersuchung der Anteile der Schüler*innen mit SPF an einer Schule findet in bisherigen Forschungsarbeiten wenig Aufmerksamkeit. Es gibt allerdings Hinweise, dass sich die innerschulischen Organisationsformen bei höheren Anteilen an Schüler*innen mit SPF verändern, wie beispielsweise hinsichtlich der Kooperationsformen (vgl. Richter und Pant 2016). Entsprechend ist anzunehmen, dass es für die innerschulischen Gestaltungsprozesse eine Rolle spielt, wie viele Schüler*innen mit SPF an der Schule unterrichtet werden und welche Förderschwerpunkte vertreten sind.

2.2 Verteilung der Schüler*innen mit SPF auf die Klassen

Über die Verteilung der Kinder mit SPF auf Einzelschulen hinaus variiert die Art und Weise erheblich, wie Schüler*innen mit SPF organisatorisch auf die Klassen einer Schule verteilt werden (Blanck 2015). Teilweise werden eigene Klassen gebildet, in denen ausschließlich Schüler*innen mit SPF unterrichtet werden. Diese Schüler*innen gehören formal häufig einer kooperierenden Förderschule an. Darüber hinaus gibt es teilweise sehr unterschiedliche Herangehensweisen der Schulen bei der Verteilung von Schüler*innen mit SPF auf die Klassen eines Jahrgangs. Dies zeigen beispielsweise Auswertungen von Gresch et al. (2014), die „Schullisten" von Schulen, an denen Schüler*innen mit SPF unterrichtet werden, u. a. mit Informationen zur Anzahl der Schüler*innen mit SPF „Lernen" an der Schule, pro Klassenstufe und pro Klasse untersuchten. Hier fanden sich deutliche Unterschiede zwischen den Bundesländern. So besuchten beispielsweise in Hamburg 54 % aller Schüler*innen mit SPF „Lernen" in der vierten Klassenstufe gemeinsam mit mindestens zwei weiteren Schüler*innen im Förderschwerpunkt „Lernen" eine Klasse, während der entsprechende Anteil in Mecklenburg-Vorpommern 11 % betrug. Die Zusammensetzung der Klassen liegt dabei nicht ausschließlich im Ermessen der Schulen, sondern hängt häufig auch mit Vorgaben auf Ebene der Bildungspolitik oder Bildungsverwaltung zusammen, beispielsweise indem ein Maximum an Schüler*innen mit SPF pro Klasse festgelegt ist oder ein Richtwert, ab welcher Anzahl Schüler*innen mit SPF die Klassenfrequenz gesenkt werden kann (u. a. Boenisch 2002; Heimlich 2014; Preuss-Lausitz 1998). Über die Entscheidungsprozesse innerhalb der Schulen ist grundsätzlich wenig bekannt.

2.3 Inklusive Strukturen

Inklusive Strukturen, das heißt Inklusion unterstützende Rahmenbedingungen der Einzelschule, werden als Gelingensbedingung für die Umsetzung schulischer Inklusion benannt (Heimlich et al. 2016). Auch im Index für Inklusion spielen die Strukturen eine tragende Rolle für die Umsetzung von Inklusion auf Einzelschulebene (vgl. Boban und Hinz 2003). Die jeweils benannten Indikatoren für inklusive Strukturen sind dabei vielfältig und keinesfalls zwischen den Studien identisch oder vergleichbar. Sie umfassen u. a. baulich-räumliche und materielle Rahmenbedingungen (wie Sachausstattung, Raumangebot, Barrierefreiheit des Schulgebäudes) (vgl. Heimlich et al. 2016; Lelgemann et al. 2012) und etablierte Unterstützungsstrukturen (vgl. Boban und Hinz 2009). Arndt und Werning

(2016) benennen auf Grundlage einer qualitativen Studie wesentliche Merkmale, die für inklusive Schule und Schulentwicklung besonders wichtig sind, und betonen, dass sich inklusive Schulen vor allem durch verbindliche Absprachen und kontinuierliche Reflexion der mitwirkenden Lehrkräfte und der Schulleitung auszeichnen. Auch die Verankerung von Inklusion im Schulprogramm kann für die Umsetzung förderlich sein (vgl. Spörer et al. 2015). Wie unterschiedlich jedoch inklusive Strukturen zwischen Grundschulen ausgeprägt sind, wurde bislang nicht systematisch untersucht.

2.4 Personelle Ressourcen

Schüler*innen mit SPF sind „in ihren Bildungs-, Entwicklungs- und Lernmöglichkeiten so beeinträchtigt […], dass sie im Unterricht der allgemeinen Schule ohne sonderpädagogische Unterstützung nicht ausreichend gefördert werden können" (KMK 1994, S. 5). Vor diesem Hintergrund wird den sonderpädagogischen Lehrkräften eine hohe Bedeutung beigemessen. Hinzu kommen weitere Personen, die im Unterricht oder außerhalb der Unterrichtszeit unterstützend mitwirken, beispielsweise Schulbegleitungen, Erzieher*innen, Sozialarbeiter*innen oder Therapeut*innen. Sonderpädagogische Unterstützung hängt wesentlich davon ab, wie an inklusiven Schulen neben Grundschullehrkräften auch personelle sonderpädagogische Ressourcen zur Förderung vorhanden sind. In welchem Ausmaß inklusive Grundschulen sich diesbezüglich unterscheiden, soll in diesem Beitrag entsprechend ebenfalls vertiefend betrachtet werden.

2.5 Aufgabenbereiche von Sonderpädagog*innen

Die Aufgabenbereiche für sonderpädagogische Lehrkräfte an allgemeinbildenden Schulen sind vielfältig und umfassen sowohl das Unterrichten als auch die Diagnostik, Förderung und Beratung. In der Literatur werden zwei unterschiedliche Rollen gekoppelt mit unterschiedlichen Aufgabenbereichen definiert (vgl. Lütje-Klose 2016): Einerseits sind sonderpädagogische Lehrkräfte als Expert*innen insbesondere für die Bereiche Diagnostik, Förderung und Beratung von Schüler*innen mit SPF verantwortlich. Dies bezeichnet Lütje-Klose (2016, S. 368) als „individuelle Serviceleistung". Andererseits können sonderpädagogische Lehrkräfte in einer den Grundschullehrkräften gleichberechtigten Rolle – z. B. im Rahmen von Doppelbesetzungen – im Unterricht eingesetzt werden. Dies entspricht einer „systembezogene[n] Serviceleistung" (Lütje-Klose 2016, S. 368). Eine gelingende systembezogene Serviceleistung wird als förderlich für schulische Inklusion bewertet (Lütje-Klose 2016, S. 368). In verschiedenen Studien zeigt sich, dass sonderpädagogische Lehrkräfte eher Aufgaben in den Bereichen Administration, Diagnostik, individuelle Angebote für einzelne Schüler*innen, Beratung und Professionalisierung übernehmen. Die Verantwortungsbereiche allgemeinpädagogischer Lehrkräfte liegen hingegen eher in den Bereichen Classroom Management, Klassenklima, fachliche Vorbereitung. Aufgaben, die in den Verantwortungsbereich von Grundschullehrkräften und von sonderpädagogische Lehrkräfte fallen, betreffen den Unterricht, die Kooperation, die Förderplanung und die eigene Professionalisierung (Melzer und Hillenbrand 2015; Melzer et al. 2015; Werner und Quindt 2014). Eine Auseinandersetzung auf Bundesebene ist bislang nicht erfolgt.

2.6 Einstellungen der Schulleitungen zum Gemeinsamen Unterricht

Schulleitungen wird ein besonderer Stellenwert bei der Umsetzung von Inklusion auf Einzelschulebene zugesprochen, da sie durch ihre Einstellungen und in ihrem Handeln für die Entstehung einer inklusiven Schulkultur richtungsweisend sein können (z. B. Ainscow et al. 2013; Huber et al. 2017; Urton et al. 2014). Die Einstellung zu Inklusion bzw. zum Gemeinsamen Unterricht wurde vielfach untersucht, bislang jedoch vor allem bei Lehrkräften und Lehramtsstudierenden (z. B. Bosse und Spörer 2014; Heyl et al. 2014; Loreman et al. 2007; Kopp 2009; Kunz et al. 2010; Liebers und Seifert 2013) und vergleichsweise selten bei Schulleitungen (s. Urton et al. 2014). Dies ist insofern überraschend, als Studien vielfach darauf hingewiesen haben, dass die Haltungen von Schulleitungen eine wichtige Gelingensbedingung für erfolgreiche Schulentwicklungsprozesse sind (z. B. Fullan 2001). Entsprechend wird auch dieser Bereich vertieft betrachtet.

3 Fragestellung

Im vorliegenden Beitrag werden einzelne und bislang wenig empirisch erschlossene Ausgangslagen (Inputfaktoren) und Organisationsformen (Prozesse) inklusiver Schulen beschrieben, und zwar jeweils für Schulen mit geringen, mittleren und hohen Anteilen an Schüler*innen mit SPF. Untersucht wird die Frage, wie sich inklusive Grundschulen hinsichtlich ausgewählter schulischer Ausgangslagen unterscheiden und welche organisatorischen Gestaltungsformen genutzt werden. Folgende Bereiche werden betrachtet: 1) die Zusammensetzung der Schüler*innen nach SPF an den Grundschulen, 2) die Verteilung von Schüler*innen mit SPF auf die unterschiedlichen Klassen, 3) verschiedene Aspekte inklusiver Strukturen, 4) die personellen Ressourcen, 5) die Aufgabenbereiche der sonderpädagogischen Lehrkräfte und 6) die Einstellungen der Schulleitungen zum Gemeinsam Unterricht.

4 Datengrundlage und Methoden

Datengrundlage der Analysen bildet die Befragung von Schulleitungen im Rahmen des IQB-Bildungstrend 2016, einer bundesweiten und auf Länderebene repräsentativen Studie an allgemeinen Grundschulen (Stanat et al. 2017). An 80,3 % aller teilnehmenden Grundschulen wurden Schüler*innen unterrichtet, die einen amtlich festgestellten SPF aufweisen oder ohne Feststellungsverfahren durch eine sonderpädagogische Lehrkraft gefördert werden.[4] Diese Schulen wurden in die Analysen einbezogen, wobei eine Schule aufgrund implausibler Werte ausgeschlossen wurde. Für 92,9 % dieser Schulen liegen Angaben der Schulleitungen vor ($N = 1113$). Diese bilden die Ausgangslage der im Folgenden berichteten Auswertungen.

Für die Beschreibung der verschiedenen Ausgangslagen und Organisationsformen inklusiv arbeitender Schulen werden Schulen auf Basis ihrer Anteile an Schüler*innen mit SPF in drei Gruppen unterteilt: Schulen mit geringen Anteilen (erstes Quartil), Schulen mit mittleren Anteilen (zweites und drittes Quartil) und Schulen mit hohen Anteilen (viertes Quartil). Für die Auswertungen werden vor allem uni- und bivariate Analysen genutzt. Die Darstellung beruht – sofern dies nicht explizit ausgewiesen ist – auf gewichteten Daten.

5 Ergebnisse

Im Mittel beläuft sich die Größe der Grundschulen, an denen Schüler*innen mit SPF unterrichtet werden, auf 208 Schüler*innen. Die Anzahl variiert dabei von 23 bis 686 Schüler*innen. Von diesen Schüler*innen weisen im Mittel

[4]Eine Erfassung von SPF durch beide Konzepte (amtlich festgestellter sonderpädagogischer Förderbedarf und sonderpädagogische Förderung unabhängig von einer Diagnose) ist notwendig, da sich die Länder und Schulen teilweise darin unterscheiden, nach welchen Kriterien Schüler*innen ein sonderpädagogischer Förderbedarf zugeschrieben wird (vgl. Gresch et al. 2017).

3,8 % einen amtlich festgestellten SPF (alle Förderschwerpunkte) auf, weitere 3,0 % werden zusätzlich ohne amtliches Feststellungsverfahren durch sonderpädagogische Lehrkräfte gefördert. Somit haben zusammengefasst knapp sieben Prozent aller Schüler*innen an diesen Grundschulen einen amtlich festgestellten sonderpädagogischen Förderbedarf oder erhalten sonderpädagogische Förderung unabhängig von einer solchen Diagnose. Vergleicht man diese Anteile mit den amtlichen Daten, fällt dort der entsprechende Anteilswert an Schüler*innen mit SPF in der vierten Jahrgangsstufe für das Schuljahr 2015/2016 mit 3,1 % deutlich geringer aus (vgl. Schipolowski et al. 2017, S. 118: Tab. 4.2). Dies dürfte vor allem darauf zurückgeführt werden, dass nur Schulen einbezogen wurden, an denen Schüler*innen mit SPF unterrichtet wurden. Zudem gehen in einigen Ländern nur diejenigen Schüler*innen als „sonderpädagogisch gefördert“ in die amtlichen Statistiken ein, bei denen ein amtliches Feststellungsverfahren durchgeführt wurde (vgl. hierzu auch Gresch und Piezunka 2015).

5.1 Zusammensetzung der Schülerschaft nach SPF

Schüler*innen mit SPF werden in den Schulen teilweise unterschiedlich definiert und erfasst (vgl. hierzu auch Gresch et al. 2017). Aus diesem Grund sind in Abb. 1 die Anteile an Schüler*innen mit festgestelltem SPF (dunkle Balken) und sonderpädagogischer Förderung ohne Feststellungsverfahren (helle Balken) getrennt dargestellt. Auf der x-Achse sind jeweils die einzelnen Schulen abgebildet, die nach ihrem Anteil an Schüler*innen mit amtlich festgestellten Diagnosen aufsteigend sortiert sind.

Die Abbildung verdeutlicht, wie sehr sich Grundschulen in den Anteilen an Schüler*innen mit SPF unterscheiden. Es finden sich Schulen mit Anteilswerten im Bereich zwischen 0,2 und 44,4 %. Auch gibt es Unterschiede darin, wie viele Schüler*innen eine Diagnose aufweisen oder sonderpädagogisch gefördert werden: In einigen Schulen wird gänzlich ohne amtliches Feststellungsverfahren sonderpädagogisch gefördert (dargestellt ganz links in der Abbildung), in anderen Schulen erfolgt die sonderpädagogische Förderung ausschließlich auf Grundlage einer amtlichen Diagnose (erkennbar an den Schulen ohne hellgraue Balken). Überwiegend finden sich allerdings beide Formen an den Schulen wieder, wobei teilweise häufiger diagnostiziert, teilweise häufiger ohne amtliche Diagnose gefördert wird.

Im Folgenden werden beide Gruppen von Schüler*innen zusammengefasst betrachtet. Die Darstellungen zu „Schüler*innen mit SPF“ umfassen damit sowohl diejenigen mit amtlichem Feststellungsverfahren als auch diejenigen, die darüber hinaus ohne amtliche Diagnose sonderpädagogisch gefördert werden.

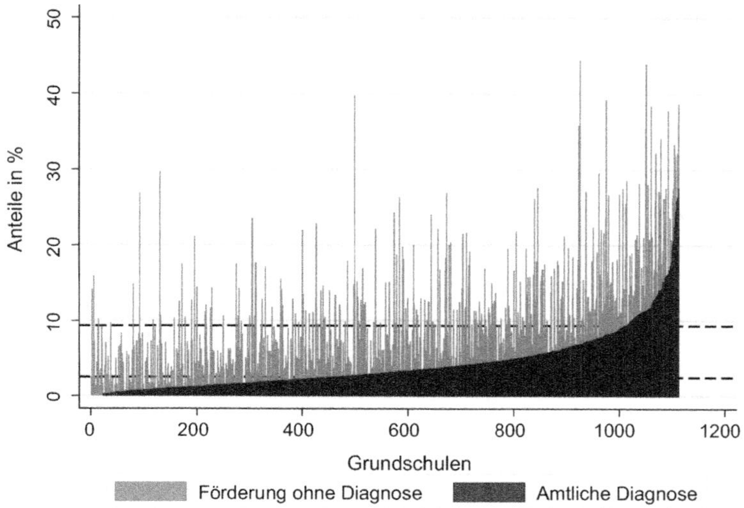

Abb. 1 Anteile an Schüler*innen mit einer amtlichen sonderpädagogischen Förderdiagnose (dunkel) oder sonderpädagogischer Förderung ohne Diagnose (hell) in den Grundschulen

Vertiefend wurden die Schulleitungen gebeten, anzugeben, wie viele Schüler*innen an ihrer Schule in den verschiedenen Förderschwerpunkten sonderpädagogisch gefördert werden. Grundlage der Einordnung bildeten die Kategorien aus der Empfehlung zur sonderpädagogischen Förderung in den Schulen in der Bundesrepublik Deutschland der Kultusministerkonferenz (vgl. KMK 1994) ergänzt durch die Kategorie „Erziehung und Unterricht von Schüler*innen mit autistischem Verhalten". Zudem gab es die Kategorie „Förderschwerpunkt nicht bekannt". Schüler*innen mit Doppel- oder Mehrfachdiagnosen (z. B. Förderbedarf im Förderschwerpunkt „Lernen" und „emotionale und soziale Entwicklung") sollten jedem zutreffenden Förderschwerpunkt zugeordnet werden.

Betrachtet man alle Grundschulen, an denen mindestens ein*e Schüler*in mit SPF unterrichtet wird, haben durchschnittlich 2,7 % aller Schüler*innen den sonderpädagogischen Förderschwerpunkt „Lernen", 1,7 % den Förderschwerpunkt „emotionale und soziale Entwicklung" und 1,1 % den Förderschwerpunkt „Sprache". Die weiteren Förderschwerpunkte sind deutlich seltener an den Schulen vertreten. 0,3 % aller Schüler*innen haben den Förderschwerpunkt „körperliche und motorische Entwicklung", 0,3 % „geistige Entwicklung", jeweils 0,2 %

Tab. 1 Anteile an Schüler*innen mit den Förderschwerpunkten „Lernen", „Sprache" und „emotionale und soziale Entwicklung"

Gruppe	Anteil aller Schulen der Gruppe in %	Anteil Schüler*innen mit SPF insgesamt (%)	Durchschnittlicher Anteil an Schüler*innen in den jeweiligen Gruppen mit Förderschwerpunkt:		
			Lernen (%)	Sprache (%)	ESE[1] (%)
Gesamt	100,0	6,9	2,7	1,1	1,7
1. Quartil (geringe SPF-Anteile)	24,8	1,3	0,8	0,3	0,6
2./3. Quartil (mittlere SPF-Anteile)	50,1	5,5	2,3	0,9	1,4
4. Quartil (hohe SPF-Anteile)	25,1	14,7	5,3	2,2	3,3

Anmerkungen: 1) ESE = emotionale- und soziale Entwicklung; Für alle berichteten Werte sind die Unterschiede zwischen den Quartilen statistisch bedeutsam ($p \leq 0{,}01$)

„Hören" oder „autistisches Verhalten" und unter 0,1 % „Sehen" oder „Unterricht kranker Schüler*innen". Bei 0,2 % aller Schüler*innen war der Förderschwerpunkt nicht zuzuordnen und bei 0,1 % nicht bekannt.[5]

Abb. 1 hat gezeigt, dass sich Schüler*innen mit SPF sehr unterschiedlich auf die Grundschulen verteilen und die Anteile daher stark variieren. Für die weiteren Darstellungen wurden auf Grundlage der Anteilswerte der Schüler*innen mit SPF an den Schulen Quartile[6] berechnet und diese in drei Gruppen zusammengefasst: Die erste Gruppe umfasst die 25 % der Schulen mit den geringsten Anteilswerten

[5]Die Werte fallen höher aus als amtliche Vergleichswerte, wie eigene Auswertungen der Daten des statistischen Bundesamts für das Schuljahr 2015/16 zeigen (vgl. DESTATIS 2017). Dies liegt daran, dass nur Schulen, an denen Schüler*innen mit SPF unterrichtet werden, in die Auswertungen einbezogen wurden. Zudem wurden Mehrfachdiagnosen unterschiedlich gehandhabt: Weist ein*e Schüler*in mehrere Diagnosen auf (z. B. „Lernen" und „Sprache"), wurde bei der amtlichen Datenerfassung nur ein Förderschwerpunkt mitgezählt, und zwar derjenige mit der ggf. stärkeren Ausprägung. Beim IQB-Bildungstrend wurden die Schulleitungen gebeten, jeweils für die einzelnen Förderschwerpunkte anzugeben, wie häufig diese vertreten sind. Dadurch werden Schüler*innen mit mehreren Förderschwerpunkten mehrfach erfasst.

[6]Die Quartilsbildung erfolgte auf Grundlage der gewichteten Daten.

(1. Quartil; Schulen mit 0,2 bis 2,5 % Schüler*innen mit SPF). Die zweite Gruppe setzt sich aus den mittleren 50 % aller Schulen zusammen (2. und 3. Quartil) mit Anteilswerten über 2,5 bis 9,3 % und die dritte Gruppe aus dem Viertel aller Schulen mit den höchsten Anteilswerten von über 9,3 bis zu 44 % Schüler*innen mit SPF (4. Quartil). In Abb. 1 ist die Aufteilung dieser drei Gruppen durch die beiden horizontalen gestrichelten Linien gekennzeichnet. Eine Übersicht der jeweiligen Zusammensetzung dieser drei Gruppen im Hinblick auf die drei größten Förderschwerpunkte „Lernen", „Sprache" und „emotionale und soziale Entwicklung" befindet sich in Tab. 1. Für die drei Quartils-Gruppen werden im Folgenden weitere inklusionsbezogene schulische Ausgangslagen und Prozesse vorgestellt und es wird gezeigt, wie diese zwischen den drei Gruppen variieren.

5.2 Verteilung der Schüler*innen mit SPF auf die Klassen

Um die Verteilungsprozesse auf die verschiedenen Klassen innerhalb einer Klassenstufe näher zu untersuchen, wurden die Schulleitungen im IQB-Bildungstrend 2016 gefragt, nach welchen Kriterien Schüler*innen mit SPF auf die einzelnen Klassen innerhalb eines Jahrgangs verteilt werden. Die Schulleitungen wählten aus verschiedenen Antwortmöglichkeiten aus, ob die Qualifikation der jeweiligen Lehrkräfte eine Rolle spielt, ob alle Schüler*innen mit SPF gleichmäßig auf die Klassen verteilt werden, ob sie alle gemeinsam in einer Klasse unterrichtet werden oder ob sie je nach Förderschwerpunkt getrennt unterrichtet werden. Zudem hatten sie im Rahmen einer offenen Abfrage die Möglichkeit, weitere Kriterien zu benennen, die die Verteilung der Schüler*innen mit SPF auf die Klassen beeinflussen. Die Ergebnisse sind in Tab. 2 dargestellt. Für eine Schule liegen keine Angaben zu dieser Frage vor, sodass diese aus den Auswertungen ausgeschlossen wurde.

Im Ergebnis zeigt sich, dass innerhalb der Schulen häufig verschiedene Kriterien zur Verteilung der Kinder mit SPF auf die Klassen herangezogen werden: In etwa 22 % der Schulen floss die Qualifikation der Lehrkräfte in die Entscheidung mit ein. Etwas mehr als die Hälfte der Schuleitungen gab an, die Schüler*innen mit SPF möglichst gleichmäßig auf die Klassen zu verteilen. 15 % der Schulleitungen achteten darauf, dass Schüler*innen mit SPF möglichst die gleiche Klasse besuchen. Dies biete – so häufige Erläuterungen – die Möglichkeit, die vorhandenen sonderpädagogischen Ressourcen zu bündeln und die Schüler*innen mit SPF besser fördern zu können. Deutlich seltener wurde angegeben, alle Schüler*innen mit

Tab. 2 Kriterien bei der Verteilung von Schüler*innen mit SPF auf die Klassen

Kriterium	Gesamt (%)	1. Quartil (niedriger SPF-Anteil) (%)	2. + 3. Quartil (mittlerer SPF-Anteil) (%)	4. Quartil (hoher SPF-Anteil) (%)
Qualifikation der Lehrkräfte	21,5	23,8	20,6*	20,9*
Gleichmäßige Verteilung der Schüler*innen mit SPF auf die Klassen	54,5	49,0	51,7*	**65,3***
Verteilung aller Schüler*innen mit SPF in einer Klasse	14,6	13,4	14,3	**16,3***
Verteilung in Abhängigkeit von den Förderschwerpunkten	6,5	2,3	7,4*	**9,0***
Weitere Kriterien	36,2	38,0	38,4	**30,2***

Anmerkungen: Aufgrund von Mehrfachnennungen können die Gesamtanteile über 100 % liegen; * = der Anteil ist signifikant abweichend von dem Wert beim 1. Quartil ($p < 0{,}05$); fettgedruckte Werte in der vierten Spalte weisen auf signifikante Unterschiede zum 2 + 3. Quartil hin

SPF in Abhändigkeit vom Förderschwerpunkt zu unterrichten (knapp 7 %). Dies wurde insbesondere für Schüler*innen mit dem Förderschwerpunkte „emotionale und soziale Entwicklung" benannt, die häufig gezielt auf unterschiedliche Klassen innerhalb der Jahrgangsstufe verteilt würden. Darüber hinaus wurden von 36 % der befragten Schulleitungen in der offenen Abfrage weitere Kriterien der Zuteilung benannt. Beispielsweise wurde angegeben, dass die Wünsche der Eltern oder der Schüler*innen berücksichtigt werden, dass für jedes Kind im Einzelfall entschieden wird, dass die Ressourcenausstattung berücksichtigt wird oder auch, dass es eine rechtlich vorgegebene maximale Höchstfrequenz von Schüler*innen mit SPF in den Klassen gibt. Auch ergab sich die Zuweisung bei einigen Grundschulen von selbst, beispielsweise, wenn es sich um einzügige Jahrgangsstufen handelte. Zudem gaben Schulleitungen an, dass Förderschwerpunkte teilweise erst im Laufe der Schulzeit festgestellt und Klassen nicht mehr gewechselt werden.

Betrachtet man die Zuweisungsprozesse in den drei Schulgruppen nach SPF-Anteilen, zeichnen sich grundsätzlich ähnliche Muster ab, aber mit leichten und signifikanten Abweichungen zwischen den Gruppen. Die Qualifikation der Lehrkräfte spielt in Schulen mit geringen SPF-Anteilen eine etwas größere Rolle als in den anderen Schulen. Leichte Abweichungen finden sich dahin gehend, dass Schulen mit hohen Anteilen an Schüler*innen mit SPF etwas häufiger diese Schüler*innen den Klassen nach Förderschwerpunkt zuweisen oder versuchen, Schüler*innen mit SPF in Klassen zu bündeln. Gleichzeitig wurde hier allerdings auch etwas häufiger eine gleichmäßige Verteilung auf die verschiedenen Klassen benannt, während seltener weitere Kriterien angegeben wurden.

5.3 Inklusive Strukturen

Im IQB-Bildungstrend wurden die Schulleitungen auch um Einschätzung gebeten, inwieweit verschiedene Aussagen zu inklusiven Strukturen auf ihre Schule zutreffen („trifft nicht zu", „trifft eher nicht zu", „trifft eher zu" und „trifft zu"). Inklusive Strukturen umfassten hierbei die Barrierefreiheit des Schulgebäudes und das Angebot an zusätzlichen Arbeitsräumen für sonderpädagogische Fördermaßnahmen. Zudem wurde nach verbindlichen Absprachen zur individuellen Förderung im Rahmen der Team-/Fach- und Lehrerkonferenz, Absprachen im Kollegium zur Gestaltung des Gemeinsamen Unterrichts und Inklusion im Schulkonzept gefragt, die als Indikatoren einer inklusiven Schulkultur gelten.

Die folgende Darstellung bezieht diejenigen inklusiv arbeitenden Schulen mit ein, für die Angaben vollständig vorlagen (97,7 %). Für die Ausführungen werden die jeweils zustimmenden Kategorien („trifft eher zu" und „trifft zu") zusammengefasst berichtet. Wie in Abb. 2 zu sehen ist, bewertete etwa ein Drittel der Schulleitungen die Barrierefreiheit der Schule als gegeben oder eher gegeben (31 %). Die Ausstattung mit zusätzlichen Arbeitsräumen für sonderpädagogische Förderung wurde von rund 50 % der Schulleitungen eher oder voll bestätigt (56 %). Die individuelle Förderung ist bei mehr als drei Viertel der befragten Schulleitungen regelmäßig Gegenstand der Team-/Fach- und Lehrerkonferenzen (76 %). Ein eher gemischtes Bild ergaben die Einschätzungen dazu, inwiefern für Absprachen zur Gestaltung des Gemeinsamen Unterrichts im Kollegium feste Zeitkontingente vorgesehen sind. In nur etwa einem Drittel der Schulen ist dies der Fall (38 %). Im Hinblick auf die Frage nach einem verbindlichen Konzept zur Umsetzung von Inklusion wurden große Unterschiede zwischen den Schulen und eine gleichmäßige Verteilung auf alle Antwortoptionen deutlich. Auf

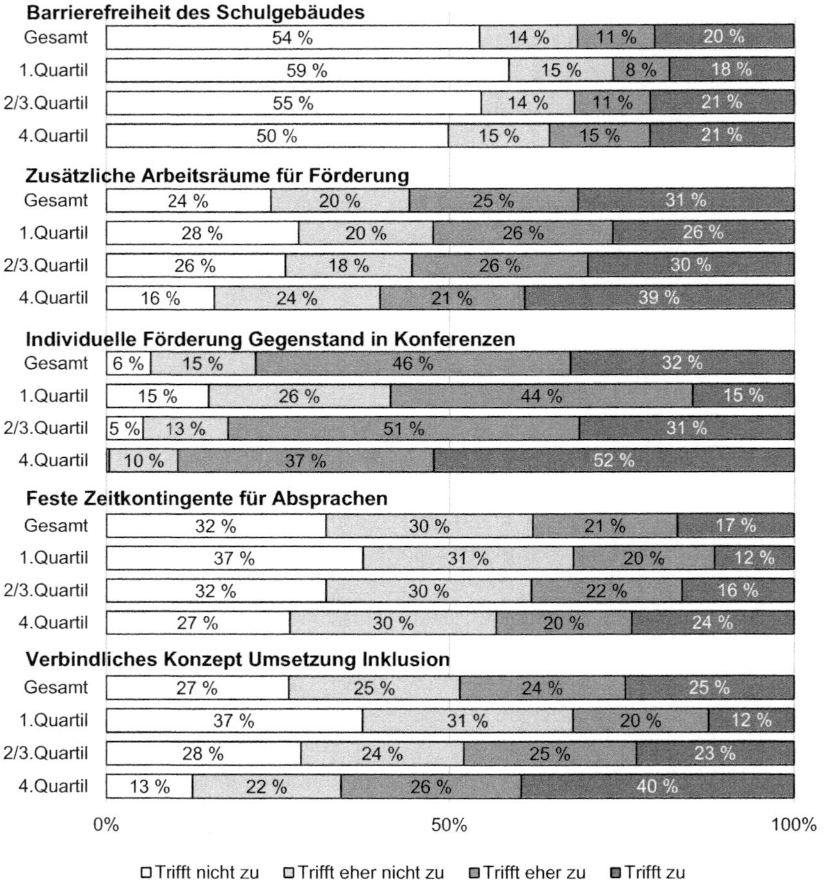

Abb. 2 Verschiedene Aspekte inklusiver Strukturen

der einen Seite gab etwa ein Viertel der Schulleitungen an (27 %), nicht über ein solches Konzept zu verfügen, ein weiteres Viertel bewertete die Frage mit „trifft eher nicht zu" (25 %). Auf der anderen Seite wurde aber auch zustimmend geantwortet, da je ca. ein Viertel der Schulleitungen (24 % bzw. 25 %) bestätigte, dass das Vorliegen eines verbindlichen Konzeptes zur Umsetzung von Inklusion für ihre Schule eher oder voll zutreffe.

Die inklusive Ausrichtung ist nicht nur über alle Schulen hinweg, sondern auch unter Berücksichtigung des Anteils von Schüler*innen mit SPF dargestellt. Hierbei wird deutlich, dass die Schulleitungen der Schulen, die einen hohen Anteil von Schüler*innen mit SPF haben (4. Quartil), die Bereiche inklusiver Strukturen als eher gegeben bewerteten als Schulleitungen an Schulen mit einem geringen Anteil von Schüler*innen mit SPF (1. Quartil). Beispielsweise war an über der Hälfte der Schulen aus dem 4. Quartil (52 %) individuelle Förderung Gegenstand der Team-/Fach- und Lehrerkonferenzen; der entsprechende Wert bei den Schulen des 1. Quartils lag hingegen nur bei 15 %. Die Bewertung der inklusiven Strukturen variierte somit zwischen den betrachteten Vergleichsgruppen und zwischen den betrachteten Aspekten.

5.4 Unterstützendes Personal

Im IQB-Bildungstrend 2016 wurden die Schulleitungen gebeten, anzugeben, welches weitere pädagogische Personal oder Fachpersonal Schüler*innen während des regulären Unterrichts unterrichtet oder betreut. Gefragt wurde u. a. nach Sonderpädagog*innen, die an der Schule angestellt oder stundenweise tätig sind, nach weiterem pädagogischem Personal (zusammengefasst: Erzieher*innen, Sozialpädagog*innen, sonstige Pädagog*innen), Schulbegleitungen (auch Schul-, Unterrichts-, Einzelfall- oder Integrationshelfer*innen) oder weiterem Fachpersonal (zusammengefasst: Sozialarbeiter*innen, Therapeut*innen und anderes Fachpersonal, auch Förderlehrkräfte in Bayern). Angegeben haben die Schulleitungen jeweils die Personenzahl und die Anzahl der Arbeitsstunden insgesamt pro Woche. Sofern keine entsprechenden Personen an der Schule beschäftigt waren, wurden die Schulleitungen ebenfalls gebeten, dies anzugeben.

Die Ergebnisse sind in Tab. 3 dargestellt. In die Auswertungen gingen alle Schulen ein, bei denen für mindestens eine der genannten Personengruppen eine Angabe vorliegt (N = 1.110). Darüber hinaus fehlende Werte sind separat ausgewiesen.

Fehlende Angaben fallen mit bis zu 14 % verhältnismäßig hoch aus. Es ist zu vermuten, dass Schulen diese Frage u. a. unbeantwortet gelassen haben, wenn kein entsprechendes Personal dort tätig war. In diesem Fall würden die tatsächlichen prozentualen Angaben etwas geringer ausfallen. Im Mittel waren an 83 % aller Grundschulen, zu denen entsprechende Angaben vorliegen, sonderpädagogische Lehrkräfte beschäftigt. An etwa einem Drittel aller Schulen war mindestens eine sonderpädagogische Lehrkraft fest angestellt, während die stundenweise Tätigkeit von sonderpädagogischen Lehrkräften etwa zwei Drittel der Schulleitungen nannten. Schulbegleitungen gab es an 56 % aller

Tab. 3 Sonderpädagogische Lehrkräfte, Schulbegleitungen und anderes Fachpersonal an inklusiven Schulen

Prozentualer Anteil der Schulen, an denen entsprechendes Personal tätig ist	Fehlende Werte (%)	Gesamt	1. Quartil (niedriger SPF-Anteil)	2. + 3. Quartil (mittlerer SPF-Anteil)	4. Quartil (hoher SPF-Anteil)
Sonderpädagogische Lehrkräfte	3,0	83,3 %	76,5 %	79,2 %*	**98,0 %***
Angestellt	14,4	33,5 %	12,1 %	32,5 %*	**54,1 %***
Stundenweise	8,1	63,5 %	70,8 %	58,3 %*	**66,7 %***
Weiteres pädagogisches Personal	9,8	42,0 %	38,6 %	34,4 %*	**58,6 %***
Schulbegleitungen	9,9	56,0 %	48,1 %	53,4 %*	**68,8 %***
Sonstiges Fachpersonal	8,7	41,4 %	42,3 %	35,4 %*	**52,2 %***
Durchschnittliche Arbeitsstunden des Personals (falls vorhanden)					
Sonderpädagogische Lehrkräfe	–	–	–	–	–
Angestellt	0,9	20,5 h	15,5 h	20,0 h*	**21,6 h***
Stundenweise	1,5	8,6 h	6,4 h	8,8 h*	**10,3 h***
Weiteres pädagogisches Personal	6,2	20,0 h	17,5 h	19,8 h	21,3 h*
Schulbegleitungen	6,2	19,9 h	18,7 h	19,5 h*	20,7 h
Sonstiges Fachpersonal	7,9	15,7 h	14,9 h	15,3 h*	**17,1 h***
Durchschnittliche Arbeitsstunden des Personals/Schüler*in mit SPF					
Sonderpädagogische Lehrkräfte	–	–	–	–	–
Angestellt	2,2	2,1 h	5,0 h	2,1 h*	**1,4 h***
Stundenweise	2,0	2,2 h	4,3 h	1,7 h*	**0,9 h***
Weiteres pädagogisches Personal	9,3	7,1 h	18,6 h	5,4 h*	**2,3 h***
Schulbegleitungen	8,3	5,8 h	15,1 h	3,9 h*	**2,6 h***
Sonstiges Fachpersonal	7,5	3,3 h	8,5 h	2,2 h*	**0,9 h***

Anmerkungen: Die Anteilswerte der Schulen mit entsprechenden Personen beziehen sich jeweils auf die Schulen, für die valide Werte vorliegen. Bei den Angaben zur durchschnittlichen Anzahl an Personen, den Arbeitsstunden und den Arbeitsstunden pro Schüler*in mit SPF wurden nur Schulen mit einbezogen, die angegeben hatten, dass das entsprechende Personal an der Schule tätig ist;
* = der Anteil ist signifikant abweichend von dem entsprechenden Wert des 1. Quartils ($p < 0{,}05$); fettgedruckte Werte in der letzten Spalte weisen auf signifikante Unterschiede zum 2 + 3. Quartil ($p < 0{,}05$) hin

Grundschulen mit Schüler*innen mit SPF und jeweils an knapp über 40 % aller Schulen weiteres pädagogisches Personal und sonstiges Fachpersonal.

Diese Personengruppen arbeiten im Durchschnitt jeweils zwischen 9 und 20 Arbeitsstunden pro Woche an der Schule. Betrachtet man die Arbeitsstunden pro Schüler*in mit SPF, ergeben sich Unterschiede zwischen den berücksichtigten Personengruppen. So sind sonderpädagogische Lehrkräfte pro Schüler*in mit SPF rund 2 h pro Woche in der Schule tätig. Weiteres pädagogisches Personal arbeitet pro Schüler*in mit SPF rund 7 h, Schulbegleitungen im Mittel knapp 6 h und „sonstiges Fachpersonal" etwas mehr als 3 h.

Differenziert nach den Schulgruppen zeigen sich unterschiedliche Muster: In den Schulen mit höheren Anteilen an Schüler*innen mit SPF sind häufiger sonderpädagogische Lehrkräfte tätig und insbesondere auch fest angestellt. Gleichfalls gibt es mehr Schulbegleitungen. Es fällt auf, dass weiteres pädagogisches Personal und sonstiges Fachpersonal an Schulen mit mittleren SPF-Anteilen seltener vorkommen als an Schulen mit niedrigen oder hohen Anteilen. Erwartungsgemäß fallen in allen Professionen mit steigenden SPF-Anteilen die durchschnittlichen Arbeitsstunden höher aus. Bei den durchschnittlichen Arbeitsstunden pro Schüler*in mit SPF zeigt sich hingegen ein unerwartetes Bild: Hier sind in allen betrachteten Professionen die Arbeitsstunden pro Kind mit SPF an Schulen mit geringen SPF-Anteilen am höchsten und in Schulen mit hohen SPF-Anteilen am niedrigsten. Sonderpädagogische Lehrkräfte (angestellt und stundenweise) an Schulen mit geringen Anteilen an Schüler*innen mit SPF arbeiten in einer Woche etwa 4 bis 5 Arbeitsstunden pro Schüler*in an einer Schule, während es an Schulen mit hohen SPF-Anteilen eher eine Stunde pro Schüler*in ist. Bei den anderen Professionen zeigen sich ebenfalls deutliche Unterschiede zuungunsten der Schulen mit hoher Anzahl an Schüler*innen mit SPF.

5.5 Aufgabenbereiche der Sonderpädagog*innen an inklusiven Grundschulen

Im Rahmen des IQB-Bildungstrend 2016 wurden auch Informationen über die jeweiligen Aufgabenbereiche der Sonderpädagog*innen erhoben: Dazu wurden die Schulleitungen – sofern an der Schule sonderpädagogische Lehrkräfte tätig waren – gebeten, anzugeben, wie viele Arbeitsstunden der gesamten Wochenarbeitszeit bei den Sonderpädagog*innen in einer üblichen Woche auf verschiedene Tätigkeiten (z. B. „Durchführung Gemeinsamen Unterrichts", „Diagnostik") entfallen. Gleichzeitig ist bekannt, wie viele Arbeitsstunden die Sonderpädagog*innen an der Schule tätig sind (vgl. Tab. 3). Diese Angaben wurden gekoppelt, um jeweils die Anteile zu berechnen, die für die verschiedenen Tätigkeiten im Mittel aufgewendet werden. Die Ergebnisse sind in Tab. 4 dargestellt.

Im Mittel werden 45 % der Arbeitsstunden der sonderpädagogischen Lehrkräfte mit gezielter Förderung von Schüler*innen mit SPF verbracht (vgl. auch Melzer und Hillenbrand 2013; Moser et al. 2011), weitere 31 % mit gemeinsamem Unterrichten von Schüler*innen mit SPF und ohne SPF. Etwa 8 % ihrer Arbeitszeit verwenden sonderpädagogische Lehrkräfte im Durchschnitt für Diagnostik und 6 % für Beratung der Lehrkräfte. Die restlichen 10 % ihrer

Tab. 4 Verteilung der Aufgabenbereiche von sonderpädagogischen Lehrkräften

Aufgabenbereiche von sonderpädagogischen Lehrkräfte	Gesamt (%)	1. Quartil (niedriger SPF-Anteil) (%)	2. + 3. Quartil (mittlerer SPF-Anteil) (%)	4. Quartil (hoher SPF-Anteil) (%)
Gezielte Förderung von Schüler*innen mit SPF	45,3	51,0	42,0*	45,9
Durchführung gemeinsamen Unterrichts mit einer weiteren Lehrkraft (z. B. „Team-Teaching“)	31,2	24,5	35,0*	**30,6***
Diagnostik	7,9	9,4	7,9	6,7*
Beratung von Lehrkräften	5,7	7,4	5,8	4,3*
Beratung von anderen nicht unterrichtenden Personen (z. B. Eltern, Ehrenamtlichen)	2,6	2,1	2,9*	2,5
Vertretungsunterricht	2,1	1,6	1,5	3,3*
Beratung von Schüler*innen (auch z. B. Krisenintervention)	1,4	0,9	1,3	1,8*
Organisation der Zusammenarbeit mit Ärzt*innen, Therapeut*innen oder Beratungsstellen	1,0	0,6	1,1	1,1
Organisation und Durchführung von Nachmittagsangeboten	0,4	0,1	0,3	**0,7***
Andere Aufgaben	2,5	2,4	2,2	3,0

Anmerkungen: * = der Anteil ist signifikant abweichend von dem entsprechenden Wert des 1. Quartils($p < 0{,}05$); fettgedruckte Werte in der letzten Spalte weisen auf signifikante Unterschiede zum 2 + 3. Quartil ($p < 0{,}05$) hin; der Gesamtprozentwert der Spalten kann durch Rundung leicht von 100 % abweichen

Gesamtarbeitszeit verbringen sie mit organisatorischen Tätigkeiten, Vertretungsunterricht oder weiteren Beratungsgesprächen.

Die Unterschiede zwischen Schulen mit niedrigem, mittlerem oder hohem Anteil an Schüler*innen mit SPF fallen vergleichsweise gering aus: An Schulen mit wenigen SPF-Schüler*innen (1. Quartil) wird seltener im Team unterrichtet als an den Schulen mit höheren SPF-Anteilen. Vertretungsunterricht, Beratung von Schüler*innen und Nachmittagsangebote gehören in Schulen mit wenigen Schüler*innen mit SPF ebenfalls seltener in den Aufgabenbereich der Sonderpädagog*innen als in Schulen mit sehr hohen SPF-Anteilen (4. Quartil). Dagegen wenden die sonderpädagogischen Lehrkräfte an Schulen mit wenigen Kindern mit SPF mehr Zeit für Diagnostik und für Beratung anderer Lehrkräfte auf als an Schulen mit hohen SPF-Anteilen. Schließlich verbringen Sonderpädagog*innen an Schulen mit mittelhohen SPF-Anteilen mit knapp einem Drittel ihrer Arbeitszeit mehr Zeit im Gemeinsamen Unterricht als Sonderpädagog*innen an Schulen mit geringeren, aber auch mit hohen SPF-Anteilen.

5.6 Einstellungen der Schulleitungen

Im Rahmen der vorliegenden Studie wurden Schulleitungen zu ihrer Einstellung zum Gemeinsamer Unterricht befragt. Dabei wurden ihnen Aussagen vorgelegt, die sich auf verschiedene Aspekte des Lernens von Schüler*innen mit oder ohne SPF beziehen. Das im IQB-Bildungstrend 2016 eingesetzte Instrument zur Erfassung der Einstellungen von Schulleitungen ist angelehnt an Kunz et al. (2010).

Das ursprüngliche Instrument umfasste acht Items. Die Schulleitungen wurden gebeten, verschiedene Aussagen zu Schüler*innen *mit SPF* zu beurteilen: dass sie 1) in Klassen mit Gemeinsamem Unterricht besser lernen als an Förderschulen, 2) sich besser entwickeln als an Förderschulen, 3) mehr soziale Kompetenzen erwerben als an Förderschulen oder 4) zu kurz kommen. Weiterhin wurde gefragt, inwiefern in Klassen mit Gemeinsamem Unterricht Schüler*innen *ohne SPF* 5) profitieren, 6) zu kurz kommen, 7) einen geringeren Lernfortschritt aufweisen als in Klassen ohne Gemeinsamen Unterricht und 8) mehr soziale Kompetenzen entwickeln als in Klassen ohne Gemeinsamen Unterricht. Die Schulleitungen wurden gebeten, ihre Einschätzungen zu den Aussagen auf einer vierstufigen Antwortskala (von 1 = „trifft nicht zu" bis 4 = „trifft zu") zu geben. Durch eine Hauptkomponentenanalyse konnte – entgegen der bei Kunz et al. (2010) gefundenen zweifaktoriellen Struktur – eine einfaktorielle Struktur nachgewiesen werden. Aus den acht Items wurde eine Skala gebildet mit einer

Reliabilität von $\alpha = 0{,}85$. Über alle Schulleitungen hinweg, für die ausreichend viele Angaben vorhanden waren ($N = 1055$), lag die durchschnittliche Einstellung zum Gemeinsamen Unterricht bei 2,7 (SD = 0,7) und somit knapp über dem theoretischen Mittelwert von 2,5. Damit lag die Einstellung von Schulleitungen zum Gemeinsamen Unterricht im Mittel also weder im besonders zustimmenden noch im ablehnenden Wertebereich.

Zudem wurden die Schulleiter*innen an Schulen mit niedrigen, mittleren oder hohen Anteilen an Schüler*innen mit SPF im Hinblick auf ihre Einstellungen zum Gemeinsamen Unterricht miteinander verglichen. Dabei stellte sich heraus, dass die Schulleiter*innen an den Schulen mit einem hohen Anteil an Schüler*innen mit SPF (4. Quartil) dem Gemeinsamem Unterricht etwas positiver gegenüberstanden (Q4: $MW = 2{,}8$, $SD = 0{,}6$) als in den anderen Vergleichsgruppen (Q1: $MW = 2{,}6$, $SD = 0{,}6$; Q2/3: $MW = 2{,}7$, $SD = 0{,}6$); ($p < 0{,}01$). Die Unterschiede sind allerdings vergleichsweise gering. Auch zwischen Schulleiter*innen an Schulen mit niedrigen und mittleren Anteilswerten unterscheiden sich die Einstellungen signifikant ($p < 0{,}05$), wobei die Unterschiede hier ebenfalls nur gering ausfallen. Demnach vertreten Schulleiter*innen an inklusiv arbeitenden Grundschulen mit vergleichsweise hohen Anteilen an Schüler*innen mit SPF in etwas stärkerem Ausmaß die Auffassung, dass Gemeinsamer Unterricht für Schüler*innen mit und ohne SPF im Hinblick auf ihr Lernen, aber auch ihr soziales Miteinander förderlich ist. Sie sind also stärker als ihre Kolleg*innen an Schulen mit geringeren Anteilen von Schüler*innen mit SPF von den Vorteilen inklusiver Bildung überzeugt.

6 Fazit

Die Ausgestaltung schulischer Inklusion rückte in den letzten Jahren zunehmend in das Interesse der Bildungsforschung und auch der Öffentlichkeit. Vielfach beschäftigten sich Studien mit Prozessen oder Ergebnissen auf der Makro- oder Mikroebene und nahmen dabei Merkmale auf Schulsystem- bzw. Unterrichtsebene in den Blick. Seltener finden sich bislang Studien, in denen auf Ebene der Einzelschule die Ausgestaltung schulischer Inklusion untersucht wurde.

Hier setzte der vorliegende Beitrag an und beschrieb, wie Grundschulen, an denen Schüler*innen mit SPF unterrichtet werden, hinsichtlich ausgewählter schulischer Ausgangslagen und organisatorischer Gestaltungsformen variieren. Die theoretische Rahmung bildete ein Kontext-Input-Prozess-Output-Modell in Anlehnung an Fend (2008a). In dieser Arbeit wurden die Anteile der Schüler*innen mit SPF an der Schule untersucht, die Verteilungskriterien der Schüler*innen mit SPF auf die Klassen eines Jahrgangs, verschiedene inklusive Strukturen, personelle Ressourcen, die Aufgabenschwerpunkte der sonderpädagogischen Lehrkräfte und die Einstellungen von Schulleitungen. Die Ausgangslagen und Organisationsformen wurden dabei jeweils für Schulen mit geringen, mittleren und hohen Anteilen an Schüler*innen mit SPF dargestellt.

6.1 Zusammenfassung

Im Ergebnis variierten die Grundschulen erheblich darin, wie viele Schüler*innen mit SPF an ihnen unterrichtet werden, welche Förderschwerpunkte vertreten sind und inwiefern die Schüler*innen einen amtlich festgestellten SPF haben oder ohne Feststellungsverfahren sonderpädagogisch gefördert werden. Auch in der Verteilung innerhalb der Schulen auf die verschiedenen Klassen einer Jahrgangsstufe zeichneten sich Unterschiede zwischen den Schulen ab. In über der Hälfte aller Schulen wurden die Schüler*innen mit SPF möglichst gleichmäßig auf die verschiedenen Klassen verteilt. Besonders stark ausgeprägt war diese Vorgehensweise an Schulen mit hohen SPF-Anteilen. Weniger stark unterschieden sich die Schulgruppen hinsichtlich der Berücksichtigung weiterer Kriterien, wie beispielsweise der Qualifikation der Lehrkräfte oder der Zuweisung aller Schüler*innen mit SPF in die gleiche Klasse.

Gleichfalls variierte die Einschätzung der verschiedenen Aspekte inklusiver Strukturen: Die Barrierefreiheit des Schulgebäudes wurde lediglich von einem Drittel der Schulleitungen als (eher) gegeben bewertet. Dieser Befund ist unabhängig von der Anzahl an Schüler*innen mit SPF. Allerdings darf nicht vernachlässigt werden, dass nur ein kleiner Teil der Schülerschaft mit SPF auf größere Maßnahmen der Barrierefreiheit angewiesen ist und diese häufig erst bei entsprechenden Bedarfen geschaffen werden. Die weiteren untersuchten Aspekte inklusiver Strukturen benannten hingegen Schulleitungen der Schulen, die einen hohen Anteil von Schüler*innen mit SPF haben, eher als gegeben als Schulleitungen mit einem geringen Anteil von Schüler*innen mit SPF. Die Bewertung der inklusiven Strukturen variierte somit erwartungsgemäß zwischen den betrachteten Schulgruppen. Diese Unterschiede fielen insgesamt allerdings eher gering aus.

Eine deutliche Mehrheit aller Grundschulen, an denen Schüler*innen mit SPF unterrichtet wurden, beschäftigte auch sonderpädagogische Lehrkräfte in fester Anstellung (in Vollzeit oder in Teilzeit) oder stundenweise. Schulbegleitungen gab es an etwa der Hälfte aller Schulen, und weiteres Fachpersonal war an etwa 15 % aller Schulen vorhanden.

Schulen mit höheren SPF-Anteilen standen im Mittel mehr Arbeitsstunden für sonderpädagogische Förderung zur Verfügung. Dieses Bild kehrt sich jedoch um, wenn man die Anteile an Arbeitsstunden pro Schüler*in mit SPF betrachtet: Hier fiel für alle betrachteten Professionen die Stundenzahl pro Kind mit SPF an Schulen mit geringen SPF-Anteilen höher aus als in Schulen mit hohen SPF-Anteilen. Eine Erklärung könnte darin liegen, dass insgesamt in Deutschland ein Mangel an sonderpädagogischen Lehrkräften besteht, sodass es immer wieder Schulen gibt, die sonderpädagogische Unterstützung anfordern, ohne dass diese abgedeckt werden kann. Somit könnte eine Strategie auf der Ebene der Bildungsadministration darin bestehen, zunächst alle Schulen mit einer sonderpädagogischen Grundversorgung abzudecken (unabhängig davon, ob viele oder wenige Schüler*innen mit SPF an dieser Schule unterrichtet werden) und dann in einem zweiten Schritt zu versuchen, weitere Bedarfe abzudecken. Schulen mit sehr hohen SPF-Anteilen würden hier dann stärker berücksichtigt als Schulen mit mittleren SPF-Anteilen. Dies sind allerdings Vermutungen, die weiterer Forschung bedürften.

Die Aufgabenbereiche der Sonderpädagog*innen konzentrierten sich unabhängig von den SPF-Anteilen der Schulen überwiegend auf die gezielte Förderung von Schüler*innen mit SPF und die Durchführung Gemeinsamen Unterrichts mit einer weiteren Lehrkraft.

Schließlich wurden auch die Einstellungen der Schulleitungen zum Gemeinsamen Unterricht betrachtet. Diese waren im Durchschnitt insgesamt weder besonders positiv noch negativ ausgeprägt, variierten allerdings in Abhängigkeit vom Anteil an Schüler*innen mit SPF an der Schule. So bewerteten Schulleitungen mit einem hohen SPF-Anteil in der Schülerschaft das gemeinsame Lernen von Schüler*innen mit und ohne SPF positiver als ihre Kolleg*innen an Schulen mit niedrigeren SPF-Anteilen. Dieser Befund ist vor dem Hintergrund relevant, dass Schulleitungen die Einstellungen und Selbstwirksamkeit von Lehrkräften an inklusiv arbeitenden Schulen beeinflussen können (Kurt et al. 2012).

6.2 Limitationen

Mit dem Beitrag wurden verschiedene Ausgangslagen und Organisationsformen inklusiv arbeitender Grundschulen beschrieben. Dieser Deskription liegt keine Evaluation bzw. Beurteilung zugrunde, was „besser“ oder „schlechter“ ist. Hierzu bedarf es anderer Zugänge bzw. weiterer Forschung, bei der anhand konkreter Output-Kriterien eine entsprechende Einschätzung erfolgen kann. Beispielsweise indem gezeigt wird, dass unter bestimmten Rahmenbedingungen eine bessere

Teilhabe der Schüler*innen mit SPF erzielt wird oder bessere schulische Kompetenzen entwickelt werden.

Im Beitrag wurden die sonderpädagogischen Förderbedarfe übergreifend untersucht, ohne auf die verschiedenen Förderschwerpunkte gesondert einzugehen. Eine solche detaillierte Auseinandersetzung sollte in künftigen Studien erfolgen, da Ausgangslagen und Organisationsformen von Schulen abhängig von den spezifischen sonderpädagogischen Förderbedarfen variieren können. So sind beispielsweise die Anforderungen an einen (baulich) barrierefreien Zugang zur Schule für blinde Schüler*innen andere als für Schüler*innen mit motorischen Einschränkungen.

Grundlage der Darstellungen bildet ein Kontext-Input-Prozess-Output-Modell in Anlehnung an Fend (2008a). Das Modell kann eine erste Orientierung bei der Identifizierung und Verortung wesentlicher inklusionsrelevanter schulischer Rahmenbedingungen bieten. Dabei ist festzuhalten, dass es aktuell nicht „das" etablierte Modell für die Darstellung schulischer Rahmenbedingungen gibt (vgl. auch Egger 2017) – weder übergreifend noch mit Fokus auf Inklusion. Entsprechend bedarf es weiterer theoretischer und empirischer Zugänge, um diese Modelle zu spezifizieren.

6.3 Ausblick

In dem Beitrag wurden schulische Ausgangslagen und organisatorische Gestaltungsformen inklusiv arbeitender Grundschulen näher beschrieben. Dabei finden sich in vielerlei Hinsicht Unterschiede zwischen den Schulen. Interessant sind hierbei insbesondere Unterschiede auf der Handlungsebene. Betrachtet man beispielsweise die Auswertungen zu den inklusiven Strukturen, gibt es an etwa 30 % der Schulen kein festes Zeitkontingent für Absprachen, wie sie insbesondere für Kooperationen notwendig sind. Solche Organisationsformen liegen in der Regel im Gestaltungsspielraum der Schule.

Perspektivisch bedeutsam ist dabei insbesondere die Verschränkung der Input- und Prozessfaktoren unter Berücksichtigung der Outputs, also die Frage, inwiefern Schulen bei vergleichbaren schulischen Voraussetzungen (z. B. mittlerem Anteil an Schüler*innen mit SPF) unterschiedlich mit diesen Ausgangslagen umgehen – also den gegebenen Handlungsspielraum nutzen – und mit welchen Folgen dies für die Schüler*innen, aber auch für die Lehrkräfte und Schulleiter*innen einhergeht. Eine solche Herangehensweise könnte Wege aufzeigen, wie Schulen mit vergleichbaren Ausgangslagen (Inputs) durch aktive Gestaltung des Schulalltags unterschiedlich mit den Herausforderungen schulischer Inklusion von Schüler*innen mit SPF umgehen und möglicherweise auch unterschiedliche Outputs erlangen. Auf diese Weise könnten Gelingensbedingungen identifiziert werden, die zumindest teilweise im Gestaltungsspielraum der Schulleitungen und Schulen liegen. Gleichsam kann durch die Einbeziehung schulischer Rahmenbedingungen untersucht werden, welchen Stellenwert die objektiven Rahmenbedingungen für das Gelingen von Inklusion einnehmen. So stellt sich beispielsweise die Frage, inwiefern tatsächlich die objektiven Rahmenbedingungen, wie beispielsweise die inklusionsbezogene personelle und räumliche Ausstattung, von Bedeutung sind, oder ob es nicht vielmehr eine Rolle spielt, inwiefern die Ressourcen von den Akteuren als ausreichend oder die Rahmenbedingungen diesbezüglich als förderlich wahrgenommen werden.

Literatur

Ainscow, M., Dyson, A., & Weiner, S. (2013). *From exclusion to inclusion. Ways of responding in schools to students with special educational needs*. Reading: CfBT Education Trust.

Altrichter, H., Brüsemeister, T., & Wissinger, J. (Hrsg.). (2007). *Educational Governance. Handlungskoordination und Steuerung im Bildungssystem* (Educational Governance, Bd. 1). Wiesbaden: VS Verlag.

Arndt, A., & Werning, R. (2016). Was kann man von Jakob Muth-Preisträgerschulen lernen? Ergebnisse der Studie "Gute inklusive Schule". In Bertelsmann Stiftung (Hrsg.), *Inklusion kann gelingen! Forschungsergebnisse und Beispiele guter schulischer Praxis* (S. 105–140). Gütersloh: Bertelsmann Stiftung.

Autorengruppe Bildungsberichterstattung. (2018). *Bildung in Deutschland 2018. Ein indikatorengestützter Bericht mit einer Analyse zu Wirkungen und Erträgen von Bildung*. Bielefeld: wbv Media.

Badstieber, B., & Moldenhauer, A. (2016). Schulleitungshandeln in inklusionsorientierten Schulentwicklungsprozessen. In U. Böing & A. Köpfer (Hrsg.), *Be-Hinderung der Teilhabe. Soziale, politische und institutionelle Herausforderungen inklusiver Bildungsräume* (S. 209–219). Bad Heilbrunn: Klinkhardt.

Badstieber, B., Köpfer, A., & Amrhein, B. (2018). Schulleitungen im Kontext inklusiver Bildungsreformen. In T. Sturm, & M. Wagner-Willi (Hrsg.), *Handbuch schulische Inklusion* (utb Erziehungswissenschaft, Sonderpädagogik, Bd. 4959, S. 235–249). Opladen: Budrich.

Blanck, J. M. (2014). *Organisationsformen schulischer Integration und Inklusion. Eine vergleichende Betrachtung der 16 Bundesländer* (Discussion paper/Wissenschaftszentrum Berlin für Sozialforschung, SP I 2014-501). Berlin: WZB.

Blanck, J. M. (2015). *Die vielen Gesichter der Inklusion. Wie SchülerInnen mit Behinderung unterrichtet werden, unterscheidet sich innerhalb Deutschlands stark* (WZBrief Bildung/Wissenschaftszentrum Berlin für Sozialforschung, 30). Berlin: WZB.

Boban, I., & Hinz, A. (Hrsg.). (2003). *Index für Inklusion. Lernen und Teilhabe in der Schule der Vielfalt entwickeln.* Halle (Saale): Martin-Luther-Univ. Fachbereich Erziehungswiss (übersetzt für deutschsprachige Verhältnisse, bearbeitet und herausgegeben).

Boban, I., & Hinz, A. (2009). Der Index für Inklusion. Lernen und Teilhabe in der Schule der Vielfalt entwickeln. *Sozial Extra: Zeitschrift für soziale Arbeit, 33*(9/10), 12–16.

Boenisch, J. (2002). Modelle und Konzepte der schulischen Integration. In A. Pithan, A. Gottfried, & R. Kollmann (Hrsg.), *Handbuch integrative Religionspädagogik. Reflexionen und Impulse für Gesellschaft, Schule und Gemeinde* (Eine Veröffentlichung des Comenius-Instituts, S. 245–260). Gütersloh: Gütersloher

Bosse, S., & Spörer, N. (2014). Erfassung der Einstellung und der Selbstwirksamkeit von Lehramtsstudierenden zum inklusiven Unterricht. *Empirische Sonderpädagogik, 4,* 279–299.

DESTATIS. (2017). *Bildung und Kultur. Allgemeinbildende Schulen. Schuljahr 2015/2016* (Fachserie 11, Reihe 1). Wiesbaden.

Ditton, H. (2000). Qualitätskontrolle und Qualitätssicherung in Schule und Unterricht. Ein Überblick zum Stand der empirischen Forschung. In A. Helmke, W. Hornstein, & E. Terhart (Hrsg.), *Qualität und Qualitätssicherung im Bildungsbereich: Schule, Sozialpädagogik, Hochschule* (Zeitschrift für Pädagogik Beiheft, Bd. 41, S. 73–92). Weinheim: Beltz.

Ditton, H. (2016). Schulqualität unter der Perspektive von Systemstrukturen und Bildungsverläufen. In U. Steffens & T. Bargel (Hrsg.), *Schulqualität – Bilanz und Perspektiven* (Beiträge zur Schulentwicklung, Bd. 1, 1. Aufl., S. 65–95). Münster: Waxmann.

Dyson, A. (2010). Die Entwicklung inklusiver Schulen: Drei Perspektiven aus England. *DDS – Die Deutsche Schule, 102*(2), 115–129.

Egger, M. (2017). Der Qualitätsdiskurs im Bildungssystem und der Inklusionsanspruch. In V. Moser & M. Egger (Hrsg.), *Inklusion und Schulentwicklung. Konzepte, Instrumente, Befunde* (S. 31–55). Stuttgart: Kohlhammer.

Fend, H. (2008a). Dimensionen von Qualität im Bildungswesen. Von Produktindikatoren zu Prozessindikatoren am Beispiel der Schule. In E. Klieme & R. Tippelt (Hrsg.), *Qualitätssicherung im Bildungswesen. Eine aktuelle Zwischenbilanz* (Zeitschrift für Pädagogik, Bd. 53, S. 190–209). Weinheim: Beltz.

Fend, H. (2008b). *Schule gestalten. Systemsteuerung, Schulentwicklung und Unterrichtsqualität.* Wiesbaden: VS Verlag.

Fullan, M. (2001). *Leading in a Culture of Change* (1. Aufl.). San Francisco: Jossey-Bass.

Gresch, C., & Piezunka, A. (2015). Schülerinnen und Schüler mit sonderpädagogischem Förderbedarf Lernen an Regelschulen in Deutschland: Eine Bestandsaufnahme und Anforderungen an die bundesweite Forschung. In P. Kuhl, P. Stanat, B. Lütje-Klose, C. Gresch, H. A. Pant, & M. Prenzel (Hrsg.), *Inklusion von Schülerinnen und Schülern mit sonderpädagogischem Förderbedarf in Schulleistungserhebungen* (S. 181–220). Wiesbaden: Springer VS.

Gresch, C., Piezunka, A., & Solga, H. (2014). *Realisierbarkeit einer Ergänzungsstichprobe von Integrationsschülerinnen und -schülern im Rahmen des Nationalen Bildungspanels (NEPS): Möglichkeiten und Perspektiven.* Bamberg: Leibniz-Institut für Bildungsverläufe, Nationales Bildungspanel.

Gresch, C., Kölm, J., & Kocaj, A. (2017). Amtlich festgestellter sonderpädagogischer Förderbedarf und sonderpädagogische Förderung. In P. Stanat, S. Schipolowski, C. Rjosk,

S. Weirich, & N. Haag (Hrsg.), *IQB-Bildungstrend 2016. Kompetenzen in den Fächern Deutsch und Mathematik am Ende der 4. Jahrgangsstufe im zweiten Ländervergleich* (S. 282–290). Münster: Waxmann.

Grosche, M. (2015). Was ist Inklusion? In P. Kuhl, P. Stanat, B. Lütje-Klose, C. Gresch, H. A. Pant, & M. Prenzel (Hrsg.), *Inklusion von Schülerinnen und Schülern mit sonderpädagogischem Förderbedarf in Schulleistungserhebungen* (S. 17–39). Wiesbaden: Springer VS.

Grosche, M., & Lüke T. (2020). Vier Vorschläge zur Verortung quantitativer Forschungsergebnisse über schulische Inklusion im internationalen Inklusionsdiskurs. In C. Gresch, P. Kuhl, M. Grosche, C. Sälzer & P. Stanat (Hrsg.), *Schüler*innen mit sonderpädagogischem Förderbedarf in Schulleistungserhebungen – Einblicke und Entwicklungen* (S. 29–54). Wiesbaden: VS-Verlag.

Heimlich, U. (2014). Schulische Organisationsformen sonderpädagogischer Förderung auf dem Weg zur Inklusion. In U. Heimlich & J. Kahlert (Hrsg.), *Inklusion in Schule und Unterricht. Wege zur Bildung für alle* (2. Aufl., S. 81–116). Kohlhammer: Stuttgart.

Heimlich, U., Kahlert, J., Lelgemann, R., & Fischer, E. (Hrsg.). (2016). *Inklusives Schulsystem. Analysen, Befunde, Empfehlungen zum bayerischen Weg* (Klinkhardt Forschung). Bad Heilbrunn: Klinkhardt.

Heyl, V., Janz, F., Seifried, S., & Trumpa, S. (2014). Einstellungen zu Inklusion von Lehrkräften und Eltern an der Grundschule. In E.-K. Franz, S. Trumpa, & I. Esslinger-Hinz (Hrsg.), *Inklusion. Eine Herausforderung für die Grundschulpädagogik* (Entwicklungslinien und Forschungsbefunde, Bd. 11, S. 200–211). Baltmannsweiler: Schneider Verlag Hohengehren.

Hinz, A. (2002). Von der Integration zur Inklusion – Terminologisches Spiel oder konzeptionelle Weiterentwicklung? *Zeitschrift für Heilpädagogik, 53*(9), 354–361.

Huber, S. G., Sturm, T., & Köpfer, A. (2017). Inklusion und Schulleitung – Schulleitende als Gestaltende inklusiver Schulen (auch) in der Schweiz. In B. Lütje-Klose, S. Miller, S. Schwab, & B. Streese (Hrsg.), *Inklusion: Profile für die Schul- und Unterrichtsentwicklung in Deutschland, Österreich und der Schweiz. Theoretische Grundlagen – Empirische Befunde – Praxisbeispiele* (Beiträge zur Bildungsforschung, Bd. 2, 1. Aufl., S. 43–54). Münster: Waxmann.

Klemm, K. (2015). *Inklusion in Deutschland. Daten und Fakten*. Gütersloh: Bertelsmann Stiftung.

KMK (1994). Sekretariat der Ständigen Konferenz der Kultusminister der Länder in der Bundesrepublik Deutschland. (1994). Empfehlungen zur sonderpädagogischen Förderung in den Schulen in der Bundesrepublik Deutschland. Beschluss vom 06.05.1994. Zugegriffen: 2. Dez. 2019 unter https://www.kmk.org/fileadmin/veroeffentlichungen_beschluesse/1994/1994_05_06-Empfehlung-sonderpaed-Foerderung.pdf.

Kölm, J., Gresch, C., & Haag, N. (2017). Hintergrundmerkmale von Schülerinnen und Schülern mit sonderpädagogischem Förderbedarf an Förderschulen und an allgemeinen Schulen. In P. Stanat, S. Schipolowski, C. Rjosk, S. Weirich, & N. Haag (Hrsg.), *IQB-Bildungstrend 2016. Kompetenzen in den Fächern Deutsch und Mathematik am Ende der 4. Jahrgangsstufe im zweiten Ländervergleich* (S. 291–301). Münster: Waxmann.

Kopp, B. (2009). Inklusive Überzeugung und Selbstwirksamkeit im Umgang mit Heterogenität. Wie denken Studierende des Lehramts für Grundschulen? *Empirische Sonderpädagogik, 1*(1), 5–25.

Kunz, A., Luder, R., & Moretti, M. (2010). Die Messung von Einstellungen zur Integration (EZI). *Empirische Sonderpädagogik, 2*(3), 83–94.

Kurt, T., Duyar, I., & Çalik, T. (2012). Are we legitimate yet? A closer look at the casual relationship mechanisms among principal leadership, teacher self-efficacy and collective efficacy. *The journal of management development, 31*(1), 71–86.

Lelgemann, R., Lübbeke, J., Singer, P., & Walter-Klose, C. (2012). *Forschungsprojekt: Qualitätsbedingungen schulischer Inklusion für Kinder und Jugendliche mit dem Förderschwerpunkt Körperliche und motorische Entwicklung. Zusammenfassung und Empfehlungen*. Köln: Julius-Maximilians-Universität Würzburg.

Liebers, K., & Seifert, C. (2013). *Ausgewählte Ergebnisse aus der Befragung der Lehrkräfte und Eltern im Schulversuch ERINA im Schuljahr 2012/2013. Handout zum Fachtag am 22. August 2013 „Auf den Weg zur inklusiven Bildung in Sachsen"*. Universität Leipzig.

Loreman, T., Earle, C., Sharma, U., & Forlin, C. (2007). The development of an instrument for measuring pre-service teachers' sentiments, attitudes, and concerns about inclusive education. *International Journal of Special Education, 2*(22), 150–159.

Loreman, T., Forlin, C., & Umesh, S. (2014). Measuring indicators of inclusive education: A systematic review of the literature. In T. Loreman & C. Forlin (Hrsg.), *Measuring inclusive education* (International perspectives on inclusive education, Bd. 3, S. 165–187). Bradford: Emerald Group Publishing Limited.

Lütje-Klose, B. (2016). Teamarbeit. In I. Hedderich, G. Biewer, J. Hollenweger, & R. Markowetz (Hrsg.), *Handbuch Inklusion und Sonderpädagogik* (S. 365–369). Bad Heilbrunn: Klinkhardt.

Lütje-Klose, B. (2018). Überlegungen zur Konzeptualisierung von Inklusion – Einordnungen, Ansätze, Hinweise zur Operationalisierung. In M. Walm, T. Häcker, F. Radisch, & A. Krüger (Hrsg.), *Empirisch-pädagogische Forschung in inklusiven Zeiten. Konzeptualisierung, Professionalisierung, Systementwicklung* (S. 27–50). Bad Heilbrunn: Klinkhardt.

Lütje-Klose, B., & Urban, M. (2014). Professionelle Kooperation als wesentliche Bedingung inklusiver Schul- und Unterrichtsentwicklung. Teil 1. Grundlagen und Modelle inklusiver Kooperation. *Vierteljahresschrift für Heilpädagogik und ihre Nachbargebiete, 83*(2), 112–123. https://doi.org/10.2378/vhn2014.art09d.

Melzer, C., & Hillenbrand, C. (2013). Aufgaben sonderpädagogischer Lehrkräfte für die inklusive Bildung. Empirische Befunde internationaler Studien. *Zeitschrift für Heilpädagogik, 64*(5), 194–202.

Melzer, C., & Hillenbrand, C. (2015). Aufgabenprofile. Welche Aufgaben bewältigen sonderpädagogische Lehrkräfte in verschiedenen schulischen Tätigkeitsfeldern? *Zeitschrift für Heilpädagogik, 66*(5), 230–242.

Melzer, C., Hillenbrand, C., Sprenger, D., & Hennemann, T. (2015). Aufgaben von Lehrkräften in inklusiven Bildungssystemen – Review internationaler Studien. *Erziehungswissenschaft, 26*(51), 61–80.

Mißling, S., & Ückert, O. (2014). *Inklusive Bildung: Schulgesetze auf dem Prüfstand* (Studie/Deutsches Institut für Menschenrechte). Berlin: Dt. Inst. für Menschenrechte.

Moser, V., Schäfer, L., & Redlich, H. (2011). Kompetenzen und Beliefs von Förderschullehrkräften in inklusiven Settings. In B. Lütje-Klose, M.-T. Langer, B. Serke, & M. Urban (Hrsg.), *Inklusion in Bildungsinstitutionen. Eine Herausforderung an die Heil- und Sonderpädagogik* (S. 143–149). Bad Heilbrunn: Klinkhardt.

Moser, V., & Dietze, T. (2015). Perspektiven sonderpädagogischer Unterstützung. Bereitstellung von Ressourcen aus nationaler und internationaler Sicht. In P. Kuhl, P. Stanat, B. Lütje-Klose, C. Gresch, H. A. Pant, & M. Prenzel (Hrsg.), *Inklusion von Schülerinnen und Schülern mit sonderpädagogischem Förderbedarf in Schulleistungserhebungen* (S. 75–99). Wiesbaden: Springer VS.

Nilholm, C., & Göransson, K. (2017). What is meant by inclusion? An analysis of European and North American journal articles with high impact. *European Journal of Special Needs Education, 32*(3), 437–451. https://doi.org/10.1080/08856257.2017.1295638.

Piezunka, A., Gresch, C., Sälzer, C., & Kroth, A. (2016). Identifizierung von Schülerinnen und Schülern nach Vorgaben der UN-BRK in bundesweiten Erhebungen: Sonderpädagogischer Förderbedarf, sonderpädagogische Förderung oder besondere Unterstützung? In V. Moser & B. Lütje-Klose (Hrsg.), *Schulische Inklusion* (Zeitschrift für Pädagogik Beiheft, Bd. 62, S. 190–211). Weinheim: Beltz Juventa.

Preuss-Lausitz, U. (1998). Die gemeinsame Erziehung in der Sekundarstufe. Eine neue Herausforderung an Lehrer, Schüler und Bildungspolitik. In U. Preuss-Lausitz & R. Maikowski (Hrsg.), *Integrationspädagogik in der Sekundarstufe. Gemeinsame Erziehung behinderter und nichtbehinderter Jugendlicher* (Beltz Pädagogik, S. 12–34). Weinheim: Beltz.

Prinz, D., & Kulik, M. (2018). Gelingensbedingungen und Hemmnisse inklusiver Bildung. In K. D. Schuck, W. Rauer, & D. Prinz (Hrsg.), *EiBiSch – Evaluation inklusiver Bildung in Hamburgs Schulen. Quantitative und qualitative Ergebnisse* (HANSE – Hamburger Schriften zur Qualität im Bildungswesen, Bd. 17, S. 229–302). Münster: Waxmann.

Richter, D., & Pant, H. A. (2016). *Lehrerkooperation in Deutschland. Eine Studie zu kooperativen Arbeitsbeziehungen bei Lehrkräften der Sekundarstufe I.* Gütersloh u. a.: Bertelsmann Stiftung.

Schipolowski, S., Stanat, P., & Rjosk, C. (2017). Kontextinformationen zu den Schulsystemen der Länder im Primarbereich. In P. Stanat, S. Schipolowski, C. Rjosk, S. Weirich, & N. Haag (Hrsg.), *IQB-Bildungstrend 2016. Kompetenzen in den Fächern Deutsch und Mathematik am Ende der 4. Jahrgangsstufe im zweiten Ländervergleich* (S. 115–128). Münster: Waxmann.

Schuck, K. D., Rauer, W., & Prinz, D. (Hrsg.). (2018). *EiBiSch – Evaluation inklusiver Bildung in Hamburgs Schulen. Quantitative und qualitative Ergebnisse* (HANSE – Hamburger Schriften zur Qualität im Bildungswesen, Bd. 17). Münster: Waxmann.

Spörer, N., Schründer-Lenzen, A., Vock, M., & Maaz, K. (2015). Inklusives Lernen und Lehren im Land Brandenburg: Abschlussbericht zur Begleitforschung des Pilotprojekts „Inklusive Grundschule". Zusammenfassung. (Landesinstitut für Schule und Medien Berlin-Brandenburg (LISUM) & Universität Potsdam, Hrsg.). Ludwigsfelde: LISUM.

Stanat, P., Schipolowski, S., Rjosk, C., Weirich, S., & Haag, N. (Hrsg.). (2017). *IQB-Bildungstrend 2016. Kompetenzen in den Fächern Deutsch und Mathematik am Ende der 4. Jahrgangsstufe im zweiten Ländervergleich.* Münster: Waxmann.

Stufflebeam, D. S. (1967). The use and abuse of evaluation in title III. *Theory Into Practice, 6*(3), 126–133. https://doi.org/10.1080/00405846709542071.

Urton, K., Wilbert, J., & Hennemann, T. (2014). Der Zusammenhang zwischen der Einstellung zur Integration und der Selbstwirksamkeit von Schulleitungen und deren Kollegien. *Empirische Sonderpädagogik, 6*(1), 3–16.

Werner, B., & Quindt, F. (2014). Aufgaben von Lehrkräften in inklusiven Settings: Eine empirisch-analytische Studie zur Erfassung und Klassifikation von Aufgaben von Lehrkräften in inklusiven Settings. *Zeitschrift für Heilpädagogik, 65*(12), 462–471.

Werning, R. (2014). Stichwort: Schulische Inklusion. *Zeitschrift für Erziehungswissenschaft, 17*(4), 601–623. https://doi.org/10.1007/s11618-014-0581-7.

Wocken, H. (2009). Von der Integration zur Inklusion. *Ein Spickzettel für Inklusion. Gemeinsam Leben, 17*(4), 216–219.

Wocken, H. (2010). Inklusion & Integration. Ein Versuch, die Integration vor der Abwertung und die Inklusion vor Träumereien zu bewahren. In A.-D. Stein, S. Krach, & I. Niediek (Hrsg.), *Integration und Inklusion auf dem Weg ins Gemeinwesen. Möglichkeitsräume und Perspektiven* (S. 204–234). Bad Heilbrunn: Klinkhardt.

Wocken, H. (2014). Frei herumlaufende Irrtümer. Eine Warnung vor pseudoinklusiven Betörungen. *Gemeinsam Leben, 22*(1), 52–62.

Zusammenhänge der Klassenkomposition an Förderschulen und allgemeinen Schulen mit schulischen Kompetenzen, akademischem Selbstkonzept und Interesse

Aleksander Kocaj, Malte Jansen, Poldi Kuhl und Petra Stanat

Zusammenfassung

Im vorliegenden Beitrag wurde geprüft, ob sich innerhalb von Förderschulen und allgemeinen Schulen am Ende der 4. Jahrgangsstufe vergleichbare Zusammenhänge zwischen Merkmalen der Klassenkomposition und den schulischen Kompetenzen sowie dem akademischen Selbstkonzept und dem Interesse feststellen lassen. Die Analysen basieren auf einer Teilstichprobe des IQB-Bildungstrends 2016 von 1249 Schüler*innen mit einem sonderpädagogischen Förderbedarf in den Bereichen Lernen, Sprache und emotionale und soziale Entwicklung (SPF-LSE) aus 157 Klassen an Förderschulen sowie 998 Kindern mit SPF-LSE und 11029 Mitschüler*innen ohne SPF aus 568 Klassen an allgemeinen Schulen. In beiden Schularten zeigten sich

A. Kocaj (✉) · M. Jansen
Humboldt-Universität zu Berlin, Institut zur Qualitätsentwicklung im Bildungswesen (IQB), Zentrum für internationale Bildungsvergleichsstudien, Berlin, Deutschland
E-Mail: a.kocaj@iqb.hu-berlin.de

M. Jansen
E-Mail: malte.jansen@iqb.hu-berlin.de

P. Kuhl
Leuphana Universität Lüneburg, Lüneburg, Deutschland
E-Mail: poldi.kuhl@leuphana.de

P. Stanat
Humboldt-Universität zu Berlin, Institut zur Qualitätsentwicklung im Bildungswesen (IQB), Berlin, Deutschland
E-Mail: iqboffice@iqb.hu-berlin.de

C. Gresch et al. (Hrsg.), *Schüler*innen mit sonderpädagogischem Förderbedarf in Schulleistungserhebungen,* https://doi.org/10.1007/978-3-658-27608-9_8

positive Zusammenhänge zwischen der fähigkeitsbezogenen Klassenkomposition und den schulischen Kompetenzen, jedoch negative Zusammenhänge der leistungsbezogenen Klassenkomposition mit dem akademischen Selbstkonzept. Für das fachspezifische Interesse waren die Kompositionseffekte an Förderschulen und allgemeinen Schulen unterschiedlich ausgeprägt. Insgesamt weisen die Ergebnisse darauf hin, dass sich die für allgemeine Schulen gefundenen Kompositionseffekte auch auf Förderschulen sowie auf inklusive Lernsettings an allgemeinen Schulen übertragen lassen.

Abstract

We examined whether relations between classroom composition and individual school achievement, academic self-concept, and interest are comparable in magnitude between special education schools and regular schools. Analyses were based on data from the IQB Trends in Student Achievement 2016, a nationally representative large-scale assessment of German fourth-graders. The sample consisted of 1,249 students with special educational needs in the area of learning disabilities, speech and language impairment, and emotional disorders (SEN-LSE) from 157 classrooms in special education schools and 998 students with SEN-LSE as well 11,029 classmates without SEN-LSE from 568 classrooms in regular schools. In both school types, class-average cognitive abilities were positively related to individual achievement, whereas class-average achievement was negatively related to students' academic self-concept. Effects of class-average achievement on students' interest differed in magnitude between special education schools and regular schools. Results suggest that, overall, established composition effects can be generalized to students with SEN-LSE in both school types.

1 Einleitung

Der Ausbau des gemeinsamen Unterrichts von Schüler*innen mit sonderpädagogischem Förderbedarf (SPF) an allgemeinen Schulen[1] ist eine der größten Schulreformen im deutschen Bildungssystem der letzten 20 Jahre

[1]Im vorliegenden Beitrag bezieht sich der Begriff *allgemeine Schulen* auf allgemeinbildende Grundschulen, in denen neben Kindern ohne sonderpädagogischen Förderbedarf auch Kinder mit einem sonderpädagogischen Förderbedarf in den Bereichen Lernen, Sprache und emotionale und soziale Entwicklung unterrichtet werden.

(Autorengruppe Bildungsberichterstattung 2016). Damit verbunden sind zum einen Veränderungen schulischer Organisationsformen und Unterrichtsmethoden an allgemeinen Schulen, die sich auf die zunehmende Heterogenität der Schülerschaft beziehen (Weishaupt 2016). Zum anderen geht der Ausbau des gemeinsamen Unterrichts auch mit Veränderungen in der Schülerzusammensetzung an allgemeinen Schulen und Förderschulen einher (Grosche und Vock 2018). Durch den steigenden Anteil an Schüler*innen mit SPF an allgemeinen Schulen nimmt die leistungsbezogene Heterogenität in dieser Schulart zu. Gleichzeitig verändert sich auch die Schülerzusammensetzung an Förderschulen, etwa wenn vor allem die leistungsstärkeren Schüler*innen mit SPF allgemeine Schulen besuchen. Dies kann Folgen für die Entwicklung schulischer Kompetenzen und motivationaler Merkmale (z. B. akademisches Selbstkonzept, Interesse, Lernfreude) von Kindern und Jugendlichen mit SPF haben, die nicht nur von institutionellen Merkmalen der Schulart, sondern auch von der Zusammensetzung der Schülerschaft beeinflusst werden (Brodesser 2016; Justice et al. 2014; Nusser und Wolter 2016).

Ergebnisse einer Studie von Kocaj et al. (2017) weisen darauf hin, dass Kinder mit einem sonderpädagogischen Förderbedarf in den Bereichen Lernen, Sprache und emotionale und soziale Entwicklung (SPF-LSE) in der Primarstufe an allgemeinen Schulen höhere schulische Kompetenzen erreichen, gleichzeitig aber ein geringeres akademisches Selbstkonzept und Interesse entwickeln als an Förderschulen. Diese Unterschiede spiegelten sich in positiven Zusammenhängen der fähigkeits- bzw. leistungsbezogenen Klassenkomposition mit den individuellen schulischen Kompetenzen bei gleichzeitig negativen Zusammenhängen mit dem akademischen Selbstkonzept wider (Kocaj et al. 2015, 2018). Demnach scheinen Schüler*innen in leistungsstärkeren Klassen einerseits zwar höhere Leistungen, andererseits aber ein geringeres akademisches Selbstkonzept und eine geringere Lernfreude zu entwickeln. Unklar ist aber noch, ob diese Zusammenhänge für Kinder mit SPF-LSE an Förderschulen und an allgemeinen Schulen vergleichbar sind.

Es kann nicht ohne Weiteres davon ausgegangen werden, dass sich die für allgemeine Schulen gefundenen Zusammenhänge auf Förderschulen übertragen lassen. So unterscheiden sich Förderschulen und allgemeine Schulen in der Schülerzusammensetzung, den Kriterien für Auswahl und Zuweisung der Schülerschaft, aber auch in organisatorischen und strukturellen Merkmalen sowie in der Unterrichtsorganisation (Ahrbeck 2016; Kottmann 2006; Weishaupt 2017; Wocken 2005). Je nach Ausprägung und Wirkungsweise könnten solche Faktoren Kompositionseffekte abschwächen oder verstärken. Zudem hat sich gezeigt, dass Kompositionseffekte auch innerhalb von Schularten zwischen Schülergruppen variieren können (z. B. Brodesser 2016; Rjosk et al. 2015; Scharenberg 2012). Entsprechend wäre es denkbar, dass Merkmale der Klassenkomposition an allgemeinen Schulen für Schüler*innen mit SPF andere Auswirkungen haben als für Schüler*innen ohne SPF.

In der vorliegenden Studie wird daher zum einen der Frage nachgegangen, ob sich an Förderschulen und allgemeinen Schulen vergleichbare Zusammenhänge der Klassenkomposition mit den schulischen Kompetenzen, dem akademischen Selbstkonzept und dem Interesse der Schüler*innen zeigen. Zum anderen wird geprüft, ob diese Zusammenhänge innerhalb der allgemeinen Schulen für Schüler*innen mit SPF-LSE und Schüler*innen ohne SPF vergleichbar ausgeprägt sind. Dabei wird die fähigkeitsbezogene (erfasst über eine Testskala zu figuralen kognitiven Fähigkeiten), leistungsbezogene (erfasst über Schulleistungstests im Bereich Deutsch Lesen und im Fach Mathematik) und soziale (erfasst über den sozioökonomischen Index) Klassenkomposition in Form von Klassenmittelwerten betrachtet. Diese Analysen können Hinweise darauf geben, wie sich die Zusammensetzung der Schülerschaft auf Merkmale der individuellen schulischen Entwicklung auswirkt, die bei der Ausgestaltung schulischer Inklusion und der Evaluation der Effekte von Inklusion zu berücksichtigen sind (vgl. Scharenberg et al. 2018; Stäbler et al. 2015). So könnte die fähigkeits- bzw. leistungsbezogene Klassenkomposition ein wichtiges Merkmal der Lernumwelten in inklusiv ausgerichteten Schulen darstellen, welches neben organisatorischen und curricularen Merkmalen die schulische Entwicklung beeinflusst. Falls beispielsweise ein inklusiv ausgerichteter Unterricht in leistungsstärkeren Klassen zu höheren individuellen Lernerfolgen aller Schüler*innen beiträgt, könnte dieses Kompositionsmerkmal berücksichtigt werden, wenn Unterrichtsmethoden für eine gelingende schulische Inklusion beschrieben werden (Stäbler et al. 2015).

2 Theoretischer Hintergrund[2]

Die schulische Entwicklung von Kindern und Jugendlichen wird zum einen durch individuelle Lernvoraussetzungen sowie soziale und kulturelle Ressourcen in der Familie beeinflusst und hängt zum anderen von Merkmalen der schulischen Lernumgebung ab (Baumert et al. 2006). Schulartspezifische Lernumgebungen

[2]Die Darstellung basiert auf einer ausführlicheren Beschreibung von theoretischen Annahmen zu differenziellen Lern- und Entwicklungsmilieus an allgemeinen Schulen und Förderschulen sowie zur Rolle von Kompositionseffekten bei Kocaj (2018).

können dazu beitragen, dass sich Schüler*innen in verschiedenen Schularten auch bei gleichen individuellen Lernvoraussetzungen unterschiedlich in ihren schulischen Kompetenzen und motivationalen Merkmalen (z. B. akademisches Selbstkonzept, Interesse) entwickeln (Baumert et al. 2006). Differenzielle Entwicklungsverläufe von Kindern und Jugendlichen an verschiedenen Schularten können dabei durch institutionelle und kompositionelle Effekte entstehen (Baumert et al. 2006; Dumont et al. 2013).

2.1 Institutionelle Effekte und individuelle schulische Outcomes

Eine mögliche Ursache für Schulartunterschiede in individuellen schulischen Outcomes sind Effekte institutioneller Merkmale (Gamoran 1986), zu denen u. a. schulartspezifische Lehrpläne und Stundentafeln, pädagogische und didaktische Methoden des Unterrichts sowie Unterschiede in der Ausbildung der Lehrkräfte zählen (Baumert et al. 2006; Weishaupt 2017; Wocken 2005). Dabei lassen sich Argumente für günstige Effekte sowohl für Förderschulen als auch für allgemeine Schulen anführen. Auf der einen Seite könnten Schüler*innen mit SPF-LSE in ihren schulischen Kompetenzen von einer Beschulung an Förderschulen profitieren, da Lehrpläne und Unterrichtsmethoden an ihre Lernbedürfnisse angepasst (Werning und Lütje-Klose 2006) und die Lehrkräfte an Förderschulen sonderpädagogisch ausgebildet sind (Weishaupt 2017). Außerdem könnten die angepassten Lehrpläne an Förderschulen dazu beitragen, dass Schüler*innen mit SPF-LSE hier mehr schulische Erfolge erleben, was sich positiv auf ihr akademisches Selbstkonzept und Interesse auswirken sollte (Elbaum 2002). Auf der anderen Seite wird argumentiert, dass die Lehrpläne für die allgemeinen Schulen anspruchsvoller und stärker auf die schulische Leistungsentwicklung ausgerichtet seien, was zu höheren schulischen Kompetenzen von Schüler*innen mit SPF-LSE führen sollte (Wocken 2005). Diese könnten dann auch ihr akademisches Selbstkonzept und Interesse stärken.

2.2 Kompositionseffekte und individuelle schulische Outcomes

Eine zweite mögliche Ursache für differenzielle Entwicklungsverläufe von Kindern und Jugendlichen an unterschiedlichen Schularten sind Kompositionseffekte (Dumont et al. 2013). Dabei handelt es sich um Auswirkungen der

Schülerzusammensetzung auf die individuelle schulische Entwicklung, die zusätzlich zu individuellen Schülermerkmalen bestehen (Dumont et al. 2013). Bei Kompositionseffekten hängt die schulische Entwicklung eines Kindes oder Jugendlichen also auch davon ab, welche anderen Schüler*innen die jeweilige Schule bzw. Klasse besuchen. Dabei können je nach Outcome unterschiedliche Kompositionsmerkmale relevant sein, wie etwa die fähigkeits- bzw. leistungsbezogene, die soziale, die zuwanderungsbezogene, altersbezogene oder geschlechtsbezogene Zusammensetzung der Schülerschaft, die entweder anhand von Mittelwerten (z. B. mittlere kognitive Fähigkeiten bzw. mittleres Vorwissensniveau, mittlerer sozioökonomischer Status der Familien), Anteilen (z. B. Anteil von Mädchen bzw. Jungen, Anteil von Schüler*innen mit Zuwanderungshintergrund) oder Streuungsmaßen (z. B. Leistungsheterogenität) operationalisiert werden. Als besonders bedeutsam hat sich in der Forschung die fähigkeits- bzw. leistungsbezogene Komposition erwiesen, die sich sowohl auf die Kompetenzentwicklung als auch auf die motivationale Entwicklung (z. B. akademisches Selbstkonzept, Interesse) individueller Schüler*innen auswirkt (Baumert et al. 2006; Dumont et al. 2013).

Es wird angenommen, dass sich die Klassenkomposition über verschiedene vermittelnde Prozesse auf die schulischen Outcomes von Kindern und Jugendlichen auswirkt (Baumert et al. 2006; Dreeben und Barr 1988). Zum einen kann die Zusammensetzung der Schülerschaft einer Klasse Interaktionen zwischen Lehrkräften und Schüler*innen beeinflussen. Beispielsweise passen Lehrkräfte Unterrichtsmethoden und -inhalte an die wahrgenommene Leistungsstärke der Schülerschaft an und gestalten ihren Unterricht in leistungsstärkeren Lerngruppen anspruchsvoller (Köller et al. 2013; Wocken 2005). Außerdem richten Lehrkräfte ihre Erwartungen an die schulbezogene Entwicklung ihrer Schüler*innen entsprechend der fähigkeitsbezogenen und sozialen Klassenkomposition aus (Diamond et al. 2004). In leistungsstärkeren Lerngruppen an Förderschulen und allgemeinen Schulen könnten sich die höheren Erwartungen der Lehrkräfte positiv auf die Leistungsentwicklung und das akademische Selbstkonzept von Schüler*innen mit SPF-LSE auswirken, da sie eher als fähige Lernende wahrgenommen werden und diese Fähigkeitseinschätzung möglicherweise übernehmen (Hornstra et al. 2010).

Zum anderen können Kompositionseffekte über Interaktionen zwischen Schüler*innen einer Klasse vermittelt werden. So ist anzunehmen, dass leistungsstärkere Schüler*innen als Lernvorbilder für leistungsschwächere Mitschüler*innen fungieren und soziale Lernprozesse anregen (*Peer Tutoring,* Gersten et al. 2009; Justice et al. 2014). Außerdem könnte ein hoher Anteil leistungsstarker Schüler*innen zu einem leistungsförderlichen Lernklima

(z. B. positive Einstellung zum Lernen und Akzeptanz von Leistungsnormen) in der Lerngruppe beitragen und die Leistungsentwicklung aller Schüler*innen begünstigen (Eccles und Roeser 2011).

Darüber hinaus kann sich die leistungsbezogene Komposition von Klassen über soziale Vergleichsprozesse zwischen Schüler*innen auf das akademische Selbstkonzept und das Interesse auswirken. Der Big-Fish-Little-Pond-Effekt (Marsh et al. 2008) beschreibt, dass Schüler*innen ihre schulischen Leistungen mit denen ihrer Mitschüler*innen vergleichen und dieser externe Referenzrahmen ihre Fähigkeitsselbsteinschätzung (akademisches Selbstkonzept) und verwandte Merkmale beeinflusst (z. B. Interesse und Lernfreude). Schüler*innen in leistungsstärkeren Lerngruppen berichten ein geringeres akademisches Selbstkonzept und ein geringeres fachspezifisches Interesse als vergleichbare Schüler*innen in leistungsschwächeren Lerngruppen (Marsh et al. 2008; Nusser und Wolter 2016; Trautwein et al. 2006). Diese Auswirkungen der leistungsbezogenen Klassenkomposition können sowohl zur Erklärung von Unterschieden *zwischen* Schularten (z. B. zwischen Förderschulen und allgemeinen Schulen) als auch *innerhalb* einer Schulart (z. B. Förderschulklassen mit unterschiedlicher mittlerer Leistungsstärke) herangezogen werden.

2.3 Unterschiede in Kompositionseffekten zwischen Schularten

In bereits durchgeführten Studien wurde untersucht, ob Merkmale der Klassenkomposition zur Erklärung von Unterschieden in individuellen schulischen Outcomes von Kindern mit SPF-LSE *zwischen* Förderschulen und allgemeinen Schulen (Kocaj et al. 2015, 2018) sowie *innerhalb* von Förderschulklassen (Brodesser 2016) und *innerhalb* von Klassen an allgemeinen Schulen beitragen (Scharenberg et al. 2018). Es lassen sich verschiedene Argumente dafür anführen, warum sich die Klassenkomposition in den beiden Schularten in unterschiedlicher Weise auf die individuelle schulische Entwicklung auswirken könnte.

Erstens könnten institutionelle Merkmale der Unterrichtsgestaltung dazu beitragen, dass sich die Klassenkomposition zwischen Schularten unterschiedlich stark auf die individuelle schulische Entwicklung von Schüler*innen mit SPF-LSE auswirkt. So wird z. B. häufig angenommen, dass Lehrkräfte an allgemeinen Schulen ihren Unterricht zwar ebenfalls an das Leistungsniveau der Schüler*innen anpassen, diesen aber insgesamt anspruchsvoller gestalten als Lehrkräfte an Förderschulen (Wocken 2005). Lehrkräfte an allgemeinen Schulen orientieren sich bei der Unterrichtsgestaltung unabhängig von der Klassenkomposition stärker an kriterialen Normen, die auf den Bildungsstandards basieren. Dies dürfte auch die Anforderungen beeinflussen, die Lehrkräfte an allgemeinen Schulen an zieldifferent zu unterrichtende Schüler*innen stellen. Möglicherweise formulieren Lehrkräfte an allgemeinen Schulen höhere Leistungsanforderungen und anspruchsvollere Lernziele als Lehrkräfte an Förderschulen. Insbesondere an Förderschulen mit dem Förderschwerpunkt Lernen, an denen andere Lehrpläne gelten als an allgemeinen Schulen, könnten Lehrkräfte ihre Leistungsanforderungen und ihre Unterrichtsgestaltung stärker an die Zusammensetzung der Schülerschaft anpassen. Dadurch könnte der Zusammenhang zwischen fähigkeitsbezogener Klassenkomposition und individuellen schulischen Kompetenzen an allgemeinen Schulen geringer ausgeprägt sein als an Förderschulen. Allerdings könnte eine stärkere Individualisierung des Unterrichts an Förderschulen (z. B. kleinere Lerngruppen, zusätzliches pädagogisches Personal im Klassenzimmer) auch dazu beitragen, dass Lehrkräfte ihren Unterricht weniger stark an der mittleren Leistungsstärke der Klasse ausrichten (Ahrbeck 2016; Weishaupt 2017).

Zweitens könnten Unterschiede zwischen den Schularten in der Leistungsrückmeldung den Einfluss der leistungsbezogenen Klassenkomposition moderieren, insbesondere im Hinblick auf das akademische Selbstkonzept und das Interesse (Lüdtke et al. 2005). An Förderschulen werden häufiger individualisierte Leistungsrückmeldungen auf Grundlage der individuellen Bezugsnorm gegeben als an allgemeinen Schulen (Nusser und Wolter 2016). Dadurch könnte der Zusammenhang der mittleren Leistungsstärke mit dem akademischen Selbstkonzept bzw. mit dem Interesse hier geringer ausgeprägt sein als an allgemeinen Schulen. Auch die geschützte Lernumgebung an Förderschulen (z. B. auf Lernvoraussetzungen besonders angepasste Unterrichtsmaterialien und geringerer Leistungsdruck) kann dazu beitragen, dass soziale Vergleiche seltener vorgenommen werden und entsprechend das akademische Selbstkonzept und das Interesse weniger stark prägen als an allgemeinen Schulen (Nusser und Wolter 2016).

Drittens können sich Schularten darin unterscheiden, wie ähnlich sich einzelne Schulen einer Schulart im Hinblick auf verschiedene Kompositionsmerkmale sind (Baumert et al. 2006). Kompositionseffekte innerhalb von Schularten lassen sich nur feststellen, wenn die Streuung der fähigkeits- bzw. leistungsbezogenen oder sozialen Klassenkomposition zwischen Schulen dieser Schulart ausreichend hoch ist. Da die Schülerschaft an Förderschulen aufgrund der Zuweisungsvoraussetzung eines festgestellten sonderpädagogischen Förderbedarfs hinsichtlich der Leistungsstärke deutlicher selektiert ist als an allgemeinen Schulen (Kottmann 2006; Sälzer et al. 2015; Weishaupt 2017), ist anzunehmen, dass sich Förderschulklassen in der leistungsbezogenen Komposition weniger unterscheiden als Klassen an allgemeinen Schulen. Auch die Zunahme des Anteils von inklusiv beschulten Schüler*innen mit SPF-LSE sowie Unterschiede zwischen den Bundesländern in diesen Anteilen können zur stärkeren Heterogenität der leistungsbezogenen Komposition an allgemeinen Schulen beitragen (Autorengruppe Bildungsberichterstattung 2016). Dadurch könnten Effekte der Klassenkomposition innerhalb von allgemeinen Schulen ausgeprägter sein als innerhalb von Förderschulen.

3 Forschungsstand

Ergebnisse vorangegangener Studien weisen darauf hin, dass Schüler*innen mit SPF-LSE an allgemeinen Schulen höhere schulische Kompetenzen, gleichzeitig aber ein geringeres akademisches Selbstkonzept und Interesse aufweisen als Schüler*innen mit SPF-LSE an Förderschulen (Gorges et al. 2018; Kocaj et al. 2014, 2017, 2018; Stranghöner et al. 2017; siehe jedoch Wild et al. 2015).[3] Außerdem zeigte sich, dass Schulartunterschiede in den schulischen Kompetenzen und im akademischen Selbstkonzept von Schüler*innen mit SPF-LSE an Förderschulen und allgemeinen Schulen in einer bundesweiten Stichprobe zum Teil auf Unterschiede in der fähigkeits- bzw. leistungsbezogenen Klassenkomposition zurückgeführt werden können (Kocaj et al. 2015, 2018). Demnach entwickeln Schüler*innen mit SPF-LSE an allgemeinen Schulen u. a. deshalb höhere schulische Kompetenzen (Kocaj et al. 2015) und ein geringeres akademisches Selbstkonzept (Kocaj et al. 2018), weil ihre Mitschüler*innen hier im Durchschnitt leistungsstärker sind als an Förderschulen. Das leistungsstärkere Lernumfeld scheint positiv mit den schulischen Kompetenzen zusammenzuhängen, aufgrund sozialer Vergleichsprozesse (in Einklang mit dem Big-Fish-Little-Pond-Effekt) aber negativ mit Merkmalen der motivationalen Entwicklung (akademisches Selbstkonzept, Lernfreude) von Kindern mit SPF-LSE.

[3]Die Studien von Gorges et al. (2018), Stranghöner et al. (2017) und Wild et al. (2015) basieren auf Daten des BiLieF-Projektes in Nordrhein-Westfalen. Die Studien von Kocaj et al. (2014, 2017, 2018) basieren auf Daten des bundesweit durchgeführten IQB-Ländervergleichs 2011 und IQB-Bildungstrends 2016.

Während Unterschiede zwischen Förderschulen und allgemeinen Schulen somit vergleichsweise gut untersucht sind, besteht weiterhin Forschungsbedarf zur Frage, ob Zusammenhänge zwischen Merkmalen der Klassenkomposition und den schulischen Kompetenzen, dem akademischen Selbstkonzept und dem Interesse auch innerhalb von Förderschulen festgestellt werden können und ob diese Zusammenhänge mit denen an allgemeinen Schulen vergleichbar sind. Der Forschungsstand zeigt, dass nicht nur zwischen Schularten, sondern auch innerhalb von Schularten Unterschiede in der Klassenkomposition mit Unterschieden in den schulischen Kompetenzen der Schüler*innen einhergehen (Nikolova 2011). Diese Ergebnisse deuten darauf hin, dass allgemeine Schulen in der Primarstufe differenzielle Lern- und Entwicklungsmilieus darstellen können, wobei die fähigkeits- bzw. leistungsbezogene Klassenzusammensetzung die stärksten Zusammenhänge mit den individuellen schulischen Kompetenzen aufwies (Nikolova 2011).

Brodesser (2016) fand auf Grundlage einer Berliner Stichprobe von Förderschulen mit dem Schwerpunkt Lernen in der Sekundarstufe I, dass auch innerhalb dieser Schulart die mittleren kognitiven Fähigkeiten der Schüler*innen in einer Klasse positiv mit den im Leseverständnis und in Mathematik erreichten Kompetenzen zusammenhingen. Zudem erzielten Schüler*innen mit einem SPF im Bereich Lernen an Förderschulen mit einem höheren Sozialindex höhere schulische Kompetenzen (Brodesser 2016). Auch in einer Studie zu inklusiven Klassen an allgemeinen Schulen in Hamburg zeigte sich, dass am Ende der 4. Jahrgangsstufe der durchschnittliche sozioökonomische Status an allgemeinen Schulen positiv mit den Mathematikleistungen der Schüler*innen am Ende der 4. Jahrgangsstufe zusammenhing (Scharenberg et al. 2018). Allerdings konnten die Forscher*innen keine zusätzlichen Effekte des mittleren Fähigkeitsniveaus auf die individuellen schulischen Kompetenzen feststellen. Weiterhin waren diese Zusammenhänge für Schüler*innen mit und ohne SPF vergleichbar ausgeprägt (Scharenberg et al. 2018).

Eine vergleichende Analyse von Kompositionseffekten an Förderschulen und an allgemeinen Schulen fehlt bislang aber noch weitgehend. Eine Ausnahme bildet eine aktuelle Studie von Nusser und Wolter (2016), die anhand von Daten einer bundesweiten Stichprobe von Schüler*innen mit SPF im Bereich Lernen nur für Kinder mit SPF an allgemeinen Schulen einen negativen Zusammenhang zwischen der mittleren Leistungsstärke der Klasse und dem individuellen akademischen Selbstkonzept fanden. An Förderschulen konnte kein solcher Zusammenhang festgestellt werden. Dies führen die Autorinnen auf die Feedbackstrukturen an Förderschulen zurück, die individueller auf die Kinder mit SPF-LSE ausgerichtet seien (Nusser und Wolter 2016).

4 Fragestellungen und Hypothesen

In der vorliegenden Studie wurde zunächst geprüft, ob sich die fähigkeits- und leistungsbezogene sowie die soziale Klassenkomposition zwischen Förderschulen und allgemeinen Schulen unterscheidet (Fragestellung 1). Dabei nahmen wir an, dass das mittlere Fähigkeits- bzw. Leistungsniveau an allgemeinen Schulen höher ist als an Förderschulen, da die Zuweisung zu einer Förderschule vor allem aufgrund von fachübergreifenden schulischen Minderleistungen erfolgt (Sälzer et al. 2015). Außerdem vermuteten wir, dass der mittlere sozioökonomische Status an allgemeinen Schulen höher ist als an Förderschulen, da schulische Leistungen positiv mit Merkmalen der sozialen Herkunft zusammenhängen (z. B. Haag et al. 2017).

Darauf aufbauend wurde untersucht, ob sich in Klassen an Förderschulen und an allgemeinen Schulen vergleichbare Kompositionseffekte auf schulische Kompetenzen (Lesen und Mathematik) sowie auf das akademische Selbstkonzept und das Interesse in Deutsch und Mathematik zeigen (Fragestellung 2). Bezüglich unterschiedlicher Zusammenhänge zwischen Kompositionsmerkmalen und schulischen Kompetenzen ließen sich aus den theoretischen Annahmen (s. Abschn. 2.3) und dem Forschungsstand (s. Abschn. 3) keine gerichteten Hypothesen ableiten. Im Gegensatz dazu nahmen wir an, dass in Förderschulen geringere Zusammenhänge zwischen der leistungsbezogenen Klassenzusammensetzung und dem akademischen Selbstkonzept und dem Interesse bestehen als in allgemeinen Schulen, da in Förderschulen soziale Vergleiche nicht so stark ausgeprägt und Leistungsrückmeldungen individueller ausgerichtet sein könnten (vgl. Nusser und Wolter 2016).

Außerdem wurde der Fragestellung nachgegangen, ob Zusammenhänge zwischen Merkmalen der Klassenkomposition und individuellen schulischen Outcomes an allgemeinen Schulen für Kinder mit SPF-LSE und für Kinder ohne SPF vergleichbar sind. Auch für diese Fragestellung leiteten wir keine gerichteten Hypothesen ab. Ziel dieser Analysen war es, zu prüfen, ob sich die Ergebnisse zu differenziellen Lern- und Entwicklungsmilieus in den Schularten der Sekundarstufe I (Baumert et al. 2006) sowie zum Big-Fish-Little-Pond-Effekt (Marsh et al. 2008) auch auf Schüler*innen mit SPF in inklusiven Lernsettings an allgemeinen Schulen übertragen lassen.

Mit der Frage nach Unterschieden in Merkmalen der Klassenkomposition zwischen Förderschulen und allgemeinen Schulen handelt es sich bei der vorliegenden Studie zum Teil um eine konzeptuelle Replikation vorangegangener Analysen auf Grundlage des IQB-Ländervergleichs 2011 (Kocaj et al. 2015, 2018). Seit dem Jahr 2011 wurde das gemeinsame Lernen im deutschen

Bildungssystem weiter ausgebaut, wodurch sich die fähigkeits- bzw. leistungsbezogene und soziale Klassenkomposition an Förderschulen und allgemeinen Schulen verändert haben dürfte. Auch könnten allgemeine Schulen inzwischen besser auf den gemeinsamen Unterricht von Schüler*innen mit SPF-LSE und ohne SPF vorbereitet sein, als dies im Jahr 2011 noch der Fall war. Deshalb ist es wichtig, zu prüfen, ob sich frühere Ergebnisse auf Grundlage von aktuellen Daten replizieren lassen.

5 Methoden

5.1 Stichprobe

Die Analysen basieren auf Daten des IQB-Bildungstrends 2016 (Stanat et al. 2017, 2019), einem querschnittlich angelegten Large-Scale Assessment, das im Jahr 2016 mit Schüler*innen am Ende der 4. Jahrgangsstufe durchgeführt wurde. Der IQB-Bildungstrend 2016 umfasst eine auf Länderebene repräsentative Stichprobe von 29259 Schüler*innen aus 1508 Schulen. Bei insgesamt 2247 Kindern, die an der Studie teilnahmen, war im Rahmen eines amtlichen Feststellungsverfahrens ein SPF in den Förderschwerpunkten Lernen, Sprache oder emotionale und soziale Entwicklung (SPF-LSE) diagnostiziert worden. Von der Kompetenztestung ausgeschlossen wurden 1) Kinder, die aufgrund einer körperlichen Beeinträchtigung die Tests nicht selbstständig bearbeiten konnten, 2) Kinder mit dem Förderschwerpunkt geistige Entwicklung und Kinder, die den Testinstruktionen aufgrund einer geistigen oder emotionalen Beeinträchtigung nicht folgen konnten sowie 3) Kinder nichtdeutscher Herkunftssprache, die weniger als ein Jahr Unterricht in deutscher Sprache erhalten hatten (Rjosk et al. 2017).

An allgemeinen Schulen wurden Klassen in die Analysen einbezogen, in denen zum Zeitpunkt der Erhebung mindestens ein Kind mit SPF-LSE unterrichtet wurde. Insgesamt gingen Daten von 11029 Kindern ohne SPF aus 568 Schulklassen an allgemeinen Schulen sowie von 2247 Kindern mit SPF-LSE aus 725 Schulklassen ($n = 568$ Klassen an allgemeinen Schulen und $n = 157$ Klassen an Förderschulen) in die Analysen ein (Tab. 1). Innerhalb der Gruppe von Kindern mit SPF-LSE hatten $n = 1090$ Schüler*innen den Förderschwerpunkt Lernen, $n = 772$ den Förderschwerpunkt Sprache und $n = 385$ Schüler*innen den Förderschwerpunkt emotionale und soziale Entwicklung. Kinder mit mehreren Förderschwerpunkten wurden in den Analysen nicht berücksichtigt. Innerhalb der Gruppe von Schüler*innen mit SPF-LSE besuchten 1249 Kinder aus 157 Klassen

Tab. 1 Stichproben- und Klassengröße an Förderschulen und allgemeinen Schulen

	Individualebene				
	N Kinder mit SPF-LSE[a]	M Kinder mit SPF-LSE	SD Kinder mit SPF-LSE	Min Kinder mit SPF-LSE	Max Kinder mit SPF-LSE
Förderschule	1249	9,67	3,05	4	17
Allgemeine Schule	998	1,74	1,13	1	9
	Klassenebene				
	N Klassen	M Klassengröße	SD Klassengröße	$Min–Max$ Klassengröße	N Kinder insgesamt
Förderschule	157	9,67	3,05	4–17	1249
Allgemeine Schule	568	20,97	4,05	5–33	12027

[a]Sonderpädagogischer Förderbedarf in den Förderschwerpunkten Lernen, Sprache und emotionale und soziale Entwicklung.
Anmerkungen: Im IQB-Bildungstrend 2016 wurde pro Schule zufällig eine Klasse in die Stichprobe aufgenommen. Ausnahme: In Förderschulen wurden alle Kinder der vierten Jahrgangsstufe in die Stichprobe einbezogen. Um Zusammenhänge zwischen der Klassenkomposition und den schulischen Kompetenzen sowie Merkmalen der schulischen Motivation zu untersuchen, wurden nur Klassen in die Analysen einbezogen, für die Angaben von mindestens vier Schüler*innen vorlagen.

eine Förderschule (Alter: $M = 11{,}08$ Jahre, $SD = 0{,}63$ Jahre; 68,5 % Jungen; 34,2 % mind. ein Elternteil im Ausland geboren) und 998 Kinder aus 568 Klassen eine allgemeine Schule (Alter: $M = 10{,}90$ Jahre, $SD = 0{,}65$ Jahre, 61,1 % Jungen; 36,0 % mind. ein Elternteil im Ausland geboren). Wie Tab. 1 zeigt, waren die Schulklassen an Förderschulen im Durchschnitt kleiner ($M = 9{,}67$, $SD = 3{,}05$) als Schulklassen an allgemeinen Schulen ($M = 20{,}97$, $SD = 4{,}05$, davon $M = 1{,}74$, SD = 1,13 Kinder mit SPF-LSE; $t(723) = -38{,}06$, $p < 0{,}001$, 95 %-KI [−11,88, −10,71], $d = 2{,}93$).

5.2 Messinstrumente

Schulische Kompetenzen

Die individuellen schulischen Kompetenzen im Bereich Deutsch Lesen und im Fach Mathematik waren zum einen zentrale abhängige Variablen dieser Studie. Zum anderen wurden sie zur Vorhersage von Unterschieden zwischen Schüler*innen im akademischen Selbstkonzept und Interesse verwendet. Dabei waren die mittleren schulischen Kompetenzen der Klasse in Deutsch Lesen und in Mathematik ein Maß für die leistungsbezogene Klassenkomposition. Die schulischen Kompetenzen wurden mit standardisierten Tests erfasst. Schüler*innen mit SPF-LSE erhielten sowohl an Förderschulen als auch an allgemeinen Schulen spezielle Testhefte mit angepassten Aufgaben, die sich jedoch gemeinsam mit den Aufgaben skalieren ließen, die die Schüler*innen ohne SPF bearbeiteten (Böhme, Kohrt, et al. 2017). Die getesteten Fähigkeiten im Kompetenzbereich Lesen beziehen sich auf das verstehende Lesen altersgemäßer Texte (Böhme, Engelbert und Weirich 2017). Die Leistungstests im Fach Mathematik umfassen fünf inhaltliche Bereiche (Zahlen und Operationen, Raum und Form, Muster und Strukturen, Größen und Messen, Daten, Häufigkeit und Wahrscheinlichkeit), die zu einem Globalwert mathematischer Kompetenzen zusammengefasst wurden (Roppelt et al. 2017). In den Analysen der vorliegenden Studie wurden je 15 *Plausible Values* als Schätzer für die schulischen Kompetenzen der Schüler*innen im Lesen und in Mathematik genutzt, die unter Verwendung von Modellen der Item-Response-Theorie gezogen und auf die in Schulleistungsstudien übliche Metrik ($M = 500$, $SD = 100$) transformiert worden sind (Weirich et al. 2017).

Akademisches Selbstkonzept und Interesse

Das akademische Selbstkonzept und das Interesse der Schüler*innen wurden mit je zwei fachspezifischen Skalen für die Fächer Deutsch und Mathematik erfasst.

Das akademische Selbstkonzept bezieht sich auf Selbsteinschätzungen der Schüler*innen zu ihren schulischen Fähigkeiten. Schüler*innen beantworteten je vier Items auf einer vierstufigen Ratingskala (z. B. „Ich bin gut in Deutsch/Mathematik.", *1 = stimmt gar nicht* bis *4 = stimmt genau*), wobei höhere Werte ein höher ausgeprägtes akademisches Selbstkonzept kennzeichnen. Die internen Konsistenzen (Cronbachs α) beider Skalen waren für Kinder mit SPF-LSE an Förderschulen (Deutsch: $\alpha = 0{,}84$, Mathematik: $\alpha = 0{,}93$) und allgemeinen Schulen (Deutsch: $\alpha = 0{,}84$, Mathematik: $\alpha = 0{,}92$) hoch. Das fachspezifische Interesse wurde anhand von jeweils vier Aussagen mit einer vierstufigen Ratingskala erfasst (z. B. „Deutsch/Mathematik macht mir Spaß.", *1 = stimmt gar nicht* bis *4 = stimmt genau*). Höhere Werte entsprechen einem höheren Interesse am Fach. Auch für das fachspezifische Interesse wiesen beide Skalen für Kinder mit SPF-LSE an Förderschulen (Deutsch: $\alpha = 0{,}83$, Mathematik: $\alpha = 0{,}88$) und für Kinder mit SPF-LSE an allgemeinen Schulen (Deutsch: $\alpha = 0{,}81$, Mathematik: $\alpha = 0{,}87$) hohe interne Konsistenzen auf.

Kognitive Fähigkeiten

Die figuralen kognitiven Fähigkeiten wurden als Maß für das mittlere Fähigkeitsniveau der Klassen genutzt und auch als Kontrollvariable auf Individualebene in die Analysen einbezogen. Sie wurden mit einer Subskala (2 Testformen mit je 16 Items) des Berliner Tests zur Erfassung fluider und kristalliner Intelligenz für die 3. bis 4. Jahrgangsstufe (BEFKI 3–4; Wilhelm et al. 2018) ermittelt. Die Antworten der Schüler*innen zu den 16 Items wurden auf Basis eines Item-Response-Modells in Schätzer der Personenfähigkeiten überführt (*Weighted Likelihood Estimate,* WLE; Warm 1989), die ähnlich wie z-Werte interpretiert werden können.

Sozioökonomischer Index

Der sozioökonomische Index der Familie fand als Prädiktor auf Individual- und Klassenebene Eingang in die Analysen. Auf Klassenebene wurde der mittlere sozioökonomische Index als Maß für die soziale Klassenkomposition genutzt. Indikator für den sozioökonomischen Index war der höchste *International Socio-Economic Index of Occupational Status* in der Familie (HISEI; Ganzeboom 2010), welcher den Status der beruflichen Tätigkeit unter Berücksichtigung des Einkommens und des für den Beruf benötigten Bildungsabschlusses auf einer international vergleichbaren Metrik abbildet (Haag et al. 2017). Der Wertebereich des HISEI liegt zwischen 10 (z. B. Hilfsarbeitskräfte) und 89 (z. B. Führungskräfte).

Kovariaten

Zusätzlich zu den kognitiven Fähigkeiten und zum sozioökonomischen Index der Familie wurden demografische sowie soziale und kulturelle Merkmale auf Individualebene in den Analysen berücksichtigt, um präzisere Schätzungen für die Zusammenhänge zwischen Klassenkomposition und schulischen Outcomes zu erhalten. Diese umfassen das Geschlecht *(0 = männlich, 1 = weiblich)* und das Alter der Kinder (in Jahren), den Zuwanderungshintergrund der Eltern *(0 = beide Eltern in Deutschland geboren, 1 = mindestens ein Elternteil im Ausland geboren),* die zu Hause gesprochene Sprache *(0 = immer oder fast immer Deutsch, 1 = nicht immer Deutsch)* sowie den häuslichen Buchbestand *(0 = 0–10 Bücher, 1 = 11–25 Bücher, 2 = 26–100 Bücher, 3 = 101–200 Bücher, 4 = mehr als 200 Bücher).*

5.3 Datenanalyse

Zur Beantwortung der ersten Fragestellung wurden Unterschiede in Merkmalen der Klassenkomposition zwischen Förderschulen und allgemeinen Schulen anhand von t-Tests (Mittelwerte) bzw. F-Tests (Standardabweichungen) ermittelt. Außerdem wurden Korrelationen zwischen den kontinuierlichen Kompositionsmerkmalen separat für Förderschulen und allgemeine Schulen in Mplus 7.31 (Muthén und Muthén 1998–2015) berechnet. Zur Beantwortung der zweiten Fragestellung wurden Mehrebenenanalysen (mit robustem Maximum-Likelihood-Schätzer) in Mplus 7.31 durchgeführt. Dabei wurden die schulischen Kompetenzen (Plausible Values für Lesen und Mathematik) durch die figuralen kognitiven Fähigkeiten (BEFKI) und den sozioökonomischen Index (HISEI) auf Individual- und Klassenebene unter Berücksichtigung von Kovariaten auf Individualebene vorhergesagt. Zur Vorhersage des akademischen Selbstkonzepts und des Interesses in Deutsch und Mathematik (Skalenmittelwerte) wurden anstelle der figuralen kognitiven Fähigkeiten die individuellen Kompetenzwerte sowie die mittlere Leistungsstärke der Klassen im Lesen und in Mathematik genutzt, um den Big-Fish-Little-Pond-Effekt an Förderschulen und allgemeinen Schulen zu analysieren. Die Bildung der Merkmale der Klassenkomposition erfolgte durch Aggregation der unstandardisierten Individualwerte aller getesteten Mitschüler*innen in der Klasse. Alle kontinuierlichen Prädiktoren auf Individual- und Klassenebene wurden über die gesamte Analysestichprobe z-standardisiert ($M = 0$, $SD = 1$), um die Interpretation der Regressionskoeffizienten zu erleichtern. Außerdem war es bei den Mehrebenenanalysen erforderlich, Populationsgewichte zu berücksichtigen, um die geschichtete und mehrstufige Stichprobenziehung im IQB-Bildungstrend 2016 abzubilden und Rückschlüsse von der Stichprobe auf die Zielpopulation der Viertklässler*innen in Deutschland zu ermöglichen. Dabei wurden die Populationsgewichte in ein Individual- und ein Klassengewicht aufgeteilt (Rutkowski et al. 2010), die die hierarchische Struktur der Stichprobe (Schüler*innen in Schulklassen) widerspiegeln.

Zur Schätzung der Zusammenhänge zwischen Klassenkomposition und schulischen Outcomes an Förderschulen und allgemeinen Schulen wurden verschiedene Mehrebenenmodelle spezifiziert. Modell 1 schätzt Random-Intercept-Modelle für Schüler*innen mit SPF-LSE an Förderschulen. Modell 2 schätzt Random-Intercept-Modelle für alle Schüler*innen an allgemeinen Schulen, wobei Unterschiede zwischen Kindern mit SPF-LSE und Kindern ohne SPF in den betrachteten schulischen Outcomes als Haupteffekte auf Individualebene berücksichtigt wurden. Modell 3 prüft anhand von Random-Slope-Modellen, ob Unterschiede in den schulischen Outcomes zwischen Kindern mit SPF-LSE und Kindern ohne SPF zwischen Schulklassen an allgemeinen Schulen variieren. Beispielsweise könnten die Leistungsunterschiede zwischen Kindern mit SPF-LSE und Kindern ohne SPF in manchen Schulklassen geringer ausgeprägt sein als in anderen Schulklassen.

Darauf aufbauend prüft Modell 4 anhand von Cross-Level-Interaktionen (Aguinis et al. 2013), ob sich Unterschiede zwischen Schulklassen an allgemeinen Schulen in Zusammenhängen zwischen einem festgestellten SPF-LSE und den schulischen Outcomes auf die fähigkeits- bzw. leistungsbezogene und soziale Klassenkomposition zurückführen lassen. Anhand dieser Modelle ist es möglich, Aussagen darüber zu treffen, ob sich Zusammenhänge der Klassenkomposition und der schulischen Outcomes zwischen Kindern mit SPF-LSE und Kindern ohne SPF an allgemeinen Schulen unterscheiden. In den Cross-Level-Modellen bilden die Regressionskoeffizienten der fähigkeitsbezogenen und sozialen Klassenkomposition die erwarteten Zusammenhänge zwischen Klassenkomposition und schulischen Outcomes für Kinder ohne SPF ab. Die erwarteten Kompositionseffekte für Kinder mit SPF-LSE setzen sich in diesen Modellen additiv aus den Regressionskoeffizienten der fähigkeits- bzw. leistungsbezogenen und sozialen Klassenkomposition und den korrespondierenden Regressionskoeffizienten der Cross-Level-Interaktionen zusammen (Aguinis et al. 2013; Hox 2002).

5.4 Umgang mit fehlenden Werten

Der Anteil fehlender Werte lag innerhalb der Schülergruppe mit SPF-LSE bei ca.13 % für die Kompetenztests im Lesen und in Mathematik, bei ca. 23 % für die motivationalen Merkmale (akademisches Selbstkonzept und Interesse), bei ca. 14 % für die kognitiven Fähigkeiten und bei 50 % für den sozioökonomischen Index. Schüler*innen ohne gültige Kompetenztestwerte im Lesen bzw. in Mathematik wurden von den Analysen ausgeschlossen. Fehlende Werte in den anderen Merkmalen wurden durch je 15 Imputationen mit dem R-Paket mice (*Multivariate Imputation by Chained Equations;* van Buuren und Groothuis-Oudshoorn 2011) ersetzt (Weirich et al. 2017). Anschließend wurden die Analysen für jede Imputation separat durchgeführt und deren Ergebnisse zu je einem Kennwert zusammengefasst (Rubin 1987).

6 Ergebnisse

6.1 Fragestellung 1: Unterschiede in der Klassenkomposition zwischen Förderschulen und allgemeinen Schulen

Zur Beantwortung der ersten Fragestellung wurde die fähigkeitsbezogene, leistungsbezogene und soziale Klassenkomposition zwischen Förderschulen und allgemeinen Schulen verglichen (Tab. 2). Schüler*innen mit SPF-LSE und Schüler*innen ohne SPF an allgemeinen Schulen wurden im Durchschnitt in leistungsstärkeren Lerngruppen mit einem höheren sozioökonomischen Index in der Familie unterrichtet als Schüler*innen an Förderschulen: Die durchschnittlichen kognitiven Fähigkeiten ($t(723) = -16{,}81$, $p < 0{,}001$, 95 %-KI [−1,26, −0,99], $d = 2{,}03$), die mittleren schulischen Kompetenzen im Lesen ($t(723) = -26{,}45$, $p < 0{,}001$, 95 %-KI [−160,74, −138,52], $d = 2{,}70$) und in Mathematik ($t(723) = -20{,}38$, $p < 0{,}001$, 95 %-KI −167,80, −138,32], $d = 2{,}33$) sowie der mittlere sozioökonomische Index ($t(723) = -17{,}57$, $p < 0{,}001$, 95 %-KI [−13,21, −10,55], $d = 1{,}33$) waren in Klassen an allgemeinen Schulen signifikant höher als an Förderschulklassen.

Im Gegensatz dazu waren die Standardabweichungen der fähigkeits- und leistungsbezogenen Kompositionsmerkmale an Förderschulklassen signifikant größer als in Klassen an allgemeinen Schulen (Tab. 2). Stärker als innerhalb der allgemeinen Schulen unterschieden sich innerhalb von Förderschulen die Klassen

Tab. 2 Unterschiede in der Klassenkomposition zwischen Förderschulen ($n = 157$ Klassen) und allgemeinen Schulen ($n = 568$ Klassen)

	M	*SD*	*Min*	*Max*
	Fähigkeitsbezogene Klassenkomposition: mittlere kognitive Fähigkeiten: figural (BEFKI[a])			
Förderschule	−1,31	0,80	−3,86	0,38
Allgemeine Schule	−0,18	0,47	−1,75	1,23
	Leistungsbezogene Klassenkomposition: mittlere schulische Kompetenzen im Lesen (PV[b])			
Förderschule	327,57	65,30	147,23	452,09
Allgemeine Schule	477,20	52,48	264,92	613,25
	Leistungsbezogene Klassenkomposition: mittlere schulische Kompetenzen in Mathematik (PV)			
Förderschule	309,75	89,12	52,82	467,40
Allgemeine Schule	462,81	57,45	194,88	607,03
	Soziale Klassenkomposition: mittlerer sozioökonomischer Index (HISEI[c])			
Förderschule	35,99	6,84	20,64	57,55
Allgemeine Schule	47,87	9,46	25,11	75,53

Anmerkungen:
[a]Berliner Test zur Erfassung fluider und kristalliner Intelligenz.
[b]Plausible Value.
[c]Highest International Socio-Economic Index of Occupational Status.

in den mittleren kognitiven Fähigkeiten ($F(156, 567) = 2{,}97$, $p < 0{,}001$) und auch in den mittleren schulischen Kompetenzen im Lesen ($F(156, 567) = 1{,}55$, $p < 0{,}001$) und in Mathematik ($F(156, 567) = 2{,}41$, $p < 0{,}001$). In ihrer sozialen Zusammensetzung unterschieden sich hingegen Klassen an allgemeinen Schulen stärker als Klassen an Förderschulen ($F(156, 567) = 1{,}90$, $p < 0{,}001$).

In Förderschulklassen zeigten sich insgesamt signifikant geringere Zusammenhänge des mittleren sozioökonomischen Index mit den mittleren kognitiven Fähigkeiten sowie den mittleren schulischen Kompetenzen als an allgemeinen Schulen (Tab. 3). Die Zusammenhänge zwischen den fähigkeits- und leistungsbezogenen Kompositionsmerkmalen waren an Förderschulen und allgemeinen Schulen hingegen vergleichbar ausgeprägt (Tab. 3).

Tab. 3 Korrelationen zwischen kognitiver, sozialer und leistungsbezogener Klassenzusammensetzung an Förderschulen ($n = 157$ Klassen) und allgemeinen Schulen ($n = 568$ Klassen)

	2	3	4
	Förderschule		
1 Mittlere kognitive Fähigkeiten: figural (BEFKI[a])	**0,30*****	0,73***	0,80***
2 Mittlerer sozioökonomischer Index (HISEI[b])		**0,37*****	**0,37*****
3 Mittlere schulische Kompetenzen: Lesen (PV[c])			0,88***
4 Mittlere schulische Kompetenzen: Mathematik (PV)			
	Allgemeine Schule		
1 Mittlere kognitive Fähigkeiten: figural (BEFKI)	**0,58*****	0,74***	0,79***
2 Mittlerer sozioökonomischer Index (HISEI)		**0,67*****	**0,63*****
3 Mittlere schulische Kompetenzen: Lesen (PV)			0,86***
4 Mittlere schulische Kompetenzen: Mathematik (PV)			

Anmerkungen: *$p < 0{,}05$. **$p < 0{,}01$. ***$p < 0{,}001$.
Fett hervorgehobene Korrelationskoeffizienten unterscheiden sich signifikant ($p < 0{,}001$) zwischen Schulklassen an Förderschulen und allgemeinen Schulen.
Korrelationen basieren auf der Aggregation der unstandardisierten Individualmerkmale aller Schüler*innen einer Klasse.
[a]Berliner Test zur Erfassung fluider und kristalliner Intelligenz.
[b]Highest International Socio-Economic Index of Occupational Status.
[c]Plausible Value.

6.2 Fragestellung 2: Zusammenhänge der Klassenkomposition an Förderschulen und allgemeinen Schulen mit schulischen Kompetenzen, akademischem Selbstkonzept und Interesse

Zur Beantwortung der zweiten Fragestellung wurde anhand von Mehrebenenmodellen analysiert, ob sich die Zusammenhänge der fähigkeitsbezogenen (mittlere kognitive Fähigkeiten), leistungsbezogenen (mittlere schulische Kompetenzen im Lesen und in Mathematik) und sozialen Klassenkomposition (mittlerer sozioökonomischer Index) mit individuellen schulischen Outcomes zwischen Förderschulen und allgemeinen Schulen unterscheiden (Fragestellung 2). Darüber hinaus wurde geprüft, ob an allgemeinen Schulen vergleichbare Zusammenhänge zwischen diesen Merkmalen der Klassenkomposition und individuellen

Tab. 4 Unterschiede in schulischen Kompetenzen, im akademischen Selbstkonzept und im Interesse zwischen Schüler*innen mit SPF-LSE[a] an Förderschulen und allgemeinen Schulen auf Individualebene

	Förderschule			Allgemeine Schule			Differenz		
	M	*SD*	*SE*	*M*	*SD*	*SE*	ΔM^b	*SE*	d^c
Schulische Kompetenzen									
Deutsch Lesen	327,45	99,96	6,31	374,22	94,09	4,95	46,77***	7,88	0,48
Mathematik	310,24	120,98	9,77	357,82	110,45	7,07	47,58***	11,78	0,41
Akademisches Selbstkonzept									
Deutsch	3,12	0,75	0,05	3,02	0,71	0,06	−0,10	0,07	−0,14
Mathematik	3,19	0,85	0,03	2,84	0,92	0,07	−0,35***	0,08	−0,39
Interesse									
Deutsch	3,04	0,83	0,06	3,04	0,79	0,05	0,009	0,08	0,01
Mathematik	3,31	0,85	0,03	3,08	0,93	0,07	−0,23***	0,08	−0,26

Anmerkungen: *$p<0{,}05$. **$p<0{,}01$. ***$p<0{,}001$.
[a]Sonderpädagogischer Förderbedarf im Bereich Lernen, Sprache, emotionale und soziale Entwicklung.
[b]Mittelwertsdifferenz; positive Werte der Differenz stehen für höhere Ausprägungen an allgemeinen Schulen, negative Werte für höhere Ausprägungen an Förderschulen.
[c]Effektstärkemaß Cohens *d*.

schulischen Outcomes für Schüler*innen mit SPF-LSE und Schüler*innen ohne SPF bestehen. Zur Einordnung der Mehrebenenanalysen sind in Tab. 4 die Unterschiede in schulischen Kompetenzen, im akademischen Selbstkonzept und im Interesse zwischen Schüler*innen mit SPF-LSE an Förderschulen und allgemeinen Schulen auf Individualebene dargestellt. Auf diese Ergebnisse wird im Folgenden nicht näher eingegangen (siehe ausführlich bei Kocaj et al. 2017).

Schulische Kompetenzen

An Förderschulen zeigten sich positive Zusammenhänge der mittleren kognitiven Fähigkeiten ($b=17{,}33$, $p=0{,}002$, $ES2$[4] $=0{,}50$) und des mittleren sozioökonomischen Index ($b=19{,}83$, $p=0{,}04$, $ES2=0{,}36$) mit den individuellen

[4]*ES2* ist ein Effektstärkemaß für kontinuierliche Prädiktoren auf Klassen- bzw. Schulebene in Mehrebenenmodellen (Marsh et al. 2008), das vergleichbar zu Cohens *d* interpretiert werden kann.

schulischen Kompetenzen in Deutsch Lesen (Modell 1, Tab. 5). Auch an allgemeinen Schulen erzielten Schüler*innen in Klassen mit einem höheren Fähigkeitsniveau ($b = 14{,}02$, $p = 0{,}002$, $ES2 = 0{,}17$) und einem höheren mittleren sozioökonomischen Index ($b = 8{,}34$, $p = 0{,}003$, $ES2 = 0{,}23$) höhere schulische Kompetenzen im Lesen (Modell 2, Tab. 5). Dabei waren die im Lesen erreichten Kompetenzen bei Schüler*innen mit SPF-LSE an allgemeinen Schulen erwartungsgemäß geringer ausgeprägt als bei Schüler*innen ohne SPF ($b = -65{,}35$, $p < 0{,}001$; Modell 2, Tab. 5). In Modell 3 (Tab. 5) zeigte sich keine signifikante Slope Varianz (Slope Varianz = 594,89, $p = 0{,}28$), was darauf hinweist, dass zwischen Klassen an allgemeinen Schulen keine signifikanten Unterschiede im Zusammenhang zwischen einem festgestellten SPF-LSE und den schulischen Kompetenzen im Lesen bestanden. Auch für Kinder mit SPF-LSE an allgemeinen Schulen im Vergleich zu Kindern ohne SPF ergaben sich keine signifikant unterschiedlichen Zusammenhänge der fähigkeitsbezogenen und sozialen Klassenkomposition mit den schulischen Kompetenzen im Lesen: Beide Regressionskoeffizienten der Cross-Level-Interaktionen zwischen einem festgestellten SPF-LSE und den mittleren kognitiven Fähigkeiten ($b = -3{,}29$, $p = 0{,}79$) sowie einem festgestellten SPF-LSE und dem mittleren sozioökonomischen Index ($b = -5{,}94$, $p = 0{,}42$) waren nicht signifikant (Modell 4, Tab. 5)[5].

Im Fach Mathematik zeigten sich ähnliche Zusammenhänge zwischen Merkmalen der Klassenkomposition und den individuellen schulischen Kompetenzen wie für das Lesen. In Förderschulklassen mit einem höheren kognitiven Fähigkeitsniveau erreichten Schüler*innen mit SPF-LSE auch höhere schulische Kompetenzen in Mathematik ($b = 31{,}70$, $p < 0{,}001$, $ES2 = 0{,}87$; Modell 1, Tab. 6). Der mittlere sozioökonomische Index der Klasse hing ebenfalls positiv mit den individuellen Mathematikleistungen zusammen ($b = 21{,}98$, $p = 0{,}05$; Modell 1, Tab. 6), dieser Regressionskoeffizient war aber auf einem Niveau von $\alpha < 0{,}05$ nicht statistisch signifikant. An allgemeinen Schulen zeigte sich nur für die mittleren kognitiven Fähigkeiten ein signifikant positiver Zusammenhang mit den schulischen Kompetenzen in Mathematik ($b = 16{,}17$, $p < 0{,}001$, $ES2 = 0{,}19$; Modell 2, Tab. 6). An allgemeinen Schulen wiesen Schüler*innen mit SPF-LSE geringere schulische Kompetenzen in Mathematik auf als Schüler*innen ohne

[5]Die hier berichteten Ergebnisse basieren auf z-standardisierten kontinuierlichen Prädiktoren auf Individual- und Klassenebene (*grand-mean-centering,* Aguinis et al. 2013). Unter Verwendung einer *group-mean*-Zentrierung der Prädiktoren zeigten sich vergleichbare Schätzungen der Regressionskoeffizienten für die Cross-Level-Interaktionen.

Tab. 5 Mehrebenenmodelle zur Vorhersage der schulischen Kompetenzen im Lesen durch individuelle Schülermerkmale und Klassenkomposition an Förderschulen und allgemeinen Schulen

	Modell 1: Förderschulen Random-Intercept		Modell 2: allgemeine Schulen Random-Intercept		Modell 3: allgemeine Schulen Random-Slope		Modell 4: allgemeine Schulen Cross-Level-Interaktion	
	b	*SE*	*b*	*SE*	*b*	*SE*	*b*	*SE*
Intercept	456,73***	61,91	604,27***	25,05	601,50***	25,83	600,80***	25,82
Individualebene (L1)								
Kognitive Fähigkeiten: figural (BEFKI[a])	30,44***	3,44	39,77***	1,67	39,84***	1,66	39,90***	1,64
Sozioökonomischer Index (HISEI[b])	7,40	5,85	10,23***	1,66	10,27***	1,67	10,21***	1,67
SPF-LSE[c] (1 = ja)			−65,35***	5,53	−65,35***	5,67	−62,54***	7,32
Geschlecht (1 = weiblich)	11,36	7,77	17,75***	2,91	17,78***	2,91	17,75***	2,92
Alter in Jahren	−6,43	5,42	−14,83***	2,35	−14,57***	2,45	−14,52***	2,46
Zuwanderungshintergrund (1 = mind. ein Elternteil im Ausland geboren)	12,74	8,58	−9,59**	3,69	−9,71**	3,69	−9,69**	3,68
Sprache zu Hause (1 = nicht immer Deutsch)	−16,87	8,88	−7,95*	4,04	−7,93*	4,04	−7,93	4,04
Bücher zu Hause[d]	5,04	3,41	9,85***	1,31	9,85***	1,31	9,83***	1,31
Klassenebene (L2)								
Mittlere kognitive Fähigkeiten (BEFKI)	17,33**	5,71	14,02**	4,47	14,28**	4,44	14,31**	4,64
Mittlerer sozioökonomischer Index (HISEI)	19,83*	9,50	8,34**	2,83	8,15**	2,77	8,65**	2,86
Cross-Level-Interaktion								
SPF-LSE (1 = ja) x mittlere kognitive Fähigkeiten							−3,29	12,17

(Fortsetzung)

Tab. 5 (Fortsetzung)

	Modell 1: Förderschulen Random-Intercept		Modell 2: allgemeine Schulen Random-Intercept		Modell 3: allgemeine Schulen Random-Slope		Modell 4: allgemeine Schulen Cross-Level-Interaktion	
	b	*SE*	*b*	*SE*	*b*	*SE*	*b*	*SE*
SPF-LSE (1 = ja) x mittlerer sozioökonomischer Index							−5,94	7,43
Varianzkomponenten								
Slope Varianz: SPF-LSE					594,89		587,67	
Intercept-Slope Kovarianz					17,99		30,79	
R^2 auf Individualebene	21,8 %		41,0 %		40,0 %		40,0 %	
R^2 auf Klassenebene	38,9 %		35,3 %		[e]		[e]	

Anmerkungen: *$p<0{,}05$. **$p<0{,}01$. ***$p<0{,}001$., Förderschulen: $ICC=0{,}331$, allgemeine Schulen: $ICC=0{,}182$.

[a]Berliner Test zur Erfassung fluider und kristalliner Intelligenz.

[b]Highest International Socio-Economic Index of Occupational Status.

[c]Sonderpädagogischer Förderbedarf im Bereich Lernen, Sprache, emotionale und soziale Entwicklung.

[d]0 = 0–10 Bücher, 1 = 11–25 Bücher, 2 = 26–100 Bücher, 3 = 101–200 Bücher, 4 = mehr als 200 Bücher.

[e]In den Random-Slope-Modellen (Modell 3 und Modell 4) wurde auf die Angabe der Varianzaufklärung R^2 auf Klassenebene verzichtet, da die geschätzte Varianzaufklärung von der Skalierung der Prädiktoren abhängt und nicht direkt mit den Random-Intercept-Modellen vergleichbar ist (Aguinis et al. 2013; Hox 2002).

SPF ($b = -59{,}38$, $p < 0{,}001$; Modell 2, Tab. 6). Diese Kompetenzunterschiede variierten nicht signifikant zwischen Klassen an allgemeinen Schulen (Slope Varianz = 999,10, $p = 0{,}09$; Modell 3, Tab. 6). Außerdem unterschieden sich die Zusammenhänge zwischen den betrachteten Merkmalen der Klassenkomposition und den individuellen schulischen Kompetenzen in Mathematik an allgemeinen Schulen nicht signifikant zwischen Kindern mit SPF-LSE und Kindern ohne SPF (Modell 4, Tab. 6).

Akademisches Selbstkonzept

Sowohl an Förderschulen als auch an allgemeinen Schulen zeigte sich der Big-Fish-Little-Pond-Effekt. Während die individuellen schulischen Kompetenzen an Förderschulen (Lesen: $b = 0{,}17$, $p < 0{,}001$, Modell 1, Tab. 7; Mathematik: $b = 0{,}31$, $p < 0{,}001$, Modell 1, Tab. 8) positiv mit dem akademischen Selbstkonzept in Deutsch und Mathematik zusammenhingen, waren die Zusammenhänge mit den mittleren schulischen Kompetenzen auf Klassenebene negativ (Lesen: $b = -0{,}23$, $p < 0{,}001$, $ES2 = -0{,}48$, Modell 1, Tab. 7; Mathematik: $b = -0{,}26$, $p < 0{,}001$, $ES2 = -0{,}57$, Modell 1, Tab. 8). Auch an allgemeinen Schulen berichteten Schüler*innen unter Berücksichtigung positiver Zusammenhänge der individuellen schulischen Kompetenzen (Lesen: $b = 0{,}23$, $p < 0{,}001$, Modell 2, Tab. 7; Mathematik: $b = 0{,}42$, $p < 0{,}001$, Modell 2, Tab. 8) in leistungsschwächeren Klassen höhere akademische Selbstkonzepte in Deutsch und Mathematik (Lesen: $b = -0{,}18$, $p < 0{,}001$, $ES2 = -0{,}33$, Modell 2, Tab. 7; Mathematik: $b = -0{,}22$, $p < 0{,}001$, $ES2 = -0{,}32$, Modell 2, Tab. 8). Der mittlere sozioökonomische Index der Klasse (soziale Klassenkomposition) hing weder an Förderschulen noch an allgemeinen Schulen bedeutsam mit dem akademischen Selbstkonzept in Deutsch und Mathematik zusammen.

An allgemeinen Schulen unterschieden sich Schüler*innen mit SPF-LSE unter Berücksichtigung der Kovariaten nicht signifikant in ihrem akademischen Selbstkonzept in Deutsch (Modell 2, Tab. 7) und Mathematik (Modell 2, Tab. 8) von Schüler*innen ohne SPF. Allerdings variierten die Zusammenhänge zwischen einem festgestellten SPF-LSE und dem akademischen Selbstkonzept in Deutsch (Slope Varianz = 0,15, $p < 0{,}001$; Modell 3, Tab. 7) und Mathematik (Slope Varianz = 0,30, $p < 0{,}001$; Modell 3, Tab. 8) signifikant zwischen Klassen an allgemeinen Schulen. Demnach waren in manchen Klassen die Unterschiede im akademischen Selbstkonzept zwischen Kindern mit SPF-LSE und Kindern ohne SPF schwächer bzw. stärker ausgeprägt als in anderen Klassen. Die Zusammenhänge zwischen der leistungsbezogenen und sozialen Klassenkomposition und dem akademischen Selbstkonzept in Deutsch und Mathematik unterschieden sich

Tab. 6 Mehrebenenmodelle zur Vorhersage der schulischen Kompetenzen in Mathematik durch individuelle Schülermerkmale und Klassenkomposition an Förderschulen und allgemeinen Schulen

	Modell 1: Förderschulen Random-Intercept		Modell 2: allgemeine Schulen Random-Intercept		Modell 3: allgemeine Schulen Random-Slope		Modell 4: allgemeine Schulen Cross-Level-Interaktion	
	b	*SE*	*b*	*SE*	*b*	*SE*	*b*	*SE*
Intercept	471,58***	65,27	645,84***	22,83	650,96***	23,49	651,52***	23,02
Individualebene (L1)								
Kognitive Fähigkeiten: figural (BEFKI[a])	43,27***	2,83	57,20***	1,55	57,19***	1,52	57,17***	1,50
Sozioökonomischer Index (HISEI[b])	5,34	5,09	9,69***	1,66	9,75***	1,67	9,73***	1,67
SPF-LSE[c] (1 = ja)			−59,38***	5,48	−58,86***	5,65	−59,12***	7,37
Geschlecht (1 = weiblich)	−23,99**	7,29	−26,38***	2,57	−26,28***	2,58	−26,27***	2,58
Alter in Jahren	−5,89	5,62	−17,98***	2,10	−18,44***	2,16	−18,48***	2,12
Zuwanderungshintergrund (1 = mind. ein Elternteil im Ausland geboren)	12,36	8,52	−9,75**	3,39	−9,86**	3,36	−9,87**	3,37
Sprache zu Hause (1 = nicht immer Deutsch)	1,97	9,20	−5,47	3,69	−5,57	3,70	−5,58	3,70
Bücher zu Hause[d]	3,65	2,71	9,09***	1,35	9,00***	1,37	8,96***	1,37
Klassenebene (L2)								
Mittlere kognitive Fähigkeiten (BEFKI)	31,70***	6,38	16,17***	4,53	16,25***	4,60	15,60**	4,93
Mittlerer sozioökonomischer Index (HISEI)	21,98	11,24	3,31	2,75	3,21	2,82	3,91	2,92

(Fortsetzung)

Tab. 6 (Fortsetzung)

	Modell 1: Förderschulen Random-Intercept		Modell 2: allgemeine Schulen Random-Intercept		Modell 3: allgemeine Schulen Random-Slope		Modell 4: allgemeine Schulen Cross-Level-Interaktion	
	b	*SE*	*b*	*SE*	*b*	*SE*	*b*	*SE*
Cross-Level-Interaktion								
SPF-LSE (1 = ja) x mittlere kognitive Fähigkeiten							5,99	11,92
SPF-LSE (1 = ja) x mittlerer sozioökonomischer Index							−6,93	6,79
Varianzkomponenten								
Slope Varianz: SPF-LSE					999,10		992,22	
Intercept-Slope Kovarianz					−75,49		−64,36	
R^2 auf Individualebene	38,2 %		53,4 %		52,5 %		52,5 %	
R^2 auf Klassenebene	52,5 %		24,2 %		[e]		[e]	

Anmerkungen: *$p<0{,}05$. **$p<0{,}01$. ***$p<0{,}001$., Förderschulen: $ICC=0{,}487$, allgemeine Schulen: $ICC=0{,}173$.
[a]Berliner Test zur Erfassung fluider und kristalliner Intelligenz.
[b]Highest International Socio-Economic Index of Occupational Status.
[c]Sonderpädagogischer Förderbedarf im Bereich Lernen, Sprache, emotionale und soziale Entwicklung.
[d]0 = 0–10 Bücher, 1 = 11–25 Bücher, 2 = 26–100 Bücher, 3 = 101–200 Bücher, 4 = mehr als 200 Bücher.
[e]In den Random-Slope-Modellen (Modell 3 und Modell 4) wurde auf die Angabe der Varianzaufklärung R^2 auf Klassenebene verzichtet, da die geschätzte Varianzaufklärung von der Skalierung der Prädiktoren abhängt und nicht direkt mit den Random-Intercept-Modellen vergleichbar ist (Aguinis et al. 2013; Hox 2002).

Tab. 7 Mehrebenenmodelle zur Vorhersage des akademischen Selbstkonzepts Deutsch durch individuelle Schülermerkmale und Klassenkomposition an Förderschulen und allgemeinen Schulen

	Modell 1: Förderschulen Random-Intercept		Modell 2: allgemeine Schulen Random-Intercept		Modell 3: allgemeine Schulen Random-Slope		Modell 4: allgemeine Schulen Cross-Level-Interaktion	
	b	*SE*	*b*	*SE*	*b*	*SE*	*b*	*SE*
Intercept	3,07***	0,52	3,53***	0,24	3,52***	0,24	3,51***	0,24
Individualebene (L1)								
Schulische Kompetenzen im Lesen	0,17***	0,04	0,23***	0,02	0,23***	0,02	0,23***	0,02
Sozioökonomischer Index (HISEI[a])	0,01	0,05	0,03	0,02	0,03	0,02	0,03	0,02
SPF-LSE[b] (1 = ja)			0,09	0,06	0,09	0,06	0,16*	0,07
Geschlecht (1 = weiblich)	0,15**	0,06	0,11***	0,02	0,11***	0,02	0,11***	0,02
Alter in Jahren	0,001	0,04	−0,04	0,02	−0,04	0,02	−0,04	0,02
Zuwanderungshintergrund (1 = mind. ein Elternteil im Ausland geboren)	0,04	0,08	−0,01	0,03	−0,004	0,03	−0,003	0.03
Sprache zu Hause (1 = nicht immer Deutsch)	−0,05	0,07	0,000	0,03	−0,002	0,03	−0,002	0,03
Bücher zu Hause[c]	−0,02	0,03	−0,01	0,01	−0,01	0,01	−0,01	0,01
Klassenebene (L2)								
Mittlere schulische Kompetenzen im Lesen	−0,23***	0,07	−0,18***	0,04	−0,17***	0,03	−0,16***	0,03
Mittlerer sozioökonomischer Index (HISEI)	0,09	0,09	0,004	0,02	0,01	0,02	0,01	0,02

(Fortsetzung)

Tab. 7 (Fortsetzung)

	Modell 1: Förderschulen Random-Intercept		Modell 2: allgemeine Schulen Random-Intercept		Modell 3: allgemeine Schulen Random-Slope		Modell 4: allgemeine Schulen Cross-Level-Interaktion	
	b	*SE*	*b*	*SE*	*b*	*SE*	*b*	*SE*
Cross-Level-Interaktion								
SPF-LSE (1 = ja) x schulische Kompetenzen im Lesen							−0,17	0,11
SPF-LSE (1 = ja) x mittlerer sozioökonomischer Index							−0,01	0,08
Varianzkomponenten								
Slope Varianz: SPF-LSE					0,15***		0,13**	
Intercept-Slope Kovarianz					−0,001		0,000	
R^2 auf Individualebene	5,2 %		13,1 %		15,1 %		14,8 %	
R^2 auf Klassenebene	36,5 %		32,9 %		[d]		[d]	

Anmerkungen: *$p<0,05$. **$p<0,01$. ***$p<0,001$., Förderschulen: $ICC=0,081$, allgemeine Schulen: $ICC=0,052$.
[a]Highest International Socio-Economic Index of Occupational Status.
[b]Sonderpädagogischer Förderbedarf im Bereich Lernen, Sprache, emotionale und soziale Entwicklung.
[c]0 = 0–10 Bücher, 1 = 11–25 Bücher, 2 = 26–100 Bücher, 3 = 101–200 Bücher, 4 = mehr als 200 Bücher.
[d]In den Random-Slope-Modellen (Modell 3 und Modell 4) wurde auf die Angabe der Varianzaufklärung R^2 auf Klassenebene verzichtet, da die geschätzte Varianzaufklärung von der Skalierung der Prädiktoren abhängt und nicht direkt mit den Random-Intercept-Modellen vergleichbar ist (Aguinis et al. 2013; Hox 2002).

Tab. 8 Mehrebenenmodelle zur Vorhersage des akademischen Selbstkonzepts Mathematik durch individuelle Schülermerkmale und Klassenkomposition an Förderschulen und allgemeinen Schulen

	Modell 1: Förderschulen Random-Intercept		Modell 2: allgemeine Schulen Random-Intercept		Modell 3: allgemeine Schulen Random-Slope		Modell 4: allgemeine Schulen Cross-Level-Interaktion	
	b	*SE*	*b*	*SE*	*b*	*SE*	*b*	*SE*
Intercept	4,05***	0,46	3,67***	0,28	3,61***	0,28	3,61***	0,28
Individualebene (L1)								
Schulische Kompetenzen in Mathematik	0,31***	0,05	0,42***	0,02	0,43***	0,02	0,43***	0,02
Sozioökonomischer Index (HISEI[a])	−0,04	0,05	0,02	0,02	0,02	0,02	0,02	0,02
SPF-LSE[b] (1 = ja)			0,04	0,08	0,03	0,07	0,05	0,09
Geschlecht (1 = weiblich)	−0,26**	0,08	−0,23***	0,03	−0,23***	0,03	−0,23***	0,03
Alter in Jahren	−0,08	0,04	−0,04	0,03	−0,03	0,03	−0,03	0,03
Zuwanderungshintergrund (1 = mind. ein Elternteil im Ausland geboren)	0,10	0,10	0,01	0,04	0,01	0,04	0,01	0,04
Sprache zu Hause (1 = nicht immer Deutsch)	0,04	0,09	0,05	0,04	0,05	0,04	0,05	0,04
Bücher zu Hause[c]	0,03	0,03	−0,01	0,01	−0,01	0,01	−0,01	0,01
Klassenebene (L2)								
Mittlere schulische Kompetenzen in Mathematik	−0,26***	0,06	−0,22***	0,04	−0,23***	0,04	−0,23***	0,04
Mittlerer sozioökonomischer Index (HISEI)	0,03	0,07	0,01	0,03	0,02	0,03	0,02	0,03

(Fortsetzung)

Tab. 8 (Fortsetzung)

	Modell 1: Förderschulen Random-Intercept		Modell 2: allgemeine Schulen Random-Intercept		Modell 3: allgemeine Schulen Random-Slope		Modell 4: allgemeine Schulen Cross-Level-Interaktion	
	b	*SE*	*b*	*SE*	*b*	*SE*	*b*	*SE*
Cross-Level-Interaktion								
SPF-LSE (1 = ja) x schulische Kompetenzen in Mathematik							0,01	0,15
SPF-LSE (1 = ja) x mittlerer sozioökonomischer Index							−0,07	0,09
Varianzkomponenten								
Slope Varianz: SPF-LSE					0,30***		0,29**	
Intercept-Slope Kovarianz					0,01		0,01	
R^2 auf Individualebene	16,1 %		24,6 %		25,7 %		25,7 %	
R^2 auf Klassenebene	70,4 %		32,3 %		[d]		[d]	

Anmerkungen: *$p < 0{,}05$. **$p < 0{,}01$. ***$p < 0{,}001$., Förderschulen: $ICC = 0{,}038$, allgemeine Schulen: $ICC = 0{,}044$.

[a]Highest International Socio-Economic Index of Occupational Status.

[b]Sonderpädagogischer Förderbedarf im Bereich Lernen, Sprache, emotionale und soziale Entwicklung.

[c]0 = 0–10 Bücher, 1 = 11–25 Bücher, 2 = 26–100 Bücher, 3 = 101–200 Bücher, 4 = mehr als 200 Bücher.

[d]In den Random-Slope-Modellen (Modell 3 und Modell 4) wurde auf die Angabe der Varianzaufklärung R^2 auf Klassenebene verzichtet, da die geschätzte Varianzaufklärung von der Skalierung der Prädiktoren abhängt und nicht direkt mit den Random-Intercept-Modellen vergleichbar ist (Aguinis et al. 2013; Hox 2002).

an allgemeinen Schulen nicht signifikant zwischen Schüler*innen mit SPF-LSE und Schüler*innen ohne SPF.

Interesse

Auf Individualebene hingen die schulischen Kompetenzen nur im Fach Mathematik signifikant mit dem fachspezifischen Interesse zusammen. An Förderschulen und allgemeinen Schulen berichteten leistungsstärkere Schüler*innen ein höheres Interesse am Fach Mathematik. Für das Fach Deutsch zeigten sich hingegen für die gesamte Stichprobe keine bedeutsamen Zusammenhänge zwischen den individuellen schulischen Kompetenzen im Lesen und dem Deutschinteresse.

An Förderschulen hing keines der beiden Kompositionsmerkmale signifikant mit dem Interesse an den Fächern Deutsch und Mathematik zusammen (Modell 1, Tab. 9 und Tab. 10); an Förderschulen konnte für das fachspezifische Interesse also kein Big-Fish-Little-Pond-Effekt festgestellt werden. An allgemeinen Schulen ergab sich für die Zusammenhänge der leistungsbezogenen Klassenkomposition mit dem Interesse hingegen ein anderes Befundmuster. Für das Interesse am Fach Deutsch zeigte sich für die gesamte Schülergruppe zwar ein negativer Zusammenhang mit der mittleren Leistungsstärke der Klasse ($b = -0{,}08$, $p = 0{,}06$; Modell 2, Tab. 9), dieser verfehlte jedoch das Signifikanzniveau von $\alpha < 0{,}05$. Auch unterschieden sich Kinder mit SPF-LSE nicht signifikant im Interesse am Fach Deutsch von Kindern ohne SPF ($b = 0{,}09$, $p = 0{,}09$; Modell 2, Tab. 9). Jedoch hing an allgemeinen Schulen die mittlere Leistungsstärke der Klasse signifikant negativ mit dem Interesse der Kinder mit SPF-LSE am Fach Deutsch zusammen (Cross-Level-Interaktion: $b = -0{,}24$, $p = 0{,}045$; Modell 4, Tab. 9).

An allgemeinen Schulen unterschieden sich die Zusammenhänge der leistungsbezogenen Klassenkomposition mit dem Interesse am Fach Deutsch somit signifikant zwischen Kindern mit SPF-LSE und Kindern ohne SPF. In leistungsstärkeren Klassen an allgemeinen Schulen berichteten nur Kinder mit SPF-LSE ein geringeres Interesse am Fach Deutsch. Für den mittleren sozioökonomischen Index ergaben sich keine differenziellen Zusammenhänge zum Interesse am Fach Deutsch zwischen Kindern mit SPF-LSE und Kindern ohne SPF (Cross-Level-Interaktion: $b = 0{,}12$, $p = 0{,}08$; Modell 4, Tab. 9). Insgesamt ließen sich durch beide Cross-Level-Interaktionseffekte $R^2 = 13{,}3\ \%$ der gesamten Slope Varianz beschreiben. Dabei muss einschränkend beachtet werden, dass die Unterschiede zwischen Schulklassen im Zusammenhang zwischen einem SPF-LSE und dem Interesse in Deutsch nicht signifikant waren (Slope Varianz $= 0{,}08$, $p = 0{,}16$; Modell 3, Tab. 9).

Tab. 9 Mehrebenenmodelle zur Vorhersage des Interesses am Fach Deutsch durch individuelle Schülermerkmale und Klassenkomposition an Förderschulen und allgemeinen Schulen

	Modell 1: Förderschulen Random-Intercept		Modell 2: Allgemeine Schulen Random-Intercept		Modell 3: Allgemeine Schulen Random-Slope		Modell 4: Allgemeine Schulen Cross-Level-Interaktion	
	b	*SE*	*b*	*SE*	*b*	*SE*	*b*	*SE*
Intercept	1,85*	0,53	2,71***	0,27	2.70***	0.27	2.70***	0.27
Individualebene (L1)								
schulische Kompetenzen im Lesen	0,01	0,05	0,03	0,02	0.03	0.02	0.03	0.02
sozioökonomischer Index (HISEI[a])	0,004	0,05	0,01	0,02	0,01	0,02	0,01	0,02
SPF-LSE[b] (1 = ja)			0,09	0,05	0,10	0,06	0,17**	0,06
Geschlecht (1 = weiblich)	0,33***	0,09	0,26***	0,03	0,26***	0,03	0,26***	0,03
Alter in Jahren	0,10*	0,05	0,02	0,03	0,02	0,03	0,02	0,03
Zuwanderungshintergrund (1 = mind. ein Elternteil im Ausland geboren)	−0,07	0,11	0,04	0,04	0,04	0,04	0,04	0,04
Sprache zu Hause (1 = nicht immer Deutsch)	−0,05	0,10	−0,02	0,04	−0,02	0,04	−0,02	0,04
Bücher zu Hause[c]	−0,03	0,03	−0,02	0,01	−0,02	0,01	−0,02	0,01
Klassenebene (L2)								
Mittlere schulische Kompetenzen im Lesen	−0,12	0,08	−0,08	0,04	−0,09*	0,04	−0,07	0,04
Mittlerer sozioökonomischer Index (HISEI)	0,09	0,09	−0,03	0,03	−0,03	0,03	−0,04	0,03

(Fortsetzung)

Tab. 9 (Fortsetzung)

	Modell 1: Förderschulen Random-Intercept		Modell 2: Allgemeine Schulen Random-Intercept		Modell 3: Allgemeine Schulen Random-Slope		Modell 4: Allgemeine Schulen Cross-Level-Interaktion	
	b	*SE*	*b*	*SE*	*b*	*SE*	*b*	*SE*
Cross-Level-Interaktion								
SPF-LSE (1 = ja) x mittlere schulische Kompetenzen im Lesen							−0,24*	0,12
SPF-LSE (1 = ja) x mittlerer sozioökonomischer Index							0,12	0,07
Varianzkomponenten								
Slope Varianz: SPF-LSE					0,08		0,07	
Intercept-Slope Kovarianz					−0,02		−0,02	
R^2 auf Individualebene	4,8 %		3,7 %		5,7 %		5,7 %	
R^2 auf Klassenebene	10,8 %		10,0 %		[d]		[d]	

Anmerkungen: *$p<0{,}05$. **$p<0{,}01$. ***$p<0{,}001$., Förderschulen: $ICC = 0{,}109$, allgemeine Schulen: $ICC = 0{,}089$.
[a]Highest International Socio-Economic Index of Occupational Status.
[b]Sonderpädagogischer Förderbedarf im Bereich Lernen, Sprache, emotionale und soziale Entwicklung.
[c]0 = 0–10 Bücher, 1 = 11–25 Bücher, 2 = 26–100 Bücher, 3 = 101–200 Bücher, 4 = mehr als 200 Bücher.
[d]In den Random-Slope-Modellen (Modell 3 und Modell 4) wurde auf die Angabe der Varianzaufklärung R^2 auf Klassenebene verzichtet, da die geschätzte Varianzaufklärung von der Skalierung der Prädiktoren abhängt und nicht direkt mit den Random-Intercept-Modellen vergleichbar ist (Aguinis et al. 2013; Hox 2002).

Tab. 10 Mehrebenenmodelle zur Vorhersage des Interesses am Fach Mathematik durch individuelle Schülermerkmale und Klassenkomposition an Förderschulen und allgemeinen Schulen

	Modell 1: Förderschulen Random-Intercept		Modell 2: Allgemeine Schulen Random-Intercept		Modell 3: Allgemeine Schulen Random-Slope		Modell 4: Allgemeine Schulen Cross-Level-Interaktion	
	b	*SE*	*b*	*SE*	*b*	*SE*	*b*	*SE*
Intercept	3,15***	0,50	3,20***	0,33	3,21***	0,32	3,21***	0,32
Individualebene (L1)								
Schulische Kompetenzen in Mathematik	0,18**	0,05	0,28***	0,02	0,29***	0,02	0,29***	0,02
Sozioökonomischer Index (HISEI[a])	0,01	0,06	−0,003	0,02	−0,01	0,02	−0,01	0,02
SPF-LSE[b] (1 = ja)			0,07	0,08	0,09	0,07	0,11	0,09
Geschlecht (1 = weiblich)	−0,06	0,09	−0,15***	0,03	−0,15***	0,03	−0,15***	0,03
Alter in Jahren	0,02	0,04	0,01	0,03	0,01	0,03	0,01	0,03
Zuwanderungshintergrund (1 = mind. ein Elternteil im Ausland geboren)	0,01	0,10	0,02	0,04	0,02	0,04	0,02	0,04
Sprache zu Hause (1 = nicht immer Deutsch)	0,04	0,09	0,03	0,04	0,04	0,04	0,04	0,04
Bücher zu Hause[c]	0,01	0,04	−0,03*	0,01	−0,03*	0,01	−0,03*	0,01
Klassenebene (L2)								
Mittlere schulische Kompetenzen in Mathematik	−0,11	0,06	−0,17***	0,05	−0,18***	0,05	−0,17***	0,05
Mittlerer sozioökonomischer Index (HISEI)	0,000	0,07	−0,01	0,03	−0,01	0,03	−0,01	0,03

(Fortsetzung)

Tab. 10 (Fortsetzung)

	Modell 1: Förderschulen Random-Intercept		Modell 2: Allgemeine Schulen Random-Intercept		Modell 3: Allgemeine Schulen Random-Slope		Modell 4: Allgemeine Schulen Cross-Level-Interaktion	
	b	*SE*	*b*	*SE*	*b*	*SE*	*b*	*SE*
Cross-Level-Interaktion								
SPF-LSE (1 = ja) x schulische Kompetenzen in Mathematik							−0,11	0,14
SPF-LSE (1 = ja) x mittlerer sozioökonomischer Index							0,08	0,10
Varianzkomponenten								
Slope Varianz: SPF-LSE					0,22**		0,22**	
Intercept-Slope Kovarianz					0,01		0,01	
R^2 auf Individualebene	4,9 %		9,5 %		11,8 %		11,8 %	
R^2 auf Klassenebene	78,1 %		19,5 %		[d]		[d]	

Anmerkungen: *$p<0{,}05$. **$p<0{,}01$. ***$p<0{,}001$., Förderschulen: $ICC=0{,}010$, allgemeine Schulen: $ICC=0{,}061$.

[a]Highest International Socio-Economic Index of Occupational Status.

[b]Sonderpädagogischer Förderbedarf im Bereich Lernen, Sprache, emotionale und soziale Entwicklung.

[c]0 = 0–10 Bücher, 1 = 11–25 Bücher, 2 = 26–100 Bücher, 3 = 101–200 Bücher, 4 = mehr als 200 Bücher.

[d]In den Random-Slope-Modellen (Modell 3 und Modell 4) wurde auf die Angabe der Varianzaufklärung R^2 auf Klassenebene verzichtet, da die geschätzte Varianzaufklärung von der Skalierung der Prädiktoren abhängt und nicht direkt mit den Random-Intercept-Modellen vergleichbar ist (Aguinis et al. 2013; Hox 2002).

Für das Interesse am Fach Mathematik zeigte sich an allgemeinen Schulen im Gegensatz zu Förderschulen für alle Schüler*innen ein signifikanter Big-Fish-Little-Pond-Effekt: Während Schüler*innen mit höheren individuellen Mathematikleistungen ein höheres Interesse aufwiesen ($b = 0{,}28$, $p < 0{,}001$; Modell 2, Tab. 10), berichteten sie in leistungsstärkeren Klassenverbünden ein niedrigeres Mathematikinteresse ($b = -0{,}17$, $p < 0{,}001$, $ES2 = -0{,}24$; Modell 2, Tab. 10). Die soziale Klassenzusammensetzung hingegen hatte keinen bedeutsamen statistischen Effekt auf das Interesse an Mathematik ($b = -0{,}01$, $p = 0{,}72$; Modell 2, Tab. 10). Zudem wiesen Kinder mit SPF-LSE im Durchschnitt ein vergleichbares Interesse am Fach Mathematik auf wie Kinder ohne SPF ($b = 0{,}07$, $p = 0{,}37$; Modell 2, Tab. 10). Allerdings unterschied sich dieser Zusammenhang zwischen den Schulklassen an allgemeinen Schulen signifikant (Slope Varianz $= 0{,}22$, $p = 0{,}003$; Modell 3, Tab. 10). Auch in Mathematik waren also in manchen Schulklassen die Unterschiede im mathematischen Interesse zwischen Kindern mit SPF-LSE und Kindern ohne SPF schwächer bzw. stärker ausgeprägt. Diese Unterschiede konnten jedoch nicht auf die leistungsbezogene und soziale Klassenkomposition zurückgeführt werden (R^2 der beiden Cross-Level-Interaktionen $= 1{,}36\ \%$). Für Kinder mit SPF-LSE zeigten sich keine unterschiedlichen Zusammenhänge der beiden Kompositionsmerkmale mit dem Interesse in Mathematik im Vergleich zu Kindern ohne SPF (Modell 4, Tab. 10).

7 Diskussion

7.1 Zusammenfassung und Interpretation der Ergebnisse

7.1.1 Fragestellung 1: Unterschiede in der Klassenkomposition zwischen Förderschulen und allgemeinen Schulen

Die Analysen zu Fragestellung 1 zeigten, dass Klassen an allgemeinen Schulen ein höheres mittleres Fähigkeitsniveau (fähigkeitsbezogene Klassenkomposition) und höhere mittlere schulische Kompetenzen im Lesen und in Mathematik (leistungsbezogene Klassenkomposition) aufwiesen als Klassen an Förderschulen. Diese Unterschiede waren zu erwarten, da Verfahren zur Feststellung eines SPF und die Zuweisung zu einer Förderschule insbesondere aufgrund von fachübergreifenden schulischen Minderleistungen eingeleitet werden (Sälzer et al. 2015).

Zudem bestätigte sich, dass die Zuweisung von Schüler*innen zu Förderschulen und allgemeine Schulen auf Grundlage ihrer schulischen Leistungen auch mit einer sozioökonomischen Trennung einhergeht. Der mittlere sozioökonomische Index als Maß für die soziale Klassenkomposition war in Klassen an allgemeinen Schulen höher als an Förderschulklassen, auch wenn diese Unterschiede weniger stark ausgeprägt waren als fähigkeits- und leistungsbezogene Unterschiede. Diese Unterschiede in der sozialen Klassenkomposition zwischen den Schularten dürfte unter anderem darauf zurückzuführen sein, dass der sozioökonomische Index auf Individualebene positiv mit schulbezogenen Fähigkeiten und Leistungen zusammenhängt (primäre Herkunftseffekte, z. B. Haag et al. 2017). Außerdem hat sich gezeigt, dass Eltern in Abhängigkeit von ihrer sozialen Herkunft unterschiedliche Bildungs- und Schulwahlentscheidungen treffen (sekundäre Herkunftseffekte, z. B. Stocké 2007), was hier ebenfalls eine Rolle spielen könnte. Darüber hinaus könnten auch differenzielle Leistungserwartungen schulischer Akteure, die an Überweisungsentscheidungen beteiligt sind, dazu beitragen, dass Schüler*innen mit einem geringeren sozioökonomischen Status an Förderschulen überrepräsentiert sind (z. B. Kottmann 2006; Kronig 2001). Beispielsweise könnten Lehrkräfte die Leistungsfähigkeit von Schüler*innen aus Familien mit einem geringeren sozioökonomischen Status unterschätzen und/oder eher Abweichungen zwischen den Leistungserwartungen der Schule und der Familie wahrnehmen (Morgan et al. 2015).

Ein überraschendes Ergebnis war, dass sich Förderschulklassen stärker in der fähigkeits- und leistungsbezogenen Klassenkomposition voneinander unterschieden als Klassen an allgemeinen Schulen. Dies dürfte zum einen darauf zurückzuführen sein, dass Förderschulen mit den Förderschwerpunkten Lernen, Sprache, emotionale und soziale Entwicklung gemeinsam untersucht und keine nach Förderschwerpunkt differenzierte Betrachtung vorgenommen wurde. Zum anderen könnten diese Ergebnisse zumindest teilweise auch dadurch bedingt sein, dass die fähigkeits- und leistungsbezogene Klassenzusammensetzung an Förderschulen von strukturellen Aspekten wie der Verfügbarkeit von Förderschulen in einer Region beeinflusst sein kann (Weishaupt 2017). So dürften in Regionen mit einem gut ausgebauten Förderschulsystem auch leistungsstärkere Schüler*innen einer Förderschule zugewiesen werden, was entsprechend zu einem höheren Fähigkeitsniveau der Klassen beitragen würde (Wocken 2005).

7.1.2 Fragestellung 2: Zusammenhänge der Klassenkomposition an Förderschulen und allgemeinen Schulen mit schulischen Kompetenzen, akademischem Selbstkonzept und Interesse

Mit den Analysen zur zweiten Fragestellung wurde geprüft, ob sich die in der Forschung etablierten Zusammenhänge zwischen Merkmalen der Klassenkomposition und individuellen schulischen Kompetenzen, akademischem Selbstkonzept und Interesse bei Schüler*innen ohne SPF auch auf Schüler*innen mit SPF-LSE an Förderschulen und allgemeinen Schulen übertragen lassen. Hier wurde ein positiver Zusammenhang zwischen der fähigkeitsbezogenen Klassenkomposition und den schulischen Kompetenzen, aber ein negativer Zusammenhang der leistungsbezogenen Klassenkomposition mit dem akademischen Selbstkonzept und dem Interesse (Big-Fish-Little-Pond-Effekt) erwartet. Für die schulischen Kompetenzen im Lesen und in Mathematik zeigten sich sowohl an Förderschulen als auch an allgemeinen Schulen für die fähigkeitsbezogene Klassenkomposition die erwarteten positiven Zusammenhänge, die an allgemeinen Schulen für Kinder mit SPF-LSE und Kinder ohne SPF vergleichbar ausgeprägt waren. In Schulklassen mit höheren durchschnittlichen kognitiven Fähigkeiten erzielten sowohl Kinder mit SPF-LSE an Förderschulen und allgemeinen Schulen als auch Kinder ohne SPF höhere schulische Kompetenzen. Dies entspricht der Annahme, dass in leistungsstärkeren Klassen Schüler*innen mit SPF-LSE in ihrer schulischen Kompetenzentwicklung von einer anregungsreichen Lernumgebung profitieren, die von gemeinsamen Lernprozessen mit leistungsstärkeren Mitschüler*innen und höheren Leistungserwartungen der Lehrkräfte gekennzeichnet ist (Gersten et al. 2009; Hornstra et al. 2010; Wocken 2005). Darüber hinaus zeigte sich für den Bereich Lesen in beiden Schularten ein eigenständiger positiver Zusammenhang der sozialen Klassenkomposition mit den schulischen Kompetenzen.

Diese Ergebnisse stehen in Einklang mit Analysen auf Grundlage des IQB-Ländervergleichs 2011 (in denen allerdings keine nach Schulart differenzierte Betrachtung vorgenommen wurde; Kocaj et al. 2015) und mit den Studien von Brodesser (2016) und Justice et al. (2014). Im Gegensatz dazu fanden Scharenberg et al. (2018), dass nur die soziale, nicht aber die fähigkeitsbezogene Klassenzusammensetzung, einen eigenständigen positiven Effekt auf die schulischen Kompetenzen von Kindern mit SPF an allgemeinen Schulen am Ende der 4. Jahrgangsstufe hatte. Zwar zeigte sich auch hier ein positiver Zusammenhang zwischen dem mittleren kognitiven Fähigkeitsniveau und den schulischen Kompetenzen in Mathematik, nach Kontrolle der sozialen Klassenkomposition war dieser statistische Effekt jedoch nicht mehr signifikant. Die fehlende Korrespondenz zu den vorliegenden Ergebnissen ist möglicherweise auf Unterschiede in den Stichproben zurückzuführen. Die Studie von Scharenberg et al. (2018) basiert auf einer regionalen Stichprobe in Hamburg aus dem Jahr 2003, wobei keine Informationen zum Förderschwerpunkt der Kinder mit SPF vorlagen. Daher ist unklar, inwieweit die Zusammensetzung der Schülerschaft zwischen den Studien vergleichbar ist.

Dem Big-Fish-Little-Pond-Effekt entsprechend berichteten Schüler*innen sowohl an Förderschulen als auch an allgemeinen Schulen in leistungsschwächeren Klassen höhere Ausprägungen im akademischen Selbstkonzept in Deutsch und Mathematik. Dabei waren an allgemeinen Schulen auch keine Unterschiede in diesen Zusammenhängen zwischen Kindern mit SPF-LSE und Kindern ohne SPF festzustellen. Im Gegensatz zur Studie von Nusser und Wolter (2016), in der sich der Big-Fish-Little-Pond-Effekt nur an allgemeinen Schulen zeigte, konnten wir diesen also sowohl an Förderschulen als auch an allgemeinen Schulen identifizieren. Ein möglicher Grund für die unterschiedlichen Ergebnisse könnte darin liegen, dass Nusser und Wolter (2016) den Notendurchschnitt der Klasse und wir die mittleren schulischen Kompetenzen der Klasse als leistungsbezogenes Kompositionsmerkmal verwendet haben. Die Verwendung des Notendurchschnitts als Merkmal der leistungsbezogenen Klassenkomposition könnte zu einer Unterschätzung des Big-Fish-Little-Pond-Effekts führen, da sich Lehrkräfte bei der individuellen Notenvergabe schon am durchschnittlichen Leistungsniveau der Klasse orientieren (Marsh et al. 2008). Die Ergebnisse der vorliegenden Studie sprechen nicht dafür, dass stärker individualisierte Leistungsrückmeldungen und eine geringere Wettbewerbsorientierung an Förderschulen den Big-Fish-Little-Pond-Effekt auf das akademische Selbstkonzept abschwächen, sondern dass auch innerhalb dieser Schulart soziale Vergleiche mit leistungsstärkeren Mitschüler*innen zu geringeren Ausprägungen im akademischen Selbstkonzept beitragen.

Für das fachspezifische Interesse zeigten sich hingegen bedeutsame Unterschiede zwischen den Schularten. An Förderschulen fand sich kein signifikanter Big-Fish-Little-Pond-Effekt auf das fachspezifische Interesse der Schüler*innen mit SPF-LSE an den Fächern Deutsch und Mathematik. An allgemeinen Schulen hingegen berichteten nur Kinder mit SPF-LSE in leistungsstärkeren Klassen ein geringeres Interesse am Fach Deutsch; für Kinder ohne SPF waren diese Zusammenhänge nicht signifikant. Einschränkend muss beachtet werden, dass die individuelle Leistung im Lesen bei allen Schüler*innen nicht bedeutsam mit dem Interesse am Fach Deutsch zusammenhing. Dieses Ergebnis steht nicht in Einklang mit dem Big-Fish-Little-Pond-Effekt, der einen positiven Zusammenhang zwischen individuellen Leistungen und dem Interesse annimmt. Möglicherweise beeinflussen neben dem Leseverständnis weitere Kompetenzen im Fach Deutsch (z. B. Schreiben, Zuhören, Orthografie) das fachspezifische Interesse der Schüler*innen.

Für das Interesse am Fach Mathematik waren die negativen Zusammenhänge zwischen leistungsbezogener Klassenkomposition und Interesse an allgemeinen Schulen vergleichbar für Kinder mit SPF-LSE und Kinder ohne SPF. Die Effektstärke war jedoch etwas geringer als beim akademischen Selbstkonzept. Dieses Ergebnis ist überraschend, da vorherige Studien mit Schüler*innen ohne SPF für das Interesse ähnliche Zusammenhänge mit der leistungsbezogenen

Klassenzusammensetzung wie für das akademische Selbstkonzept fanden (z. B. Trautwein et al. 2006). Möglicherweise kann eine höhere Passung zwischen Unterrichtsgestaltung und Fähigkeitsniveau der Kinder mit SPF-LSE an Förderschulen den Big-Fish-Little-Pond-Effekt der leistungsbezogenen Klassenzusammensetzung auf das Interesse abschwächen. Allerdings bedarf es weiterführender Studien, die diese und weitere mögliche Erklärungen für Unterschiede zwischen Förderschulen und allgemeinen Schulen prüfen.

Insgesamt weisen die Ergebnisse der vorliegenden Studie darauf hin, dass fähigkeitsbezogene Kompositionseffekte auf die schulischen Kompetenzen im Lesen und in Mathematik an Förderschulen vergleichbar ausgeprägt waren wie an allgemeinen Schulen. Auch die Effekte der sozialen Klassenkomposition auf die schulischen Kompetenzen waren zwischen den Schularten ähnlich, wobei Kinder mit SPF-LSE an Förderschulen tendenziell stärker von einer höheren sozialen Klassenkomposition profitierten als Kinder an allgemeinen Schulen. Für das akademische Selbstkonzept in den Fächern Deutsch und Mathematik zeigte sich ebenfalls, dass leistungsbezogene Kompositionseffekte an Förderschulen ähnlich wirken wie an allgemeinen Schulen. Eine Ausnahme bildet allerdings das fachspezifische Interesse. Hier zeigten sich nur an allgemeinen Schulen, aber nicht an Förderschulen, negative Zusammenhänge mit der leistungsbezogenen Klassenkomposition für Kinder mit SPF-LSE.

7.2 Stärken und Limitationen der vorliegenden Studie

Die Datengrundlage, die in der vorliegenden Studie genutzt wurde, weist Stärken und Schwächen für die Analyse von Kompositionseffekten an Förderschulen und allgemeinen Schulen auf, die bei der Interpretation der Ergebnisse zu berücksichtigen sind. Eine Stärke besteht darin, dass die vorliegenden Analysen auf einer großen und bundesweit repräsentativen Stichprobe von Schüler*innen mit SPF-LSE basieren (Rjosk et al. 2017). Weiterhin wurden ganze Schulklassen in die Stichprobe einbezogen, sodass die Kompositionsmerkmale die unmittelbare Lernumgebung besser widerspiegeln als Kompositionsmerkmale auf Schulebene (Marsh et al. 2008). Die große Anzahl an Schulklassen und getesteten Schüler*innen pro Klasse ermöglichte es, die Cross-Level-Interaktionen mit einer ausreichenden Teststärke untersuchen zu können.[6] Eine weitere Stärke der vor-

[6]Die Post-hoc-Teststärke aller berichteten Regressionskoeffizienten der Cross-Level-Interaktionen lag, mit einer Ausnahme, bei einem alpha-Niveau von $\alpha = 0{,}05$ über der empfohlenen Schwelle von $1-\beta = 0{,}80$; Berechnung nach Mathieu et al. (2012).

liegenden Studie liegt darin, dass die Test- und Befragungsinstrumente sowie die Testbedingungen für Schüler*innen mit SPF-LSE angepasst wurden, um die Messeigenschaften und Datenqualität zu verbessern (vgl. Böhme, Kohrt, et al. 2017; Gresch et al. 2020).

Eine zentrale Limitation der Studie liegt im querschnittlichen Untersuchungsdesign. Dadurch lassen sich bei der Schätzung von Effekten der Klassenzusammensetzung das bereichsspezifische Vorwissen der Schüler*innen und die Eingangsselektivität der Förderschulen und allgemeinen Schulen weniger genau statistisch kontrollieren als in längsschnittlichen Studien, was zu einer Überschätzung von Kompositionseffekten führen kann (Baumert et al. 2006). Zudem wurden in den vorliegenden Mehrebenenmodellen manifeste Indikatoren für die Prädiktoren und abhängigen Variablen verwendet. Dadurch könnten Messfehler die Zusammenhänge zwischen Klassenkomposition und schulischen Outcomes verzerren, insbesondere wenn sich die Messgenauigkeit zwischen Förderschulen und allgemeinen Schulen systematisch unterscheidet. Außerdem blieben mögliche Stichprobenfehler bei der Aggregation der Kompositionsmerkmale unberücksichtigt, die ebenfalls zu verzerrten Schätzungen von Kompositionseffekten führen können (Dicke et al. 2018; Televantou et al. 2015). Gemeinsam mit der querschnittlichen Datengrundlage schränken diese Messfehlerquellen die inhaltliche Interpretation der hier berichteten Zusammenhänge ein. Um die vorliegenden Ergebnisse abzusichern, werden längsschnittliche Studien mit komplexeren Auswertungsmethoden benötigt.

Eine weitere Limitation besteht darin, dass nur Schüler*innen mit einem sonderpädagogischen Förderbedarf in den Bereichen Lernen, Sprache und emotionale und soziale Entwicklung in die Analysen einbezogen wurden. Zudem blieben Schüler*innen, die die Kompetenztests nicht selbstständig bearbeiten konnten und/oder durch die Testbearbeitung zu stark belastet worden wären, unberücksichtigt. Dadurch lassen sich die vorliegenden Ergebnisse nicht auf die gesamte Schüler*innenpopulation mit sonderpädagogischem Förderbedarf übertragen.

7.3 Implikationen für zukünftige Forschung und schulische Praxis

In den vorliegenden Analysen zeigte sich, dass sich Klassen an allgemeinen Schulen bedeutsam darin unterschieden, wie ein festgestellter SPF-LSE mit dem akademischen Selbstkonzept in Deutsch und Mathematik sowie dem Interesse in Mathematik zusammenhängen (s. Slope Varianz in Modell 3, Tab. 7, 8 und 10). In manchen Klassen an allgemeinen Schulen unterschieden sich Kinder mit SPF-

LSE stärker von ihren Mitschüler*innen in ihrem akademischen Selbstkonzept in Deutsch und Mathematik sowie in ihrem Interesse am Fach Mathematik als in anderen Klassen. Die leistungsbezogene und soziale Klassenkomposition trug jedoch nicht zur Beschreibung dieser Unterschiede zwischen Schulklassen bei. Somit stellt sich die Frage, welche Merkmale auf Klassen- bzw. Unterrichtsebene einen Einfluss darauf haben, dass beispielsweise sowohl Schüler*innen mit SPF-LSE als auch Schüler*innen ohne SPF einer Klasse ein positives akademisches Selbstkonzept und hohes Interesse aufweisen. In zukünftigen Studien könnten u. a. Maßnahmen der Individualisierung des Unterrichts, vorhandene Unterstützungsressourcen im Klassenzimmer, der Einsatz kooperativer Lernformen und auch Merkmale der Lehrkräfte (z. B. Einstellungen zum inklusiven Unterricht, Erfahrungen und besuchte Fortbildungen zum Unterricht von Schüler*innen mit SPF) betrachtet werden. Darüber hinaus könnte in weiterführenden Studien geprüft werden, ob sich die berichteten Ergebnisse auch auf Schüler*innen mit verschiedenen Förderschwerpunkten und Schüler*innen mit SPF-LSE übertragen lassen, die mehr oder weniger Zeit im gemeinsamen Unterricht verbringen.

Für die schulische Praxis sind nicht nur Auswirkungen der Klassenkomposition auf schulische Kompetenzen, akademisches Selbstkonzept und Interesse von Bedeutung. Merkmale der Klassenkomposition können auch Beurteilungen schulischer Akteure beeinflussen (z. B. Feststellung eines SPF, aber auch Übergangsempfehlungen). So fanden Kölm et al. (2020; s. Kap. 9) auf Grundlage der Daten des IQB-Bildungstrends 2016, dass Schüler*innen unter Berücksichtigung individueller Lernvoraussetzungen sowie der sozialen und zuwanderungsbezogenen Klassenzusammensetzung in leistungsschwächeren Klassen an allgemeinen Schulen seltener einen SPF im Förderschwerpunkt Lernen erhalten als in leistungsstärkeren Klassen. Dieses Ergebnis weist darauf hin, dass Lehrkräfte bei der Feststellung eines SPF im Bereich Lernen auch die Leistungsstärke der Mitschüler*innen einbeziehen. Dementsprechend könnten geringere schulische Kompetenzen einzelner Kinder in leistungsstärkeren Klassen stärker auffallen und gegebenenfalls eher als abweichend von der erwartenden Leistung der Alterskohorte interpretiert werden. Aufgrund der querschnittlichen Datengrundlage kann aber nicht ausgeschlossen werden, dass Kinder mit SPF an allgemeinen Schulen eher leistungsschwächeren Klassen zugewiesen werden.

Die Ergebnisse sprechen dafür, dass Schüler*innen in ihren schulischen Kompetenzen von leistungsstärkeren Mitschüler*innen positiv beeinflusst werden können. Aus schulpraktischer Perspektive ist es allerdings nicht möglich, alle Schüler*innen in leistungsstärkeren Klassen zu unterrichten. Deshalb sollten in weiterführenden Studien zugrunde liegende Prozesse untersucht werden, die

Effekte der Klassenkomposition auf die betrachteten schulischen Outcomes vermitteln. An diesen Prozessen könnten Interventionen und Anpassungen der Schulpraxis ansetzen.

Auf der einen Seite könnte der positive Zusammenhang zwischen mittlerem Fähigkeitsniveau der Klasse und individuellen schulischen Kompetenzen durch eine höhere Erwartungshaltung der Lehrkräfte, einen stärker kognitiv aktivierenden Unterricht und die akademische Unterstützung durch leistungsstärkere Mitschüler*innen vermittelt werden. Als Implikation für die schulische Praxis lässt sich vermuten, dass kooperative Lernformen zwischen leistungsstärkeren und leistungsschwächeren Schüler*innen bei der Unterrichtsgestaltung berücksichtigt werden sollten. Diese müssen allerdings durch die Lehrkräfte vorbereitet und gezielt eingesetzt werden (Prengel 2013). So sollten die Fähigkeitsunterschiede in kooperativen Lerngruppen nicht zu weit auseinanderliegen (Gersten et al. 2009). Gerade auch Schüler*innen mit SPF könnten von höheren Erwartungshaltungen der Lehrkräfte in leistungsstärkeren Lerngruppen profitieren (Hornstra et al. 2010). Leistungserwartungen und Einstellungen der Lehrkräfte, die davon ausgehen, dass alle Schüler*innen grundlegende Lernziele (z. B. Bildungsstandards) erreichen, werden als wichtiges Merkmal eines gelingenden inklusiven Unterrichts in der Primarstufe angesehen (Booth und Ainscow 2011; Prengel 2013).

Auf der anderen Seite berichteten Schüler*innen in leistungsstärkeren Klassen an allgemeinen Schulen ein geringeres akademisches Selbstkonzept und Interesse am Fach Mathematik. Hier könnte in zukünftigen Studien die Rolle der Leistungsrückmeldungen und Bezugsnormorientierungen von Lehrkräften an allgemeinen Schulen genauer untersucht werden. Es wird angenommen, dass eine auf individuellen Lernzielen basierende Leistungsrückmeldung sowie individualisierte Lernmaterialien den negativen Zusammenhang zwischen mittlerer Leistungsstärke und individuellem akademischem Selbstkonzept und Interesse abschwächen könnten (Nusser und Wolter 2016). So könnten Lehrkräfte bei der Leistungsbeurteilung stärker individuelle Lernfortschritte im Zeitverlauf berücksichtigen und Lernmaterialien so auswählen, dass alle Schüler*innen die Möglichkeit haben, schulische Erfolge zu erleben.

Allerdings muss an allgemeinen Schulen immer auch die kriteriale Bezugsnorm (z. B. Orientierung an den Bildungsstandards) eine zentrale Rolle spielen, die vermutlich mit dazu beiträgt, dass hier durchschnittlich ein höheres Leistungsniveau erreicht wird als an Förderschulen, an denen der Fokus stärker auf der individuellen Bezugsnorm liegt und teilweise nach zieldifferenten Lehrplänen unterrichtet wird (insbesondere an Förderschulen mit dem Schwerpunkt Lernen). Beide Bezugsnormen in eine Balance zu bringen, die sowohl für die

Kompetenzentwicklung als auch für die motivationale Entwicklung günstig ist, gehört zu den Herausforderungen der pädagogischen Praxis, die auch die Forschung genauer in den Blick nehmen sollte.

Literatur

Aguinis, H., Gottfredson, R. K., & Culpepper, S. A. (2013). Best-practice recommendations for estimating cross-level interaction effects using multilevel modeling. *Journal of Management, 39,* 1490–1528.

Ahrbeck, B. (2016). *Inklusion: Eine Kritik* (3. Aufl.). Stuttgart: Kohlhammer.

Autorengruppe Bildungsberichterstattung (2016). *Bildung in Deutschland 2016. Ein indikatorengestützter Bericht mit einer Analyse zu Bildung und Migration.* Bielefeld: Bertelsmann.

Baumert, J., Stanat, P., & Watermann, R. (2006). Schulstruktur und die Entstehung differenzieller Lern- und Entwicklungsmilieus. In J. Baumert, P. Stanat, & R. Watermann (Hrsg.), *Herkunftsbedingte Disparitäten im Bildungswesen: Differenzielle Bildungsprozesse und Probleme der Verteilungsgerechtigkeit* (S. 95–188). Wiesbaden: VS Verlag.

Böhme, K., Engelbert, M., & Weirich, S. (2017). Beschreibung der im Fach Deutsch untersuchten Kompetenzen. In P. Stanat, S. Schipolowski, C. Rjosk, S. Weirich, & N. Haag (Hrsg.), *IQB-Bildungstrend 2016. Kompetenzen in den Fächern Deutsch und Mathematik am Ende der 4. Jahrgangsstufe im zweiten Ländervergleich* (S. 20–30). Münster: Waxmann.

Böhme, K., Kohrt, P., Haag, N., & Weirich, S. (2017). Entwicklung angepasster Testaufgaben für Schülerinnen und Schüler mit sonderpädagogischem Förderbedarf. In P. Stanat, S. Schipolowski, C. Rjosk, S. Weirich, & N. Haag (Hrsg.), *IQB-Bildungstrend 2016. Kompetenzen in den Fächern Deutsch und Mathematik am Ende der 4. Jahrgangsstufe im zweiten Ländervergleich* (S. 369–385). Münster: Waxmann.

Booth, T., & Ainscow, M. (2011). *Index for inclusion: Developing learning and participation in schools.* Bristol: Centre for Studies on Inclusive Education (CSIE).

Brodesser, E. (2016). *Kinder aus zugewanderten Familien in Förderschulen: Vertiefende Auswertung der Berliner Erhebung „BELLA" zu herkunftsbezogenen Disparitäten.* Wiesbaden: Springer VS.

Diamond, J. B., Randolph, A., & Spillane, J. P. (2004). Teachers' expectations and sense of responsibility for student learning: The importance of race, class, and organizational habitus. *Anthropology & Education Quarterly, 35,* 75–98.

Dicke, T., Marsh, H. W., Parker, P. D., Pekrun, R., Guo, J., & Televantou, I. (2018). Effects of school-average achievement on individual self-concept and achievement: Unmasking phantom effects masquerading as true compositional effects. *Journal of Educational Psychology, 110,* 1112–1126.

Dreeben, R., & Barr, R. (1988). Classroom composition and the design of instruction. *Sociology of Education, 61,* 129–142.

Dumont, H., Neumann, M., Maaz, K., & Trautwein, U. (2013). Die Zusammensetzung der Schülerschaft als Einflussfaktor für Schulleistungen. Internationale und nationale Befunde. *Psychologie in Erziehung und Unterricht, 60,* 163–183.

Eccles, J. S., & Roeser, R. W. (2011). Schools as developmental contexts during adolescence. *Journal of Research on Adolescence, 21,* 225–241.

Elbaum, B. (2002). The self-concept of students with learning disabilities: A meta-analysis of comparisons across different placements. *Learning Disabilities Research & Practice, 17,* 216–226.

Gamoran, A. (1986). Instructional and institutional effects of ability grouping. *Sociology of Education, 59,* 185–198.

Ganzeboom, H. B. G. (2010). *A new international socio-economic index [ISEI] of occupational status for the International Standard Classification of Occupation 2008 [ISCO-08] constructed with data from the ISSP 2002–2007; with an analysis of quality of educational measurement in ISSP.* Vortrag auf der Annual Conference of International Social Survey Programme, Lissabon.

Gersten, R., Chard, D. J., Jayanthi, M., Baker, S. K., Morphy, P., & Flojo, J. (2009). Mathematics instruction for students with learning disabilities: A meta-analysis of instructional components. *Review of Educational Research, 79,* 1202–1242.

Gorges, J., Neumann, P., Wild, E., Stranghöner, D., & Lütje-Klose, B. (2018). Reciprocal effects between self-concept of ability and performance: A longitudinal study of children with learning disabilities in inclusive versus exclusive elementary education. *Learning and Individual Differences, 61,* 11–20.

Gresch, C., Nusser, L., & Kohrt, P. (2020). Zwischen Standardisierung und Anpassung: Administration und Durchführung der Datenerhebung bei Schülerinnen und Schülern mit sonderpädagogischem Förderbedarf in Large-Scale-Studien. In C. Gresch, M. Grosche, P. Kuhl, C. Sälzer & P. Stanat (Hrsg.), *Inklusion, Sonderpädagogische Förderung und Schulleistungserhebungen: Gelingensbedingungen und Herausforderungen* (S. 77–107). Wiesbaden: Springer VS.

Grosche, M., & Vock, M. (2018). Inklusion. In D. H. Rost, J. Sparfeldt, & S. Buch (Hrsg.), *Handwörterbuch Pädagogische Psychologie* (5. Aufl., S. 260–268). Weinheim: Beltz.

Haag, N., Kocaj, A., Jansen, M., & Kuhl, P. (2017). Soziale Disparitäten. In P. Stanat, S. Schipolowski, C. Rjosk, S. Weirich, & N. Haag (Hrsg.), *IQB-Bildungstrend 2016. Kompetenzen in den Fächern Deutsch und Mathematik am Ende der 4. Jahrgangsstufe im zweiten Ländervergleich* (S. 213–235). Münster: Waxmann.

Hornstra, L., Denessen, E., Bakker, J., van den Bergh, L., & Voeten, M. (2010). Teacher attitudes toward dyslexia: Effects on teacher expectations and the academic achievement of students with dyslexia. *Journal of Learning Disabilities, 43,* 515–529.

Hox, J. (2002). *Multilevel analysis. Techniques and application.* London: Lawrence Erlbaum.

Justice, L. M., Logan, J. A. R., Lin, T.-J., & Kaderavek, J. N. (2014). Peer effects in early childhood education: Testing the assumptions of special-education inclusion. *Psychological Science, 25,* 1722–1729.

Kocaj, A. (2018). *Zusammenhänge zwischen der Beschulungsart und den schulischen Kompetenzen sowie der schulischen Motivation von Kindern mit sonderpädagogischem Förderbedarf.* Dissertation. Humboldt-Universität zu Berlin, Lebenswissenschaftliche Fakultät. Abgerufen von https://edoc.hu-berlin.de/handle/18452/19880

Kocaj, A., Kuhl, P., Kroth, A. J., Pant, H. A., & Stanat, P. (2014). Wo lernen Kinder mit sonderpädagogischem Förderbedarf besser? Ein Vergleich schulischer Kompetenzen zwischen Regel- und Förderschulen in der Primarstufe. *Kölner Zeitschrift für Soziologie und Sozialpsychologie, 66,* 165–191.

Kocaj, A., Kuhl, P., Rjosk, C., Jansen, M., Pant, H. A., & Stanat, P. (2015). Der Zusammenhang zwischen Beschulungsart, Klassenkomposition und schulischen Kompetenzen von Kindern mit sonderpädagogischem Förderbedarf. In P. Kuhl, P. Stanat, B. Lütje-Klose, C. Gresch, H. A. Pant, & M. Prenzel (Hrsg.), *Inklusion von Schülerinnen und Schülern mit sonderpädagogischem Förderbedarf in Schulleistungserhebungen* (S. 335–369). Wiesbaden: Springer VS.

Kocaj, A., Kuhl, P., Haag, N., Kohrt, P., & Stanat, P. (2017). Schulische Kompetenzen und schulische Motivation von Kindern mit sonderpädagogischem Förderbedarf an Förderschulen und an allgemeinen Schulen. In P. Stanat, S. Schipolowski, C. Rjosk, S. Weirich, & N. Haag (Hrsg.), *IQB-Bildungstrend 2016. Kompetenzen in den Fächern Deutsch und Mathematik am Ende der 4. Jahrgangsstufe im zweiten Ländervergleich* (S. 302–315). Münster: Waxmann.

Kocaj, A., Kuhl, P., Jansen, M., Pant, H. A., & Stanat, P. (2018). Educational placement and achievement motivation of students with special educational needs. *Contemporary Educational Psychology, 55,* 63–83.

Köller, O., Schütte, K., Zimmermann, F., Retelsdorf, J., & Leucht, M. (2013). Starke Klasse, hohe Leistungen? Die Rolle der Leistungsstärke der Klasse für die individuellen Mathematik- und Leseleistungen in der Sekundarstufe I. *Psychologie in Erziehung und Unterricht, 60,* 184–197.

Kölm, J., Mahler, N., & Gresch, C. (2020). Die Bedeutung der Klassenzusammensetzung für das Vorliegen einer Diagnose eines sonderpädagogischen Förderbedarfs Lernen bei Schüler*innen mit Zuwanderungshintergrund. In C. Gresch, M. Grosche, P. Kuhl, C. Sälzer & P. Stanat (Hrsg.), *Inklusion, Sonderpädagogische Förderung und Schulleistungserhebungen: Gelingensbedingungen und Herausforderungen* (S. 263–291). Wiesbaden: Springer VS.

Kottmann, B. (2006). *Selektion in die Sonderschule: Das Verfahren zur Feststellung von sonderpädagogischem Förderbedarf als Gegenstand empirischer Forschung*. Bad Heilbrunn: Klinkhardt.

Kronig, W. (2001). Probleme der Selektion in den Grundschuljahren. *Schweizerische Zeitschrift für Bildungswissenschaften, 23,* 357–364.

Lüdtke, O., Köller, O., Marsh, H. W., & Trautwein, U. (2005). Teacher frame of reference and the big-fish-little-pond-effect. *Contemporary Educational Psychology, 30,* 263–285.

Marsh, H. W., Seaton, M., Trautwein, U., Lüdtke, O., Hau, K. T., O'Mara, A. J., & Craven, R. G. (2008). The big-fish-little-pond-effect stands up to critical scrutiny: Implications for theory, methodology, and future research. *Educational Psychology Review, 20,* 319–350.

Mathieu, J. E., Aguinis, H., Culpepper, S. A., & Chen, G. (2012). Understanding and estimating the power to detect cross-level interaction effects in multilevel modeling. *Journal of Applied Psychology, 97,* 951–966.

Morgan, P. L., Farkas, G., Hillemeier, M. M., Mattison, R., Maczuga, S., Li, H., & Cook, M. (2015). Minorities are disproportionately underrepresented in special education:

Longitudinal evidence across five disability conditions. *Educational Researcher, 44,* 278–292.

Muthén, L. K., & Muthén, B. O. (1998–2015). *Mplus User's Guide. Seventh Edition.* Los Angeles: Muthén & Muthén.

Nikolova, R. (2011). *Grundschulen als differenzielle Entwicklungsmilieus.* Münster: Waxmann.

Nusser, L., & Wolter, I. (2016). There's plenty more fish in the sea: Das akademische Selbstkonzept von Schülerinnen und Schülern mit sonderpädagogischem Förderbedarf Lernen in integrativen und segregierten Schulsettings. *Empirische Pädagogik, 30,* 130–143.

Prengel, A. (2013). *Inklusive Bildung in der Primarstufe. Eine wissenschaftliche Expertise für den Grundschulverband.* Frankfurt: Grundschulverband.

Rjosk, C., Richter, D., Hochweber, J., Lüdtke, O., & Stanat, P. (2015). Classroom composition and language minority students' motivation in language lessons. *Journal of Educational Psychology, 107,* 1171–1185.

Rjosk, C., Engelbert, M., Schipolowski, S., & Kohrt, P. (2017). Anlage und Durchführung. In P. Stanat, S. Schipolowski, C. Rjosk, S. Weirich, & N. Haag (Hrsg.), *IQB-Bildungstrend 2016. Kompetenzen in den Fächern Deutsch und Mathematik am Ende der 4. Jahrgangsstufe im zweiten Ländervergleich* (S. 83–105). Münster: Waxmann.

Roppelt, A., Reiss, K., & Haag, N. (2017). Beschreibung der im Fach Mathematik untersuchten Kompetenzen. In P. Stanat, S. Schipolowski, C. Rjosk, S. Weirich, & N. Haag (Hrsg.), *IQB-Bildungstrend 2016. Kompetenzen in den Fächern Deutsch und Mathematik am Ende der 4. Jahrgangsstufe im zweiten Ländervergleich* (S. 31–43). Münster: Waxmann.

Rubin, D. B. (1987). *Multiple imputation for nonresponse in surveys.* New York: Wiley.

Rutkowski, L., Gonzalez, E., Joncas, M., & von Davier, M. (2010). International large-scale assessment data: Issues in secondary analysis and reporting. *Educational Researcher, 39,* 142–151.

Sälzer, C., Gebhardt, M., Müller, K., & Pauly, E. (2015). Der Prozess der Feststellung sonderpädagogischen Förderbedarfs in Deutschland. In P. Kuhl, P. Stanat, B. Lütje-Klose, C. Gresch, H. A. Pant, & M. Prenzel (Hrsg.), *Inklusion von Schülerinnen und Schülern mit sonderpädagogischem Förderbedarf in Schulleistungserhebungen* (S. 129–152). Wiesbaden: Springer VS.

Scharenberg, K. (2012). *Leistungsheterogenität und Kompetenzentwicklung: Zur Relevanz klassenbezogener Kompositionsmerkmale im Rahmen der KESS-Studie.* Münster: Waxmann.

Scharenberg, K., Rollett, W., & Bos, W. (2018). Kommt es auf die Klasse an? Effekte der Klassenkomposition auf die Mathematikleistung von Schülerinnen und Schülern mit sonderpädagogischem Förderbedarf in inklusiven Schulklassen am Ende der Grundschulzeit. *Vierteljahresschrift für Heilpädagogik und ihre Nachbargebiete, 87,* 289–304.

Stäbler, F., Lambrecht, J., Dumont, H., & Maaz, K. (2015). Lernumgebung inklusive Grundschule – Strukturelle Gemeinsamkeiten und Unterschiede der PING-Schulen. In N. Spörer, A. Schründer-Lenzen, M. Vock & K. Maaz (Hrsg.), *Inklusives Lernen und Lehren im Land Brandenburg. Abschlussbericht zur Begleitforschung des Pilotprojekts „Inklusive Grundschule“* (S. 69–86). Ludwigsfelde-Struveshof: Landesinstitut für Schule und Medien Berlin-Brandenburg (LISUM), Universität Potsdam, Deutsches Institut für Internationale Pädagogische Forschung (DIPF).

Stanat, P., Schipolowski, S., Rjosk, C., Weirich, S., & Haag, N. (Hrsg.). (2017). *IQB-Bildungstrend 2016. Kompetenzen in den Fächern Deutsch und Mathematik am Ende der 4. Jahrgangsstufe im zweiten Ländervergleich*. Münster: Waxmann.

Stanat, P., Schipolowski, S., Rjosk, C., Weirich, S., Mahler, N., Kohrt, P., & Wittig, J. (2019). *IQB-Bildungstrend Primarstufe 2016 (IQB-BT 2016)* (Version 1) [Datensatz]. Berlin: IQB – Institut zur Qualitätsentwicklung im Bildungswesen. http://doi.org/10.5159/IQB_BT_2016_v1.

Stocké, V. (2007). Explaining educational decision and effects of families' social class position: An empirical test of the Breen-Goldthorpe model of educational attainment. *European Sociological Review, 23*, 505–519.

Stranghöner, D., Hollmann, J., Otterpohl, N., Wild, E., Lütje-Klose, B., & Schwinger, M. (2017). Inklusion versus Exklusion: Schulsetting und Lese-Rechtschreibentwicklung von Kindern mit Förderschwerpunkt Lernen. *Zeitschrift für Pädagogische Psychologie, 31*, 125–136.

Televantou, I., Marsh, H. W., Kyriakides, L., Nagengast, B., Fletcher, J., & Malmberg, L.-E. (2015). Phantom effects in school composition research: Consequences of failure to control biases due to measurement error in traditional multilevel models. *School Effectiveness and School Improvement, 26*, 75–101.

Trautwein, U., Lüdtke, O., Marsh, H. W., Köller, O., & Baumert, J. (2006). Tracking, grading, and student motivation: Using group composition and status to predict self-concept and interest in ninth-grade mathematics. *Journal of Educational Psychology, 98*, 788–806.

van Buuren, S., & Groothuis-Oudshoorn, K. (2011). MICE: Multivariate Imputation by Chained Equations in R. *Journal of Statistical Software, 45*(3), 1–68.

Warm, T. A. (1989). Weighted likelihood estimation of ability in item response theory. *Psychometrika, 54*, 427–450.

Weirich, S., Haag, N., & Sachse, K. A. (2017). Testdesign und Auswertung des IQB-Bildungstrends 2016. In P. Stanat, S. Schipolowski, C. Rjosk, S. Weirich, & N. Haag (Hrsg.), *IQB-Bildungstrend 2016. Kompetenzen in den Fächern Deutsch und Mathematik am Ende der 4. Jahrgangsstufe im zweiten Ländervergleich* (S. 355–368). Münster: Waxmann.

Weishaupt, H. (2016). Inklusion als umfassende schulische Innovation. Streitbare Anmerkungen zu einer wichtigen Schulreform. In V. Moser & B. Lütje-Klose (Hrsg.), *Schulische Inklusion Beiheft der Zeitschrift für Pädagogik* (S. 27–41). Weinheim: Beltz Juventa.

Weishaupt, H. (2017). Die Förderschule als sonderpädagogischer Förderort. In M. Gercke, S. Opalinski, & T. Thonagel (Hrsg.), *Inklusive Bildung und gesellschaftliche Exklusion* (S. 39–57). Wiesbaden: Springer VS.

Werning, R., & Lütje-Klose, B. (2006). *Einführung in die Pädagogik bei Lernbeeinträchtigungen*. München: Reinhardt.

Wild, E., Schwinger, M., Lütje-Klose, B., Yotyodying, S., Gorges, J., Stranghöner, D., Kurnitzki, S., et al. (2015). Schülerinnen und Schüler mit dem Förderschwerpunkt Lernen in inklusiven und exklusiven Förderarrangements: Erste Befunde des BiLieF-Projektes zu Leistung, sozialer Integration, Motivation und Wohlbefinden. *Unterrichtswissenschaft, 43*, 7–21.

Wilhelm, O., Schroeders, U., & Schipolowski, S. (2018). *Berliner Test zur Erfassung fluider und kristalliner Intelligenz für die 3. bis 4. Jahrgangsstufe (BEFKI 3–4).*

Wocken, H. (2005). Andere Länder, andere Schüler? Vergleichende Untersuchung von Förderschülern in den Bundesländern Brandenburg, Hamburg und Niedersachsen. Abgerufen von: http://bidok.uibk.ac.at/download/wocken-forschungsbericht.pdf

Die Bedeutung der Klassenzusammensetzung für das Vorliegen einer Diagnose eines sonderpädagogischen Förderbedarfs Lernen bei Schüler*innen mit Zuwanderungshintergrund

Jenny Kölm, Nicole Mahler und Cornelia Gresch

Zusammenfassung

Verschiedene Studien zeigen, dass Schüler*innen mit Zuwanderungshintergrund bei gleichen individuellen Lernvoraussetzungen seltener einen diagnostizierten sonderpädagogischen Förderbedarf im Förderschwerpunkt *Lernen* (SPF-L) aufweisen als Schüler*innen ohne Zuwanderungshintergrund. Eine mögliche Erklärung liegt in der Klassenzusammensetzung. Diese bildet den Referenzrahmen für die Leistungsbeurteilung und könnte somit auch bei der Einleitung von Diagnoseverfahren bedeutsam sein. Im vorliegenden Beitrag wird anhand des IQB-Bildungstrends 2016 ($N = 29.259$ Viertklässler*innen) untersucht, inwiefern die Diagnose eines SPF-L mit der zuwanderungsbezogenen, der sozialen und der leistungsbezogenen Klassenzusammensetzung assoziiert ist und ob dadurch der Zusammenhang zwischen Zuwanderungshintergrund und SPF-L auf der Individualebene erklärt werden kann.

J. Kölm (✉) · N. Mahler · C. Gresch
Institut zur Qualitätsentwicklung im Bildungswesen (IQB), Humboldt-Universität zu Berlin, Berlin, Deutschland
E-Mail: jenny.koelm@iqb.hu-berlin.de

N. Mahler
E-Mail: nicole.mahler@iqb.hu-berlin.de

C. Gresch
E-Mail: cornelia.gresch@iqb.hu-berlin.de

C. Gresch et al. (Hrsg.), *Schüler*innen mit sonderpädagogischem Förderbedarf in Schulleistungserhebungen,* https://doi.org/10.1007/978-3-658-27608-9_9

Die Ergebnisse logistischer Mehrebenen-Regressionsanalysen weisen auf einen Zusammenhang zwischen der Klassenzusammensetzung und einem diagnostizierten SPF-L hin. Auf individueller Ebene haben Schüler*innen mit Zuwanderungshintergrund auch unter Berücksichtigung des Klassenkontextes seltener die Diagnose eines SPF-L als vergleichbare Schüler*innen ohne Zuwanderungshintergrund. Vor dem Hintergrund der Ergebnisse wird die Objektivität bei der Einleitung von Diagnoseverfahren diskutiert.

Abstract
Some studies indicate that students with an immigrant background are less likely to be diagnosed as having special educational needs in the area of learning (SEN-L) than non-immigrant students if individual learning preconditions are taken into account. One possible explanation could be found in the effects of classroom composition: When assessing students' learning progress, teachers often compare the academic performance of individual students with that of their classmates. This also may be relevant for initiating diagnostic procedures. The present study uses data of the IQB Trends in Student Achievement Study 2016, a German large-scale assessment study with $N =$ 29,259 fourth graders. We investigate whether a SEN-L diagnosis is associated with the immigrant, socioeconomic, and academic classroom composition and whether the relationship between immigrant background and SEN-L on the individual level can be explained by this association. Using multilevel logistic regression models, we confirmed the relationship between classroom composition and diagnosed SEN-L. On the individual level, students with an immigrant background are still less likely to have received a SEN-L diagnosis than comparable non-immigrant students, even when taking the classroom composition into account. These findings are discussed in terms of objectivity of the initiation of diagnostic procedures.

1 Einleitung

Auch wenn im Rahmen des gemeinsamen Lernens von Schüler*innen mit und ohne sonderpädagogischen Förderbedarf (SPF) zunehmend auf ein amtliches Diagnoseverfahren verzichtet wird, ist eine solche Diagnose noch immer mehrheitlich die Grundlage für eine sonderpädagogische Förderung (Gresch et al. 2017). Im Förderschwerpunkt *Lernen* sollten insbesondere erhebliche

Beeinträchtigungen in der Lern- und Leistungsentwicklung ausschlaggebend dafür sein, ob ein*e Schüler*in eine Diagnose erhält oder nicht. Es gibt allerdings Hinweise darauf, dass weitere Faktoren über die schulischen Kompetenzen hinaus eine Rolle für die Diagnose spielen können. In diesem Beitrag steht der Zuwanderungshintergrund der Schüler*innen als ein solcher Faktor im Fokus. So zeigen Kölm et al. (2019), dass Schüler*innen mit Zuwanderungshintergrund ohne Berücksichtigung weiterer individueller Merkmale zwar ähnlich häufig die Diagnose eines SPF im Förderschwerpunkt *Lernen* (SPF-L) aufweisen wie Schüler*innen ohne Zuwanderungshintergrund. Bei Berücksichtigung der sozialen Herkunft sowie schulischer Kompetenzen und kognitiver Grundfähigkeiten haben Kinder aus zugewanderten Familien jedoch deutlich seltener die Diagnose eines SPF-L als Kinder ohne Zuwanderungshintergrund. Die dahinterliegenden Mechanismen sind bislang kaum erforscht.

Ein möglicher Erklärungsansatz liegt in der Klassenzusammensetzung: Häufig besuchen Kinder aus zugewanderten Familien Klassen mit einem hohen Anteil an Kindern mit Zuwanderungshintergrund (Morris-Lange et al. 2013). In diesen Klassen besteht ein niedrigeres durchschnittliches Leistungsniveau, das sich über die Konfundierung von schulischen Kompetenzen und Zuwanderungshintergrund erklären lässt. Diese ist wiederum weitgehend auf den im Mittel geringeren sozioökonomischen Status zugewanderter Familien zurückzuführen (z. B. Stanat et al. 2010). Möglicherweise fallen in Klassen mit einem geringeren durchschnittlichen Leistungsniveau einzelne Kinder mit erhöhtem Förderbedarf weniger auf, sodass seltener ein Feststellungsverfahren eingeleitet wird, das gegebenenfalls zur Diagnose eines SPF-L führt (Hibel et al. 2010).

Im vorliegenden Beitrag wird geprüft, inwiefern die zuwanderungsbezogene, die soziale und die leistungsbezogene Klassenzusammensetzung mit der Chance[1] eines diagnostizierten SPF-L assoziiert sind und ob durch die Klassenzusammensetzung der Zusammenhang zwischen Zuwanderungshintergrund und SPF-L auf der Individualebene erklärt werden kann. Die Analysen werden mit Daten des IQB-Bildungstrends 2016 in der Primarstufe am Ende der vierten Klasse ($N = 29.259$, Stanat et al. 2017) durchgeführt, dabei werden Kinder mit und ohne SPF an allgemeinen Schulen einbezogen. Die Ergebnisse können zum besseren Verständnis der Rolle individueller und kontextueller Hintergrundmerkmale für die Diagnose eines SPF-L und damit auch zur Diskussion über Chancengerechtigkeit im Bildungswesen beitragen.

---

[1]Der Begriff „Chance“ (engl. *odds*) wird in diesem Beitrag im statistischen Sinne gebraucht (s. z. B. Backhaus et al. 2018) und ist nicht wertend gemeint.

2 Theoretischer Hintergrund und Forschungsstand

2.1 Die Rolle der Klassenzusammensetzung für den Bildungserfolg

Kontexteffekte bezeichnen allgemein Einflüsse einer sozialen oder sozialräumlichen Umwelt, mit der ein Individuum interagiert. Da in der Schule die Klasse einen zentralen Kontext bildet, werden in der empirischen Bildungsforschung häufig Einflüsse der Zusammensetzung von Schulen beziehungsweise Klassen, sogenannte Kompositionseffekte, untersucht. Der Einfluss der Klassenkomposition auf den Bildungserfolg konnte in zahlreichen empirischen Studien gezeigt werden (für einen Überblick s. Becker und Birkelbach 2017; Faber 2013; Schallock 2016; Zurbriggen 2016; für Kinder mit SPF s. auch Kocaj et al. 2020). Zur Rolle der Klassenzusammensetzung für das Vorliegen einer Diagnose eines SPF-L gibt es jedoch bislang kaum Forschung. Da die Diagnose eines SPF-L eng an (geringe) schulische Leistungen gekoppelt ist (vgl. KMK 1999), lehnt sich die folgende Darstellung an die theoretischen Wirkmechanismen der Klassenkomposition auf den Bildungserfolg an.

Im Anschluss an Dreeben und Barr (1988) unterscheiden Baumert, Stanat und Watermann (2006) theoretisch vier Wege, über die Einflüsse der Klassenkomposition auf individuelle Schulleistungen vermittelt werden können. Dazu gehören erstens die normative Kultur des Elternhauses und damit Leistungs- und Verhaltenserwartungen der Eltern sowie deren Unterstützungsbereitschaft als eine zusätzliche Ressource von Schulen. Ein zweiter potenziell vermittelnder Faktor ist die normative Kultur innerhalb der Schüler*innengruppe, die sich unter anderem in der Ausprägung von Erfolgs-, Leistungs- und Verhaltensnormen zeigt. Drittens können Unterschiede in organisatorischen, curricularen und didaktischen Arrangements des Unterrichts eine Rolle spielen: Unterschiedliche Klassenzusammensetzungen können zur Anpassung der Erwartungshaltungen der Lehrkräfte (Diamond et al. 2004; Kristen 2002; Rist 1970) und infolge zu einer Anpassung des Anforderungsniveaus (Helmke und Weinert 1997) führen. Viertens werden von den Autor*innen Vergleichsprozesse innerhalb von und zwischen Referenzgruppen benannt. Diesen sprechen sie eine wesentliche Rolle für den Einfluss der Zusammensetzung von Klassen auf schulische Kompetenzentwicklung zu. Auf diesen Referenzgruppeneffekten liegt der Fokus des vorliegenden Beitrags.

2.2 Referenzgruppen als Erklärungsansatz von Kompositionseffekten

Annahmen über die Wirkungsweise von Referenzgruppeneffekten basieren auf der Theorie sozialer Vergleichsprozesse (Festinger 1954), die davon ausgeht, dass Menschen Informationen über eigene Fähigkeiten, Leistungen oder Überzeugungen durch Vergleichsprozesse mit anderen gewinnen. Die Referenzgruppe ist dabei jeweils diejenige Gruppe von Personen, die für den Vergleich herangezogen wird. Insbesondere die Schulklasse ist ein Ort, an dem soziale Vergleiche durch Heranwachsende und Lehrkräfte vorgenommen werden.

Eine Form von Referenzgruppeneffekten sind sogenannte Frog-Pond-Effekte. Dieser Begriff geht auf eine Arbeit von Davis (1966) zurück, der zeigte, dass bei gleichen individuellen Leistungen das Leistungsniveau des besuchten Colleges negativ mit der Aspiration für höhere Karrierewege zusammenhängt. Das Phänomen der Frog-Pond-Effekte wird in der Literatur jedoch uneinheitlich beschrieben und oft synonym zum Big-Fish-Little-Pond-Effekt (BFLPE, Marsh 1987) verwendet. Während der BFLPE allerdings vorwiegend den Einfluss der Referenzgruppe auf das individuelle akademische Selbstkonzept fokussiert, werden Frog-Pond-Effekte auch im Zusammenhang mit anderen Outcomes, beispielsweise Zufriedenheit oder Entscheidungen von Personen, betrachtet.

Im vorliegenden Beitrag wird der Begriff Frog-Pond-Effekt in Anlehnung an Farkas et al. (1990) genutzt. Diese nehmen, abweichend von der ursprünglichen Definition von Davis (1966), nicht die Vergleiche in den Blick, die ein Individuum anstellt, um zu einer Einschätzung und Verortung seiner selbst zu gelangen, sondern Vergleiche, die ein Dritter – zum Beispiel eine Lehrkraft – vornimmt, um zu Einschätzungen über Personen zu gelangen.

Es gibt Hinweise darauf, dass Lehrkräfte sich in ihren Einschätzungen der Leistungen einzelner Schüler*innen am sozialen Referenzrahmen der Schulklasse orientieren (Fickermann 1999; Ingenkamp 1971; Schrader und Helmke 2014; Ziegenspeck 1999). Somit ist anzunehmen, dass die Klassenkomposition einen Einfluss auf die Einschätzungen einer Lehrkraft bezüglich eines einzelnen Kindes hat. Tatsächlich konnten mehrere Studien Frog-Pond-Effekte[2] in Bezug auf Urteile von Lehrkräften zeigen (für einen Überblick s. Faber 2013).

[2]In den aufgeführten Studien wird allerdings nicht immer der Begriff Frog-Pond-Effekt verwendet.

Beispielsweise ließ sich ein negativer Effekt der durchschnittlichen Schulnoten beziehungsweise Testleistungen einer Klasse auf die individuelle Note nachweisen (Alwin und Otto 1977; Marsh 1991), der auch unter Kontrolle weiterer Faktoren bestehen blieb (Farkas et al. 1990). Dies legt nahe, dass sich die Bewertungspraxis von Lehrkräften an einem klasseninternen Referenzrahmen orientiert. Weitere Studien zeigten, dass Kinder aus leistungsstarken Klassen seltener eine Empfehlung für das Gymnasium erhielten als Kinder mit vergleichbaren Testleistungen in Klassen mit einer geringeren durchschnittlichen Leistung (Milek et al. 2010; Neumann et al. 2010; Tiedemann und Billmann-Mahecha 2007; Trautwein und Baeriswyl 2007). Auch diese Befunde lassen sich als Frog-Pond-Effekte interpretieren.

2.3 Klassenzusammensetzung und Diagnose eines SPF-L bei Kindern mit Zuwanderungshintergrund

Nach Definition der Kultusministerkonferenz (KMK) ist ein SPF-L bei Kindern und Jugendlichen gegeben „[…], die in ihrer Lern- und Leistungsentwicklung so erheblichen Beeinträchtigungen unterliegen, dass sie auch mit zusätzlichen Lernhilfen der allgemeinen Schule nicht ihren Möglichkeiten entsprechend gefördert werden können“ (KMK 1999, S. 4). Die Ausgestaltung des diagnostischen Verfahrens und seiner Kriterien wird auf der Ebene der Bundesländer vorgenommen, wodurch das Vorgehen bundeslandübergreifend uneinheitlich ist (Sälzer et al. 2015).

Wegen der unscharfen Definition, der uneinheitlichen Kriterien und des großen Spielraums der beteiligten Akteure wurde wiederholt Kritik an der Objektivität der Diagnose eines SPF-L geäußert (z. B. Grosche 2015; Klemm 2014). Dafür liefern auch empirische Studien Indizien: Eine Untersuchung anhand der Daten des IQB-Ländervergleichs 2011 am Ende der vierten Jahrgangsstufe ($N = 27.081$, Stanat et al. 2012) konnte beispielsweise zeigen, dass Schüler*innen mit Zuwanderungshintergrund bei vergleichbarer sozialer Herkunft sowie vergleichbaren schulischen Kompetenzen und kognitiven Grundfähigkeiten eine geringere Chance haben, die Diagnose eines SPF-L aufzuweisen, als Schüler*innen ohne Zuwanderungshintergrund (Kölm et al. 2019). Mögliche Erklärungen für diesen Befund wurden bislang nicht geprüft. Da die Diagnose eines SPF-L auf der Grundlage eines amtlichen Feststellungsverfahrens vergeben wird, das von den Eltern oder durch eine Lehrkraft eingeleitet werden kann, setzen mögliche Erklärungsansätze auf diesen beiden Ebenen an.

Auf der Ebene der Eltern könnten geringeres Wissen über Möglichkeiten der Förderung, Sprachbarrieren und bürokratische Hürden oder auch eine unterschiedliche Kosten-Nutzen-Abwägung der Diagnose beziehungsweise sonderpädagogischen Förderung bei zugewanderten Eltern dazu führen, dass sie seltener ein Feststellungverfahren einleiten. Beispielsweise stellte Uçar (1996) heraus, dass zugewanderte Eltern Stigmatisierungsaspekte im Rahmen der Feststellung sonderpädagogischen Förderbedarfs stärker wahrnehmen als Eltern ohne Zuwanderungshintergrund. Auf der Ebene der Lehrkräfte könnten beispielsweise Shifting Standards (Biernat und Manis 1994) im Sinne geringerer Erwartungen an die Leistung von Schüler*innen mit Zuwanderungshintergrund eine Rolle spielen. Weiterhin könnte dem Klassenkontext als Referenzrahmen der Leistungsbeurteilung (Fickermann 1999; Ingenkamp 1971; Schrader und Helmke 2014; Ziegenspeck 1999) eine Bedeutung zukommen.

Die Entscheidung einer Lehrkraft, ein Feststellungsverfahren anzustoßen, sollte vor allem mit wahrgenommenen Leistungsrückständen zusammenhängen. Da schulische Leistung selten losgelöst vom Klassenkontext betrachtet wird (Schrader und Helmke 2014), ist ihre Beurteilung möglicherweise beeinflusst von den sozialen Vergleichen, die eine Lehrkraft im Klassenzimmer vornimmt. Erklärungspotenzial für die bei gleichen individuellen Lernvoraussetzungen geringere Chance der Diagnose eines SPF-L bei Kindern mit Zuwanderungshintergrund liegt in Frog-Pond-Effekten der Klassenzusammensetzung: Schüler*innen aus zugewanderten Familien besuchen häufig Klassen, die einen hohen Anteil von Schüler*innen mit Zuwanderungshintergrund aufweisen (Morris-Lange et al. 2013). In diesen Klassen besteht häufig ein niedrigeres Leistungsniveau, das durch den durchschnittlich geringeren sozioökonomischen Status in zugewanderten Familien und die Konfundierung von Zuwanderungshintergrund, sozioökonomischem Status und schulischer Kompetenzentwicklung erklärt wird (Becker und Birkelbach 2017; Kristen und Olczyk 2013; Rjosk 2015; Stanat et al. 2010).

Denkbar ist, dass ein erhöhter Förderbedarf eines Kindes in einer Klasse mit einem insgesamt niedrigen mittleren Leistungsniveau weniger auffällt als in einer leistungsstarken Klasse. Die Lehrkraft der leistungsstärkeren Klasse könnte die individuelle Leistung aufgrund der hohen Abweichung zu den Mitschüler*innen eher als problematisch bewerten und somit auch eher ein Feststellungsverfahren anstoßen als die Lehrkraft der leistungsschwächeren Klasse, in der ein Kind mit der gleichen Leistung nicht zu den schwächsten Lernenden gehört. Im Kontext der leistungsschwachen Klasse könnte demnach eine Erklärung dafür liegen, weshalb für Kinder mit Zuwanderungshintergrund bei gleichen Kompetenzen seltener ein Feststellungsverfahren angestoßen wird. Somit könnte die Zusammensetzung einer Klasse im Zusammenhang mit der Chance stehen, die Diagnose eines SPF-L aufzuweisen. Die Annahmen sind damit nicht spezifisch für Kinder mit Zuwanderungshintergrund, sondern gelten für alle Kinder in leistungsschwächeren Klassen. Kinder mit Zuwanderungshintergrund befinden sich allerdings häufiger in solchen Kontexten.

In der empirischen Forschung wurden die angenommenen Mechanismen bisher kaum untersucht. In einer Forschungsarbeit aus den USA konnte auf Basis der Early Childhood Longitudinal Study, Kindergarten Class (ECLS-K, $N = 11.138$ Schüler*innen in 970 Klassen) ein Frog-Pond-Effekt für die Feststellung von *learning disabilities*[3] nachgewiesen werden (Hibel et al. 2010). Als stärkste Prädiktoren festgestellter *learning disabilities* am Ende der fünften Klasse zeigten sich auf der Individualebene nach Berücksichtigung weiterer Faktoren standardisierte Testleistungen im Lesen und in Mathematik und das von Lehrkräften zu Beginn der Schulzeit eingeschätzte Ausmaß des Engagements im Unterricht (z. B. Aufmerksamkeit, Lerneifer, Beharrlichkeit). Höhere Werte gingen mit einer geringeren Wahrscheinlichkeit von festgestellten *learning disabilities* einher. Weiterhin hatten Kinder mit lateinamerikanischem oder asiatischem Hintergrund sowie Kinder aus Familien mit einem höheren sozioökonomischen Status eine geringere Chance für die Feststellung von *learning disabilities*. Auf der Schulebene hing ein höherer Anteil von Kindern ethnischer und sprachlicher Minderheiten über die individuellen Lernvoraussetzungen hinaus mit einer geringeren Chance der Feststellung von *learning disabilities* zusammen. Zudem hatten Schüler*innen mit vergleichbaren Testleistungen in durchschnittlich leistungsstärkeren Schulen eine höhere Wahrscheinlichkeit, als Schüler*innen mit *learning disabilities* identifiziert zu werden, als in leistungsschwächeren Schulen. Diese Befunde sind jedoch aufgrund der unterschiedlichen Definitionen und Systeme nicht ohne Weiteres auf Deutschland übertragbar (vgl. Grünke und Cavendish 2016; Powell 2011).

[3]Das US-amerikanische Konzept von Förderbedarf ist nicht ohne Weiteres auf den deutschen Kontext übertragbar. Untersucht wurde der Erhalt von „Special Education Services" in den Bereichen *learning disability, speech/language impairment* und *mental retardation. Learning disabilities* werden häufig bei erwartungswidrig geringer Leistung bei mindestens durchschnittlicher Intelligenz diagnostiziert; für die Diagnose SPF-L wird meist kein solches Diskrepanzkriterium angewendet. In Deutschland entsprechen *learning disabilities* teilweise sogenannten Teilleistungsstörungen, beispielsweise Dyskalkulie oder Legasthenie.

3 Fragestellung und Hypothesen

Zusammenfassend lässt sich festhalten, dass Schüler*innen mit Zuwanderungshintergrund bei gleichen individuellen Lernvoraussetzungen seltener eine Diagnose eines SPF-L aufweisen als Schüler*innen ohne Zuwanderungshintergrund (Kölm et al. 2019). Mögliche Erklärungen für diesen Befund wurden bisher nicht geprüft. Ein möglicher Erklärungsansatz liegt in der Klassenzusammensetzung: Da Lehrkräfte sich bei Beurteilungen am Referenzrahmen der Schulklasse orientieren, könnten Schüler*innen mit Förderbedarf in leistungsschwachen Klassen weniger auffallen und die Lehrkraft würde so weniger wahrscheinlich ein Feststellungsverfahren einleiten. Da Kinder mit Zuwanderungshintergrund häufig Klassen besuchen, die einen hohen Anteil an Kindern mit Zuwanderungshintergrund und damit konfundiert einen geringeren mittleren sozioökonomischen Status und ein niedrigeres mittleres Leistungsniveau aufweisen, könnte dies dazu führen, dass für sie bei gleichen Leistungen seltener ein Feststellungsverfahren angestoßen wird als für Kinder ohne Zuwanderungshintergrund. Vor diesem Hintergrund stehen im vorliegenden Beitrag folgende Fragestellungen im Fokus:

1. Replikation: Lassen sich die von Kölm et al. (2019) berichteten Befunde für Schüler*innen mit Zuwanderungshintergrund auf der Individualebene replizieren?
   H1: Schüler*innen mit Zuwanderungshintergrund haben unter Kontrolle der sozialen Herkunft, schulischer Kompetenzen und kognitiver Grundfähigkeiten eine geringere Chance der Diagnose eines SPF-L als Schüler*innen ohne Zuwanderungshintergrund.
2. Klassenebene: Inwiefern hängen die zuwanderungsbezogene, die soziale und die leistungsbezogene Klassenzusammensetzung mit der Chance der Diagnose eines SPF-L zusammen?
   H2.1: Ein höherer Anteil von Kindern mit Zuwanderungshintergrund in einer Klasse hängt mit einer geringeren Chance der Diagnose eines SPF-L zusammen.
   H2.2: Unter zusätzlicher Berücksichtigung der sozialen und der leistungsbezogenen Klassenzusammensetzung besteht kein Zusammenhang zwischen dem Anteil von Kindern mit Zuwanderungshintergrund und der Chance der Diagnose eines SPF-L.

3. Individualebene: Bleiben Zusammenhänge zwischen Zuwanderungshintergrund und SPF-L auf individueller Ebene bestehen, wenn die Klassenzusammensetzung berücksichtigt wird?
   H3: Die Berücksichtigung der Klassenzusammensetzung reduziert den Zusammenhang des individuellen Zuwanderungshintergrunds mit der Chance der Diagnose eines SPF-L.

4 Methode

4.1 Stichprobe

Die vorliegende Untersuchung basiert auf Daten des IQB-Bildungstrends 2016 in der Primarstufe (Stanat et al. 2017). Diese bundesweit repräsentative, querschnittliche Studie dient der Überprüfung des Erreichens der Bildungsstandards am Ende der vierten Jahrgangsstufe in den Fächern Deutsch und Mathematik. Zusätzlich zu standardisierten Kompetenztests wurden Fragebögen für Schüler*innen, Eltern, Lehrkräfte und Schulleitungen eingesetzt.

Für die im Folgenden dargestellten Analysen wurden Schüler*innen an Förderschulen und Schüler*innen ohne eine Angabe zum SPF sowie Schüler*innen ohne gültige Werte in den Kompetenztests ausgeschlossen. Um sicherzustellen, dass nur Klassen in der Analysestichprobe enthalten sind, in denen die amtliche Diagnose eines SPF-L grundsätzlich möglich ist, wurden nur Klassen einbezogen, in denen mindestens ein Kind eine Diagnose in mindestens einem der Förderschwerpunkte *Lernen, Sprache* und *emotionale und soziale Entwicklung* aufwies. In diesen drei Förderschwerpunkten könnte sonderpädagogische Förderung auch ausschließlich aufgrund pauschaler Ressourcenzuweisung statt auf Grundlage einer individuellen amtlichen Diagnose gewährt werden (s. auch Gresch et al. 2017). Daher wurden Klassen ausgeschlossen, in denen es keine individuellen Diagnosen in diesen drei Förderschwerpunkten gab.

Das Vorgehen zur Auswahl der Analysestichprobe führt dazu, dass die Gruppe der Kinder „ohne SPF-L“ ($n = 10.322$) auch Kinder mit einem SPF in den Förderschwerpunkten *Sprache* ($n = 225$) und *emotionale und soziale Entwicklung* ($n = 131$) sowie mit anderen Förderschwerpunkten ($n = 66$) umfasst. Da der Fokus des vorliegenden Beitrags auf der Untersuchung von Einflussfaktoren der Klassenzusammensetzung liegt, sollte der jeweilige Klassenkontext angemessen abgebildet werden. Daher wurden diese Kinder für die Analysen nicht ausgeschlossen. Die Analysestichprobe umfasst $n = 10.874$ Schüler*innen ($M_{Alter} = 10{,}49$, $SD = 0{,}53$, 49,15 % Mädchen) in 571 Klassen,[4] davon $n = 552$ mit der Diagnose eines SPF-L.

4.2 Erhebungsinstrumente und Operationalisierung der Variablen

Die Diagnose eines SPF-L als abhängige Variable in der vorliegenden Untersuchung wurde für jedes Kind von der Schule erfragt. Als unabhängige Variable geht der Zuwanderungshintergrund der Familie in die Analysen ein, der anhand des Geburtslandes des Kindes und der Eltern ermittelt wurde. Fehlende Angaben der Eltern wurden durch Angaben der Schüler*innen ergänzt. Der Zuwanderungshintergrund wird danach differenziert, ob das Kind selbst, nur ein Elternteil oder beide Elternteile im Ausland geboren sind (Rjosk, Haag, et al. 2017). Auf der Klassenebene wurde der Anteil von Kindern mit mindestens einem im Ausland geborenen Elternteil bestimmt. Dabei repräsentiert die Zunahme um eine Einheit die Zunahme des Anteils auf Klassenebene um 10 %.

Um Unterschiede in der sozialen Herkunft zu berücksichtigen, geht der sozioökonomische Status in die Analysen ein. Dazu wird der International Socio-Economic Index of Occupational Status (ISEI, Ganzeboom 2010; Ganzeboom et al. 1992) herangezogen, der den Status der Eltern unter Berücksichtigung von Beruf, Einkommen und Bildungsniveau auf einer Skala zwischen 10 und 90 Punkten abbildet. Verwendet wird jeweils der auf Stichprobenebene z-standardisierte höchste ISEI (HISEI) der Eltern. Auf der Klassenebene geht der Mittelwert des HISEI aller Kinder einer Klasse in die Analysen ein.

Die schulischen Kompetenzen in den Fächern Deutsch und Mathematik, die als Kontrollvariablen in die Berechnungen eingehen, wurden mit standardisierten, auf den Bildungsstandards basierenden Tests erhoben. Im Fach Deutsch wird die Teilkompetenz Lesen (Böhme, Engelbert und Weirich 2017) in die Analysen einbezogen und in Mathematik ein globaler Kompetenzwert, der sich aus den fünf inhaltsbezogenen Kompetenzbereichen (Zahlen und Operationen, Raum und Form, Muster und Strukturen, Größen und Messen sowie Daten, Häufigkeit und Wahrscheinlichkeit) zusammensetzt (Roppelt et al. 2017). Die Testzeit betrug pro Fach

[4]Da in jeder Schule nur eine vierte Klasse gezogen wurde, entspricht dies auch der Zahl der Schulen.

jeweils 80 Minuten. Für Kinder mit SPF in den Förderschwerpunkten *Lernen, Sprache* und *emotionale und soziale Entwicklung* wurden spezielle Testhefte mit einem Teil angepasster Aufgaben eingesetzt (Böhme, Kohrt, et al. 2017). Über gemeinsame Aufgaben können die Ergebnisse miteinander verlinkt werden (Weirich et al. 2017). Die Testwerte wurden je Kompetenzbereich IRT-skaliert und es wurden je 15 plausible Werte gezogen. Im Anschluss erfolgte eine z-Standardisierung der Werte auf Stichprobenebene. Auf der Klassenebene gehen die jeweiligen Klassenmittelwerte der erreichten Kompetenzen ein.

Als weitere Kontrollvariablen werden die kognitiven Grundfähigkeiten in die Analysen einbezogen, die mit dem verbalen Untertest des kognitiven Fähigkeitstest für 4. bis 12. Klassen (KFT 4–12+R, Heller und Perleth 2000) und mit figuralen (nonverbalen) Aufgaben zum schlussfolgernden Denken (BEFKI, Schroeders et al. 2017; s. auch Wilhelm et al. 2014) erfasst wurden. Schüler*innen mit SPF erhielten im figuralen Untertest eine Auswahl leichterer Items (s. auch Rjosk, Engelbert, et al. 2017). Die Werte des figuralen Untertests wurden IRT-skaliert, die dadurch gewonnenen Personenparameter (Weighted Likelihood Estimates, WLE, Warm 1989) sowie die Werte des verbalen Untertests gehen auf Stichprobenebene z-standardisiert in die Analysen ein. Auf Klassenebene wurde jeweils der Klassenmittelwert des verbalen und des figuralen Untertests gebildet. In den Tab. 1 und 2 sind die Korrelationen der Variablen auf der Individualebene (Tab. 1) und auf der Klassenebene (Tab. 2) dargestellt.

Tab. 1 Korrelationsmatrix der Variablen auf Individualebene

	A	B	C	D	E	F	G	H	I
A: SPF-L									
B: kein ZHG	−0,04								
C: ein ET im Ausland geb.	n. s.	–							
D: beide ET im Ausland geb.	0,03	–	–						
E: Kind im Ausland geb.	0,05	–	–	–					
F: HISEI	−0,12	0,21	−0,02	−0,19	−0,09				
G: Kompetenz Lesen	−0,33	0,26	−0,06	−0,17	−0,17	0,37			
H: Kompetenz Mathematik	−0,35	0,25	−0,08	−0,16	−0,15	0,37	0,71		
I: KFT: verbaler Untertest	−0,28	0,31	−0,06	−0,20	−0,23	0,35	0,72	0,66	
J: BEFKI: figuraler Untertest	−0,28	0,14	−0,04	−0,10	−0,07	0,26	0,56	0,66	0,47

Anmerkungen. SPF-L = Diagnose eines sonderpädagogischen Förderbedarfs im Förderschwerpunkt Lernen, ZHG = Zuwanderungshintergrund, ET = Elternteil(e), HISEI = Highest International Socio-Economic Index of Occupational Status, KFT = Kognitiver Fähigkeitstest, BEFKI = Berliner Test zur Erfassung fluider und kristalliner Intelligenz. Alle Korrelationen ab |0,02| signifikant mit $p < 0{,}05$

Tab. 2 Korrelationsmatrix der Variablen auf Klassenebene

	K	L	M	N	O
K: Anteil Kinder mit ZHG					
L: mittlerer HISEI	−0,40				
M: mittlere Kompetenz Lesen	−0,58	0,71			
N: mittlere Kompetenz Mathematik	−0,60	0,65	0,89		
O: mittlerer KFT: verbaler Untertest	−0,67	0,70	0,90	0,86	
P: mittlerer BEFKI: figuraler Untertest	−0,43	0,60	0,78	0,81	0,74

Anmerkungen. ZHG = Zuwanderungshintergrund, HISEI = Highest International Socio-Economic Index of Occupational Status, KFT = Kognitiver Fähigkeitstest, BEFKI = Berliner Test zur Erfassung fluider und kristalliner Intelligenz. Alle Korrelationen signifikant mit $p \leq 0{,}01$

4.3 Datenanalyse

Zur Vorbereitung der Analysen erfolgte eine multiple Imputation der fehlenden Werte (MICE, van Buuren und Groothuis-Oudshorn 2011), bei der 15 Datensätze gebildet wurden. Zur Beantwortung der Forschungsfragen wurde eine Reihe logistischer Mehrebenenanalysen (Random-Intercept-Modelle, Raudenbush und Bryk 2002) in R (R Core Team 2017) mithilfe des Pakets lme4 (Bates et al. 2015) durchgeführt. Dabei werden schrittweise Prädiktoren zunächst auf Individualebene und anschließend auf Klassenebene aufgenommen. In den dargestellten logistischen Regressionsanalysen ist zu beachten, dass Koeffizienten aufgrund von möglichen Reskalierungseffekten nicht ohne Weiteres zwischen genesteten Modellen verglichen werden können (Best und Wolf 2012; Karlson et al. 2012).[5] Aufgrund der diskutierten Schwierigkeiten von logistischen Regressionsanalysen (z. B. Mood 2010) wurden alle Analysen auch als lineare Wahrscheinlichkeitsmodelle berechnet, wodurch die im Folgenden berichteten Ergebnisse bestätigt werden.

[5]Die von Karlson et al. (2012) vorgeschlagene KHB-Methode wurde bisher nicht für Mehrebenenanalysen umgesetzt.

5 Ergebnisse

Tab. 3 enthält zunächst deskriptive Statistiken für Kinder mit und ohne Diagnose eines SPF-L. Abgebildet sind die unstandardisierten Werte. Gruppenunterschiede zwischen Kindern mit und ohne SPF-L wurden mit Chi²-Tests (Häufigkeiten) beziehungsweise T-Tests (Mittelwerte) auf Signifikanz geprüft. Es zeigt sich, dass die Gruppen sich signifikant hinsichtlich verschiedener Merkmale unterscheiden. So haben Kinder mit SPF-L häufiger zwei im Ausland geborene Elternteile und sind auch häufiger selbst zugewandert als Kinder ohne SPF-L. Zudem sind Kinder mit SPF-L im Durchschnitt etwas älter, stammen im Mittel aus Familien mit einem geringeren sozioökonomischen Status und erzielen niedrigere Kompetenzwerte im Lesen und in Mathematik sowie in den Tests zu kognitiven Grundfähigkeiten als Kinder ohne SPF-L. Deskriptive Statistiken für die Variablen auf Klassenebene sind in Tab. 4 abgebildet.

Tab. 3 Deskriptive Statistiken auf Individualebene für Kinder mit und ohne SPF-L

	Individualebene						
	Kinder mit SPF-L[a]			Kinder ohne SPF-L[b]			
	%	*M*	*SD*	%	*M*	*SD*	
weiblich	47,83			49,22			
ohne ZHG	58,54			65,73			**
ein Elternteil im Ausland geboren	10,98			12,21			
beide Eltern im Ausland geboren	21,27			16,94			*
Kind im Ausland geboren	9,21			5,12			**
Alter in Jahren		11,03	0,64		10,46	0,50	**
HISEI		37,02	17,27		48,61	20,47	**
Kompetenz Lesen		−1,78	0,95		−0,12	1,03	**
Kompetenz Mathematik		−2,16	1,02		−0,22	1,12	**
KFT: verbaler Untertest		9,41	3,87		14,98	4,20	**
BEFKI: figuraler Untertest		−1,67	1,36		−0,11	1,14	**

Anmerkungen. SPF-L = Diagnose eines sonderpädagogischen Förderbedarfs im Förderschwerpunkt Lernen, M = Mittelwert, SD = Standardabweichung, ZHG = Zuwanderungshintergrund, HISEI = Highest International Socio-Economic Index of Occupational Status, KFT = Kognitiver Fähigkeitstest, BEFKI = Berliner Test zur Erfassung fluider und kristalliner Intelligenz. Gruppenunterschiede: $^{**}p \leq 0{,}01$; $^{*}p < 0{,}05$; $^{a}n = 552$; $^{b}n = 10.322$

Tab. 4 Deskriptive Statistiken auf Klassenebene

	Klassenebene[c]	
	M	*SD*
Anteil Kinder mit ZHG in Prozent	35,56	26,51
HISEI	47,64	9,08
Kompetenz Lesen	−0,23	0,56
Kompetenz Mathematik	−0,34	0,63
KFT: verbaler Untertest	14,59	2,08
BEFKI: figuraler Untertest	−0,21	0,46

Anmerkungen. M = Mittelwert, SD = Standardabweichung, ZHG = Zuwanderungshintergrund, HISEI = Highest International Socio-Economic Index of Occupational Status, KFT = Kognitiver Fähigkeitstest, BEFKI = Berliner Test zur Erfassung fluider und kristalliner Intelligenz. [c]$n = 571$

Zur Überprüfung der ersten Hypothese (H1) werden zunächst die Zusammenhänge auf individueller Ebene untersucht. Dazu sind in Tab. 5 logistische Regressionsanalysen (Random-Intercept-Modelle) mit Prädiktoren auf Individualebene abgebildet. Die Modelle werden schrittweise aufgebaut. Neben den Regressionskoeffizienten auf Logitmetrik und den Standardfehlern werden zur besseren Interpretation Odds Ratios berichtet.

In Modell 1 zeigt sich, dass ohne Berücksichtigung weiterer Hintergrundmerkmale Kinder mit einem im Ausland geborenen Elternteil und Kinder ohne Zuwanderungshintergrund vergleichbare Chancen der Diagnose eines SPF-L haben. Kinder mit zwei im Ausland geborenen Elternteilen weisen etwas häufiger einen diagnostizierten SPF-L auf als Kinder ohne Zuwanderungshintergrund ($OR = 1{,}37$). Bei Kindern, die selbst im Ausland geboren wurden, ist die Chance eines SPF-L ungefähr doppelt so groß wie bei Kindern ohne Zuwanderungshintergrund ($OR = 1{,}95$).

Wird in Modell 2 zusätzlich der sozioökonomische Status (HISEI) berücksichtigt, unterscheiden sich Kinder mit einem oder zwei im Ausland geborenen Elternteilen hinsichtlich der Chance der Diagnose nicht mehr von Kindern ohne Zuwanderungshintergrund. Kinder, die selbst zugewandert sind, haben im Vergleich zu Kindern ohne Zuwanderungshintergrund weiterhin eine höhere Chance, die Diagnose eines SPF-L aufzuweisen ($OR = 1{,}45$). Der sozioökonomische Status selbst trägt signifikant zur Vorhersage der Diagnose bei. So geht ein höherer HISEI mit einer geringeren Chance der Diagnose eines SPF-L einher.

Tab. 5 Logistische Regressionsmodelle: Vorhersage der Diagnose eines SPF-L durch Merkmale auf Individualebene

	Modell 1			Modell 2			Modell 3		
	β	*SE*	*OR*	*β*	*SE*	*OR*	*β*	*SE*	*OR*
Individualebene									
ZHG (Referenz = kein ZHG)									
ein Elternteil im Ausland geboren	−0,01	0,13	0,99	−0,15	0,16	0,86	−0,82**	0,21	0,44
beide Eltern im Ausland geboren	0,32**	0,11	1,37	0,00	0,13	1,00	−0,70**	0,17	0,50
Kind im Ausland geboren	0,67**	0,16	1,95	0,37*	0,19	1,45	−0,96**	0,25	0,38
Sozioökonomischer Status									
HISEI				−0,64**	0,06	0,53	−0,12	0,08	0,88
Schulische Kompetenzen									
Lesen							−0,91**	0,11	0,40
Mathematik							−1,49**	0,12	0,23
Kognitive Grundfähigkeiten									
KFT: verbaler Untertest							−0,11	0,09	0,90
BEFKI: figuraler Untertest							−0,24**	0,07	0,79
Intercept	−3,11**	0,06		−3,17**	0,07		−4,89**	0,16	
Intercept SD	0,42	0,01		0,39	0,01		1,11	0,02	
AIC	4345,5			4183,4			2709,5		

Anmerkungen. β = Regressionskoeffizient (Logit), SE = Standardfehler, OR = Odds Ratio, ZHG = Zuwanderungshintergrund, HISEI = Highest International Socio-Economic Index of Occupational Status, KFT = Kognitiver Fähigkeitstest, BEFKI = Berliner Test zur Erfassung fluider und kristalliner Intelligenz, SD = Standardabweichung, AIC = Akaike Information Criterion. $^{**}p \leq 0{,}01$; $^{*}p < 0{,}05$

In Modell 3 werden zusätzlich die schulischen Kompetenzen im Lesen und in Mathematik sowie die kognitiven Grundfähigkeiten aufgenommen. Dabei zeigt sich, dass bei gleichem sozioökonomischen Status sowie vergleichbaren schulischen Kompetenzen und kognitiven Grundfähigkeiten für Kinder aus Familien mit einem oder zwei im Ausland geborenen Elternteilen die Chance, die Diagnose eines SPF-L aufzuweisen, nur halb so groß ist wie für Kinder ohne Zuwanderungshintergrund (*OR* = 0,44 bzw. 0,50). Kinder, die selbst im Ausland geboren sind, haben verglichen mit Kindern ohne Zuwanderungshintergrund ebenfalls eine deutlich geringere Chance, im Förderschwerpunkt *Lernen* diagnostiziert worden zu sein (*OR* = 0,38). Die Hypothese 1 wird somit bestätigt. Des Weiteren gehen höhere Kompetenzen im Lesen und in Mathematik und höhere figurale kognitive Grundfähigkeiten erwartungsgemäß mit einer geringeren Chance einer Diagnose einher.

Zur Überprüfung der Hypothesen zu den Einflüssen der zuwanderungsbezogenen (H2.1), der sozialen und der leistungsbezogenen Klassenkomposition (H2.2) auf die Chance, die Diagnose eines SPF-L aufzuweisen, sind in Tab. 6 logistische Regressionsmodelle (Random-Intercept) mit Prädiktoren auf Individual- und Klassenebene dargestellt. Die Variablen auf Klassenebene werden wiederum schrittweise aufgenommen, die Reihenfolge orientiert sich dabei an der Individualebene.

In Modell 4 wird zur Überprüfung der Hypothese H2.1 zusätzlich zu den Variablen auf der Individualebene der Anteil von Kindern mit Zuwanderungshintergrund in der Klasse berücksichtigt. Es zeigt sich, dass die Chance einer Diagnose mit zunehmendem Anteil von Kindern aus zugewanderten Familien in einer Klasse sinkt (*OR* = 0,87). Die Hypothese H2.1 wird somit bestätigt. Weiterhin haben Kinder mit Zuwanderungshintergrund im Vergleich zu Kindern ohne Zuwanderungshintergrund auch unter Berücksichtigung des Anteils von Kindern aus zugewanderten Familien in der Klasse eine geringere Chance, die Diagnose eines SPF-L aufzuweisen. Die weiteren Befundmuster auf der Individualebene ändern sich im Vergleich zu Modell 3 nicht substanziell; weiterhin gehen höhere Kompetenzwerte im Lesen und in Mathematik sowie höhere nonverbale kognitive Grundfähigkeiten mit einer geringeren Chance der Diagnose eines SPF-L einher.

Zur Überprüfung der Hypothese H2.2 wird in Modell 5 zunächst der mittlere sozioökonomische Status der Schulklasse zusätzlich in die Analysen aufgenommen. Der HISEI auf Klassenebene leistet einen signifikanten Beitrag zur Vorhersage der Diagnose. Mit dem Anstieg des mittleren HISEI um eine Standardabweichung ist die Chance der Diagnose fast dreimal so groß. Der Anteil der Kinder mit Zuwanderungshintergrund in der Klasse geht weiterhin mit einer etwas geringeren Chance der Diagnose einher. Auf der Individualebene bleiben

Tab. 6 Logistische Regressionsmodelle: Vorhersage der Diagnose eines SPF-L durch Merkmale auf Individual- und Klassenebene

	Modell 4			Modell 5			Modell 6		
	β	*SE*	*OR*	*β*	*SE*	*OR*	*β*	*SE*	*OR*
Individualebene									
ZHG (Referenz = kein ZHG)									
ein Elternteil im Ausland geboren	−0,61**	0,22	0,55	−0,68**	0,22	0,51	−0,68**	0,22	0,51
beide Eltern im Ausland geboren	−0,44*	0,18	0,65	−0,47**	0,18	0,62	−0,52**	0,18	0,59
Kind im Ausland geboren	−0,73**	0,26	0,48	−0,73**	0,26	0,48	−0,80**	0,26	0,45
Sozioökonomischer Status									
HISEI	−0,13	0,08	0,87	−0,21**	0,08	0,81	−0,16*	0,08	0,85
Schulische Kompetenzen									
Lesen	−0,93**	0,11	0,40	−0,94**	0,11	0,39	−1,03**	0,11	0,36
Mathematik	−1,54**	0,12	0,21	−1,55**	0,12	0,21	−1,71**	0,12	0,18
Kognitive Grundfähigkeiten									
KFT: verbaler Untertest	−0,11	0,09	0,89	−0,11	0,09	0,89	−0,08	0,09	0,93
BEFKI: figuraler Untertest	−0,22**	0,07	0,80	−0,21**	0,07	0,81	−0,17*	0,07	0,84

(Fortsetzung)

Tab. 6 (Fortsetzung)

	Modell 4			Modell 5			Modell 6		
	β	*SE*	*OR*	*β*	*SE*	*OR*	*β*	*SE*	*OR*
Klassenebene									
ZHG									
Anteil Kinder mit ZHG	−0,14**	0,03	0,87	−0,07*	0,03	0,93	0,07	0,04	1,07
Sozioökonomischer Status									
M HISEI				0,98**	0,20	2,66	−0,33	0,23	0,72
Schulische Kompetenzen									
M Kompetenz Lesen							1,53**	0,39	4,60
M Kompetenz Mathematik							1,06**	0,33	2,88
Kognitive Grundfähigkeiten									
M KFT: verbaler Untertest							−0,44	0,40	0,65
M BEFKI: figuraler Untertest							0,01	0,33	1,01
Intercept	−4,43**	0,18		−4,66**	0,19		−5,18**	0,20	
Intercept SD	1,09	0,02		1,03	0,02		0,74	0,01	
AIC	2690,5			2668,6			2574,8		

Anmerkungen. β = Regressionskoeffizient (Logit), SE = Standardfehler, OR = Odds Ratio, ZHG = Zuwanderungshintergrund, HISEI = Highest International Socio-Economic Index of Occupational Status, KFT = Kognitiver Fähigkeitstest, BEFKI = Berliner Test zur Erfassung fluider und kristalliner Intelligenz, M = Mittelwert, SD = Standardabweichung, AIC = Akaike Information Criterion. $^{**}p \leq 0{,}01$; $^{*}p < 0{,}05$

die Befundmuster aus Modell 4 weitestgehend bestehen. Lediglich der individuelle sozioökonomische Status wird über den mittleren HISEI der Klasse hinaus bedeutsam. Dabei sind die Richtungen der Effekte entgegengesetzt: Ein höherer individueller sozioökonomischer Status hängt mit einer geringeren Chance zusammen, die Diagnose eines SPF-L aufzuweisen.

In Modell 6 werden zur vollständigen Überprüfung der Hypothese H2.2 zusätzlich die mittleren schulischen Kompetenzen einer Klasse im Lesen und in Mathematik sowie die mittleren kognitiven Grundfähigkeiten auf Klassenebene aufgenommen. Nach Berücksichtigung der mittleren Kompetenzen und kognitiven Grundfähigkeiten trägt der HISEI auf Klassenebene nicht weiter zur Vorhersage der Diagnose bei. Ebenso weist der Anteil von Kindern mit Zuwanderungshintergrund in einer Klasse keinen Zusammenhang mehr mit der Chance der Diagnose eines SPF-L auf.[6] Hypothese H2.2 hat sich somit bestätigt. Die mittleren Kompetenzen der Klasse im Lesen und in Mathematik tragen über die individuellen Kompetenzen hinaus in erheblichem Ausmaß zur Vorhersage einer Diagnose bei. So steigt die Chance, die Diagnose eines SPF-L aufzuweisen, für Kinder mit ansonsten gleichen individuellen Kompetenzen um den Faktor 4,6 beziehungsweise 2,88, wenn sie eine Klasse mit um eine Standardabweichung höherer mittlerer Kompetenz im Lesen beziehungsweise in Mathematik besuchen. Dies kann als starkes Indiz für Frog-Pond-Effekte der leistungsbezogenen Klassenkomposition interpretiert werden, da mögliche Leistungsrückstände als Kriterium für die Diagnose eines SPF-L anscheinend in hohem Maße im Referenzrahmen der Schulklasse bewertet werden.

Anhand des vollständigen Modells 6 lässt sich auch die Hypothese 3 prüfen. Es zeigt sich, dass die Berücksichtigung der Klassenzusammensetzung den Zusammenhang des Zuwanderungshintergrunds mit der Chance der Diagnose eines SPF-L auf der Individualebene nicht erklären kann. In den logistischen Regressionsmodellen wird zwar eine Abnahme der Koeffizienten des individuellen Zuwanderungshintergrunds auf Logitmetrik zwischen Modell 3 und Modell 6 um 16 bis 26 % sichtbar, diese kann aber auch auf Reskalierungseffekte zurückzuführen sein. In den zusätzlich berechneten linearen Wahrscheinlichkeitsmodellen liegt eine Reduktion um 9 % für Kinder mit einem im Ausland geborenen Elternteil sowie um ca. 20 % für Kinder mit zwei im Ausland geborenen Elternteilen und selbst zugewanderte Kindern vor. Analysen nach der

[6]In den linearen Wahrscheinlichkeitsmodellen zeigt sich für den Anteil der Kinder mit Zuwanderungshintergrund ein sehr schwacher, jedoch auf dem 5 %-Niveau signifikanter Zusammenhang.

von Clogg et al. (1995) vorgeschlagenen Methode deuten darauf hin, dass diese Reduktion äquivalent zu einer sehr schwachen Effektstärke ist. Auswertungen anhand der KHB-Methode (Karlson et al. 2012; Studer 2014) zeigen, dass die Zusammenhänge des individuellen Zuwanderungshintergrunds mit der Chance einer Diagnose durch die Berücksichtigung der Variablen auf Klassenebene signifikant reduziert werden. Allerdings konnten diese Analysen nur ohne Berücksichtigung der Mehrebenenstruktur der Daten durchgeführt werden, was zu einer Unterschätzung der Standardfehler führen kann. Die drei angewandten Methoden geben jeweils Hinweise darauf, dass Hypothese 3 bestätigt werden kann. Über das Ausmaß der Reduktion kann aufgrund der jeweiligen Schwächen der verschiedenen Methoden keine generelle Aussage getroffen werden, es scheint allerdings eher gering zu sein.

Auf der Individualebene gehen somit auch unter Berücksichtigung der Klassenzusammensetzung ein Zuwanderungshintergrund, ein höherer sozioökonomischer Status, höhere schulische Kompetenzen und höhere figurale kognitive Grundfähigkeiten mit einer geringeren Chance einher, die Diagnose eines SPF-L aufzuweisen.

6 Diskussion

6.1 Zusammenfassung und Einordnung der Befunde

Ausgangspunkt der vorliegenden Untersuchung war der Befund, dass Kinder mit Zuwanderungshintergrund bei gleichen individuellen Lernvoraussetzungen seltener die Diagnose eines SPF-L aufweisen als Kinder ohne Zuwanderungshintergrund (Kölm et al. 2019). Ein möglicher Erklärungsansatz liegt in der Klassenzusammensetzung, da Kinder mit Zuwanderungshintergrund häufig Klassen mit einem hohen Anteil von Kindern aus zugewanderten Familien besuchen und durch die Konfundierung von Zuwanderungshintergrund, sozioökonomischem Status und schulischen Kompetenzen im Mittel ein niedrigeres Leistungsniveau in diesen Klassen besteht. Da Lehrkräfte sich in ihren Einschätzungen an einem klasseninternen Referenzrahmen orientieren, könnte in leistungsschwächeren Klassen bei gleicher individueller Leistung seltener ein Verfahren zur Feststellung eines SPF-L eingeleitet werden.

Die vorliegende Untersuchung befasste sich daher mit den Fragen, inwiefern die Chance, die Diagnose eines SPF-L aufzuweisen, über individuelle Lernvoraussetzungen hinaus mit der zuwanderungsbezogenen, der sozialen und der leistungsbezogenen Klassenkomposition assoziiert ist und ob durch die

Klassenzusammensetzung der Zusammenhang zwischen Zuwanderungshintergrund und SPF-L auf der Individualebene erklärt werden kann. In logistischen Mehrebenen-Regressionsanalysen konnte gezeigt werden, dass die zuwanderungsbezogene Klassenzusammensetzung mit der Diagnose eines SPF-L zusammenhängt. Dabei ging ein höherer Anteil von Kindern mit Zuwanderungshintergrund mit einer geringeren Chance der Diagnose eines SPF-L einher. Unter Berücksichtigung des mittleren sozioökonomischen Status, der ebenfalls signifikant zur Vorhersage der Diagnose beitrug, blieb der Zusammenhang der Diagnose mit der zuwanderungsbezogenen Klassenkomposition schwach bestehen. Wurden zusätzlich die mittleren schulischen Kompetenzen und kognitiven Grundfähigkeiten auf Klassenebene berücksichtigt, verschwand der Effekt des Anteils von Kindern mit Zuwanderungshintergrund. Zudem fanden sich starke Hinweise auf Frog-Pond-Effekte der leistungsbezogenen Klassenzusammensetzung: Kinder mit vergleichbaren individuellen schulischen Kompetenzen hatten in Klassen mit einem höheren mittleren Leistungsniveau deutlich höhere Chancen, im Förderschwerpunkt *Lernen* diagnostiziert worden zu sein, als in Klassen mit geringeren schulischen Kompetenzen. Diese Befunde decken sich zu weiten Teilen mit den Ergebnissen einer US-amerikanischen Studie von Hibel et al. (2010).

Die Berücksichtigung der Merkmale auf Klassenebene kann den Zusammenhang des Zuwanderungshintergrunds mit der Diagnose eines SPF-L auf der Individualebene nicht vollständig erklären. Kinder mit Zuwanderungshintergrund haben bei gleichem sozioökonomischen Status sowie vergleichbaren schulischen Kompetenzen und kognitiven Grundfähigkeiten auch unter Berücksichtigung des Anteils von Kindern aus zugewanderten Familien auf Klassenebene sowie des mittleren sozioökonomischen Status, der mittleren schulischen Kompetenzen und kognitiven Grundfähigkeiten der Schulklasse weiterhin eine ungefähr halb so große Chance, die Diagnose eines SPF-L aufzuweisen, wie Kinder ohne Zuwanderungshintergrund. Weitere mögliche Erklärungen könnten in impliziten Theorien, Vorurteilen oder Unsicherheiten von Lehrkräften bezüglich erwartungswidrigen beziehungsweise erwartungskonformen Schulleistungen von Kindern mit Zuwanderungshintergrund liegen. Beispielsweise wären Urteilsverzerrungen im Sinne der Shifting Standards Theory (Biernat und Manis 1994) denkbar, wenn Lehrkräfte bei der Beurteilung eines Kindes mit Zuwanderungshintergrund als Referenzrahmen die Gruppe der Kinder mit Zuwanderungshintergrund heranziehen und dieser Gruppe implizit geringere Kompetenzen zuschreiben. Weiterhin könnten mögliche Erklärungen für die geringere Chance einer Diagnose von Kindern mit Zuwanderungshintergrund bei gleichen individuellen Lernvoraussetzungen auch auf der Ebene der Eltern liegen. Daher sollte weitere Forschung diese Bereiche in den Blick nehmen.

Für die Einordnung der Befunde muss berücksichtigt werden, dass die Auswirkungen der Diagnose eines SPF-L auf die betroffenen Schüler*innen verschieden sein können. Einerseits kann eine Diagnose stigmatisierend wirken, was negative Folgen für das Selbstkonzept und damit auch für die Motivation und Leistung mit sich bringen kann. Andererseits kann eine Diagnose aber auch Ressourcen freisetzen, die eine bessere Förderung der einzelnen Schüler*innen ermöglichen (s. auch Neumann und Lütje-Klose 2020). Eine Möglichkeit, den stigmatisierenden Effekt einer Diagnose zu mindern und trotzdem sonderpädagogische Förderung gewähren zu können, liegt in einer pauschalen Ressourcenzuweisung, die im Abschn. 6.3 noch einmal aufgegriffen wird.

Zusammenfassend ist festzuhalten, dass der Kontext der Schulklasse über die individuellen Merkmale hinaus mit der Chance der Diagnose eines SPF-L zusammenhängt. Dies untermauert erneut die Zweifel, die hinsichtlich der Objektivität der Diagnosestellung in diesem Förderschwerpunkt formuliert werden (z. B. Grosche 2015; Klemm 2014). Es muss davon ausgegangen werden, dass Kinder mit Zuwanderungshintergrund ausgehend von ihren schulischen Kompetenzen deutlich öfter sonderpädagogisch gefördert werden müssten, da Kinder ohne Zuwanderungshintergrund bei gleichen (geringen) schulischen Kompetenzen häufiger einen diagnostizierten SPF-L aufweisen.

6.2 Stärken und Limitationen der vorliegenden Untersuchung

Eine wichtige Stärke der vorliegenden Untersuchung liegt darin, dass die Zusammenhänge individueller und kontextueller Merkmale mit der Diagnose eines SPF-L erstmals für Deutschland analysiert werden konnten. Aufgrund der großen bundesweiten Stichprobe war es möglich, Kinder mit SPF-L an allgemeinen Schulen trotz ihres prozentual geringen Anteils und unter Berücksichtigung relevanter Hintergrundmerkmale zu untersuchen. Eine weitere Stärke liegt in den standardisierten Leistungstests, die die individuellen Kompetenzen der Schüler*innen mit und ohne SPF vergleichbar erfassen. Für Kinder mit SPF in den Förderschwerpunkten *Lernen, Sprache* und *emotionale und soziale Entwicklung* wurden dazu unter anderem angepasste Aufgaben eingesetzt, die die Zugänglichkeit für diese Schüler*innengruppe erhöhen und das Leistungsspektrum differenzierter abbilden können (s. auch Böhme, Kohrt, et al. 2017).

Eine Einschränkung stellt die querschnittliche Anlage der Untersuchung dar, da auf Grundlage von korrelativen Zusammenhängen keine Schlüsse auf kausale Wirkmechanismen gezogen werden können. Zudem ist die Entwicklung schulischer Kompetenzen ihrerseits ein Prozess, der bereits im Vorfeld der Erhebung durch vielfältige Faktoren beeinflusst ist. In einer längsschnittlich angelegten US-amerikanischen Studie fanden sich allerdings mit den hier vorgestellten Ergebnissen vergleichbare Befunde (Hibel et al. 2010). Eine weitere Limitation der vorliegenden Untersuchung liegt in der Beschränkung auf die Diagnose eines SPF-L, da dies eine systematische Auswahl bedeutet, weil nur diejenigen Schüler*innen berücksichtigt werden, die ein amtliches Feststellungsverfahren durchlaufen haben. Im Schulkontext findet jedoch auch sonderpädagogische Förderung ohne vorhergehendes amtliches Feststellungsverfahren statt (Gresch et al. 2017). Um dieser Herausforderung zu begegnen, wurde in der vorliegenden Untersuchung eine Analysestichprobe von Kindern gewählt, die mit großer Wahrscheinlichkeit keine Klassen besuchen, in denen sonderpädagogische Förderung ausschließlich aufgrund pauschaler Ressourcenvergabe gewährt wird. Dadurch ist jedoch zu beachten, dass die vorgestellten Ergebnisse nur für diejenigen Klassen gelten, in denen mindestens ein Kind eine Diagnose in mindestens einem der Förderschwerpunkte *Lernen, Sprache* und *emotionale und soziale Entwicklung* aufweist. Eine weitere Einschränkung liegt darin, dass die Feststellung des SPF-L bereits vor der Datenerhebung stattgefunden hatte. Dies führt dazu, dass die Zusammensetzung der Schulklasse zum Zeitpunkt der Erhebung nicht zwingend derjenigen zum Zeitpunkt der Diagnose entsprechen muss. Beispielsweise könnten Kinder im Anschluss an die Diagnose eines SPF-L die Klasse gewechselt haben oder auf eine Förderschule überwiesen worden sein.

6.3 Ausblick

Aus einem weiter gefassten Blickwinkel heraus sind die Ergebnisse der vorliegenden Untersuchung unter anderem in Bezug auf das Verhältnis zwischen der Diagnose eines SPF-L und dem Erhalt sonderpädagogischer Förderung interessant und können zur Diskussion in diesem Bereich beitragen. Wenn die Diagnose eines SPF-L nicht nur mit individuellen Lernvoraussetzungen, sondern auch mit Merkmalen der Klassenzusammensetzung zusammenhängt, kann das dazu führen, dass sich Benachteiligungen für bestimmte Gruppen von Kindern kumulieren. Kinder mit Zuwanderungshintergrund stammen häufiger aus Familien mit einem niedrigeren sozioökonomischen Status und besuchen zudem häufiger segregierte Schulen mit einem großen Anteil von Kindern mit ungünstigen familiären Lernvoraussetzungen. An diesen Schulen ist das Leistungsniveau im Mittel geringer und diese Faktoren scheinen alle damit zusammenzuhängen, dass sonderpädagogische Förderung nicht im selben Maße erfolgt wie an Schulen mit höherem sozioökonomischen Status der Familien und im Mittel besseren schulischen Leistungen der Kinder. Die individuelle amtliche Diagnose scheint nicht sicherstellen zu können, dass sonderpädagogische Förderung im Förderschwerpunkt *Lernen* bei all denjenigen Schüler*innen ankommt, die sie benötigen. Zudem kann die individuelle amtliche Diagnose durch Stigmatisierungseffekte negative Folgen für die Kinder haben (vgl. Neumann und Lütje-Klose 2020). Von einem Umdenken in der Ressourcenzuweisung im Förderschwerpunkt *Lernen* könnten nicht nur – aber durch die Kumulation ungünstiger Lernvoraussetzungen möglicherweise insbesondere – Kinder mit Zuwanderungshintergrund profitieren. Wenn die individuelle amtliche Diagnose nicht allein der ausschlaggebende Faktor für die Zuweisung von Ressourcen für sonderpädagogische Förderung im Förderschwerpunkt *Lernen* wäre, sondern die Zuweisung von Geldern beispielsweise nach mittlerem sozioökonomischen Status der Schüler*innenschaft erfolgen würde, könnte dies zum einen die Stigmatisierung einzelner Schüler*innen mindern und zum anderen die Frog-Pond-Effekte der Klassenleistung bei der individuellen Diagnose abschwächen. Anhand der Ergebnisse der vorliegenden Untersuchung kann allerdings keine Aussage darüber getroffen werden, inwiefern eine pauschale Ressourcenvergabe sicherstellen kann, dass sonderpädagogische Förderung im Förderschwerpunkt *Lernen* alle Kinder erreicht, die von ihr profitieren könnten. Dies sollte Gegenstand weiterer Forschung sein.

Literatur

Alwin, D. F., & Otto, L. B. (1977). High school context effects on aspirations. *Sociology of Education, 50*(4), 259–273.

Backhaus, K., Erichson, B., Plinke, W., & Weiber, R. (2018). Logistische Regression. *Multivariate Analysemethoden: Eine anwendungsorientierte Einführung* (S. 267–336). Berlin: Springer-Gabler.

Bates, D., Mächler, M., Bolker, B., & Walker, S. (2015). Fitting linear mixed-effects models using lme4. *Journal of Statistical Software, 67*(1), 1–48.

Baumert, J., Stanat, P., & Watermann, R. (2006). Schulstruktur und die Entstehung differenzieller Lern- und Entwicklungsmilieus. In J. Baumert, P. Stanat, & R. Watermann (Hrsg.), *Herkunftsbedingte Disparitäten im Bildungswesen: Differenzielle Bildungsprozesse und Probleme der Verteilungsgerechtigkeit: Vertiefende Analysen im Rahmen von PISA 2000* (S. 95–188). Wiesbaden: VS Verlag.

Becker, D., & Birkelbach, K. (2017). Bildungsungleichheit durch Schul- und Schulklasseneffekte. In R. Becker (Hrsg.), *Lehrbuch der Bildungssoziologie* (S. 179–210). Wiesbaden: Springer Fachmedien.

Best, H., & Wolf, C. (2012). Modellvergleich und Ergebnisinterpretation in Logit- und Probit-Regressionen. *Kölner Zeitschrift für Soziologie und Sozialpsychologie, 64*(2), 377–395.

Biernat, M., & Manis, M. (1994). Shifting standards and stereotype-based judgments. *Journal of Personality and Social Psychology, 66*(1), 5–20.

Böhme, K., Engelbert, M., & Weirich, S. (2017). Beschreibung der im Fach Deutsch untersuchten Kompetenzen. In P. Stanat, S. Schipolowski, C. Rjosk, S. Weirich, & N. Haag (Hrsg.), *IQB-Bildungstrend 2016. Kompetenzen in den Fächern Deutsch und Mathematik am Ende der 4. Jahrgangsstufe im zweiten Ländervergleich* (S. 20–30). Münster: Waxmann.

Böhme, K., Kohrt, P., Haag, N., & Weirich, S. (2017). Entwicklung angepasster Testaufgaben für Schülerinnen und Schüler mit sonderpädagogischem Förderbedarf. In P. Stanat, S. Schipolowski, C. Rjosk, S. Weirich, & N. Haag (Hrsg.), *IQB-Bildungstrend 2016. Kompetenzen in den Fächern Deutsch und Mathematik am Ende der 4. Jahrgangsstufe im zweiten Ländervergleich* (S. 369–385). Münster: Waxmann.

Clogg, C. C., Petkova, E., & Haritou, A. (1995). Statistical methods for comparing regression coefficients between models. *American Journal of Sociology, 100*(5), 1261–1293.

Davis, J. A. (1966). The campus as a frog pond: An application of the theory of relative deprivation to career decisions of college men. *American Journal of Sociology, 72*(1), 17–31.

Diamond, J. B., Randolph, A., & Spillane, J. P. (2004). Teachers' expectations and sense of responsibility for student learning: The importance of race, class, and organizational habitus. *Anthropology & Education Quarterly, 35*(1), 75–98.

Dreeben, R., & Barr, R. (1988). Classroom composition and the design of instruction. *Sociology of Education, 61*(3), 129–142.

Faber, G. (2013). Klassenzusammensetzung als Kontextfaktor für die Leistungs- und Selbstkonzeptentwicklung. In R. Becker & A. Schulze (Hrsg.), *Bildungskontexte. Strukturelle Voraussetzungen und Ursachen ungleicher Bildungschancen* (S. 325–351). Wiesbaden: Springer Fachmedien.

Farkas, G., Sheehan, D., & Grobe, R. P. (1990). Coursework mastery and school success: Gender, ethnicity, and poverty groups within an urban school district. *American Educational Research Journal, 27*(4), 807–827.

Festinger, L. (1954). A theory of social comparison processes. *Human Relations, 7*(2), 117–140.

Fickermann, D. (1999). Grundschulzeugnis und Schulformwahlverhalten. Untersuchungen zur Leistungsselektivität beim Übergang in die Sekundarstufe I. In H. Weishaupt (Hrsg.), *Zum Übergang auf weiterführende Schulen. Statistische Analysen und Fallstudien* (S. 113–155). Erfurt: Pädagogische Hochschule.

Ganzeboom, H. B. G. (2010). *A new international socio-economic index [ISEI] of occupational status for the International Standard Classification of Occupation 2008 [ISCO-08] constructed with data from the ISSP 2002–2007; with an analysis of quality of educational measurement in ISSP.* Vortrag auf der Annual Conference of International Social Survey Programme, Lissabon.

Ganzeboom, H. B. G., De Graaf, P. M., & Treiman, D. J. (1992). A standard international socio-economic index of occupational status. *Social Science Research, 21*(1), 1–56.

Gresch, C., Kölm, J., & Kocaj, A. (2017). Amtlich festgestellter sonderpädagogischer Förderbedarf und sonderpädagogische Förderung. In P. Stanat, S. Schipolowski, C. Rjosk, S. Weirich, & N. Haag (Hrsg.), *IQB-Bildungstrend 2016. Kompetenzen in den Fächern Deutsch und Mathematik am Ende der 4. Jahrgangsstufe im zweiten Ländervergleich* (S. 282–290). Münster: Waxmann.

Grosche, M. (2015). Was ist Inklusion? Ein Diskussions- und Positionsartikel zur Definition von Inklusion aus Sicht der empirischen Bildungsforschung. In P. Kuhl, P. Stanat, B. Lütje-Klose, C. Gresch, H. A. Pant, & M. Prenzel (Hrsg.), *Inklusion von*

Schülerinnen und Schülern mit sonderpädagogischem Förderbedarf in Schulleistungserhebungen (S. 17–39). Wiesbaden: Springer Fachmedien.

Grünke, M., & Cavendish, W. (2016). Learning disabilities around the globe: Making sense of the heterogeneity of the different viewpoints. *Learning Disabilities: A Contemporary Journal, 14*(1), 1–8.

Heller, K. A., & Perleth, C. (2000). *KFT 4–12 + R: Kognitiver Fähigkeitstest für 4. bis 12. Klassen, Revision*. Göttingen: Beltz Test.

Helmke, A., & Weinert, F. E. (1997). Unterrichtsqualität und Leistungsentwicklung. In F. E. Weinert & A. Helmke (Hrsg.), *Entwicklung im Grundschulalter* (S. 241–252). Weinheim: Psychologie Verlags Union.

Hibel, J., Farkas, G., & Morgan, P. L. (2010). Who is placed into special education? *Sociology of Education, 83*(4), 312–332.

Ingenkamp, K. (1971). *Die Fragwürdigkeit der Zensurengebung. Texte und Untersuchungsberichte*. Weinheim: Beltz.

Karlson, K. B., Holm, A., & Breen, R. (2012). Comparing regression coefficients between same-sample nested models using logit and probit: A new method. *Sociological Methodology, 42*(1), 286–313.

Klemm, K. (2014). Auf dem Weg zur inklusiven Schule: Versuch einer bildungsstatistischen Zwischenbilanz. *Zeitschrift für Erziehungswissenschaft, 17*(4), 625–637.

KMK (1999). Sekretariat der Ständigen Konferenz der Kultusminister der Länder in der Bundesrepublik Deutschland (1999). *Empfehlungen zum Förderschwerpunkt Lernen*. Beschluss der Kultusministerkonferenz vom 01.10.1999. http://www.kmk.org/fileadmin/Dateien/pdf/PresseUndAktuelles/2000/sopale.pdf. Zugegriffen: 03. Mai 2017.

Kocaj, A., Jansen, M., Kuhl, P., & Stanat, P. (2020). Zusammenhänge der Klassenkomposition an Förderschulen und allgemeinen Schulen mit schulischen Kompetenzen, akademischem Selbstkonzept und Interesse. In C. Gresch, P. Kuhl, M. Grosche, C. Sälzer, & P. Stanat (Hrsg.), *Schüler*innen mit sonderpädagogischem Förderbedarf in Schulleistungserhebungen – Einblicke und Entwicklungen* (S. 213–262). Wiesbaden: Springer Fachmedien.

Kölm, J., Gresch, C., & Kuhl, P. (2019). Zuwanderungsbezogene Disparitäten bei der Diagnose eines sonderpädagogischen Förderbedarfs Lernen und der besuchten Schulart. *Zeitschrift für Erziehungswissenschaft, 22*(4), 771–789.

Kristen, C. (2002). Hauptschule, Realschule oder Gymnasium? *Kölner Zeitschrift für Soziologie und Sozialpsychologie, 54*(3), 534–552.

Kristen, C., & Olczyk, M. (2013). Ethnische Einbettung und Bildungserfolg. In R. Becker & A. Schulze (Hrsg.), *Bildungskontexte. Strukturelle Voraussetzungen und Ursachen ungleicher Bildungschancen* (S. 353–403). Wiesbaden: Springer Fachmedien.

Marsh, H. W. (1987). The big-fish-little-pond effect on academic self-concept. *Journal of Educational Psychology, 79*(3), 280–295.

Marsh, H. W. (1991). Failure of high-ability high schools to deliver academic benefits commensurate with their students' ability levels. *American Educational Research Journal, 28*(2), 445–480.

Milek, A., Lüdtke, O., Trautwein, U., Maaz, K., & Stubbe, T. C. (2010). Wie konsistent sind Referenzgruppeneffekte bei der Vergabe von Schulformempfehlungen? Bundeslandspezifische Analysen mit Daten der IGLU-Studie. In J. Baumert, K. Maaz, & U. Trautwein (Hrsg.), *Bildungsentscheidungen: Zeitschrift für Erziehungswissenschaft Sonderheft 12|2009* (S. 282–301). Wiesbaden: VS Verlag.

Mood, C. (2010). Logistic regression: Why we cannot do what we think we can do, and what we can do about it. *European Sociological Review, 26*(1), 67–82.

Morris-Lange, S., Wendt, H., & Wohlfarth, C. (2013). *Segregation an deutschen Schulen. Ausmaß, Folgen und Handlungsempfehlungen für bessere Bildungschancen*. Berlin: Sachverständigenrat deutscher Stiftungen für Integration und Migration (SVR).

Neumann, P., & Lütje-Klose, B. (2020). Diagnostik in inklusiven Schulen – Zwischen Stigmatisierung, Etikettierungs-Ressourcen-Dilemma und förderorientierter Handlungsplanung. In C. Gresch, P. Kuhl, M. Grosche, C. Sälzer, & P. Stanat (Hrsg.), *Schüler*innen mit sonderpädagogischem Förderbedarf in Schulleistungserhebungen – Einblicke und Entwicklungen* (S. 3–28). Wiesbaden: Springer Fachmedien.

Neumann, M., Milek, A., Maaz, K., & Gresch, C. (2010). Zum Einfluss der Klassenzusammensetzung auf den Übergang von der Grundschule in die weiterführenden Schulen. In K. Maaz, J. Baumert, C. Gresch, & N. McElvany (Hrsg.), *Der Übergang von der Grundschule in die weiterführende Schule. Leistungsgerechtigkeit und regionale, soziale und ethnisch-kulturelle Disparitäten* (S. 229–251). Berlin: Bundesministerium für Bildung und Forschung.

Powell, J. J. W. (2011). *Barriers to inclusion: Special education in the United States and Germany*. Coulder: Paradigm Publisher.

R Core Team (2017). R: A language and environment for statistical computing. Vienna, Austria: R Foundation for Statistical Computing. https://www.R-project.org/

Raudenbush, S. W., & Bryk, A. S. (2002). *Hierarchical linear models. Applications and data analysis methods*. Thousand Oaks: Sage.

Rist, R. C. (1970). Student social class and teacher expectations. The self-fulfilling prophecy in ghetto education. *Harvard Educational Review, 70*(3), 411–451.

Rjosk, C. (2015). *Zuwanderungsbezogene Klassenzusammensetzung: Messung sowie direkte und vermittelte Effekte auf Leistung und psychosoziale Schülermerkmale*. Dissertation, Humboldt-Universität zu Berlin.

Rjosk, C., Engelbert, M., Schipolowski, S., & Kohrt, P. (2017). Anlage und Durchführung. In P. Stanat, S. Schipolowski, C. Rjosk, S. Weirich, & N. Haag (Hrsg.), *IQB-Bildungstrend 2016. Kompetenzen in den Fächern Deutsch und Mathematik am Ende der 4. Jahrgangsstufe im zweiten Ländervergleich* (S. 83–105). Münster: Waxmann.

Rjosk, C., Haag, N., Heppt, B., & Stanat, P. (2017). Zuwanderungsbezogene Disparitäten. In P. Stanat, S. Schipolowski, C. Rjosk, S. Weirich, & N. Haag (Hrsg.), *IQB-Bildungstrend 2016. Kompetenzen in den Fächern Deutsch und Mathematik am Ende der 4. Jahrgangsstufe im zweiten Ländervergleich* (S. 237–275). Münster: Waxmann.

Roppelt, A., Reiss, K., & Haag, N. (2017). Beschreibung der im Fach Mathematik untersuchten Kompetenzen. In P. Stanat, S. Schipolowski, C. Rjosk, S. Weirich, & N. Haag (Hrsg.), *IQB-Bildungstrend 2016. Kompetenzen in den Fächern Deutsch und Mathematik am Ende der 4. Jahrgangsstufe im zweiten Ländervergleich* (S. 31–43). Münster: Waxmann.

Sälzer, C., Gebhardt, M., Müller, K., & Pauly, E. (2015). Der Prozess der Feststellung sonderpädagogischen Förderbedarfs in Deutschland. In P. Kuhl, P. Stanat, B. Lütje-Klose, C. Gresch, H. A. Pant, & M. Prenzel (Hrsg.), *Inklusion von Schülerinnen und Schülern mit sonderpädagogischem Förderbedarf in Schulleistungserhebungen* (S. 129–152). Wiesbaden: Springer Fachmedien.

Schallock, T. (2016). Tracking. Konsequenzen der Leistungsgruppierung von Schülerinnen und Schülern für die Leistungsentwicklung. In C. Diehl, C. Hunkler, & C. Kristen

(Hrsg.), *Ethnische Ungleichheiten im Bildungsverlauf: Mechanismen, Befunde, Debatten* (S. 287–330). Wiesbaden: Springer Fachmedien.

Schrader, F.-W., & Helmke, A. (2014). Alltägliche Leistungsbeurteilung durch Lehrer. In F. E. Weinert (Hrsg.), *Leistungsmessungen in Schulen* (3., aktualisierte Aufl., S. 45–58). Weinheim: Beltz.

Schroeders, U., Schipolowski, S., & Wilhelm, O. (2017). *Berliner Test zur Erfassung fluider und kristalliner Intelligenz für die 3. und 4. Jahrgangsstufe*. Manuskript in Vorbereitung.

Stanat, P., Pant, H. A., Böhme, K., & Richter, D. (2012). *Kompetenzen von Schülerinnen und Schülern am Ende der vierten Jahrgangsstufe in den Fächern Deutsch und Mathematik*. Münster: Waxmann.

Stanat, P., Schipolowski, S., Rjosk, C., Weirich, S., & Haag, N. (2017). *IQB-Bildungstrend 2016. Kompetenzen in den Fächern Deutsch und Mathematik am Ende der 4. Jahrgangsstufe im zweiten Ländervergleich*. Münster: Waxmann.

Stanat, P., Schwippert, K., & Gröhlich, C. (2010). Der Einfluss des Migrantenanteils in Schulklassen auf den Kompetenzerwerb: Längsschnittliche Überprüfung eines umstrittenen Effekts. In C. Allemann-Ghionda, P. Stanat, K. Göbel, & C. Röhner (Hrsg.), *Migration, Identität, Sprache und Bildungserfolg. Zeitschrift für Pädagogik, 55. Beiheft* (S. 147–164). Weinheim: Beltz.

Studer, M. (2014). KHB: Comparing nonlinear regression models. R package version 0.1. http://r-forge.r-project.org/projects/khb/

Tiedemann, J., & Billmann-Mahecha, E. (2007). Zum Einfluss von Migration und Schulklassenzugehörigkeit auf die Übergangsempfehlung für die Sekundarstufe I. *Zeitschrift für Erziehungswissenschaft, 10*(1), 108–120.

Trautwein, U., & Baeriswyl, F. (2007). Wenn leistungsstarke Klassenkameraden ein Nachteil sind. *Zeitschrift für Pädagogische Psychologie, 21*(2), 119–133.

Uçar, A. (1996). *Benachteiligt: Ausländische Kinder in der deutschen Sonderschule. Eine empirische Untersuchung zur Lage der türkischen Kinder in der Schule für Lernbehinderte*. Baltmannsweiler: Schneider Verlag Hohengehren.

van Buuren, S., & Groothuis-Oudshoorn, K. (2011). mice: Multivariate imputation by chained equations in R. *Journal of Statistical Software, 45*(3), 1–68.

Warm, T. A. (1989). Weighted likelihood estimation of ability in item response theory. *Psychometrika, 54*(3), 427–450.

Weirich, S., Haag, N., & Sachse, K. (2017). Testdesign und Auswertung des IQB-Bildungstrends 2016. In P. Stanat, S. Schipolowski, C. Rjosk, S. Weirich, & N. Haag (Hrsg.), *IQB-Bildungstrend 2016. Kompetenzen in den Fächern Deutsch und Mathematik am Ende der 4. Jahrgangsstufe im zweiten Ländervergleich* (S. 355–368). Münster: Waxmann.

Wilhelm, O., Schroeders, U., & Schipolowski, S. (2014). *Berliner Test zur Erfassung fluider und kristalliner Intelligenz für die 8. bis 10. Jahrgangsstufe (BEFKI 8-10)*. Göttingen: Hogrefe.

Ziegenspeck, J. (1999). *Handbuch Zensur und Zeugnis in der Schule. Historischer Rückblick, allgemeine Problematik, empirische Befunde und bildungspolitische Implikationen*. Bad Heilbrunn: Klinkhardt.

Zurbriggen, C. (2016). *Schulklasseneffekte. Schülerinnen und Schüler zwischen komparativen und normativen Einflüssen*. Wiesbaden: Springer Fachmedien.